G. W. F. Hegel Werke in zwanzig Bänden
Vorlesungen über die Philosophie der Geschichte

《黑格尔著作集》（二十卷）中文版编委会

主　　编：张世英

副 主 编：杨祖陶　邓安庆　蒋茂凝　黄书元

　　　　　张　慎

编　　委：辛广伟　任　超　张小平　陈亚明

　　　　　张振明　高宣扬　燕宏远　先　刚

　　　　　刘　哲　朱更生　王志宏　师庭雄

　　　　　刘海伟　陈　勇　李　鹃　余　玥

　　　　　柏裕江

编辑统筹：陈光耀　安新文

黑格尔著作集

第 12 卷

历史哲学讲演录

王志宏 译

人民出版社

Georg Wilhelm Friedrich Hegel Werke in zwanzig Bänden
12
Vorlesungen über die Philosophie der Geschichte

Auf der Grundlage der Werke von 1832-1845 neu edierte Ausgabe
Redaktion Eva Moldenhauer und Karl Markus Michel
Suhrkamp Verlag Frankfurt am Main 1970

"十四五"国家重点图书出版规划项目

黑格尔著作集（二十卷，理论著作版）

第 1 卷　　早期著作
第 2 卷　　耶拿时期著作（1801—1807）
第 3 卷　　精神现象学
第 4 卷　　纽伦堡时期和海德堡时期著作（1808—1817）
第 5 卷　　逻辑学 I
第 6 卷　　逻辑学 II
第 7 卷　　法哲学原理
第 8 卷　　哲学科学百科全书 I 逻辑学
第 9 卷　　哲学科学百科全书 II 自然哲学
第 10 卷　　哲学科学百科全书 III 精神哲学
第 11 卷　　柏林时期著作（1822—1831）
第 12 卷　　历史哲学讲演录
第 13 卷　　美学讲演录 I
第 14 卷　　美学讲演录 II
第 15 卷　　美学讲演录 III
第 16 卷　　宗教哲学讲演录 I
第 17 卷　　宗教哲学讲演录 II
第 18 卷　　哲学史讲演录 I
第 19 卷　　哲学史讲演录 II
第 20 卷　　哲学史讲演录 III

总　序

张世英

这套黑格尔著作集的中文版,其所根据的版本是二十卷本的"理论著作版"(Theorie-Werkausgabe),即《格·威·弗·黑格尔二十卷著作集》(*G.W.F.Hegel Werke in zwanzig Bänden*),由莫尔登豪尔(E.Moldenhauer)和米歇尔(K.M.Michel)重新整理旧的版本,于20世纪60年代末开始出版。这个版本,虽不及1968年以来陆续出版的历史批判版《黑格尔全集》那样篇幅更大,包括了未曾公开发表过的黑格尔手稿和各种讲课记录以及辨析、重新校勘之类的更具学术研究性的内容,但仍然是当前德国大学科研和教学中被广泛使用的、可靠的黑格尔原著。我这里不拟对黑格尔文集的各种版本作溯源性的考察,只想就黑格尔哲学思想在当今的现实意义作点简单的论述。

黑格尔是德国古典唯心主义之集大成者,他结束了西方传统形而上学的旧时代。黑格尔去世后,西方现当代哲学家大多对黑格尔哲学采取批评的态度,但正如他们当中一些人所说的那样,现当代哲学离不开黑格尔,甚至其中许多伟大的东西都源于黑格尔。在中国,自20世纪初就有些学者致力于黑格尔哲学的介绍、翻译与评论。1949年中华人民共和国成立到1976年所谓"文化大革命"结束,大家所广为传播的观点是把黑格尔哲学看成是马克思主义的三个来源之一,一方面批判黑格尔哲学,一方面又强调吸取其"合理内核",黑格尔是当时最受重视的西方哲学家。1976年以来,哲学界由重视西方古典哲学转而注意西方现当代哲学的介绍与评论,黑格尔哲学更多地遭到批评,其总体地位远不如从前了,但不少学者对黑格尔哲学的兴趣与研究却比以前更加深沉、更多创新。黑格尔无论在西方还是在中国,其名声的浮沉,其思想影响的起伏,正说明他的哲学在人类思想史上所占的历史地位时刻不容忽视,即使是在它遭到反对的时候。他的哲学体系之庞大,著述之宏富,思想内容之广博和深邃,在中西哲学史上都是罕见的;黑格尔特别熟悉人类思想史,他的哲学像一片汪洋大海,融会了前人几乎全部的思想精华。尽管他个人文笔之晦涩增加了我们对他的哲学作整体把握的难度,特别是对于不懂德文的中国读者来说,这种难度当然要更大一些。但只要我们耐心琢磨,仔细玩味,这气象万千的世界必能给我们提供各式各样的启迪和收益。

一、黑格尔哲学是一种既重视现实又超越现实的哲学

一般都批评黑格尔哲学过于重抽象的概念体系,有脱离现实之弊。我以为对于这个问题,应作全面的、辩证的分析和思考。

黑格尔一方面强调概念的先在性和纯粹性,一方面又非常重视概念的具体性和现实性。

黑格尔明确表示,无时间性的"纯粹概念"不能脱离有时间性的人类历史。西方现当代人文主义思想家们一般都继承了黑格尔思想的这一方面而主张人与世界的交融合一。只不过,他同时又承认和允许有一个无时间性的逻辑概念的王国,这就始终会面临一个有时间性的环节(认识过程、历史过程)如何与无时间性的环节(纯粹概念)统一起来的问题,或者用黑格尔《自然哲学》中的话语来说,也就是有时间性的"持久性"与无时间性的"永恒性"之间的鸿沟如何填平的问题。无论黑格尔怎样强调认识和历史的"持久性"多么漫长、曲折,最终还是回避不了如何由"持久性"一跃而到"永恒性"、如何由现实的具体事物一跃而到抽象的逻辑概念的问题。黑格尔由于把抽象的"永恒性"的"纯粹概念"奉为哲学的最终领域,用普遍概念的王国压制了在时间中具有"持久性"的现实世界,

他的哲学被西方现当代哲学家贬称为"概念哲学"或"传统形而上学"的集大成者。但无论如何,黑格尔哲学既是传统形而上学的顶峰,又蕴涵和预示了传统形而上学的倾覆和现当代哲学的某些重要思想,这就是黑格尔哲学中所包含的重视具体性和现实性的方面。

黑格尔早年就很重视现实和实践,但他之重视现实,远非安于现实,而是与改造现实的理想紧密结合在一起的,为此,他早在1800年的而立之年,就明确表示,要"从人类的低级需求","推进到科学"(1800年11月2日黑格尔致谢林的信,*BRIEFE VON UND AN HEGEL*, Verlag Von Felix Meiner, Hamburg, Band 1, s.59)。他所谓要"推进到科学"的宏愿,就是要把实践提高到科学理论(黑格尔的"科学"一词远非专指自然科学,而是指系统的哲学理论的意思)的高度,以指导实践,改造现实。黑格尔在1816年10月于海德堡大学讲授哲学史课程的开讲词里说过这样一些话:一段时间以来,人们过多地忙碌于现实利益和日常生活琐事,"因而使得人们没有自由的心情去理会那较高的内心生活和较纯洁的精神活动","阻遏了我们深切地和热诚地去从事哲学工作,分散了我们对于哲学的普遍注意"。现在形势变了,"我们可以希望……除了政治的和其他与日常现实相联系的兴趣之外,科学、自由合理的精神世界也要重新兴盛起来"。为了反对先前轻视哲学的"浅薄空疏"之风,我们应该"把哲学从它所陷入的孤寂境地中拯救出来",以便在"更美丽的时代里",让人的心灵"超脱日常的兴趣",而"虚心接受那真的、永恒的和神圣的事物,并以虚心接受的态度去观察并把握那最高的东西"(黑格尔:《哲学史讲演录》,生活·读书·新知三联书店1956年版第1—3页)。黑格尔所建立的庞大的哲学体系,其目的显然是要为改造现实提供理论的、哲学的根据。黑格尔的这些话是差不多两百年以前讲的,但对我们今天仍有很大的启发意义。针对当前人们过分沉溺于低级的现实欲求之风,我们的哲学也要既面对现实,又超越现实。"超越"不是抛弃,而是既包含又高出之意。

二、黑格尔哲学是一种揭示人的自由本质、以追求自由为人生最高目标的哲学

黑格尔哲学体系包括三大部分:逻辑学、自然哲学和精神哲学。在1949年中华人民共和国成立到改革开放以前的大约30年里,我们的学界一般都只注重逻辑学,这是受了列宁《哲学笔记》以评述逻辑学为主的思想影响的缘故。其实,黑格尔虽然把逻辑学看成是讲事物的"灵魂"的哲学,而自然哲学和精神哲学不过是"应用逻辑学",但这只是就逻辑学所讲的"逻辑概念"比起自然现象和人的精神现象来是"逻辑上在先"而言,离开了自然现象和精神现象的"纯粹概念",必然失去其为灵魂的意义,而成为无血无肉、无所依附的幽灵,不具现实性,而只是单纯的可能性。

黑格尔明确承认"自然在时间上是最先的东西"的事实,但正因为自然的这种时间上的先在性,而使它具有一种与人的精神相对立的外在性。人的精神性的本质在于克服自然的外在性、对立性,使之包含、融化于自身之内,充实其自身,这也就是人的自由(独立自主的主体性)本质。黑格尔认为,精神的最高、最大特征是自由。所谓自由,不是任性。"自由正是精神在其他物中即在其自身中,是精神自己依赖自己,是精神自己规定自己"(黑格尔:《逻辑学》,人民出版社2002年版,第72页)。所以精神乃是克服分离性、对立性和外在性,达到对立面的统一;在精神中,主体即是客体,客体即是主体,主体没有外在客体的束缚和限制。精神所追求的目标是通过一系列大大小小的主客对立统一的阶段而达到的最高的对立统一体,这是一种最高的自由境界。黑格尔由此而认为精神哲学是"最具体的,因而是最高的"(*G. W. F. Hegel Werke in zwanzig Bänden* 10, s.9)。也就是说,关于人生的学问——"精神哲学"是最具体的、最高的学问(比起逻辑学和自然哲学来)。黑格尔哲学体系所讲的这一系列大大小小对立统一的阶段,体现了人生为实现自我、达到最终的主客对立统一

的最高自由之境所经历的漫长曲折的战斗历程,这对于我们中国传统哲学把主体——自我湮没于原始的、朴素的、浑沌的"天人合一"的"一体"(自然界的整体和封建等级制的社会群体)之中而忽视精神性自我的自由本质的思想传统来说,应能起到冲击的作用。

三、"辩证的否定性"是"创新的源泉和动力"

黑格尔认为克服对立以达到统一即自由之境的动力是"否定性"。这种"否定性"不是简单抛弃、消灭对立面和旧事物,而是保持又超越对立面和旧事物,他称之为"思辨的否定"或"辩证的否定"。这种否定是"创新的源泉和动力",是精神性自我"前进的灵魂"。一般都大讲而特讲的黑格尔辩证法,其最核心的实质就在于此种否定性。没有否定性,就没有前进的动力,就不能实现人的自由本质。我以为,我们今天讲弘扬中华传统文化,就用得着黑格尔辩证哲学中的否定性概念。辩证法"喜新",但并不"厌旧",它所强调的是在旧的基础上对旧事物进行改造、提高,从而获得前进。中华文化要振兴、前进,就得讲辩证哲学,就得有"否定性"的动力。

2013 年 8 月 27 日于北京北郊静林湾

目　录

导　论 ·· 1
A. ［历史的研究方式］ ·· 1
B. ［世界历史中精神的规定］ ·· 16
　　a) ［精神的本性的抽象规定］ ······································ 17
　　b) ［自由的理念实在化的手段］ ··································· 20
　　c) ［自由理念实现的形态］ ··· 37
C. ［世界历史的进程］ ··· 52
　　a) ［发展的原则］ ·· 52
　　b) ［历史的开端］ ·· 55
　　c) ［历史进程推进的方式］ ··· 61

世界历史的地理基础 ·· 77
　　新世界 ·· 78
　　旧世界 ·· 84
　　［a) 地理的差异］ ·· 85
　　［b) 各个洲］ ·· 88
　　　　［非洲］ ·· 88
　　　　［亚洲］ ·· 96
　　　　［欧洲］ ·· 98

划　分 ·· 100

第 一 部

东方的世界 …………………………………………………………… 109
第一篇　中国 …………………………………………………… 113
第二篇　印度 …………………………………………………… 134
佛　教 ………………………………………………………… 161
第三篇　波斯 …………………………………………………… 166
第一章　赞德民族 …………………………………………… 169
第二章　亚述人、巴比伦人、梅迪安人和波斯人 ………… 174
第三章　波斯帝国及其组成部分 …………………………… 179
波斯人 …………………………………………………… 181
叙利亚人和闪族前亚洲 ………………………………… 183
犹太人 …………………………………………………… 186
埃及人 …………………………………………………… 190
向希腊世界的过渡 ……………………………………… 210

第 二 部

希腊的世界 …………………………………………………………… 217
第一篇　希腊精神的要素 ……………………………………… 218
第二篇　美的个体性的诸形态 ………………………………… 233
第一章　主观的艺术作品 …………………………………… 233
第二章　客观的艺术作品 …………………………………… 235
第三章　政治的艺术作品 …………………………………… 242
与波斯之间的战争 ……………………………………… 247
雅典 ……………………………………………………… 249
斯巴达 …………………………………………………… 252

伯罗奔尼撒战争 ……………………………………………… 256
　　马其顿帝国 …………………………………………………… 261
　第三篇　希腊精神的没落 ………………………………………… 265

第 三 部

罗马的世界 …………………………………………………………… 271
　第一篇　到第二次布匿战争为止时的罗马 ……………………… 275
　　第一章　罗马精神的要素 ………………………………………… 275
　　第二章　到第二次布匿战争为止时的罗马历史 ……………… 288
　第二篇　从第二次布匿战争到帝制的罗马 ……………………… 297
　第三篇 ………………………………………………………………… 304
　　第一章　皇帝时期的罗马 ………………………………………… 304
　　第二章　基督教 …………………………………………………… 308
　　第三章　拜占庭帝国 ……………………………………………… 324

第 四 部

日耳曼的世界 ………………………………………………………… 331
　第一篇　基督教—日耳曼世界的要素 …………………………… 336
　　第一章　民族迁徙 ………………………………………………… 336
　　第二章　伊斯兰教 ………………………………………………… 343
　　第三章　卡尔大帝的帝国 ………………………………………… 348
　第二篇　中世纪 ……………………………………………………… 353
　　第一章　封建制和等级制 ………………………………………… 354
　　第二章　十字军东征 ……………………………………………… 374
　　第三章　从封建统治到君主制的过渡 ………………………… 382

3

艺术与科学作为中世纪的解体 …………………………… 390
　第三篇　近代 …………………………………………………… 392
　　第一章　宗教改革 ……………………………………………… 393
　　第二章　宗教改革对于国家形成的影响 ……………………… 406
　　第三章　启蒙与革命 …………………………………………… 416

附　录

导论的第一草稿：历史研究的方式（1822—1828）…………… 435

导论第二草稿的开头：哲学性的世界历史（1830）…………… 446

《海德堡百科全书纲要》（第448—452节）…………………… 448

第12卷编辑说明 ………………………………………………… 450

主要译名德汉对照及索引 ……………………………………… 457

译后记 …………………………………………………………… 467

导　论

本讲演录的对象是哲学性的世界历史，也就是说，它不是关于世界历史本身的普遍的反思，我们从世界历史之中得出这些反思，并从它的内容中举例来阐明这些反思；毋宁说，它就是世界历史本身。*

A. 为了从一开始就澄清世界历史是什么，似乎首先有必要审查一下研究历史的其他方式。考察历史的方式，一般地说，有以下三种：

a) 原始的历史，

b) 反思性的[①]历史，

c) 哲学性的历史。

a) 我的意思是，就第一种历史而言，只要列举几个人名就可以立即给出一幅确定的图像，比如希罗多德、修昔底德和其他同样的历史著作家，他们主要是描述他们亲身经历过的行动、事件和状况，他们自身就属于这些行动、事件和状况的精神，并且把那种外在地现成存在的东西转移到了精神观念的王国之中。外在的现象就这样被转化成了内在的观念。诗人也以同样的方式把他在感觉中拥有的素材加工处理为观念。无疑，

---

* 我不能为本著述提供任何大纲作为基础；尽管如此，在我的《法权哲学纲要》第341—360节中，我已经为这种世界历史提供了更加详尽的概念，以及这种概念性考察划分而成的诸原则和诸阶段。——黑格尔原注

① 在黑格尔的手稿中（参见本书第543页，见本书边码。下同）在这个地方是"被反思的历史"（reflektierte Geschichte），而在下文常常是"反思性的历史"（reflektierende Geschichte）；而在W（即卡尔·黑格尔编辑的著作集版本。下同）中，这两种形式会交替使用。——原编者注

[12] 这些亲历历史的历史著作家也会发现其他人的报道和叙述(一个人独自就能够把一切尽收眼底,这是不可能的),但是仅仅是像诗人那样,无论他多么受惠于有文化的语言,他都只把它当作原材料来占有。历史著作家把飘摇无定、呼啸而过的东西连缀在一起,把它们存放在记忆女神的神殿(Tempel der Mnemosyne)①之中,为了使它们永垂不朽。各种稗史、民歌、传说都被排除在这种原始的历史之外,因为它们只是暗淡的方式,并且因此是许多暗淡的民族的观念所特有的东西。在这里,我们和这样一些民族打交道,他们意识到了他们之所是和他们之所欲。被直观到的或者可直观的现实性的地面赋予一种更加坚实的根据作为过去的根据,那些稗史和诗作从这基础上生长出来,而在各民族发展出了坚实的个性的时候,这些稗史和诗作就不再是这些民族的历史了。

现在,这种原始的历史著作家把与他们同时代的各种行动、事件和状况转变为一种观念的作品。因此,这种历史的内容不可能有广阔的外在的范围(我们可以观察一下希罗多德、修昔底德、圭恰迪尼);凡是在他们的环境中发生的和起作用的东西,都是他们的重要的素材:作者的成长经历和他采入作品中的那些事件的形成过程,作家的精神和他所讲述的那些行动的精神,**同出一辙,别无二致**。他所描述的东西是他或多或少参加过的事情,至少是他曾经共同经历过的事情。这种历史发生在很短的时间之内,只是个别形态的人物与事件;它们具有单一的、未经反思的特征,他从它们当中搜集了许多生动的描述,以形成一幅图画,就好像他自己亲身经历过这些事件,或者通过身临其境者的叙述而拥有它们,并且把它保留在后世的观念之中。这类作家和各种反思毫无关系,因为他生活在实事的精神之中,还没有从它之中超脱出来;假如他甚至像恺撒一样拥有军

---

① 谟涅摩叙涅(古希腊语:Μνημοσύνη,英语:Mnemosyne)希腊神话里司记忆、语言、文字的女神,十二提坦之一。依据赫西俄德《神谱》,她是乌拉诺斯和盖亚之女,和宙斯结合生下九位缪斯。然而许癸努斯(Hyginus)提供了她身世的另一种说法,称她是埃忒耳(或俄刻阿诺斯)和盖亚所生。在许多神话和传说中,她作为缪斯的母亲,最初是口头叙事诗人的庇护者。——译者注

队统帅或者政治家的位置,那么,**他自己的**目标自身就会作为历史的目标登场。如果在这里有人说,一个这样的历史著作家是不反思的,【著作中的】个人和民族是自动出现的,那么,那些演讲似乎与此相反,比如我们可以在修昔底德那里读到的那些演讲,关于它们我们可以断言,它们肯定是没有这样进行过的。但是,演讲也是人的行动,而且是影响极其深远的行动。人们的确常常说,它**不就是个**演讲嘛,想要借此表明演讲的无辜。**这种意义的**演讲也许是废话,而且废话具有的唯一的①优点就是清白无辜。但是,一个民族对一个民族的讲演或者对于一个民族和国王的讲演是历史的不可或缺的组成部分。这样的讲演,例如,最有修养、最纯正、最高贵的政治家伯里克利的讲演,即使经过修昔底德的润色加工,它们对伯里克利来说也不是陌生的。在这些演讲中,这些人说出了他们的民族的格言,他们自己的真正人格的格言,他们关于政治局势的意识,以及他们对于伦理和精神的本性的意识,他们的目的和行动方式的基本原则。历史著作家借他们之口说出的东西,不是一种从外面借来的意识,而就是演说者自己的教养。[13]

我们必须深入研究这种历史著作家,必须和他们待在一起,就好像我们在和他们的民族一起生活,并且沉浸到这些民族之中一般,我们能够从这些历史学家身上寻找到的不仅是渊博的学识,而且还有一种深沉而纯正的乐趣,只是这种历史学家没有大家通常认为的那么多而已。我们已经提到过希罗多德,历史之父,也就是说,历史的创立者,和修昔底德;色诺芬的《撤退记》②也同样是一本原始的著作;恺撒的《高卢战记》③是一

---

① W本作:"重要的"。根据(霍夫迈斯特编辑的)黑格尔的手稿改动。——原编者注

② 黑格尔提到的书名德文作 Der Rueckzug,一般译作《远征记》。《远征记》描述了色诺芬和一万名希腊雇佣军,到亚洲去帮助小居鲁士争夺王位而最后被迫撤退的事迹。——译者注

③ 黑格尔提到的书名作 Kommentare,原意是评注、解释,通常译作《高卢战记》,因为盖乌斯·尤里乌斯·恺撒在这本书记述了自己作为高卢行省长官在当地作战的经历,是对他自己的功业所做的看似平实的记录。该书前七卷为恺撒本人所写,最后一卷为他的副将希尔提乌斯续写。——译者注

[14] 件反映了一种伟大精神的朴素的杰作。在古代,历史著作家必定是伟大的领导人和政治家;在中世纪,如果我们把处于政治行动中枢地位的主教们排除在外的话,修道院中的僧侣作为单纯的编年史作家属于这一类人,他们过着孤独寂寥的生活,就像古代的人们置身于各种关联之中。到了近代,所有的关系都发生了变化。我们的文化本质上是解释性的,它把一切事件立刻转变为报告中的观念。在这方面,尤其是关于行军作战的历史,我们有很多栩栩如生的、简单明了的、确定无疑的报道,它们足以与恺撒的著作相提并论,而且由于它们内容的丰富详赡,报告了战争的各种手段和条件,甚至比恺撒的著作更富于教育意义。法国人的回忆录也属于这一类。它们所描述的事件也许琐屑不足道,但却是由精神丰富的头脑撰作的,其中充斥着大量的奇闻轶事,以至于虽然这些回忆录建立在一个贫乏的领域的基础之上,但是其中常常不乏真正的历史学杰作,例如红衣主教雷茨(Retz)的回忆录;这就指出了一个更加广阔的历史的领域。在德国,这类的大师屈指可数。弗里德里希大帝①(**《我的时代的历史》**)算是其中一个著名的例外。这样一种人本身必须拥有很高的身份。他们只有居庙堂之高,才可能高瞻远瞩,总览全局,而不像身为下贱者,只能踮足翘首,以管窥天。

b) 第二种类型的历史,我们可以名之曰**反思性的历史**。这种历史所描述的东西和【它写作时所处的】时代没有关系,从精神的角度看,它是超越了现代的。在这第二种类型中又可以区分出几种完全不同的类型。

aa) 我们要求一般地概览一个民族或者一个国家或者世界的全部历史,简言之,我们称之为写作**普遍的历史**。在这里,主要的事情是历史材料的整理,从事这项工作的人凭借**他自己的精神**来做这件事情,这种精神

---

① 弗里德里希大帝(Fredrich der Grosse)(1712—1786年),著名统帅。腓特烈·威廉一世之子。生于柏林。弗里德里希二世,史称弗里德里希大帝,是欧洲历史上颇有影响的普鲁士国王(1740—1786年在位)。在他的统治下,普鲁士对内改革国政,对外征战杀伐,一跃而为欧洲强国之一。伏尔泰称他为启蒙主义思想家心目中理想的"开明专制君主"的典型,弗里德里希大帝著有《我的时代的历史》和《回忆录》——译者注

4

和内容的精神并不相伴。因此，原则就变得尤为重要了，一方面包括作家在描述行动与事件的内容与目标时所遵循的原则，另一方面也包括他记录历史的方式的原则。在我们德国人中间，著史时的反思和聪颖表现得千差万别，每一位历史著作家在这方面都自出机杼，①提出他自己的方式与方法。一般来说，英国人和法国人知道，人们应该如何著史，他们更愿意站在普遍的或者民族的文化的立场上；而在我们这里，每一位历史学家都要挖空心思表现自己的个性，我们不是要写作历史，而是永远苦心竭力去寻求，应该如何写作历史。这第一种类型的反思性的历史就会步上面提到过的那种历史之后尘，如果他们没有更远的目标，而只是叙述一个国家的全部历史的话。这种编纂工作（李维、迪奥多罗斯［Diodor］②关于西西里的历史和约翰·冯·米勒的《瑞士史》③就属于这一类型）如果做得好的话，也有极高的价值。这一类型达到的最佳状态是，这类历史学家与第一种类型的历史学家相差无几，他们叙述得栩栩如生，以至于读者有身临其境之感，他在聆听同时代人和目击者娓娓叙述诸种事件。但是属于某一特定文化的个体必然持有的某一种音调，常常不会与时俱变，而贯穿于这样一种历史之始终，从这个作者嘴里说出来的精神，是一种完全不同于这些时代精神的精神。因此，李维让罗马的老国王、执政官和统帅们发表演讲，就好像他们变成了李维时代的一个精明能干的律师，而与真正的、在古代进行过的演讲，比如梅聂尼乌斯·阿格里帕④的寓言，形成了

［15］

---

① W 本作：Weise besonders sich，据黑格尔手稿改为 Weise, Besonderes sich。——原编者注

② 西西里的狄奥多罗斯，生活在恺撒大帝和奥古斯都时代，他自己的陈述清楚地表明，他在公元前 60—前 57 年游历埃及，并在罗马度过了几年。他著有世界史 Bibliotheca historica（《历史丛书》）四十卷，共三部分。首六卷按国别分别介绍古埃及（卷一）、美索不达米亚、印度、塞西亚、阿拉伯（卷二）、北非（卷三）、希腊及欧洲（卷四至卷六）的历史与文化。第二部分（卷七至卷十七）记述自特洛伊战争以来至亚历山大大帝的世界历史。第三部分（卷十七以后）记述亚历山大以后的继业者至公元前 60 年或前 45 年恺撒发动的高卢战争。——译者注

③ 约翰·冯·米勒：《瑞士联邦史》，五卷本，1786—1808 年。——原编者注

④ 梅聂尼乌斯·阿格里帕（Menenius Agrippa）生卒年不详，有何作品不详，但是据说他曾经用了一则四肢和肚子争吵的寓言让平民和罗马贵族和解。——译者注

[16] 最为强烈的对照。同样,李维向我们描述了历次战役,就好像他亲自观看过它们一样;但是我们可以把这些画面使用到所有时代的战役当中,而且它们的规定性又同它们缺乏联系和缺乏连贯性形成对照,这种状况常常充斥在其他一些关于主要事实的片段之中。如果我们比较一下以下二者,一方面是波里比阿斯的著作中保存下来的部分,另一方面是李维利用、扩充和删减与波里比阿斯的著作同一时期的历史的方式,那么,我们就能够最大限度地认识到,这样一位编纂者和一位原始的历史学家之间到底有什么区别。约翰·冯·米勒苦心积虑要忠实地描绘他所叙述的各个时代,结果使得他的历史呈现出一种僵硬的、呆板的和迂腐的外观。我们更愿意读老**邱迪**①的同类著作②;[在老邱迪那里,]一切比这样一种纯粹刻意为之的矫揉造作的古风要朴素和自然得多。

一部这种类型的历史如果想要纵览一个很长时段的历史或者全部世界历史,就必须放弃个别地描写现实的行动,而要借助于抽象的帮助,提纲挈领,简明扼要(abkuerzen),③不仅仅是在删略许多事件和行动的意义上,而且是在思想是最强有力的赅括者的意义上。一场战役,一次大捷,一场围攻,都不再仅仅是它自身,而应该组合在一起形成一个简单的规定。就像李维在叙述同沃勒锡尼人(Volskern)之间的多次战争时,他间或惜墨如金般地说:这一年同沃勒锡尼人作战了。

bb)第二种类型的反思性的历史是所谓的实用的历史。在我们必须同过去打交道,我们必须研究一个遥远的世界的时候,那么,就精神而言的某种现在(Gegenwart)展现出来了,精神出于它自己的活动把这种现在作为它的辛劳的报偿。事件可以是千姿百态的,但是普遍物和内在物和关联却是同一个。它扬弃了过去而使得事件成为现在的。实用的反思,

[17]

---

① 老邱迪(1505—1572),瑞士人文主义者,所著《瑞士编年史》(两卷本,1734—1736年)叙述了 1000—1470 年的瑞士历史。——译者注

② 埃及迪乌斯·邱迪(Aegidius Tschudi):《瑞士编年史》,两卷本,巴塞尔,1734—1736 年。——原编者注

③ W 本作:muss sich mit abstraktion abkuerzen,据黑格尔手稿改。——原编者注

不管它们是多么抽象,实际上它们是现在的东西,它们使得对于过去的叙述获得了今天的生活的气息。这些反省是否现实地令人兴味盎然和生气勃勃,这端赖于著作家自己的精神。这里特别值得一提的是道德的反省,以及通过历史而赢得的道德的教训,人们常常修订历史正是为了获得这些东西。如果可以说,善的例子会提高心灵,而且可以在儿童的道德课程中使用这些例子,以使高贵卓越的东西浸润他们的身心,那么,民族和国家的命运,它们的各种利益、状况和纠葛,就应该另当别论了。我们总是期望君主、政治家、诸民族首先应当就教于通过历史的经验而得出的教训。但是,经验和历史所得出的教训是,诸民族和政府从来没有从历史中学会什么,也从来没有依照已经从历史中得出的教导而行动。每一个时代都有它自己特殊的状况,每一个时代的状况都是如此独一无二,以至于它必须在它自己的时代从它自身出发做出决断,而且只能如此做出决断。在各种重大事件纷至沓来之时,一条普遍的法则无济于事,对于相同的情形的回忆也无济于事,因为诸如灰色的回忆之类的东西是无法与现在的勃勃生机和自由相抗衡的。考虑到这一点,没有什么比在法国大革命时期常常发生的那种反复不断地援引希腊和罗马的例子这种做法更浅薄无聊的了。没什么比这些民族的本性和我们的时代的本性的差异更大的了。约翰·冯·米勒在他的《通史》和他的《瑞士史》中同样持有这种道德的见解,他为君主们、各个政府和民族,尤其是瑞士民族,制定了这种教导(他编修了一种独特的教训——反省集,而且频频在他的通信中给出他在一周之内整理完成的反省箴言的精确的数目),但是这些教导不能算作他的成就之中的上乘之作。只有对于历史处境和理念的深刻意义有了彻底的、自由的、广泛的直观(比如,就像在孟德斯鸠的《论法律的精神》中那样),才能给予这些反思以真理和旨趣。因此,**一种**反思性的历史跟随**另一种**相继出现;每一位著作家都可以利用这些材料,每一位都自信有能力轻而易举地整理和重新编排它们,都把他自己的精神看作适用于那些材料的时代精神。在厌倦了这样一种反思性的历史之后,我们频频穷根溯源到把一切观点排除在外的对于某个事件的记述上。这些记述

[18]

当然是有价值的东西,但是大多数只是提供资料。我们德意志人满足于这类记述;与此相反,法国人以他们的风趣幽默塑造了一种现在,并且使过去和现在的状况建立起关联。

cc)第三种方式的反思性的历史是批判性的历史;之所以要提出它,是因为它尤其是我们这个时代的德国对历史进行研究的一种方式。它不是我们这里正在阐明的历史本身,而是一种历史之历史,一种对于历史叙述的评判和对于历史叙述的真理及其可信度的研究。它实际上具有或尤其应该具有的与众不同之处,在于著作家的敏锐眼光,而不在于事实;这种眼光决定了叙述内容的取舍。在这类历史中,法国人提供了许多周翔细密和深思熟虑的东西。但是,他们仍然没有把这一种批判性的方法本身看作是一种有效的历史方法,而是把它理解为以批判性的论文的形式所作的评判。在我们德国人这里,所谓高等的批判不仅在总体上统治了语文学,而且统治了历史著作。这种高等的批判因此就被赋予了一种权利,使得一种荒诞的想象力能够进入所有可能的反历史的妄想谬说。这是在历史中赢获当代①的另一种方式;通过这种方式,人们就以主观的幻想代替了历史的数据——这种幻想越是卓尔不群,它们也就越是恣肆汪洋,也就是说,它们建立于其上的根基越是薄弱,它们也就越和历史中最具有决定性的东西背道而驰。

dd)那么,最后一种反思性的历史是这种历史,它一开始就立即显示出自己是分割成部分的东西。但是它是以抽象的方式形成的,因为它拥有普遍的观点(例如艺术史、法权史、宗教史),它是一种向哲学性的历史的过渡。在我们的时代,概念史的方式得到了更多的发展和强调。这些分支和某种民族史的全体之间存在着某种关联,而与这个问题关系最大的是,全体的关联已经被显示出了呢,还是只能在外在的关系中寻找。在后面这种情况中,它们看起来像是民族的全部的偶然的个别现象。如果现在反思性的历史进展到遵循普遍的观点的地步,那么必须注意的是,只

---

① 拉松和霍夫迈斯特作:"把当代带入历史之中"。——原编者注

要这种观点具有真正的本性,它们就不仅仅是外在的线索,一种外在的次序,而且是各种事件和行动内部的指导性的灵魂自身。因为就像灵魂的引领者水星之神①一样,理念事实上就是民族和世界的引领者,而精神就是那个已经引领并将继续引领世界事件的、合乎理性的和必然的意志。在这种引领中认识到精神,就是我们这里的目标。这就通向

c)第三种类型的历史,哲学性的历史。如果说我们谈到前面提到的两种类型时无须做什么解释,因为它们的概念是不言而喻的,那么这最后一种类型的历史并非如此,因此这种类型实际上似乎需要一种说明或者辩解。然而,普遍的历史的意思是,历史哲学无非意味着对于历史的思维着的考察而已。我们一次也不能停止思维,因为我们之有别于禽兽正是由于我们会思维;在感觉中,在认知中,在认识中,在冲动中和在意志中,只要它们是属人的,都含有一种思维。但是仅仅由于这一点就说在这里诉诸思维似乎是不够充分的,因为在历史中,思维隶属于被给予物和存在者,把它们作为自己的基础,并且受它们指导;但是与此相反,哲学归因于本己的思想,思辨从它自身之中生出哲学,而无须考虑存在着的东西。如果它带有这样一种思考研治历史,那么,它就会把历史当作材料来处理,不是把它当作它之所是,而是削足适履,依照思想来安排它,就像人们所说,先天地来建构历史。由于现在历史只是去把握现在和过去发生过的事情,事件和行动,而且它越是依附于被给予物,也就越是真实,因此,从事哲学研究似乎就和这努力处于一种矛盾之中,这种矛盾和由此而产生的加诸思辨之上的指责应该在这里得到解释和遭到驳斥,但是,我们并不因此而从事那个订正无以计数的、稀奇古怪的偏斜的观念之事务,这些观念关乎历史的目标、历史的旨趣和历史的处理方式以及历史与哲学之间的关系,它们要么正在进行之中,要么永远会被重新发现出来。

[20]

但是,与哲学如影随形般出现的唯一的思想是单纯的**理性**的思想,亦

---

① 水星,因快速运动,欧洲古代称它为墨丘利(Mercury),意为古罗马神话中飞速奔跑的信使神。——译者注

9

[21] 即理性统治世界,因此,世界历史只能以理性的方式通达。这种信念和洞见就是从根本上考虑历史本身的一个**预设**;在哲学自身之中这绝不是什么预设。在哲学中通过思辨的知识可以证明,理性——我们现在就停留在这个表述之中,而不去进一步考察它与上帝的关系与联系——是和**无限的权力**一样的实体,它自身既是所有自然的和精神的生命的**无限的质料**,又是推动着它的这些内容的**无限的形式**。它是实体,也就是说,一切现实都通过它而且在它之中获得它的存在和持存;——它就是无限的权力,当理性不是这样软弱无能,只能把它变成理想、变成应当的时候,或者当它只能外在于现实性,在无人知道的地方作为某些人的头脑中的特殊物而现成存在的时候;——它是**无限的内容**,一切的本质性和真理,以及它自身就是它的质料,而且它赋予它自身以加工改造这质料的活动,因为不像有限的行动,它不需要以那些外在的物质、被给予的手段作为条件,它只能从这些条件、手段中得到(empfinge)它的活动的营养和对象;它依靠自身而获得生命,它自己就是它对之进行加工改造的物质自身;正如单单它自身就是它自己本身的前设,它的绝对目标的目标,①它自身也是在世界历史中把它——不仅是自然的宇宙,而且包括精神的宇宙——从内部的东西转变为现象的推动者和生产者。现在这样一种理念就是真,就是永恒,就是绝对有权力的东西,它在世界之中启示自身,在世界上没有任何别的东西启示自身,除了它、它的荣誉和它的壮丽,如前所述,它就是在哲学中得到证明的东西和在这里被这样证明是预设的东西。

[22] 诸位先生,你们当中对哲学尚一无所知的人,我现在想要对你们提一点要求,那就是,你们要培养起对于理性的信念,培养起对于这个关于世界历史的讲座中关于理性的认识的一种热望,一种渴慕之情。诚然,这是对于理性洞见、对于认识的热望,而不仅仅是对于蒐集一堆认识的热望,在科学研究中,这种热望必须被预设为主体的需要。也就是说,如果我们仍然没有把这种思想、对于理性的认识带入世界历史之中,那么,我们至

---

① W 本作:前提和绝对的,据黑格尔手稿改。——原编者注

少应该具有这种坚定不移、不可动摇的信念,即理性存在于世界历史之中,而且还要具有以下信念,即理智的和自觉意志的世界没有把自己托付给偶然事件,相反,它必须在自我认识的理念的光亮中显示自身。但是事实上,我并没有要求你们预先具有这种信念。我暂时说过的东西和将要说出的东西,不仅仅是和我们这门科学相关的预设,而且要看作是对于全体的概观,我们将要进行的考察的结果,**而我本人**是知道这一结果的,因为我已经认识了全体。从对于世界历史的考察自身可以得出结论说,世界历史是理性地发生的,世界历史是世界精神的合乎理性的、必然的进程,这个精神、精神的本性永远是一个和同一个东西,它在世界定在中解释了它自己的这种本性。如前所述,这种本性必须是历史的结果。但是,我们必须如其自身那样对待历史;我们必须历史地、经验地处理它。此外,我们必须让自己不为专业的历史学家所左右,因为他们,尤其是德国的历史学家,拥有巨大的权威,把它——他们攻击哲学家的东西——当作是历史中先天的虚构。例如,有一种广为传播的无稽之谈说,存在着一个最为古老的民族,由于它受过上帝的直接教导,所以有着完全的卓见和智慧,对于一切自然的法则和精神真理都了如指掌,洞隐烛微,或者曾经有一个教士的民族,或者再增添某些具体的细节,说曾经有一部罗马史诗,罗马的历史著作家们正是以这部史诗为蓝本而创作出他们最古老的历史云云。我们还是把诸如此类的先天性①转让给那些风趣幽默的专业历史学家吧,在我们身边的这种历史学家也没有什么非同寻常之处。

因此,我们可以宣布第一个条件是,我们要忠实地把握历史的东西;不过,在"忠实地"和"把握"这样的普遍表达中存在着歧义。即使是循规蹈矩、资质平庸的历史著作家也会认为并借口说,他的所作所为不过是全盘吸收,不过是投身于被给定的东西,但是他在思维方面不是消极被动的,而是携带了他自己的范畴,并且通过这些范畴看待那些现存的东西;在所有被认为是科学的东西的特殊事物中,理性不允许昏昏入睡,而必须

---

① W本作:权威,据黑格尔手稿改。——原编者注

应用反思(Nachdenken)。谁用理性的眼光看待世界,世界也就理性地看待他,这二者处于相互规定之中。但是,反思、观点、判断这些不同的方式已经超出了事实的单纯的重要和不重要的范围,而反思是离理性最近的范畴。

关于理性已经统治和仍然统治世界并且也同样统治和仍然统治世界历史这一信念,我能回忆起两种形式和观点,因为它们同时给我们机会去考察造成最大困难的那个要旨,而且向我们指明了我们将要进一步讨论的东西。

其一是历史性的观点,古希腊人阿那克萨戈拉第一个说,努斯(nous),知性一般,或者说理性,统治世界,——这个理性还不是一种作为自觉的理性的理智,不是一种精神自身;我们必须明确地把这二者区别开来。太阳系的运动遵循着不可改变的规律,这些规律就是它自身的理性;但是太阳和依照这个规律围绕着太阳旋转的行星,都没有一种对于这些规律的意识。因此,理性就在自然之中、自然永不变更地被普遍的规律统治着这样的思想不会让我们感到骇异,我们对于这样的思想已经习以为常,从中得不出多少东西来了。我之所以为此提及那种历史的状况,只是为了使大家注意到,历史教导我们,在我们看来琐屑不足道的那些东西并不会在世界上一直存在着,但是,这样的思想在人类精神史上起了划时代的作用。亚里士多德谈到阿那克萨戈拉时把他当作这种思想的创立者,他看起来似乎就是一个众人皆醉他独醒的人。苏格拉底从阿那克萨戈拉那里接受了这种思想,这种思想就成了哲学中占统治地位的思想,除了伊壁鸠鲁学派以外,因为这个学派把一切事情都归因于偶然。柏拉图让苏格拉底说,"听到这一点,我非常高兴,我希望我已经找到了一位教师,他向我根据理性来解释自然,在特殊的事物中指示出它的特殊的目标,在全体中指示出普遍的目标。我不会放弃这个想要得到更多东西的希望。但是当我满怀热忱地研究阿那克萨戈拉本人的著作,发现它只是列举了像气、以太、水以及类似的外在原因,却没有提及理性时,我感到彻底地上当受骗了!"(《斐多篇》斯特方编校版第97、98页)我们看到,苏格拉底在阿

[24]

那克萨戈拉的原理那里发现的不满足的地方,和原理本身没有什么关系,而是涉及把这个原理应用于具体的自然时的缺陷,亦即,这个自然并没有从这个原理出发而得到理解、把握,根本上这个原理被认为是抽象的,自然不是被理解为这个原理的发展,不是被理解为从理性中形成的一种组织。我几乎从一开始就提请大家注意这里的这种区别,一种规定、一个原则、一个真理是否只是被抽象地坚持着,或者,这种规定、原则、真理是否进一步发展为了更细致的规定和具体的发展。这种区别是彻头彻尾的,而且此外,在我们世界历史的结尾,考察最近的政治状况时,我们会回溯到这种情形。

其二就是理性统治世界这种思想显示出来的现象和一种进一步的应用紧密联系在一起,这种以宗教真理的形式出现的应用我们耳熟能详,也就是说,世界并不委身于偶然事件和外在的、偶然的原因,毋宁说,一种**天意**(Vorsehung)统治着世界。我在先前阐明过,我不想要求诸位信仰这里陈述的原理;但是,我想要呼吁诸君信仰这种宗教形式的原理,如果哲学科学的性质根本上容许"各种预设是有效的"这一点的话,或者换一种方式说,因为我们所要探讨的科学自身提供了证明,尽管不是真理的证明,而是那种基本原则的正确性的证明。现在,一种天意,确切地说,上帝的天意主管着世界的事件这一真理和上述的原理相吻合,因为上帝的天意是具有无限权力的智慧,它把它的目标,也就是说,世界的绝对的、理性的终极目标现实化了;理性就是完全自由地自己规定自己的思维。

[25]

但是此外,在这种信仰和我们的原理之间还有一种差异,也可以说是矛盾,特别扎眼,这和苏格拉底的要求与阿那克萨戈拉的原则之间的矛盾如出一辙。那个信仰也同样是未被规定的,是人们称之为对于天意的信仰一般的那个东西,还没有进一步发展到获得了规定,应用到全体,应用到世界历史的无所不包的进程之中。但是,解释历史意味着,揭露人类的激情、天才和发生作用的力量,我们习惯性地称这种天意的规定性为它的**计划**。但是这个计划对于我们的眼睛来说是隐藏着的,想要认识这个计划简直是狂妄之举。阿那克萨戈拉对于知性如何在现实性之中启示自身

[26] 的无知是胸怀磊落的;对于这个思想的意识在他身上和在希腊人身上根本就还没有得到进一步的发展;他还不能把他的普遍的原理应用到具体的东西之中,从具体的东西之中认识到普遍的原理,因为苏格拉底迈出了第一步,考虑把具体事务和普遍原理结合起来。因此阿那克萨戈拉没有对于这种应用采取敌对的态度;但是对于天意的信仰至少是反对在重大意义上的应用的,同样反对①对于天意的计划的认识。因为在特殊事物中,人们时不时地承认它有效,比如当虔诚的心灵在个别的突发事件中认识到的不仅是偶然的东西,而更是上帝的旨意之时,当一个处在巨大的困境与窘迫之中的个体得到了不曾期望的帮助之时;但是这个目标自身是有限的类型,是个体的特殊目标。但是,我们在世界历史中同其打交道的个体是诸民族,与之打交道的全体,是诸国家;所有我们不能停留在那种——暂且这么说——小摊小贩对于天意的信仰的层次上,更不能停留在那种纯粹抽象的、毫无规定的信仰上,这种信仰只能进一步发展为"有一种天意"这种普遍的信仰,但是绝不会发展为它的有规定的行动。相反,我们必须严肃认真地认识通往天意的诸道路,天意在历史中的各种手段和各种现象,而且我们要把这些东西和那个普遍的原理联系在一起。

但是,在提及对于上帝的天意的计划一般认识之时,我回想起上面提到过的那个它在我们这个时代的重要性的问题,也就是关于认识上帝的可能性的问题,或者相反,因为它已经不再成其为一个问题,我要提醒大家一个已经成为偏见的学说,即认识上帝是不可能的。和在《圣经》中被
[27] 规定为最高义务的东西——不仅仅是爱上帝,而且是认识上帝——直接矛盾的是,现在对在《圣经》中说出来的东西的否认占据了统治地位,《圣经》说,精神就是引导人进入真理的东西,它认识一切的事物,深入到神性的深处。因为人们根本上把上帝的本质置于我们的认识和人类的事物的彼岸,所以,人们就因此而达到了安逸状态,任意逍遥地在他们自己的

---

① W 本作:im Grossen oder gegen,据黑格尔手稿改为 im Grossen,eben gegen。——原编者注

表象中溜达。人们从给予他们的认识以一种与神性的东西和真的东西之间的关系中解脱了出来;相反,我们的认识具有虚妄性,我们主观地认为它有绝对充分的合理性;而虔诚的谦逊,由于对关于上帝的认识漠不关心,就深深地知道,它的任性与虚妄的冲动究竟能够因此而赢得什么了。

因此我们曾经提及,我们的命题,"理性统治世界而且一直统治世界",与认识上帝的可能性这个问题有着紧密的关联,我之所以不愿意存而不论,就是为了①避免怀疑,哲学是否害怕或者一向害怕提起宗教的真理,而且哲学从这条道路继续前进,确切地说,是因为与此相反,哲学可以说压根儿没有任何善的良知。毋宁说,在近代它得到了长足的发展,以至于哲学自身接受了宗教的内容以抵御多种不同类型的神学。上帝已经在基督宗教中启示了自身,这就是说,上帝已经使人去认识他之所是,因此,他不再是一个被锁闭之物、神秘之物;于是,我们就有了认识上帝的可能性并肩负起认识上帝的义务。上帝不愿意心胸狭隘的心灵和空空如也的头脑成为他的子民,而是愿意这样的人,他们的精神虽然自身贫乏但是在认识上帝时却极为丰赡,它把全部的价值都赋予了这种对于上帝的认识。思维着的精神之发展就是从神圣的存在者的启示这个基础出发的,它最终必然会延展到这个地步,即,首先被放置在感觉着和表象着的精神面前的东西,也可以用思想来把握。最终必定有一个时刻把握住了创造性的理性的这种丰赡的生产,而这种生产就是世界历史。曾经有一阵子,赞赏在动物、植物和个别的命运中【体现出来】的上帝的智慧是一种时尚。如果我们承认天意已经在这样的对象和质料中启示自身,那么,它为什么不会也在世界历史之中启示自身呢?这个质料看起来过于庞大。但是,上帝的智慧,亦即理性,别无二致地既体现在庞大的事物之中,也体现在细微的事物之中,我们绝对不能认为上帝过于虚弱,竟至于不能把他的智慧应用于庞大的事物之中。我们的认识只在于赢获这种洞见,即永恒的智慧所设置的目标既可以在自然的领域中显示出来,也同样可以在世界上

[28]

---

① W 本作:um nicht(为了不)。——原编者注

现实的和能动的精神领域中显示出来。就这点而言,我们的考察就是一种神正论,一种为上帝而进行的辩护,莱布尼兹以他的方式形而上学地在仍然未被规定的、抽象的范畴中寻求这种神正论,因此世界上的罪恶才可以被把握,思维着的精神和恶最终得到和解。实际上,任何地方都不如在世界历史中更迫切地需要这样一种和解性的认识。这种和解只能通过对于肯定性的事物的认识而达到,否定物消失在肯定物之中,成为它的附属物和被克服物,部分地通过意识到世界的终极目标真正意义上是什么,部分地通过意识到,终极目标是在世界历史之中被实现的,而且,除了它,恶是不可能最终起作用的。但是,这远不足以令人拥有对于 nous(努斯)和天意的纯粹信仰。关于理性,我们说,理性统治世界,这个理性是天意的一个同样没有得到规定的词语,——人们总是谈论理性,但是却没有能够刚好指出,它的规定、它的内容是什么,根据这些我们才能判断,某物是否是理性的,或者非理性的。在它的规定中被把握的理性,首先是实事;如果我们同样停留在理性一般之中,那么,理性其实就只是词语。做了这样的说明之后,我们就要过渡到我们想要在导论中考察的第二个观点了。

[29]

B.潜在的理性自身的规定是什么这个问题,就理性被带入了和世界的关系而言,是和下面这个问题联系在一起的,即**世界的终极目的**是什么;这个表述中容易理解的是,这个终极目的应该被实在化、现实化。在这里应该考虑的有两点,终极目的的内容,如其自身的规定本身和它的现实化。

我们首先必须注意的是,我们的对象,世界历史,属于精神的领域。世界把握了自在的物理自然和心理自然。物理的自然同时也包含在世界历史之中,而我们从一开始就已经注意到自然规定的基本关系。但是,精神及其发展的历程却是实体性的东西。我们这里并不需要以一种特殊的、本己的原理来考察自然,同样把自在的自然自身作为一个理性的系统,相反,我们仅仅在它和精神的关系之中来对它进行考察。但是,精神存在于我们在其中观察它的那个舞台上,存在于世界历史之中,存在于它自己的最具体的现实性之中;但是,尽管如此,或者毋宁说,为了以它自己的具体现实性的方式把握普遍性,我们必须先**从精神的本性出发预先讨论**几个抽象的规定。不过在这里,这个本性只能以断言的方式出现,现在还不是思辨地发展精神的理念的时候,因为在一个导论中能够说出的东西,就像已经注意到的那样,根本上必须被以历史的方式采纳为前设,这个前设要么在其他地方已经获得它的解释或者它的证明,要么在一系列的历史科学的论文中才能得到它的认证。〔30〕

所以,我们在这里要提出的是:

a)精神的本性的抽象规定;

b)为了把它的理念实在化,精神需要什么手段;

c)最后是要考察它的形态,这个形态是精神在它的定在中完全实在化——国家。

a)精神的本性是通过与它完全对立的东西而得以认识的。正如物质的实体是重力,那么,我们必须说,精神的实体、精神的本质是自由。有一点对每个人来说都是直接可信的,即除了其他属性之外,精神拥有自由;但是哲学教导我们说,精神只有通过自由才能持存,一切都只是自由的手段,一切都只是寻求和产生自由;自由是精神的唯一真实的东西,这就是思辨哲学的一种认识。物质是有重力的,就它趋向于某一个中心而言;它本质上是复合而成的,它的组成部分互相外在地持存,它寻求它的统一性,而且因此寻求扬弃自身,寻求它的对立面。如果它达到了这一点,那么它就再也不是物质了,相反,它已经消灭了;它努力趋向观念性,因为在统一性之中,它是观念性的。与此相反,精神正好是在它自身之中就拥有中心的东西;它并不在它之外拥有统一性,而是它已经发现了它;它自己就存在于自身之中,它自己依靠它自身而存在。物质在它之外有它的实体;精神就是**依靠自己的自身存在**(Bei-sich-selbst-Sein)。精神刚好就是自由,因为如果我是有所依凭的,那么我就和一个不是我的他者发生关联;没有一个外在的存在者,我就不能存在;只有在我依靠我自己而存在时,我是自由的。精神的这种依靠自己的自身存在就是自我意识,就是自身对于自己的意识。在意识中有两样东西必须区别开来,首先是我知道**这一点**(dass),其次是我知道**什么**(was)。这二者凭靠自我意识而结合在一起,因为精神自己知道自己,它就是它自己本己的本性的判断,而且它同时就是自己达到自身和因此自己产生自身、把自己造就为它潜在地就是的那个东西的活动。依照这种抽象的规定,关于世界历史,我们可以说,它就是精神的表现,它是如何努力获得对它潜在之所是的知识的;就好像胚芽在自身之中包含了树木的全部本性,果实的味道、形式,精神在它最初的迹象中潜在地已经包含了全部的历史。东方人还不知道,精神或者人之为人潜在地是自由的;因为他们还不知道这一点,所以他们就不是自由的;他们只是知道,一个人是自由的,但则此之故,这样的自由就只能是任性、粗野、迟钝的激情,或者也是这种激情的柔和、驯服,这种激情只能是一种偶然的自然现象或者一种任性。所以,这一个人只是一个专制君主,而不是一个自由的人。——自由的意识首先在希腊人中间升起,所以他们曾经是自由的;但是他们,犹如罗马人,只是知道,少数人而不是人之为人是自由的。甚至柏拉图和亚里士多德都不知道这一点。因此,希腊人不仅蓄有奴隶,他们的生活和他们的美丽的自由的持存是受到这一点约束的,而且他们的自由本身部分地只是一朵偶然的、过去的和受到限制的花朵,同时部分地是人类的或者人道的一种冷酷无情的被屈从状态。——信仰基督教的诸日耳曼民族首先达到了一种意识,即作为人的人【是】自由的,精神的自由造就了他最本己的本性。这种意识首先出现在宗教中,出现在最内在的精神区域中;但是想要在世界的本质之中推行这个原则,这是一个更进一步的任务,这个任务要求解决并执行一项步履维艰且旷日持久的教化工作。例如,虽然接受了基督宗教,但是奴隶制并没有因此而直接取消,与此同时,在各个国家中,自由因此而更不流行,以一种理性的方式组织起来的政府和宪法,或者说完全建基于自由的原则的政府和宪法,也更是凤毛麟角。把这项原则应用于世界性之中,通过这个原则来彻底改造和彻底实现世界的状况,这是一个构成历史本身的漫长过程。至于这个原则作为一个原则本身和它的应用——也就是说把它推广到和实现于精神与生命的现实性之中——之间的区别,我已经提请大家予以关注了;它是我们的科学中的一个基本规定,需要在本质上牢牢确立于思想之中。现在,与在这里先行得到强调的基督教的原则亦即自由的自我意识的原则①相关的这种区别发生了,正如与自由的原则一般相关的区别也本质性地发生了。世界历史就是自由的意识的进展——我们必须在它的必然性之中认识这种进展。

关于自由的知识之差异,我们已经提纲挈领地说到过,确切地说,它首先是以三种形式出现的,东方世界只知道,一个人是自由的;而希腊世界和罗马世界认识到,一些人是自由的。但是,我们认识到,所有自在存在的人,也就是说人之所以为人,都是自由的。借助于这些东西,世界历史的划分得到规定,并且我们探讨世界历史的方式也同时得到了规定。然而,这还只是暂时性的顺便提及;我们还必须先行阐释几个概念。

同时作为精神世界的规定,以及——因为这个精神的世界是实体性的世界,而物理的世界是从属于它的,或者,用思辨的表达来说,与前者相比并不具有真理性——作为**历史的最终目的**,精神对于它的自由的意识以及根本上它的自由的现实性已经被规定了。但是这种自由,就像它已经被规定的那样,自身还是不确定的,还是一个具有无限多的含义的语词,虽然它是最高的东西,但是它会导致对它自身的无限的误解、混淆和错误,并且在自身之中包含一切可能的离题万里,没有哪个时代比我们现在这个时代能够更好地意识和经验到这一点;但是,我们在这里首先要在那种最普遍的规定上来使用它。此外,我们还必须注意到在首先只是自在存在的原则和现实存在的原则之间存在着的无限差异的重要性。与此同时,在它自身之中包含着无限的必然性的那个自由在它自身之中同时就是对它自己的意识——因为依照它的概念,自由就是对自身的知道——,而且因此把它带向现实性:它自身就是它要努力实现的目的,以

[33]

---

① W本作:自我意识的原则,自由的原则,据黑格尔手稿改为"自由的自我意识的原则"。——原编者注

及精神的唯一目的。这个最终目的就是在世界历史之中要努力争取的东西,就是大地这个广阔的祭坛上和漫长的历史进程之中一切牺牲为之而奉献的东西。这个目的是独立地自我完成和自我实现的东西,既是在一切事件和状况的变化更迭之中独立自存的东西,又是在这变化更迭之中真正起作用的东西。这个最终目的就是上帝想要通过世界而达成的东西,但是上帝是最完满的东西,而上帝因此就只能意愿着他自己本身、他自己的意志。但是他的意志的本性、也就是他的本性一般之所是是这样一个东西,如果我们在思想中把握住了宗教的表象,我们在这里就把这个东西命名为自由的理念。现在可以直接提出来的问题只能是这一问题:需要什么样的手段才能实现它?这就是我们接下来要考察的第二点。

  b)自由借助于什么样的手段才能生成为一个世界的问题,把我们带到历史的现象本身之中。如果自由本身首先是一个内在的概念,那么,与此相反,手段是一个外在的东西,显现着的东西,它们在历史之中直接出现在我们眼前并显示自身。但是,对于历史最切近的观看向我们指出,人的行动是从他们的需要①、他们的激情、他们的利益、他们的个性和才能出发的,确切地说,在这出活动的戏剧之中唯有需要、激情、利益,它们显现为主要的推动力并作为主要起作用的因素登上舞台。即便在其中存在着某些普遍的目的、善良意志、高尚的爱国心;但是这些德性和这些普遍物和世界以及和它们所完成的事业之间存在着的关联是微不足道的。即便我们能够在这些主体自身之中看见理性的规定,并且在他们的效应范围之中看见了理性的规定的现实化,但是它们和人类历史这个庞然大物之间的关系也是无足轻重的;同样,那些具有德性的芸芸众生也只是在很小的范围内是相关的。与此相反,激情、特殊利益的目的、私人嗜欲的满足是最强有力者;它们所具有的权力在于,它们丝毫也不尊重法权和道德想要加诸其上的那些限制,这种自然强权,比起那些忸怩造作的、没完没

---

  ① W本作:Geschichte ueberzeugt uns, dass die Handlungen der Menschen von ihren Beduerfnissen,据黑格尔手稿改为Geschichte aber zeugt uns die Handlungen der Menschen von ihren Beduerfnissen。——原编者注

了的培育以形成秩序和自制、法权和道德，对于人有一种立竿见影的影响。如果我们考察一下这种激情的戏剧以及它们的暴力行为的种种后果，发现无理智（Unverstandes）不但同激情扭结在一起，而且它自身也和、甚至主要的是和具有善良意图、正确目的的东西扭结在一起，如果我们从中看到人类历史曾经创造的最为繁盛的帝国的祸害、罪恶和没落，那么，面对人世无常繁华易逝时，我们就只能满腹心酸了，而且由于这种没落不仅仅是自然的作品，而且也是人的意志的作品，那么，在面对这样一出戏剧之时，我们最终只能表现出一种道德的忧郁，一种善良精神的义愤了，[35] 如果我们真的具有这样一种善良精神的话。无须演说家的口吐莲花、言过其实，只需恰如其分地把最高贵者在形成一个民族、一个国家时以及私人德性上所遭受的不幸汇编在一起，我们就能够构成一个最令人惊心动魄的画廊，而且同样因此而激起最深在的、最不知所措的悲哀的情感，这种情感绝不会把任何和解的结果当作平衡力量，而和这种情感相对立，我们只会因此而强化我们自己，或者因此而从它之中走出来，因为我们认为：它只是现在一度如此这样而已；它是一种命运；在这里什么都不能改变；——所以，我们便从能够使我们从对悲哀进行这种反思的索然无味之中退出来，回到我们的生命感之中，回到我们当前的目的和利益之中，快速地回到我们的自我约束之中，这种自我约束停靠在宁静的河岸边，在那里肯定可以享受从远方眺望杂乱无章的废墟的乐趣。但是，即使我们把历史看作是把诸民族的幸福、诸国家的智慧和诸个体的德性当作牺牲在其上惨遭屠戮的宰牲凳，也必然会从这种思想中形成一个问题，这种无比巨大的牺牲到底是奉献给谁，为了什么样的最终目的。通常从这里出发会形成这样的问题，即我们要把什么作为我们的考察的普遍开端；从同一个起点出发，我们已经把那样的事件——这些事情为我们呈现出的这一画廊激起阴郁的情感以及对之进行的感性的反思——规定为这样一个场所，在其中我们仅仅愿意看到就我们主张的东西而言的手段，亦即，它是实质性的规定，绝对的终极目的，或者换一种说法，它是世界历史的真正的结果。我们从一开始就根本上鄙弃选择反思的道路，从这样一幅特殊

[36] 物的图像上升为普遍物;把自己提升到超越于这种感觉之上,并解答在这种考察中已经放弃了的天意之谜,这本来就不是这些充满情感的反思的兴趣之所在。毋宁说,它自己的本质是忧郁地喜欢这种否定的结果的空虚的、不结果实的崇高。于是,我们现在返回到我们采纳的立场;我们将要提到的各个环节也会包含关于从这个画廊中产生的那些问题之回答的各种本质性的规定。

我们已经注意到的第一点是——这一点我们已经频频提到过,但是只要牵涉到它,我们会不厌其烦地反复提到它——,我们所谓的精神的概念、终极目的、规定或者本性和概念,只是一个普遍物、抽象物。原则,以及公理、规律,是一个内在物,它作为这样的东西,无论在它之中是多么真实,并不是完全现实的。诸目的、诸公理等等存在于我们的思想之中,首先存在于我们的内在意图之中,但是仍然尚未存在于现实性之中。自在存在之物是一种可能性,是一种能力,但是仍然尚未走出内在的方面而走向实存。为了达到现实性,必须添加**第二个**环节,而它就是实行、实现,它的原则是意志、一般意义上的人的活动。只有通过这种活动,这个概念和自在存在着的规定才会被实在化、现实化,因为它们通过它们自身是不会直接起作用的。这个把它们设置入作品和定在的活动,是人的需要、冲动、禀好和激情。我要把某些东西带向行动与定在,对此我极为上心;我必须参加到这些事情之中,我想要通过它们的完成才获得满足。我想要为之而付出行动的一个目的必须无论如何也是我的目的;我必须同时让我的目的参与其中才能获得满足,虽然我为之付出行动的那个目的也具有许多其他的、与我毫不相关的面相。主体的无限的法权是,他自身在他

[37] 的活动与劳动中获得满足。如果人们想要对某个东西发生兴趣,那么,他自身一定要参与其中,发现他自己的自我感觉在其中获得满足。人们必须避免对此产生的一个误解:如果我们说一个个体对参与某些活动发生了兴趣,也就是说,他只是寻求他的私人利益,那么,我们就想指责他,义正辞严地指责他做了坏事。如果我们指责这个人,那么我们认为,他寻求这种私人利益而不考虑普遍的目的,在一切场合下只打自己的小算盘,或

者甚至假公济私;但是,谁要是为了一件实事而行动,它就不仅仅是一般意义上的感兴趣,而是**为此**(debei)而感兴趣。语言正确地表达出了这种差异。除非那些主动地参与到其中的个体也获得了满足,否则,就什么都不会发生,也什么都不会完成。他们是特定的人,也就是说,他们拥有特殊的、属于他们自己的一般意义的需要、本能、利益:属于这种需要的不仅仅包括自己的需要和意志,而且也包括他们自己的洞见、确信,或者至少包括他们的想当然、意见,如果其他的东西,例如推理、知性、理性的各种需要已经觉醒了的话。因为如果人们想要为了一件实事而积极行动的话,人们也会要求,这件实事必须一般地合乎他们的胃口,他们能够在这件事情上持有他们的意见,这件实事自身是好的,合乎他的法权、利益,对他有用。这尤其是我们这个时代的一个本质性的环节,在这个时代,人们不再通过信任和权威而被迫卷入到某个事物之中,而是通过他们自己的知性、独立不依的确信和自以为是而献身于某个实事的行动之中。

于是,我们就可以说,如果通过他们的活动而通力合作的那些人没有兴趣(利益),那就什么也不会取得成功;如果我们把一种利益(兴趣)命名为激情的话,由于全部的个体把人们拥有和能够拥有的一切其他的利益与目的置之度外,而把他们的意志的一切天生的才能都放置于一个对象之上,把他们所有的需要和力量都集中于这个目的之上,所以,我们必须从根本上说,**如果没有激情,世界上一切伟大的事业没有一个**可以获得成功。这里有两个因素成为我们的对象;一个因素是理念,另一个因素是人类的激情;一个因素是在我们面前已经展开的世界历史这块巨大地毯的经纱,另一个因素是它的纬纱。这二者的具体的中心和统一就是国家中的伦理性的自由。这里关涉的是作为精神的本性和历史的绝对最终目的的自由的理念。激情一直被看作这样一种东西,它是不正确的,它或多或少是恶劣的:人不应该拥有任何激情。对于我在这里想要表达的东西,激情并不是一个恰如其分的词。也就是说,我在这里理解人的活动是从特定的兴趣(利益)出发,从特殊的目的出发,或者如果人们愿意,也可以说是从自私自利的意图出发,确切地说,他们把他们的意志和个性的全部

[38]

能量都置入这些目的之中,为了这些目的而牺牲掉可能也是目的的其他东西,或者毋宁说牺牲掉一切其他东西。这种特定的内容因此而和人的意志合而为一,以至于,它构成了意志的全部规定性并且和它不可分离;这个内容因此就是意志之所是的东西。因为个体就是一个在那里存在着的人,而不是一般意义上的人,因为实存着的不是一般意义上的人,而是某个特定的人。个性总是同样地表达意志和智力的这种规定性。但是,个性从根本上在自身之中把握住了一切特殊性,在私人关系中的行为举止的方式等等,而这种规定性决不能设定为处于效果与活动之中。我想要谈论激情,以此来理解个性的特殊规定性,因为意志的这些规定性并不只是具有私人的内容,而且是普遍的行动的推动者和影响者。激情首先[39]是主观的方面,因为它是能量、意志和活动的形式的方面,在这些方面中,内容或者目的还是悬而未决的;同样,它也存在于他自己的确信状态之中,存在于他自己的洞见之中和他自己的良知之中。这永远端赖于,我的确信具有什么样的内容,我的激情具有什么样的目的,这一方或者另一方是否具有真正的本性。但是反过来,如果它具有这种真实的本性,那么,得到的结果是,它进入到它的实存之中,从而变成现实的。

在我们顺便考察一下国家的时候,从关于某个目的的历史现实性的第二个本质性要素的讨论中可以得出,根据这些方面,一个国家在它自身之中就是百业俱兴、国富民强。如果市民的私人利益和他们的普遍目的统一在一起、一方面在另一方面之中发现了它的满足和实现的话——这是一个自为地具有最高重要性的命题,但是在国家中,它需要采取许多制度,成立许多合乎目的的机构,而这一切伴随着长时期的聪明头脑的战争,直到它把合乎目的的东西带入意识之中为止,以及伴随着和各种特殊的利益与激情的战争,对这些利益和激情进行斗霜傲雪、旷日持久的规训,直到成功地获得这种统一为止。这样一种统一的时间点造就了它的繁荣、德性、力量和幸福的时期。但是,世界历史不是从任何一种自觉的目的开始的,就好像在某些特殊的人的圈子里表现的那样。这种类型的共同生活的单纯本能已经具有确保他们的生命和财产的自觉目的,一旦

导　论

这种共同生活成功建立起来,这种目的也就开始不断扩展。世界历史始于它的普遍目的,即精神的概念只是自在地,也就是说,以自然作为基础而获得满足;它是内在目的,最内在的、不自觉的①冲动,世界历史的全部事务是,就像已经一般地提及过的那样,把这种无意识的冲动带向意识的劳动。被称为主观的方面的东西,需要、冲动、热情和利益,以及意见和主观的表象等自身自为地现存的东西,都以自然存在、自然意志的形态露面。这些无以计数的意愿、利益和活动是世界历史的工具和手段,为了完成它的目的,把它提升为意识并且实现它;这个目的仅仅是为了发现自己,回到自身之中和直观作为现实性的自身。但是,生机勃勃的诸个体和诸民族在追求和满足他们自己的目的的同时,也是一个更高的和更广阔的目的的手段,只是他们对这个更高的目的还一无所知,不自觉地完成了这个目的,以上这个说法可能会被当作一个问题,也必定会被当作一个问题,它已经以各种方式遭到否定,而被诋毁和唾弃为痴人说梦和哲学。但是关于这一点,我从一开始就明确地表达了自己的观点,我们的前提(它在最后会作为结果而显示自己)和我们的信念主张,理性统治世界并且因此也统治世界历史。与这个自在自为的普遍的东西和实体性的东西相对立,一切其他的东西都从属于它,为它服务,充当它的手段。但是此外,这个理性内在于历史的定在之中,并且在历史定在之中通过历史定在而自我完成。普遍物、一般意义上的自在自为的存在者和个别物、主观的东西的统一,这个统一单独地就是真理,它是思辨的本性,在逻辑学中通过这种普遍的形式才能得到处理。但是在世界历史的进程中,确切地说,在仍然在不断进步之中把握到的进程之中,历史的最纯粹的最终的目的还不是需要和利益的内容,在它还是对此毫无自觉之时,普遍物只存在于特殊的目标中,只能通过它自身来完成。这个问题也采取了把"自由"和"必然性"统一在一起的形式,如果我们回忆起自在自为地存在着的精神的进程,把它看作必然性,而与此相反,把在意识中显现为人的意志和兴

[40]

[41]

---

① W 本作"有意识的",据黑格尔手稿改。——原编者注

趣的东西归于自由的名下的话。因为诸规定的形而上学的关联,也就是说,概念中的关联,属于逻辑学,所以,我们在这里不能把它们拆卸开来。这里只需要提及和它相关的主要因素。

我们在哲学中已经指出,理念向前进展到了无限的对立,这种对立既是理念的自由的、普遍的方式,通过这种方式,理念保持在自身之中,又是它在自身之中的纯粹抽象的反思,但是,这种反思是形式的自为存在,自我、形式的自由,它只应该归属于精神。普遍的理念一方面这样作为实体性的充满,另一方面作为自由任性的抽象物。这种反思在自身之中就是个别的自我意识,与理念一般相对立的他者,而且因此处于绝对的有限性之中。这个他者恰好因此对于普遍的绝对而言是有限性、规定性:它是它的定在的方面,它的形式的实在性的基础和上帝的荣誉的基础。——把握住这种对立的这个绝对的关联,就是形而上学的深刻的任务。此外,由于这种有限性一般,一切特殊性就被设定了。形式的意志意愿着自身,这个自我应当存在于它以之为目的和对之有所作为的一切事物之中。虔敬的个体将会得到拯救并获得幸福。这个有别于绝对的、普遍的本质而自为地实存着的极端就是一个特殊物,他知道特殊性并且意愿着特殊性;他根本上是站在现象的立场上。特殊的目的就属于现象的领域,因为个体将他自身放置到他的特殊性之中,填满他和实现他。因此,这个立场要么是幸福要么是不幸。幸福的是这些个体,他使他的定在适合于他的特殊的个性、意愿和任性,并且因此在他的定在之中享受他自身。世界历史并不是幸福的地基。那些幸福的时期是历史上空白的页码。因为那些时期是和谐的时期,缺乏对立的时期。在自身之中的反思、这种自由根本上是抽象的,是绝对理念的活动的形式要素。这种活动是推论的中项,它的一个极端是普遍物、理念,它栖息在精神内部的竖井中,它的另一个极端是外在性一般、对象性的物质。活动是中项,它把普遍物和内部物接引到客观性之中。

我将要尝试做的是,通过举例说明的方式使已经说过的东西更加形象生动、清楚明白。

[42]

建造一座房屋，首先有一个内在的目的和意图。与之相对立的是，特殊的要素作为手段，作为像钢铁、木材和石头等一样的材料。为了加工处理这些材料，我们要利用一些要素：利用火来熔化铁，利用风吹火，利用水来转动轮子，切割木材等等。结果是，曾经有所帮助的风被房屋阻挡住了，同样，由于下雨而涨起来的洪水和因为起火而造成的毁坏都被抵御住了，如果房屋耐火的话。石头和木材听从重力的使唤，不停地向下沉降到深处，通过这一点，高高的墙壁才能修建起来。因此，这些要素各自依照它们的本性而得到利用，并且通过相互合作而产生一个产品，它们又受到这个产品的限制。以同样的方式，各种激情能够获得满足，它们依照它们的规定形成了它们自身以及它们的目的，生产出了人类社会的建筑物，在这个建筑物中，他们努力获得法权、秩序以**反对**他们自己的强权。

此外，上面所指出的这种关系包含以下事实，即在世界历史中，通过人们的行动，除了人们以之为目的的东西和达到的东西，除了他们直接知道和意愿的东西，还产生了某些别的东西；他们实现了他们的利益，但是他们还因此实现了某种更多的东西，这些东西潜伏于其中，但是却并不存在于他们的意识和他们的意图之中。我们可以举一个人的例子来做类比，这个人为复仇心所驱使，这种复仇心也许具有正当理由，例如，由于受到了不公正的伤害，而烧毁了另外一个人的房屋；在这一事件中，直接的行动已经和更远的、可是自身完全外在的状况之间发生了一种关联，这种状况不属于那个完全自为地直接地采纳的行动。这种行为自身只是在一根梁木的一个小小的地方放了一星小火。与此没有什么关系的事情，却通过它自身进一步发生了；这根梁木被点燃的地方和它的更远的地方联系在了一起，而这根梁木又和整个房屋的木质结构、这个房屋又和其他房屋联系在了一起，于是形成了一场持续蔓延的火灾，这场大火不仅使他存心要报复的那些人的财产与所有物化为灰烬，而且还赔上了许多人的性命。这一火灾既非出自那个始作俑者的直接①行动，亦非他有意而为之。

[43]

---

① 原作："普遍的"，据黑格尔手稿改。——原编者注

但是另一方面,这个行动又包含着一个进一步的普遍规定:这一行动只是想要通过毁灭他人的财产而达到报复他人的目的;但是这个行动已经进一步发展成为一种犯罪,而这种犯罪行为又包含了对于它自身的惩罚。也许他并没有意识到这一点,犯罪更没有体现在行动者的意志之中,但是这就是他的自在的行动,普遍者,通过行动自身而给他自己带来的那个东西的实体性的东西。——仅仅通过这个例子就可以确定,在直接的行动中,存在着比行动者的意志和意识之中更为复杂丰富的东西。而且,这个例子还包含着潜在的更丰富的内容,即行动的实体,以及因此一般意义上的行动自身,和它所完成的东西完全颠倒过来了,它变成了对于把它捣毁掉的那个东西的一种反冲。

[44] 这两个极端的统一,普遍的理念向直接的现实性的实在化和把个别性提高到普遍的真理之中,首先是在这两个相互对立的方面具有差异而又漠不相干这个前提之中发生的。行动者在他们的活动之中具有有限的目的,特殊的利益,但是他们是知道者、思维者。他们的目的的内容是和法权、义务等等的普遍的、本质性的规定交织在一起的。因为纯粹的欲望、意愿的狂野和粗暴超出了世界历史的舞台和领域的范围之外。这些普遍的规定同时是目的和行动的指导线索,具有特定的内容。因为像"为了善良而善良"这样的空虚的东西压根儿在活生生的现实性中占不到它的位置。如果人们想要行动,那么,人们不仅意愿着善良,而且他们必须知道,这些或那些东西是否是善良的。对于私人生活的日常的行为处事而言,哪些内容善良与否,正当与否,是由一个国家的法律与习俗所规定的。要认识到这一点,并不需要费尽心力。每一个个体都有他的地位,他知道什么在根本上是正当的、值得尊敬的行动方式。对于这种习以为常的私人关系而言,如果人们认为选择法权和善良难于上青天,如果人们认为在其中发现困难和有所顾忌具有一种优越的道德感,那么,这毋宁可以归因于邪恶的或者罪恶的意志,这种意志试图逃避它的义务,而认识到这种义务并不困难,或者无论如何,可以归因于反思着的心灵的游手好闲,他那薄弱的意志并没有让他大费周章,而只是一向在自身之中自娱自

乐,喋喋不休地唠叨着道德的自足。

然而,在错综复杂的历史关系中,它却完全是另一番景象。在这里巧的是,在历史领域中,在年深日久的、已获承认的义务、法律和法权与可能性之间形成了巨大的冲突,这些可能性和这种体系相对立,它们损害它,毁灭了它的基础与现实性,但它们同时具有一种内容,这种内容能够显现为良好的、带有巨大优越性的、本质性的和必然性的。现在,这些可能性变成历史性的了;它们在自身之中包含着另一种类型的普遍物,这种普遍物在一个民族或者国家的持存中形成了一个基础。这种普遍物是生产性理念的一个因素,是自我奋争和自我驱动以趋向自我的真理的一个因素。这样的一个普遍物就存在于历史性的人、世界历史中的个体的目的之中。[45]

在恺撒也许不是保不住他的优越位置,但至少是保不住他和他那些处在国家权力顶峰的同侪们的平等位置之时,在恺撒处于丧失他的位置并且落败于正在逐渐转变成他的敌人的同侪们的危险之中时,他本质上属于这里。这些敌人同时既各怀鬼胎,又把形式性的国家宪法和带有法权的假象的国家权力据为己有。恺撒为了保持自己的位置、荣誉和安全这一利益而与他们战斗,因为他的敌人的权力是对于罗马帝国各个行省的统治,所以战胜他的对手同时就是征服整个帝国:于是,他在保留国家宪法的形式下成为个体的国家统治者。但是,使得他获得他的否定性目的——罗马的专制独裁——的东西,同时是罗马和世界历史的自在的、必然的规定,以至于它不仅是特定的收益,而且是把自在自为地生逢其时的东西带向完成的一种本能。他们就是历史上的伟大人物,他们自己的特殊目的就包含着实体性的目的,而后者就是世界精神的意志。他们可以被称为**英雄**,因为他们不仅从平静如水的、秩序井然的、被现存的体系神圣化了的事物进程之中创造出了他们的目的和他们的天职,从某个其内容被遮蔽住了而还没有进展为一个当前的定在的源泉中,从同时既是内在的又是潜伏于地下的精神中创造出了他们的目的与天职,这个精神像冲击外壳那样冲击外在世界,而且把它强行爆破,因为精神是另一个核心,而非这个外壳的核心,——因此,他们似乎是从自身之中创造自己,从[46]

他们的行动中创造出来一种状况和世界关系,而后者似乎就是**他们的事业**和**他们的作品**。

这样的个体在他们的目标中还没有对于理念一般的意识,但是他们是实践的和政治的人。然而,与此同时,他们是思维着的人,他们对于什么东西是否生逢其时洞若观火。这就是他们的时代和他们的历史的真理,可以说是(真理的)最切近的种类,它在内部已经蓄势待发了。他们的事业就是认识普遍的东西、必然的东西、他们的世界的下一个阶段,使它们自身成为目的并且把他们的能量灌注于其中。这些世界历史性的人物,一个时代的英雄,因此就必须被承认为洞明世事的人;他们的行动、他们的言谈都是时代的无上之选。伟大的人物只是想要为了满足他们自己而非为了满足任何其他人。如果他们从其他人那里接受了任何好意的计划和建议,那么,它们毋宁说是目光短浅和差之毫厘谬以千里的东西,因为他们本人才是对这一切洞若观火、明察秋毫的人,别人从他们这里才了解了一切,发现了一切,或者至少是适应了一切。因为阔步前进的精神是一切个体的内在灵魂,但是处在不自觉的内在状态中,而伟大的人物在他们身上把这种不自觉的内在性带向自觉的意识。因此,其他的灵魂就遵从这些伟大灵魂的引导,因为他们感受到了他们在自己内在的精神中遇见的一股不可抗拒的力量。

[47] 我们把我们的目光投得更远些,投向这些世界历史性个体的命运,他们的天职就在于成为世界精神的代理人,因此他们绝不是什么幸福的人。他们并没有得到安逸享乐,他们的全部生命就是劳作与困苦,他们的全部本性就是他们的激情。一旦他们的目的达到了,他们也就盛极而衰,一如果核的空壳。他们会像亚历山大一样英年早逝,他们会像恺撒一样遭人暗算,他们会像拿破仑一样被流放到圣赫勒拿岛,客死异乡。历史性的人物都不是那种人们所说的幸福的人,也不是那种无论外在环境如何千变万化、风云变幻都只能过他的私人生活的人,——觉得一种慰藉不可或缺的人会从历史中取来这种令人毛骨悚然的慰藉。妒忌心最觉得这种慰藉不可或缺,伟大的事物和出类拔萃的事物令妒忌心怏怏不乐,它竭尽全力想要使它变得渺小,在它身上发现污点。因此,即使在我们的时代,也有

人耗费心神只为了证明,在位的君主们从根本上是不幸福的,因此,人们对于君主在位丝毫也不妒忌;他们发现他们完全可以忍受以下事实,即有人,不是自己而是他们,坐在君主的位置上。自由的人不忮不求,而且很乐意承认伟大而崇高的人,并且乐于看见他们的**存在**。

有些普遍的因素构成了个体的利益以及因此构成了他们的激情,必须根据这些要素来考察历史性的人物。他们之所以是伟大的人物,是因为他们作为一个伟大人物,不是只有胡思乱想,不是只会主观臆测,而是有志于正确无误的东西和顺应必然的东西并且把它们带向实现。这种考查方式排除了所谓的心理学的观察,这种观察最适合妒忌心,只知道把一切行动都放进心里来加以说明,使它们具有主观的形态,就好像这些行动的发出者做出一切举止都是出于或大或小的激情,出于某种**癖好**,而由于这种激情和癖好的缘故,任何人的行为都是不道德的。马其顿的亚历山大征服了希腊的一部分,然后又征服了亚细亚,因此他只是有征服癖而已。他出于渴慕荣誉、渴慕征服而行动,这就证明,是荣誉癖和征服癖驱使着他,他才做出这样一份流芳千古的伟业来。关于亚历山大大帝、关于尤里斯·恺撒,哪一个学校教员不曾说过,这些人是为这样的激情所鼓动,而因此是不道德的呢?从这里可以立即推断出,他,这位学校教员,是一个比那些伟大人物更加出类拔萃的人,因为他并不怀有那样的激情,并且可以通过以下事实给出证明,即他没有征服过亚细亚,没有打败过大流士、波罗斯岛(Poros)①,而只是自由自在无忧无虑地生活着,而且也让别人生活着。——这些心理学家尤其热衷于观察那些伟大的历史人物的生平细节,对他们来说,历史人物只是一些私人而已。人必须要吃要喝,和亲朋故旧保持联系,有着转瞬即逝的情绪和激动。仆人眼中无英雄,这是一句众所周知的谚语,我曾经狗尾续貂说——而且歌德在 10 年之后重复过它——,但是那不是因为英雄不是英雄,而是因为仆人只是仆人。② 仆

[48]

---

① Poros(波罗斯岛)是伯罗奔尼撒半岛东部的一个岛屿,岛上有公元前 6 世纪建造的波塞冬神庙。——译者注
② 参见《精神现象学》,→《黑格尔著作集》第 3 卷,第 489 页。——原编者注

人为英雄脱下长靴,伺候他上床就寝,知道英雄对于香槟酒情有独钟等等。——这些历史性的人物,由于被这样一些精通心理学的仆人服侍着,所以在历史著作中就表现得糟糕透顶;这些历史人物的这些仆人对他们搞平均主义,把他们放置在和这些人情练达的仆人同等的道德水平上,甚至还在那个水平线之下好几个等级。荷马史诗中诽谤各位君王的那个忒尔西忒斯(Thersites)①算得上一切时代的固定形象。他在荷马时代得到的咎由自取的鞭笞,亦即,用一根坚实的棍棒痛揍,不会在一切时代都发生,但是他的妒忌心、他的刚愎自用却是他扎在他自己肉里的针,那只叮咬他却永不会死的虫子是一种折磨,让他感觉到他那些高人一等的意图和诽谤在这世界上是完全没有结果的。我们也会因为忒尔西忒斯之流的命运而有一种幸灾乐祸之感。

[49]　　一个世界历史性的个体不会镇定自若地意愿这种或者那种情况,瞻前顾后,思量再三,而只会为了某一个目的而把一切置之度外。所以,就会出现这种情况,他对于其他伟大的、真正神圣的利益不屑一顾,而这样的举止难免招徕道德上的非议。但是,这么伟大的形象在他的征途中必定会践踏许多无辜的花花草草,造成很多破坏。

因此,激情的特殊利益是和普遍物的实现不可分离的;因为普遍物是从特殊物和被规定物以及从对它们的否定中出现的。特殊物是这样一种东西,它们相互之间发生斗争,其中某一部分终于遭至毁灭。自身卷入对立与斗争之中、陷于危险之中的不是普遍的理念;理念置身事外作壁上观,而不会受到任何攻击和伤害。理念让激情为了自己而工作,与此同时,理念把自身设置入实存时所凭借的东西受到了损失并且忍受着这种损害,我们把这一点称为**理性的狡计**(List der Vernunft)。因为这乃是现象,它的一部分被否定掉了,而另一部分则得到了肯定。与普遍物相比,特殊物大多微不足道,诸个体就是奉上的牺牲和付出的代价。理念并不从自己身上,而是从个体的激情中为定在和过去的牺牲支付报酬。

---

①　忒尔西忒斯是《伊利亚特》中的一名希腊士兵,喜欢骂人。——译者注

如果我们现在容忍看到以下事实,即诸个体性、他们的目的和他们的满足被牺牲掉了,他们的幸福根本上被它所属的偶然性的王国当作代价,把这些个体看作根本上从属于手段的范畴之下,那么,在他们之中还存在着这样的一面,我们犹犹豫豫地只是在这种观点之中把这一面看作是和最高的东西相对立的东西,因为它并不单纯是从属性的东西,相反,它自在地在那些个体之中就是自身永恒之物,就是神圣之物。这就是**道德**、**伦理**、**宗教性**。我们在前面已经一般地提到通过诸个体而实现理性的目的之时,这就是他们的主观的方面,他们的自以为是和真知灼见体现出来的他们的利益、他们的需要和冲动,只是被规定为形式的方面,但是,这方面自身拥有必须得到满足这一无限的法权。在我们谈论一种手段之时,我们首先想到的是,手段是一种外在于目的的手段,它不是目的的一部分。但是,事实上,一般意义上的自然物,自身被认为毫无生命的事物,在它用作手段之时,必定已经具有这样的属性,即它和这个目标相适应,在它自身之中有某种东西是和这个目标共有的东西。在那种完全外在的意义上,人们的行为举止至少是作为达到理性目的的手段;在实现目的之时,人们不仅借这个机会满足了在内容上有别于理性目的的他们的特殊目的,而且同时参与到理性目的自身之中,甚至因此就是自我目的——这个自我目的不仅仅像生物一般那样是形式的,生物一般的个体生命依照它的内容是人的生命的从属物,可以正当地用作手段,而且依照目的的内容,人也就是自我目的。我们想要从手段的范畴中提取出来的东西,也就是道德、伦理和宗教性,就落入这种规定之中。也就是说,人只是由于在他之中存在着的神圣的东西,由于从一开始就被称为理性的东西以及由于他是能动的和自我规定的而被称为自由的东西,才是在他自身之中的目的。在这里无须深入到理性的进一步发展之中,我们就可以说,宗教性、伦理等等在这里有它们的基础和源泉,并且因此把自己提高到超越外在的必然性和偶然性并抵达自身。但是,在这里,这也就是说,就诸个体被交付给自由而言,他们对于伦理和宗教的败坏与宗教和伦理的式微负有责任。人的绝对的崇高的规定的印记表现为,他知道什么是善的,什么

[50]

[51] 是恶的,以及他同时既意愿着善又意愿着恶,——一言以蔽之,他负有责任;不仅对恶有责任,而且对善也有责任;不仅是对这件事情、那件事情和一切事情负责任,而且对属于他的个体自由的善和恶负责任。唯有动物才是真正可以不负责任的。但是,这需要一场广泛而详尽的讨论,这场广泛而详尽的讨论不仅仅是关于自由自身的讨论,以剪除或者消灭一切误解,这些误解倾向于得出结论说,被称为无辜的那个东西意味着自身对于罪恶的无知无识。

在考察德性、伦理和宗教性在历史上遭受的命运之时,我们必须不要陷入诉苦申冤的陈词滥调之中,说什么世界上的好人和善人经常甚或绝大多数都没有好下场,相反,坏人和恶人却总是万事顺遂。我们常常在许多不同的意义上理解万事顺遂这个词,包括家财万贯、外在荣誉等等方面。但是,如果说到自在自为的目的这样的东西,那么,这个或那个个别的个体的这种万事顺遂或者诸事不顺并不应该被当作理性的世界秩序的一个因素。对于世界目的而言,比起纯粹个体的幸福、幸福状况来,有更多的理由要求,在这个人身上可以找到良善的、习俗的、正当的目的,并且通过他而施行和保证这些目的。使得人们在道德上不满足的东西(以及人们引以为傲的那种不满足感)是,他们发现,他们将之看作法权和善良(尤其是现今国家机构的各种理想)的那些目标与当前都不相适应了;它们把这样的定在和作为事物的法权的**应当**对立起来。在这里渴望获得满足的不是特殊的利益(兴趣),不是激情,而是理性、法权、自由;由于配备了这个名头,这种要求便高高地抬起头来,不但不会轻易地对世界状况感 [52] 到满足,而且要公然与之对抗了。为了正确地评估这样的情感和这样的见解,就得把他们提出来的那些要求、那些极其武断的意见纳入考察之中。关于这一点,没有任何一个时代像我们这个时代这样,以极为狂妄的姿态提出各种普遍的原理和思想。如果说从前历史看起来像是展示诸种激情之间的斗争,那么,在我们这个时代,虽然激情并不匮乏,但是历史一定程度上主要显示了各种有理有据的思想的相互斗争,一定程度上显示了各种激情和主观利益只是在这样一种更高的合理性的名头之下进行的斗争。以被标画为理性的规定的东西的名义而应当持存着的(bestehen sollenden)这些法权要求因此可以被看作是绝对的目的,比如宗教、伦理、道德。

正如已经说过的那样,现在没有什么比下面这种哀告更为频繁了,即由幻想所建立起来的各种理想没有被实现,各种美妙的梦想被冰冷无情的现实破灭了。这些理想在生命的历程中由于撞击在严酷的现实的礁石上而遭难、毁灭了,它们首先只可能是主观的理想,而属于自认为是最高贵者和最聪明者的个别人的个体性。这种理性本己地并不属于这里。因为个体自为地在他的个别性中编织出来的东西对于普遍的现实性而言不可能是法律,就好像世界法律也并不只是为了那些个别的个体而存在的,那些个体在这件事情上完全不值一提。但是,我们还在理想的名义下理解理性、善和真这些理想。像席勒这样的诗人就曾经以动人的笔触和充沛的情绪在深深悲伤的情感之中表达过类似的东西,即这种理想没有能力发现它们的现实化。现在,与之相反,我们说,普遍的理性完全实现了自己,因此它对经验性的个别人提不起任何兴致;个别人的经验尽可以更好或者更坏,因为在这里,偶然、特殊性从概念中获得它的权力以行使它那无比巨大的法权。因此,它对现象的个别性多有指责。这种主观的责备由于只是着眼于个别的人事及其不足,而没有认识到其中所包含的普遍理性,所以很容易做到,而且,由于它还摆出了一副为了全体谋福利的善良意图提供保证的样子,伪装出一种心肠善良的假象,所以它盛气凌人,装腔作势。看到个体、国家和领导世界者的不足,比起洞见到它们的真实内容来,实在是太容易不过了。因为在否定性的职责中,人们总是狂妄自大,对于事情显出一副高高在上的样子,而没有努力深入事情之肌理之中,也就是说,把握到事情本身,把握到事情的肯定方面。总体上,年长者比较宽容大度,而年幼者总是快快不平;这就使得年长者能够做出成熟的判断,这种判断不仅由于无关乎利害而让恶自动现形,而且通过生命的严肃而获得深刻的教导,被引向事情的实体性的方面、未掺杂质的方面。——现在,哲学应该把我们引向的、与那种理想相对立的真知灼见

[53]

是，世界是现实性的，就像它应该是的那样，真正的善、普遍而神圣的理性就是能够把自身带向实现的权力。这种善、这种理性在它的具体的表象中就是上帝。上帝统治世界，他的统治的内容、他的计划的完全执行就是世界历史。哲学家就是要理解这个计划；只有根据这个计划而执行的东西，才具有现实性，一切不符合它的东西，都只具有虚假的实存。在绝非单纯理想的神圣的理念的纯粹光明面前，似乎世界只是不合情理的、愚蠢之极的历事(Geschehen)这种假象消失了。哲学就是要认识神圣理念的内容、现实性，为备受侮辱的现实性做正当性的辩护。因为理性就是要觉悟这神圣的作品。

[54] 但是，因此，有些东西涉及宗教、伦理与道德的目的和总体状况的枯萎、受损与没落，关于这些东西我们必须要说的是，尽管依照它们的内在本性，它们是无限的和永恒的，但是它们的各种形态只能是有限的类型，因此而处于自然的关联之中和受偶然性所支配。因此，它们是疏忽易逝的，遭受着枯萎与伤害。宗教和伦理，作为在自身之中的普遍的本质性，依照它们的概念，具有真实地现存于个体的灵魂之中的属性，即使它们在灵魂中没有教化的扩张，没有应用到各种发展了的关系之中。一个受到限制的生命——例如一个牧人、一个农民——的宗教性、伦理在全神贯注地与生命中少得可怜并绝对单纯的关联发生亲密关系并且仅限于此之时，具有无限的价值，而这种价值就是一种渊博的知识和一种关系与行动的范围极为广泛的定在的宗教性与伦理。这个内部的中点，主观自由的法权的这个单纯的区域，意愿、决定和行动的策源地，良知的抽象内容，个体的罪责和价值被包含在其中的那个东西，仍然没有受到触动，而且完全排除了世界历史的嚣喧，不仅仅完全排除了外在的和时间性的变化，而且还排除了把自由概念的绝对必然性和自身一起带来的东西。但是，可以一般地确定的是，在世界上可以证明为高贵者和美妙者的东西，也有一个比自己更高的东西。世界历史的法权要高于一切特殊的合法性。

关于襄助世界精神自身走向它的概念的实在化的手段的观点，说这么多已经足够了。主体的活动是单纯的和抽象的，而理性作为自在存在着的实体性的本质就存在于主体的活动之中,但是,它最初对于主体来说还是晦暗不明的、隐而不显的基础。但是,如果我们不是把主体看作纯粹能动的,而是更加具体的、带有它的宗教和伦理的特定内容,这些规定因为分有了理性而分有了它的绝对合理性,那么,对象就变得更加复杂和更加困难了。在这里,纯粹的手段和目的之间的关系可以忽略不计了,而在那里被激发出来的关于精神的绝对目的的关联的主要观点,也已经简明扼要地考察过了。[55]

c)但是,现在第三点是,通过这个手段要实现的目的是什么,也就是说,它在现实之中的形态是什么。这里讨论的是手段问题,但是在实现一个主观的、有限的目的之时,我们也拥有了**物质**的因素,对于目的的实现来说,这个因素必定[是]现成存在的,或者说必须要提供的。因此问题就变成了:合乎理性的最终目的要在其中被实现的那种物质是什么?它首先再一次是主体自身,人的需要,主体性一般。合乎理性的东西在人的认识和意愿之中,一如在物质之中,达到它的实存。主观的意志被看作是就好像他有一个目的,这个目的就是某种现实性的真理,确切地说,是因为它是一种伟大的世界历史性的激情。作为主观的意志,他依赖于受到限制的激情,他发现他的特殊的激情只在这种依赖性的限度之内才能获得满足。但是主观的意志还有一个实体性的生命,一种现实性,他自身就在这种现实性中本质性地运动着,把本质性的东西自身当作他的定在的目的。这种本质性的东西自身就是主观的意志和合乎理性的意志的统一:它是伦理的全体——国家,而国家就是现实性,个体在国家中才拥有并享受着他的自由,但是,它同时又是对于普遍物的认识、相信和意愿。但是,这仍然不能理解为,似乎个别人的主观意志可以通过普遍的意志而获得他的实现和他的享受,而普遍意志只是主观意志的一种手段而已,似乎这个与其他主体杂然共处的主体限制了他的自由,以至于这种共同的限制,一切人之间的相互干扰,使得每个人都只有一小块可以用武之地;毋宁说,法权、伦理、国家是而且只有它们是自由的积极的现实性和满足。**这种**受到限制的自由就是与需要的特殊物相关联的任性(Willkuer)。[56]

37

主观的意志,激情,是推动行动者,是促成现实者;理念是内在的东西;国家是现成存在的、现实的伦理生活。因为它是普遍的、本质性的意愿和主观的意愿的统一性,而这就是伦理。在这种统一性中生活着的个体,过着一种伦理的生活,拥有一种只在实体性中存在的价值。索福克勒斯笔下的安提戈涅①说过,神圣的诫命不是昨天有,也不是今天才有,不是,它们没有尽头地生活着,没有人能够知道并说出它们来自何方。伦理的法律不是偶然的,而就是合理性自身。实体性的东西在人的现实的行为和他们的沉思中起作用,是现成存在的,自身包含自身,而这就是国家的目的。理性的绝对利益(兴趣)在于,这种伦理的全体是现成存在的;而那些奠定国家基础的英雄们的法权和功绩就在于此,而不管他们的国家还是何等的百废待兴!在世界历史中涉及的只是能够建立一个国家的民族。因为我们必须知道,一个这样的民族才能实现自由,也就是说实现绝对的终极目的,即它只是为了它自身而存在着;我们必须还要知道,人所拥有的一切价值,一切精神的现实性,他唯有通过国家才能拥有。因为他的精神的现实性是,对于他这个知道者来说,他的本质、合乎理性的东西是对象性的,他拥有对他而言的客观的、直接的定在;正如唯有他拥有意识,也唯有他在习俗之中、在法权的和伦理的国家生活之中存在。因为

[57]　真(Wahre)就是普遍的和主观的意志的统一性;在国家之中,普遍物存在于法律中,存在于各种普遍的和合乎理性的规定中。国家是在大地上现实存在的神圣的理念。因此,总体上,它就是被更加详细地规定的世界历史的对象,而在世界历史中,自由才能获得它的客观性,并生活在对这种客观性的享用之中。因为法律就是精神的客观性和在它的真理中的意志;而唯有服从法律的意志才是自由的,因为它服从它自身,它独立不依

---

① 《安提戈涅》是古希腊悲剧作家索福克勒斯公元前442年写就的一部悲剧,被公认为是戏剧史上最伟大的作品之一。该剧在剧情上是忒拜三部曲中的最后一部,但却是最早写就的。剧中描写了俄狄浦斯的女儿安提戈涅因不顾国王克瑞翁的禁令,将自己的兄长、反叛城邦的波吕尼刻斯安葬,而被处死,而一意孤行的国王也遭至妻离子散的命运。安提戈涅被塑造成维护神权/自然法、而不向世俗权势低头的伟大女英雄形象,激发了后世的许多思想家如黑格尔、克尔凯郭尔、海德格尔等的哲思。——译者注

且是自由的。在国家、祖国构成一个定在的共体的时候,在人的主观的意志服从法律的时候,自由和必然性的对立消失了。作为实体性的东西的合乎理性的东西就是具有必然性的东西,在我们承认法律并且把它当作我们自己的本质的实体之时,我们是自由的:客观的意志和主观的意志达成了和解,成为一个和这一个没有任何杂质的全体。因为国家的伦理不是道德的东西,也不是反思性的东西,在后者那里,占统治地位的是自己的确信;道德的东西和反思的东西能够更好地为现代世界所理解,但是真正的和古老的伦理却植根于以下事实之中,即每一个人都对他人怀有义务。一个雅典的公民仿佛出于本能去做他应该做的事情;但是如果我反思我的行动的对象,我就必须意识到,我的意志是添加进去的。但是,伦理是义务,是实体性的法权,是第二自然,就像人们有理由称呼它的那样,因为人的第一自然是他的直接的、动物性的存在。

国家的详尽的发展历程,我将会在法哲学中加以讨论;但是在这里,我们必须提请注意的是,在我们时代的理论中,有很多关于国家的错误观念谬种流传,它们被当作举世公认的真理,并且变成了成见;我们想要从错误观念中列举一二,尤其是和我们的历史的目的相关的那些错误。

我们首先遇到的东西是和国家是自由的实现这个我们的概念直接对立的东西,亦即这样一种见解,自然的人是自由的,但是在他必然会踏进的社会和国家中,他却必须限制他的自然的自由。自然的人是自由的,这在以下这种意义上是完全正确的,即他依照他的概念,但是恰好同时仅仅是依照它的规定,是自由的,也就是说,是自在存在着的;一个对象的自然(本性)固然同样地可以叫作它的概念。但是同时,人在他的仅仅自然的、直接的实存中存在的方式只能这样来理解,并且被纳入概念之中。在这种意义上,一种自然状态在根本上得到了理解,人被假定为在这种自然状态中拥有他的自然的法权,毫无限制地行使和享受他的自由。这种假定恰好对于以下状况是无效的,即他是一种历史的存在者,而如果人们对待这件事情的态度是真的话,那么,证明这种状态——即这种状态在当代

[58]

或者在过去的任何一个地方曾经实际存在过——也是非常困难的。人们固然可以证明蛮荒状态的存在,但是,它显示出和野蛮状态与残暴行为的激情缠绕在一起,而且即使这种状态只是一种没有经过任何教化的野蛮状态,它自身总是会缠夹着社会性的、对于自由而言的所谓的限制性的制度安排。这种假定是理论所产生的、许许多多令人疑云丛生的画像之一种,是从理论中形成的一种具有必然性的观念,但是理论认可这种观念有一种实存,但却没有以历史的方式证明它的正当性。

我们在经验上发现这种实存着的自然状态的方式,正是它依照概念而存在的方式。自由作为直接的东西和自然的东西的同一性绝非是一种直接而自然的东西,毋宁说,自由必须靠后天获得和赢得,确切地说,是通过知识和意愿的规训这样一种无限的中介才能获得和赢得。因此,毋宁说,自然状态是一种没有法权的状态,是暴力的状态,不受任何束缚的自然冲动的状态,非人的行动和感觉的状态。通过社会和国家固然会产生限制,但是它是一种对那样的愚钝的感觉和野蛮的冲动的限制,就好比后来对于任性和激情这种反思性的任性使气的限制。这种限制落入中介的范围中,借助于中介,自由的意识与意愿首次产生了,就好像它是真实的,亦即,是合乎理性的和依照它的概念而存在的。依照它的概念,它属于法权和伦理,而后两者是自在自为的普遍的本质性、对象和目的,它们仅仅是通过有别于感性的活动和与感性对立地发展起来的思维而被发现的,它们再次被设想为和归并为最初的感性的意志,确切地说,也就是归并到它自身之中。仅仅在形式的、主观的意义上认识自由,抽去它的本质的对象和目的,这是对于自由的永恒的误解;因此,对于冲动、欲望、激情的限制,只属于特殊的个体自身,这种限制变成了对于自由的限制而言的任性与任性使气。毋宁说,这种限制纯粹地是解放产生的条件,社会和国家是自由只有在其中才能得以实现的那种状况。

第二,值得一提的另外一种观念是,这种观念反对总体上把法权发展为法律的形式。**家长制的**状况要么对人类的全体而言要么至少对几个个别的分支而言可以看作是一种关系,在这种关系中,习俗和心灵的要素由于法权的要素而获得了满足,同时,合法性自身依照它的内容只有通过习俗和心灵的要素才能真正地得以产生。家族关系以家长制的状况为基础,这种关系有意识地发展成为最初的伦理,而国家作为第二种伦理继之发展而来。家长制的关系是一种过渡的状况,家庭已经通过这种过渡发展成为一个种族或者民族,因此其中的纽带已经不再只是一种爱和信任的纽带,而发展成为一种服务的关联。在这里首先要提到的是家庭伦理。家庭只是一个人格(Person);家庭的成员要么已经相互(例如,父母)放弃了他们的人格性(Persoenlichkeit)(因此,也放弃了法权关系,以及他们的更不重要的特殊利益与欲望),要么还没有达到这种人格性(例如孩子,他们仍然处于前面提到过的那种自然状态之中)。因此,他们只是处于情感、爱和信任的统一性之中;一个个体在对他者的意识之中意识到他自己,放弃自己,并且在这种相互放弃之中赢得自身(他者和自身一样都是与他者的合一)。各种需要所产生的其他利益、生活的各种外在事务所产生的其他利益,以及家庭自身内部的发展,从孩子的角度来看,构成了一个共同的目标。家庭的精神、家神(Penaten)同样是一个国家中作为民族精神的**一种**实体性的存在,而在这两种情况(家庭和国家)中,伦理不是存在于个体人格性的情感、意识和意愿中,而是存在于国家和家庭的一切成员这种普遍物之中。但是,家庭之中的统一性本质上只是一种感觉到的东西,停留于自然方式的限度之内。家庭中的孝敬得到了国家在最高程度上的尊重;通过孝敬,国家才把那些个体化作属于它的成员,国家成员自身已经自为地是伦理的(但是作为人格,他们还不是伦理的),由于他们感觉到自身和这个全体是一个整体,他们为国家奠定了坚实的基础。但是家庭的扩大使它超过了血缘关系的纽带、它的基础的自然的方面,转变成一个家长制的整体,而这种状况的另一面是,诸个体必须获得独立的人格性。在它的更大的范围之中考察家长制的关系,就必然首先导致对神权统治的形式进行考查;家长制的部落的首长也是这个部落的祭司。如果说家庭根本上和市民社会与国家没有什么区别的话,那么,宗教与家庭的分离也尚未发生,家庭的孝敬就更不会和宗教分离了,因为

[60]

[61]

它自身就是一种内在性的情感。①

我们已经考察了自由的两个方面,客观的方面和主观的方面;如果现在被设定为自由的是个别人表示他的同意,那么很容易看到,在这里它所指的仅仅是主观的因素。从这个原则中自然而然地可以得出,没有任何法律可以生效,除非所有人一致同意。在这里我们立刻得到这种规定,即少数必须服从多数,多数便可以做出决定。但是正如**让-雅各·卢梭**已经注意到的,如果少数人的意志得不到足够的尊重,也就根本不存在自由了。在波兰国会上,每一个人都必须表示他的同意,就是由于这种自由,这个国家最后遭致亡国的命运。除此之外,还有一个危险而错误的前提,那就是,**唯有民族才具有理性和真知灼见,而且知道了法权**;因为民族的每一个集团都以这个民族自居,而构成国家的东西关乎高深的认识,但却与民族(人民)无关。

如果个别意志的原则作为国家自由的唯一规定被当作以下这一点的基础,即所有个别人必须对政府的一切所作所为表示同意,那么,压根儿就不可能存在任何宪法。它所需要的唯一的制度只是一个没有意志的中心,这个中心重视它认为国家需要的东西,并且让它的意见广为人知,以及一种程序,这个程序包括把单个的人召集在一起、收集他们发出的声音,就不同的提案的投票数量进行计数和比较的数学操作,并且根据投票数量做出决定。

国家是一种抽象物,它只有在公民之中才有它自己的普遍现实性;但是它是现实的,它只能把它的普遍的实存规定为个体的意志和活动。于是,一般意义上的政府和国家行政的需要就粉墨登场了,被标举和选拔出来以掌控国家大局的人作出决议,规定执行国家政策的方式和命令公民恪守本分、各尽其职。例如,如果在一个民主国家中,人民决定发动一场战争,那么,也必须有一位将军被推举为统帅以指挥军队。国家宪法首先

---

① 相关讨论也可以参见黑格尔的《法权哲学纲要》(通常译作《法哲学原理》,下同)第三部分"伦理"的第一部分"家庭"中的讨论。——译者注

是这样一种东西，国家这个抽象物通过它而获得生命和现实性，但是也因此而出现了发号施令者和惟令是从者的差别。但是惟令是从看起来似乎不符合自由，而发号施令者看起来他的所做所为正好和国家的基础、自由概念相对立。人们认为，事实上发号施令和惟令是从两者都是必不可少的，因为不这样的话，事情就不能顺利进行——确切地说，似乎就只能出现一种困境、一种自由的困境，而这种困境就会被抽象地固定为一种外在的、与自身背道而驰的必然性，——所以，这些组织机构至少要这样安排，以至于公民纯粹的惟令是从要尽可能地少之又少，而听命于任性的发号施令也要尽可能少之又少，对它来说发号施令必不可少的那些内容依照它自身的基本性质而由这个民族、这个民族的最大多数或者全部个别人的意志进行规定和做出决定，但是，在这件事情上，国家作为现实性、作为个体的统一性又应该具有力量与实力。

最初的规定是在治人者（Regierenden）与治于人者（Regierten）之间 [63] 的根本区别；人们有理由笼统地把宪法区分为君主政体、贵族整体和民主政体，只是在这里值得注意的是，君主政体自身必须再次区分为专制政体和本来意义上的君主政体，在一切由于概念而做出的划分当中得到强调的只有基本规定，因此，它并不意味着，它们在具体的实施中仅限于一种形态、类或者类型的范围内，而首先意味着，这种类型容许大量特殊的修正，不仅修正那种普遍的等级秩序自身，而且修正这种本质性的等级秩序的各种混淆，而这种混淆却因此而呈现出畸形的、自身不稳定的、不彻底的形态。因此，这种冲突中的问题是，**最好的宪法是什么**，也就是说，通过什么样的国家权力的安排、组织或者程序，可以百无一失地达到国家的目的。现在，这个目的能够通过不同的方式得到理解，例如，理解为市民生活的安居乐业，理解为普遍的幸福状态。这些目的具有所谓的国家政府的理想，以及首先是由君主的教育（费内龙）①或者治人者的教育、根本上

---

① 费内龙（Francois Fenelon）（1651—1715）是法国古典主义的最后一个代表。他出身于一个破落贵族的家庭，当过路易十四的孙子德·布高涅公爵的教师和冈布雷教区的大主教，代表作有《忒勒马科斯历险记》《寓言集》。——译者注

是贵族政体所推动的理想,因为在这里,主要问题被认为是和处在权力顶端的主体的性质相关的,而这些理想竟然完全没有以有机的国家制度的内容为基础来思考。对于最佳宪政的追问常常是在以下这种意义上提出的,即似乎理论不仅事关主体的自由的确信,而且现实地引入一种最好的宪政或者更好地认识到的宪政是一个如此完全理论地把握到的决断的结果,这种类型的宪政可能事关一种完全自由而广阔的、但却不是通过思虑而得到规定的选择。确切地说,不是波斯民族,而是波斯的大人物,他们密谋策划推翻篡位者斯麦迪斯①和术士(Magier),在大功告成之后,由于皇室后裔仍旧在世的寥寥无几,在这种完全朴素的意义上,他们商量应该在波斯引入何种宪政;希罗多德曾经以同样朴素的方式讲述过他们的商议过程。

[64]

今天,任何一片土地和一个民族的宪法都不会显现为委托于这种完全自由的选择。这种奠定基础、但又抽象地坚持的自由的规定产生了一个后果,即在理论中非常普遍的情形是,共和制(Republik)被看作是唯一合法和真正的宪政,但是,有很多人即使在君主政体中身居国家权力机关的要津,却并不反对这样的观点,反而对这种观点暗送秋波。不过,他们对下面这一点洞若观火,即这样的宪法,无论它多么完美无缺,都不可能在现实中的所有地方推广,就像人们从前曾经表现的那样,人们必须满足于较少的自由,甚至于在这种特定的情形下根据民族的道德的状况,君主立宪制是最有用的宪政。即使是在这种观点中,某种特定的国家宪法的必然性也依赖于作为某种纯粹外在的偶然性的状况。这种观念植根于某种分离之中,这种分离造成了在概念及其实在之间的知性反思,这种观念固着于某种抽象的因此也就是不真实的概念,没有把握到理念,或者说,根据它的内容而不是它的形式所是的东西,没有对于一个民族和一个国家的一种具体的直观。我们在后面还将指出,一个民族的宪法和它的宗

---

① 巴迪亚(Bardiya)在希腊人中也被称为 Smerdis,是居鲁士大帝的儿子,也是波斯国王冈比西斯的弟弟,有人说他曾经统治阿契美尼德帝国一段时间,有人说他被名叫高玛塔的大魔王冒充,直到被大流士推翻。——译者注

教、它的艺术与哲学或者至少和它的观念与思想,它的教化一般(姑且不提那些更不重要的外在的力量,比如天气、邻居、世界地位等等)一道构成**一种**实体,**一种**精神。一个国家就是一个个体的总体性,从中不可能单独地提取出一个特殊的而又具有最高重要性的方面,比如国家宪法,可以根据只与它相关的观察而单独地对它进行商量与选择。一方面,宪法是一个和那些其他精神性的力量如此内在地结合在一起并且依赖于它们的存在者;另一方面,全部精神性的个体性的规定性即使汇聚了它的一切权力,也注定只是全部历史及其进程中的一个因素而已,这个因素构成了对于宪法的最高认可以及宪法的最高的必然性。[65]

一个国家的第一次产生是粗暴的和本能式的。但是,即便是服从于暴力、对于一个统治者的畏惧也已经是一种意志的关联。即便最野蛮的国家之中也发生了下列情况,即个体的特殊意志并不起作用,特殊性遭到了放弃,而普遍的意志是本质性的东西。这种普遍与特殊的统一性就是理念自身,它作为国家而现存着,并且因此进一步在自身之中自我发展。那些真正独立的国家在发展过程中所经历的抽象而又必然的过程是这样一个过程,它始于王权,而这个王权是一种家长制的王权或者军事战争式的王权。特殊性和个别性必定会在其中露出锋芒而转变为贵族政体和民主政体。有**一种**权力只能直接就是权力自身,而绝不会成为这种其他的权力,在它们之外特殊领域还有它们的独立性,从特殊性服从于这**一种**权力所得出来的结论是,这就是君主的权力。就这样,一个第一王国和一个第二王国区分开来了。——这个过程是一个必然的过程,以至于在这个过程之中,每一次都必然会出现特定的宪法,这些宪法无关乎选举,而只关乎这样的东西,即它恰好符合这个民族的精神。

一种宪法端赖于培育那些合乎理性的东西,比如通过自身培育自身之中的政治状况,以及端赖于概念的诸因素的自由生成,即特殊的权力相互区别开来,它们自为地是完全相互独立的,但是又在它们的自由之中为了一个目的而通力合作,坚定地忠诚于这个目的,比如,形成一个有机的整体。因此,国家就是合乎理性的、自我客观地认识着的、自为地存在着[66]

45

的自由。因此，它的客观性恰好就在于，它的诸因素不是观念性的，而是现存于它们所固有的实在性之中，而且在它们那种和它们自身相关联的作用中，直接过渡到作用之中，通过这种作用，全体、灵魂、个体的统一性就被产生了，而这就是结果。

　　国家就是表现在人类意志和它的自由的外在性中的精神的理念。因此，在根本的意义上，从本质性上说，历史的变化就属于国家的范围，而理念的诸因素也在国家之中成为不同的原则。世界历史性的民族通过它们而达到繁荣的那些宪法对那些民族来说是固有的、但不是一个普遍的基础，因此，千差万别不只是存在于国家的形成和发展的特定方式之中，而是存在于**原则**的差别性之中。因此，通过比较早期世界历史性民族的诸种宪法得到的结果是，在宪法的最终原则方面，在我们这个时代的宪法原则方面，我们从那些宪法中学不到任何东西。而在科学和艺术方面，情况就截然不同了。比如说，古代的哲学仍然是近代哲学的基础，古代哲学中必须包含在近代哲学之中并且构成后者的地基。在这里，这种关系显现为同一座建筑物的连绵不绝的发展，而这座建筑的基石、墙体和房顶仍然保持为相同的东西。甚至在艺术中，古希腊的艺术，就像它所是的那样，自身就是最高的范型。但是一涉及宪法，情况就截然不同了，古代和现代在这方面并不共有本质性的原则。关于合法的政府的抽象的规定和学说，如真知灼见和嘉言懿行必定导致占据统治地位，诚乃古今之共识也。但是，想要把希腊人和罗马人或者东方人的例子作为我们这个时代的宪法制度而接受，这是毫不明智的做法。我们可以从东方人那里获得关于家长制的状况、父亲般的政府、民众的服从等的美丽画廊，而从希腊人和罗马人那里获得对于民众自由的描绘。因此，我们在这种描绘中发现了一个自由的宪法的概念，它可以被把握为所有的公民都应该参与到对于普遍的事务和法律进行辩论和做出决议之中。在我们的时代，虽然做了一些调整，但是，普遍的意见是，由于我们的国家过于庞大，芸芸众生人数太多，他们不能直接地，而是只能间接地通过他们的意志的代理者就公众的事务做出决议，也就是说，应该由议员们代表人民来制定法律。所谓的

[67]

代议制宪法是这样一个规定,我们把这种规定和一个自由的宪法的观念扭结在一起,以至于它已经变成了根深蒂固的成见。于是,人们区分了人民和政府。但是,在这种对立中存在着一种恶意,这种对立是一种人为的恶的意志概念,就好像民族就是全体一般。此外,这种观念的根据在于主观意志的个别性、绝对性的原则,这一点已经在上面讨论过了。——重要的是,自由,就像它被概念所规定的那样,不是把主观的意志和任性当作原则,而是把普遍意志的真知灼见当作原则,亦即,自由的体系是它的各种因素的自由的发展。主观的意志是一种完全形式性的规定,在这种规定中压根儿不存在它所**意愿**的东西。只有合乎理性的意志才是普遍的意志,这种意志在自身之中规定自身和发展自身,并把它的因素解释为它的有机组成部分。古代人对于这种哥特式的教堂建筑是一无所知的。

此前我们已经提出了两个要素,一个是作为绝对的终极目的的自由的理念,另一个是它的手段,知道和意愿这种活泼泼的、运动着的、能动的主观的方面。那么,我们认识到,国家就是伦理的整体和自由的实在性,以及因此就是这两个因素的客观的统一性。因为一旦我们在考察中还区分了这两个方面,那么,非常值得注意的是,它们是紧密地联系在一起的,而且这种联系存在于两者之中的任何一个当中,如果我们一个一个地考察它们的话。一方面,我们已经在它的规定性中认识到理念就是自我知道和自我意愿着的自由,它只把自身当作目的:它同时是单纯的理性的概念,以及我们称之为主体的东西、自我意识、在世界之中实存着的精神。另一方面,如果我们现在来考察主体性,那么我们就会发现,主观的知道和意愿就是思维。但是,在我们思维着知道与意愿之时,我们意愿的是普遍的对象,是自在自为的合乎理性的东西的实体物。我们因此而看到了在客观的方面、概念和主观的方面之间自在存在着的统一。这种统一的客观实存就是国家,因此,国家就是民族生命的其他具体的方面——亦即艺术、法权、风俗、宗教和科学——的基础和中心。一切精神性的行为都只有使得这种统一亦即它的自由成为自觉的这个目的。在这些被意识到的统一的诸种形态中,**宗教**占据着最高的位置。在宗教之中,世界性的精

[68]

[69] 神意识到了绝对精神,在对于这种自在自为地存在着的本质的意识之中,人的意志放弃了他们的特殊的利益;他在祈祷之时把这些特殊的利益弃置于一边,在祈祷之中他再也不顾及这些特殊的东西。人们通过牺牲要表达的是,他放弃了他的财产、他的意志、他的特殊的感觉。宗教性的凝神静心显示为一种情感,但是它也会向上转入到反思(Nachdenken)之中:宗教礼拜就是反思的一种外在表现。主观方面和客观方面在精神中的统一的第二种形态是艺术:艺术比宗教更加深入到现实性和感性之中;在艺术最有价值的立场中,它所表现的不是上帝的精神,而是上帝的形态;也就是一般意义上的神圣的东西和精神性的东西。神圣的东西应该通过艺术而得到直观,它表现出了对他的想象和直观。——但是,真理不仅要求成为表象和成为情感,就像在宗教中那样,成为直观,就像在艺术中那样,而且还要求成为思维着的精神;因此,我们就得到了第三种统一的形态——**哲学**。就此而言,哲学就是最高的、最自由的、最智慧的形态。我们在这里无意于对这三种形态做进一步的考察;我们之所以必须提到它们,只是因为它们和我们在这里所要处理的对象——国家身处同一个地基之上。

在国家之中露出锋芒并且被认识到的那个普遍物,一切存在的东西都被带入它之下的那个形式,根本上说就是构成一个国家的**文化**(Bildung)的东西。但是,既保持着普遍的形式又存在于作为国家的具体的现实性之中的这个特定的内容就是民族精神自身。现实的国家在它的一切特殊的事件、战争和制度之中都是通过这种精神而被赋予灵魂的。但是,人也必须知道他的这种精神和本质自身,并且赋予自己对于和那个原始之物之间的统一性的意识。因为我们已经说过,伦理的东西是主观的意志和普遍的意志的统一性。但是精神赋予自身对于它的一种明确的意识,而这种知识的中心就是宗教。艺术和科学只是同一个内容的不同[70] 的方面和形式而已。——对于宗教的考察端赖于,真(Wahre)、理念是否在它的分离中还是在它的真正的统一性之中认识到自身,——要么是在它的分离中:这时上帝作为抽象的最高本质、上天和大地的主人、超越了此岸世界并完全排除在人类现实之外的存在者,——要么是在它的统一性之中:上帝作为普遍物和个别物的统一性存在于人类生成的理念中,因此个别物可以在它之中被肯定性地直观到。宗教就是一个位置,一个民族对它持以为真的东西表达出它的定义的位置。定义包含着属于对象的本质性的一切东西,在定义中,对象的本性被带回到它的单纯的基本规定性之中,作为一切规定性、所有特殊物的普遍灵魂的镜子而存在。因此,上帝的观念构成了一个民族的普遍基础。

根据这个方面,宗教与国家原则之间存在着一种极为密切的关联。只有在上帝之中的个体性被肯定性地认识到的地方,才可能存在着自由。这种关联进一步说就是,世界性的存在作为一个时间性的、在个别的利益之中运动着的存在,因此是一种相对的存在和不合法的存在,只有普遍的灵魂、原则是绝对合乎法权的,它才获得合法性,而普遍的灵魂要合乎法权,它作为上帝的本质的规定性和定在就要被意识到。则此之故,事实上,国家是建立在宗教的基础之上的。我们在我们的时代听见有人喋喋不休地重复这一点,而它的意思无外乎是指,个体,作为敬畏上帝者,应该心甘情愿、死心塌地地履行他的职责,因为对于君主的俯首帖耳是非常容易和对于上帝的敬畏连接在一起的。诚然,因为敬畏上帝把普遍物提高到特殊物之上,而把矛头指向后者,变得狂热无比地反对国家,把国家的诸种设施和制度付之一炬,破坏殆尽。人们认为,敬畏上帝应该是深思熟虑的,保持着一定的冷静沉着,以至于它不会推翻和冲垮通过它而得到庇护和保持的东西。至少这种可能性就潜藏在它自身之中。 [71]

因为人们现在赢得了正确的确信,即国家建立在宗教的基础之上,因此人们给予宗教一个位置,就好像一个国家是现存的,而后来,为了维持国家才把宗教一股脑儿地塞入国家之中,以把宗教烙印在人们的心灵之中。说人们必须通过接受教育才能走向宗教,这是完全正确的,但是不是把它当作某种压根儿不存在的东西。因为如果说,国家建基于宗教之中,它在宗教之中有它的根源,那么,这本质上是说,国家是从宗教中产生的,它现在和永远都是从宗教中产生的,也就是说,国家的原则必须被看作是

49

自在自为地有效的,它之成为这样,是因为它是作为神圣的自然的规定而被认识到的。宗教具有什么样子的性质,国家和它的宪法也就具有什么样子的性质。国家及其宪法是现实地从宗教之中产生的,确切地说,雅典的国家、罗马的国家只有在这些民族的特定的异教之中才是可能的,就好像一个天主教国家具有一种不同于一个新教国家的精神和宪法。

那种号召、促使并推动着培育一种宗教的做法应该是一种害怕与急难的呼号,就像常常可以看到的那样,那种呼号表达了一种危险,即宗教已经从国家之中消失了,或者宗教在概念上将要完全消失,而这被认为是危险的,比那种畏惧的呼声还要可怕;因为这种呼声还相信可以培育宗教和灌输宗教,以有一种与恶相抗衡的手段;但是,宗教根本上不是一种可以制造出来的东西,它的自我制作(Sich-Machen)潜藏在非常深的地方。

[72] 我们在我们这个时代遭遇的另一种与之相对立的愚蠢是,虚构出国家宪法对于宗教的独立性并且想要将之付诸行动的愚蠢。天主教的忏悔,虽然在基督宗教的限度之内和新教的忏悔有共同的地方,但是并没有容忍存在于新教原则内部的、国家的内在的正当性与伦理。那种把国家法权、宪法(与宗教)分离开来的做法从宗教的固有特征来看是必要的,宗教不承认法权和伦理是自在存在的、实体性的东西。但是,从这种内在性中挣脱开来,从良知的最后的圣地中挣脱开来,从宗教在其中有自己的位置的那个寂静的处所挣脱开来后,正如国家法权的原则和固有特征不能成为一个现实的中心,它们同样保持在抽象与无规定性之中。

如果我们总结一下到此为止关于国家所说的东西的结果,那么,我们可以把以个体的形式出现的国家的生机称为伦理。国家,它的法律、它的机构是国家个体的法权;它的自然、它的土地,它的山脉、空气与河流是它的国土、它的祖国、它的外在的特征;这个国家的历史、它的事迹以及它的祖先完成的功业属于它并活在它的回忆之中。这一切都是它的所有物,正如它们为它所占有一样,因为它构成它的实体、它的存在。它的观念中充满了前面提到的那些事物,而它的意志就是这些法律和这个祖国的意愿。它就是这种精神的①完整性,它是**一种**本质,**一个**民族的精神。诸个体属于这种民族精神;每一个单个的人都是他的民族的儿子,而就他的国家在发展之中被把握而言,同时也是他的时代的儿子。没有人落在时代的后头,也没有人跃在时代的前头。这种精神的本质就是他的本质,他只是精神性的本质的一个代理人;它就是他在其中诞生和在其中停留的那个本质。在雅典人那里,雅典有双重的含义:首先它描画的是各种机构的整体性,其次是指那个表现了民族精神、统一性的女神。

[73]

一个民族的这种精神是一种**特定的**精神,而且如前所述,也是由它的发展的历史阶段所规定的。于是,这种精神就以我们刚才提到过的这个民族的意识的其他形式构成了它的基础和内容。因为精神在它对于自己的意识之中必定是以自身为对象的,而客观性直接包含了这种区别的出现,这些区别根本上说是客观精神的不同领域的总体性,这就像灵魂之所以存在,是因为它是它的诸组成部分的体系,而这些组成部分在它的单纯的统一性中合并在一起便产生了灵魂。它是这样**一个**个体性,它在它的本质性中作为上帝被表象、被尊敬、被接受:在宗教中;——作为被表达出来的图画与直观:在艺术中;——被认识到并且被把握为思想:在哲学中。考虑到它的实体、它的内容和对象的本源性的相同性(Dieselbigkeit),这些形态和国家的精神处于不可分离的统一性之中;只有有了这种宗教,这种国家形式才能够是现存的,正如只有在这种国家之中,这种哲学和这种艺术才能够是现存的。

另一个也是更进一步的问题是,特定的民族精神自身在世界历史的进程之中只是**一个**个体。因为世界历史是精神在它的最高的形态中的神圣的、绝对的过程的显现,精神经过了各个阶段所组成的途程才获得了它的真理,关于自身的自我意识。这些阶段的不同形态就是世界历史的民族精神,它的伦理生命的规定性,它的宪法,它的艺术、宗教和科学。把这些阶段实在化是世界历史的永不枯竭的冲动,它的不可遏制的推动力,因

---

① 原作:"时间的",据黑格尔手稿校改。——原编者注

[74] 为这些划分就像它们的实现一样是它的概念。——世界历史显示的只是，精神如何不疾不徐地达到对于真理的意识以及达到对于真理的意愿；它开始认识到了什么，它发现了某些关键点，最后它达到了完全的意识。

所以，我们认识了精神的本性的诸种抽象的规定，精神为了实现它的理念而使用的各种手段，以及它的形态，它就是精神在定在中的完全实在化，也就是国家；那么，我们这部导论还剩下的就是

C.考察世界历史的进程。

a)在历史中已经发生的、一般意义上的抽象的变化长期以来是以一种普遍的方式加以把握的，以至于它同时包含了一个达到更好状态、完美状态的推进历程。自然中的变化虽然是无限多样的，但只是显示了一种周而复始的循环，在自然中真是太阳底下没有新鲜事，各种形态的自然现象所做的变化多端的游戏不过是拿它自身消遣解闷而已。只有在发生在精神的地面上的各种变化中，才可能浮现出新的东西。这种精神领域的现象使得在人类中出现了一种与纯粹自然事物中的规定根本不同的规定，——在纯粹自然的事物中显示出来的永远是一种和同一种稳定的特征，所有的变化最终都可以追溯到这种特征，——也就是说，一种现实的变化能力，确切地说，是达到更好状态的能力，一种趋向**可完善性**的冲动。原则把变化自身变成一种有规律的东西，这种原则在宗教中，比如在天主教中，和在那些宣称保持静止或者至少是保持稳定是它们的真正法权的国家中，却遭到了恶眼相待。如果世界领域的事物比如国家的可变化性在普遍的意义上得到了容许，那么，一定程度上，宗教作为真理的宗教被排除在世界领域的事物之外，而另一种程度上，尚不能解决的是，把对合[75] 乎法权的状况的变动、革命和破坏归因于偶然性、笨拙，尤其归因于人类的漫不经心与恶劣的激情。事实上，可完善性从根本上说和可变化性一样别无二致地是无规定性的；它没有目的和目标，正如变化没有尺度：它应该朝向它前进的那个更好的状况、完美境地是一个完全没有规定的东西。

发展的原则包含着更多的东西,亦即,一种内在的规定,一个自在地现存的前提是一切把自身带向实存的东西的基础。这种形式性的规定本质上是把世界历史作为它的舞台、它的财产和它的实现的场域的精神。精神不是这样一种东西,它在偶然性的外在的游戏之中无所事事地闲游瞎逛,相反,它毋宁是绝对的规定者,毫不动摇地反对各种偶然性,把诸偶然性转化为可以利用之物并且统治着它们。但是,与此同时,发展应该归之于这些有机的自然事物:它们的实存并不把自己表现为一种仅仅直接的、从外部发生变化的东西,而是表现为这样一种东西,这种东西起因于一种内在的永不变化的原则,一种单纯的智慧,它们的实存作为种子最初是单纯的,但是,差别把它自身带向实存,差别容许它与其他的事物为伍并且因此而生活在一个持续不断的变化过程之中,而这个过程同时又转到了它的对立面,并且被转变成了有机原则及其形态的保持者。因此,有机的个体自己产生自己:它把自己转变成它自在地所是的东西;同样,精神是把它自身转化成自身的东西,而且它也把自己转变为它自在地所是的东西。这种发展以某种直接的、无对立的、不受任何阻碍的方式形成自身;在概念和它的实在化之间,亦即在自在地得到规定的种子的本性和与种子保持一致的实存之间,没有任何东西会强行闯入。但是,在精神之中,情况就截然不同了。它的规定过渡到它的实现是以意识和意志为中介的:这种规定自身首先沉降到它的直接的自然生命之中;对它来说,对象和目的自身首先是自然的规定自身,这种规定由于它是那个赋予它们以灵魂的精神而具有无限的要求、实力与财富。于是,精神就在自身之中和自己相互对立;它把自己当作它自身的真正的、满怀敌意的阻碍来克服;在自然中是一种平静的产生的那种发展,在精神中是一种和自身之间的艰苦卓绝而又无穷无尽的斗争。精神所意愿的东西就是达到它自己的概念;但是它却对自己掩盖这个概念自身,而以自身处在概念的这种外化之中感到骄傲和完全享受这一点。

[76]

以这种方式出现的发展并不是没有损害没有斗争的纯粹产生,就像有机的生命一样,而是反对它自身的艰苦卓绝而又不情愿的劳动;进而言之,它不仅仅是自我发展一般这种纯粹形式的东西,而是产生出一个具有特定内容的目的。我们从一开始就确定了这个目的;它就是精神,确切地说,这是从它的本质、自由的概念方面来说的概念。这个目的就是基本对象,因此也是发展的主导原则,通过这个原则,发展保持了它的意义(Sinn)以及它的意谓(Bedeutung)(例如在罗马人的历史中,罗马就是对象,因此它引导着对于历史的考察),就好像倒过来,历史只是从这个对象中产生出来的,只有在与这个对象发生关联时才有一种意义以及它的自在的内容。在世界历史中有很多伟大的时期,这些事情已经消逝了,发展看起来没有继续向前推进,毋宁说,在这些阶段,教化的全部巨大的功绩被彻底摧毁了,而在那些阶段以后,这巨大的教化成果必须以不幸的方式重新再来一遍,以便在费心搜罗来的那种文明宝藏的残垣断壁的襄助之下,在一次又一次耗费数不胜数的力量与时间,历经无数的罪过与痛苦之后,再一次达到以前曾经长期获得的这种教化的一个区域。同样,还有某些持续不断的发展,在所有的方面都把那些特有的要素加入不断扩大的文明的建筑和体系之中。关于发展的纯粹形式的观点既不能宣布这一种方式优于另一种方式,也不能使得那些古老的发展时期的没落的目的为大家所理解,而是必定会把这一进程或者尤其是其中的那些退步当作外在的偶然性来考察,相反,只有根据不确定的观点才能评判它们的优胜之处,由于发展自身应该是唯一与之相关的东西,那么这些优胜之处是相对的,而绝非绝对的目的。

现在,世界历史显示了原则的发展**所经历的阶段**,它的**内容**就是自由的意识。这些阶段的更详细的规定在它的普遍本性之中是逻辑的,但是它们的具体的本性却是在精神哲学之中得到陈述。在这里只需要说明的是,第一阶段是前面已经解释过的精神仍然沉降在自然性之中的状态,第二个阶段是精神在意识到自由时的崭露头角。但是,这第一次挣脱是不完善的和片面的,因为它是从间接的[①]自然性之中产生的,因此和自然性

---

① 原作:"直接的",据黑格尔手稿校改。——原编者注

之间存在关联,而且仍然和作为一个因素的自然性黏附在一起。第三个阶段是从这种仍然特殊的自由中提升到自由的纯粹普遍性之中,提升到精神性的本质的自我意识和自我感觉之中。这些阶段是普遍的过程的根本原则;但是每一个阶段在它自身之内如何又是一个它们的诸种形态的过程以及它们的过渡的辩证法,这要留到以后才能详细展开了。

[78]

在这里仅仅约略提及的是,精神从它的无限可能性开始,但是仅仅是可能性而已。可能性包含了它那作为自在的绝对的内容,作为目的和目标,它只有在它的结果中才能达到它的目的,因为结果才是它的现实性。因此,在实存之中,进步显现为从不完美的状态向着完美的状态迈步前进,但是在实存之中,不完美的东西不能仅仅抽象地把握为不完美的东西,而是应该看作这样一种东西,它同时在自身之中具有作为种子、作为冲动的它自身的对立面,亦即所谓的完美状态。所以,可能性至少是以反思的方式指向应该成为现实的那种东西,详细地说,它就是亚里士多德的潜能(potentia)或者能力(dynamis),力量和权力。不完美者作为在它自身之中的它的对立面就是矛盾,这个矛盾的确实际存在着,但是它同样会被扬弃和解决,精神生命在自身之中的这种冲动、推动力要突破它自身的自然性、感性和陌生性的硬壳,而走向意识的光明,也就是它自身。

b)一般的意见是,精神的历史的开端是怎样必须依照它的概念而被把握的,这已经被放入与对于一种自然状况的观念的关联之中了,在这种自然状况之中,自由和法权以完满的方式现存着或者已经现存着。然而,这个说法仅仅是一种在假说性的反思这种朦胧光影中做出的、关于一种历史实存的假设。一种完全不同的非分要求,——也就是说,它不是从思想之中产生出来的假设,而是出自历史的事实以及同时是一种更高级的对于历史事实的公证,——形成了一种完全不同的、现在从某个确定的方面出发广为流传的观念。在这种观念中,人类最初的伊甸园般的状况被再度接纳了,而这种状况老早就被神学家以他们特有的方式发展起来了,例如,上帝用希伯来语和亚当交谈,但是为了符合其他的需要而被重新塑形了。在这里最早被需要的那种高等的权威性就是圣经讲述的故事。这

[79]

55

些故事显示的最初的状况,部分地只是不太为人所知的那些特征,部分地或者只是人类一般的最初状况,它是普遍的人类本性,或者是就把亚当当作一个个体的人并且因此把他当作一个人格而言,这种状况只是在这一个人或者他们一对夫妇之中存在并且完成了。关于一个民族和一种历史的状况的观念的合法性既不存在于那种以那种原始的形态实存着的东西之中,更不存在于某种关于上帝和自然的纯粹知识的扩展之中。古语常言说得好,自然最初就像上帝创世的一面明亮的镜子,在人的清澈的眼眸前是开放而透明的。* 神圣的真理对眼睛来说一直是敞开着的;而这还暗示着,——尽管同时还处在某种不确定的昏暗之中——这种最初的状况就已经拥有了某种不确定的、在自身之中已经扩张的关于宗教真理的,确切地说,上帝直接启示出来的真理的认识。在历史的意义上,一切宗教都同样是从这种状况出发的,但是,这些宗教同时把这最初的真理和谬误与错误的怪胎分离了开来,并且遮盖了最初的真理。但是,在一切错误的神话之中,真理的每一种起源和它的最初的宗教学说的蛛丝马迹都是现存的,并且可以认识得到。对于古老的民族历史的研究因此而被本质性地赋予了兴趣,那就是在这种研究中要上升到足够的高度,以便能够达到某个点上,在这个点上,载有最早启示的知识的这种残篇断简仍然可以达到很高的精纯度。** 我们已经把这种研究的兴趣归功于那些非常值得重视

[80]

---

* 弗里德里希·冯·施莱格尔的《历史哲学》(两卷本,维也纳,1829年),第一卷,第44页。——黑格尔原注

** 我们应该把这种兴趣归功于发现东方文学所具有的重大价值和对亚洲的状况、神话学、宗教与历史的老早已经发现的珍贵材料所作的重新研究。在文化高度发展的天主教国家,政府不再继续放弃思想的要求,而感觉到了把博学多才和哲学融为一体的需要。法国的神父拉美内逐一列举了真正的宗教的标准,其中之一是,它必须是普遍的宗教,也就是说,大公教(katholische)和最古老的宗教,法国天主教的宗教团体充满热情、孜孜不倦地工作,为的是拉美内神父的主张不再被当作布道坛上的空洞的长篇大论和权威的陈词滥调,就像以前那些主张都满足于这样的结果。菩萨——一位神—人——的宗教因为传播到的地方无远弗届,尤其引起了他们的注意。印度的三相神(Trimurti)和中国人的三位一体(Dreiheit)的抽象,从它们的内容来说本来都是更加清楚明白的。博学之士,一方面如阿贝尔·雷姆萨先生和圣马丁先生,对于中国文学和由此出发对于蒙古语文学,以及如果可能的话对于藏语文学,进行了劳苦功高的研究;另一方面,如冯·埃克斯坦男爵以他自己的方

的发现,但是这种研究显示它们直接反对自己,因为它涉及这样一种状况,即被这种研究预设为某种历史性的东西,必须首先在历史上得到证明。关于上帝的认识的那种状况,和其他的认识,比如天文学的认识的状况(就像以讹传讹地被认为是印度人发明的那样),以及那种主张,这样一种状况已经站在了世界历史的顶峰,或者许多民族的宗教从这样一种状况中获得了一种传统的出发点,并且由于失去节制和恶化(就像在那种粗糙地理解的所谓流射说体系中所说的那样)而迈步向前得到发展,——所有这一切都是这样一种预设,一方面,它们没有一个历史的根据,另一方面,由于我们想要拿那些向壁虚构的、从主观意见中产生出来的起源来反对概念,我们也就不可能得到一个这样的根据。[81]

对于哲学的考察来说唯一恰如其分而又值得尊重的做法是,把历史纳入这样一个地方,在那里,合理性在世界性的实存之中开始表现自己,不是在合理性仍旧只是一种自在的可能性的地方,而是在已经存在这样一种现存的状况的地方,即合理性已经出现在意识、意志和行动之中。精神的无机的实存、自由的无机的实存,比如,对于善和恶以及法律还处于无知无识、麻木不仁之中,或者如果人们愿意说,精神的卓荦不凡之处,这些东西本身都不是历史的对象。自然的同时也是宗教的伦理是家庭的孝敬。伦理的东西正好是以下列方式存在于这种社会之中,即其成员并不是作为拥有自由意志的相互对立的个体,并不是作为人格而相互对待;也正是因为这样,家庭在自身之中就排除了历史能够从其中形成的那种发展。但是,精神的统一性超越了这种感觉的圈子和自然之爱,它达到了对于人格性的意识,于是就出现了一个昏暗而脆弱的中心,在其中,无论自

式(也就是说,借助于那些肤浅的、德国人所创造的自然哲学的观念和方法,模仿弗里德里希·冯·施莱格尔的做派,当然要比施莱格尔更才华出众),在他自己的刊物《天主教》中,推动了那种原始的天主教的研究,而且,尤其是,就把政府的支持引向了天主教社团的学者,以至于他们甚至可以到东方旅行,以便他们能够发掘那些仍然深藏不露的宝藏。他们承诺能够从这些宝藏之中获得关于更深的教义,尤其是关于佛教的上古时代的状况及其源头的更多启示,并且通过这种迂回的、但只是让学者感兴趣的弯路来提升天主教的利益。——黑格尔原注

[82] 然还是精神都还不是敞开和透明的,对这个中心而言,只有首先通过那种已经变得自觉自识的意志在往后的岁月中年深日久的教化的劳作,自然和精神才可能变成敞开的和透明的。意识自身就已经是敞开物,对意识来说,上帝和任何东西都能敞开自身,在上帝的真理之中,在上帝的自在自为地存在着的普遍性之中,只有对已经变成反思着的(nachdenkend)意识而言,上帝才可能启示自身(敞开自身)。自由只是指知道和意愿诸如法权和法律这样的普遍的实体性对象,并且把它们带向与它们相适应的现实性的自由,而这种现实性就是国家。

那些没有国家的民族在他们还没有达到他们的规定之前,可以持续不断地过一段很长时间的生活,而在那种生活中,他们才能够顺着某些确定的方向获得一种极为重要的发展。这种**前历史**根据我们已经做过的说明本来就处于我们的目的之外;要么在这之后紧跟着就出现了一段现实的历史,要么这些民族压根儿就没有形成一个国家。20多年来关于梵语及其与欧洲语言之间关联的研究造成了一个伟大的发现,——就像发现一个新世界一样。尤其是这种发现已经得出一种关于日耳曼民族和印度民族之间联系的观点,这种观点自身带有高度的可靠性,这种可靠性和单从那些材料中得出的可靠性是同等程度的。现在我们还知道一些民族,他们几乎不能建立一个社会,更不用说建立一个国家了,但是他们一直长期实存着并且广为人知;我们还知道其他一些民族,我们对于他们的文化状况兴趣盎然,他们的传统越过他们国家创立的历史之前延伸到老远,他们的很多变化都是远在这个国家创立以前发生的。从上面所提到的相隔如此辽远的民族的语言之间的这种联系中,我们得出了一个结果,这个结果向我们表明这些民族都是从亚洲散布出去的,与此同时,一种最原始的亲属关系经历过如此千差万别的发展是一个毫无异议的事实,这个事实

[83] 并不是来自把许多或重大或琐屑的状况任意地组合在一起并做出迎合大众心理的推理,这种组合推理用许多冒充为事实的凭空杜撰来充实历史,而且还将持续不断地充实它。但是,那些显得如此宏阔的事迹不属于历史的范围之内:它本身是在历史之前发生的。

导　论

在我们的语言中,**历史**(Geschichte)统一了客观的方面和主观的方面,它同时意味着既是发生的事情的历史(historiam rerum gestarum),又是发生的事情(res gestas)自身;它是历事(Geschehene),又不折不扣地是历史的叙述。我们必须把两种含义的这种统一看作是比一种单纯的外在的偶然性更高级的类型;可以认为,历史叙述是与本来的历史行动与事件同时出现的;它是促使它们一道出现的那个内在的共同基础。家庭纪念、家长制的传统有一种在家庭、部落之内的兴趣;它们状况的千篇一律的过程绝不会成为回忆的对象,但是歧异纷呈的行为或者命运的翻转可能会鼓动记忆女神(Mnemosyne)把握这些图画,就好像爱与宗教感敦促想象力把这种开始时无形无象的冲动转化为各种形态。但是国家首先导致一种内容,这种内容不仅适合于历史的散文,而且自己生产这种历史的散文。一个渐渐变得稳固、把自己提升为国家的共体(Gemeinwesen)要求的不只是主观的、满足瞬间的需要的政府的命令,而是诫命、法律,普遍的和普遍有效的规定,并且因此产生一种契约,作为理智的、在自身之中得到规定的、在它们的结果中得到延续的那些行为和事件的兴趣;而为了国家的这种形态和属性能够绵延历久这个目的的要求,记忆女神被驱动着把这些行为和事件添加到持久存在的纪念之中。一般意义上的更深刻的感觉,比如爱的感觉,和宗教的直观及其各种造型自身自在地就是完全在场和令人满意的,但是在它们之中的合乎理性的法律和风俗以及国家的外在的实存是一种不完善的在场(Gegenwart),对于它们的理解需要它们和对于过去的意识融合在一起。［84］

在我们可以设想的成百上千年的时空中,在有历史记载之前,有多少民族存而复逝,经历了多次革命、不停地迁徙以及最狂野的变化,因此而没有客观的历史,因为它们并不拥有主观的历史、并不拥有历史叙述。关于这样的时空的历史叙述不只是偶然地散佚不见了,而是因为这些历史叙述本来就不存在,我们现在没有保存它的片言只语。最早在有法律意识的国家中,出现了清楚明白的事实,并且因为法律意识而出现了一种关于这些事实的意识的清晰性,这种清晰性赋予了保存这些事实的能力和

59

需要。对于最早使得印度文学的价值广为人知的那个人来说,令他触目惊心的是,这个精神方面的产品、确切地说是走向精神最深处的产品如此丰赡的国度居然没有历史,这和中国形成了最为强烈的对照,因为中国这个帝国拥有无与伦比的、可以追溯到最古老的时代的历史。印度不仅仅拥有古老的宗教著作和震古烁今的诗歌艺术作品,而且还拥有古老的法律书籍,我们在前面已经要求把法律书籍当作形成历史的一个条件,但是它却没有历史。在这片土地上,开始形成社会差异的组织很快固化为种姓制度中的自然规定,以至于法律虽然与市民法权相关,但是法律却使自己依赖于自然的差别,而首先规定的是这些阶级相互之间的权限(Zustaendigkeit)(既不是法权,也不是非法),也就是说,高等阶级和低等阶级是相互对立的。伦理的因素就这样被从印度生活的富丽堂皇和它的帝国之中驱逐出境了。由于这种和自然捆绑在一起的秩序的坚固性导致了不自由的状态,社会中的一切联系都是狂野的任性,来去倏忽的冲动,或者毋宁说是没有一个进步和发展的终极目的的浩劫:于是,根本不存在思维着的纪念,根本不存在就记忆女神而言的对象,一种即使是深刻的、但却是杂乱无章的想象在这块土地上无所事事地闲游乱逛,这块土地为了使自身有能力创造历史,它就必须具有附属于现实性并且同时附属于实体性自由的目的。

[85]

为了这种历史的条件起见,必须发生的事情是,由家庭发展壮大为部落,由部落发展壮大为民族,以及通过这种扩张而达到民族的四处扩散,我们可以设想这样一个如此丰富、无法比拟的事业自身包含了多少平地风波、兵燹之灾、天翻地覆、人亡邦瘁,却没有历史发生;更有甚者,一个惊天动地的帝国和与之系缚在一起的扩张与发展自身竟然会喑哑无声、一言不发,它所发生的一切就那样悄无声息地流逝了。一个纪念碑性的事实是,那些处于民智未开的状况之中的民族所说的语言却是已经得到高度发展的语言,完全感性地发展起来的理智被详尽无遗地投放到这片理论的土地上。不断扩张而又具有内在一贯性的语法就是思想的作品,这个作品使得语法中的范畴十分引人注目。此外,还有一个事实是,随着社会的和国家的文明不断向前发展,理智的这种系统性的实施遭到磨损,以此为基础的语言变得越来越贫乏和粗鄙——于是出现一个奇特的现象,即在自身之中变得越来越精神性的、推动合理性产生并且不断发展的进步忽视了这种理智的周详和理智性,发现它们变成了障碍,并且把它们变成了可有可无的东西。语言在本己的意义上就是理论性的智力的行动,因为它是那种行动的外在表达。回忆和想象的活动如果没有语言就只能是内在的表达①。但是这种一般意义上的理论的行动,就好像它的进一步的发展,和与此联系在一起的更具体的民族扩张、他们之间的相互分离、纠结、迁徙等等,被笼罩在缄默不语的过去的晦暗之中。这种行动不是已经变成具有自我意识的意志的行动,不是给予自身以其他的外在性、本己的现实性的自由的行动。如果这些民族不属于这些语言的真正要素,他们不关心他们语言的发展,那么,他们就不会拥有历史。语言的快速发展和民族的向前突进与相互分化部分地获得了与国家的接触,部分地由于国家自己开始形成而获得了具体的理性的意谓和对它的兴趣。

c)根据这些与世界历史**开端**的形式和从它当中被排除出去的前历史相关的评论,世界历史向前推进的**方式**可以得到更详细的规定,但是,在这里只能谈谈它的形式方面。对于它的具体内容的进一步规定就是这部分的任务。

世界历史表现了,正如早先已经得到规定的那样,精神对于它的自由的意识的发展历程和这种意识所完成的自由之实现的发展历程。与这种发展相伴随的是,它是一个阶梯形的过程,自由的一系列的进一步的规定,这些规定通过实事的概念而浮现出来。这个概念逻辑的本性和更多的是辩证的本性,即它是自我规定的,它把诸规定设置入自身之中,又把它们扬弃掉,并且通过这种扬弃而为自身赢得一种肯定性的规定,确切地说,更加丰富、更加具体的规定,——这种必然性和由这些纯粹的、必然的概念规定所组成的必然性系列是在逻辑学中得到认识的。在这里,我们

---

① 原作:"语言直接的表达",据黑格尔手稿校改(霍夫迈斯特编)。——原编者注

[87] 只需要接受以下这点,即历史的每一个阶段都绝无仅有、别具一格,各自具有它特定的、独一无二的原则。这样一个原则是精神在历史之中的规定性——一种特殊的民族精神。在这种规定性中,它具体表达了它的意识和它的意愿、它的全部现实的所有方面。民族精神是它的宗教、它的政治宪法、它的伦理、它的法权制度、它的习俗,以及它的科学、艺术和技术熟巧等等所有这些东西共同的特殊标志。这种特定的、独一无二的特征要从一个民族的那些普遍的固有特征,从它的特殊原则出发来理解,就好像,倒过来,那些具有特殊性的普遍物要从在历史上存在的事实的细节之中才找得到。某种特定的特殊性事实上构成了一个民族独一无二的原则,这一点是必须被经验性地接受而且必须以历史的方式加以证实的方面。要完成这一任务,不仅要预设一种训练有素的抽象,而且要预设对于理念的掌握达到了了如指掌、如数家珍的地步。如果我们想要命名这个原则,那么,我们必须先天地对于这个原则落入其范围的那个圈子了如指掌,如若要我们列举出这种认识方式的伟大人物,最佳者莫如开普勒,他在能够从经验性的数据中发现由众多观念的规定组成的、他那永垂不朽的规律之前,必定早已经先天地熟悉了椭圆形、立方体、正方形以及它们之间关系的思想。那个对于这种普遍的要素性规定一无所知的人,即便他长年累月地观察天空和天体的运动,他对于那些规律的理解也是如此之少,正如他也不可能发明那些规律。有一种哲学借助于所谓的先天性

[88] 和把理念塞入质料之中来对一种建立在经验基础之上的科学进行考察,对这种考察的责备一部分来源于这种对于自由的自我发展形态的思想的不熟悉。这样的思想规定显现为某种外来的、并不存在于对象之中的东西。这些规定对于不熟悉而且不习惯这种思想的主观性文化来说是某种外来的东西,并不存在于对象的这种匮乏状况所造成的观念和知性之中。从这种表述中可以推断出,哲学并不理解这些科学。事实上,它必须承认,哲学并不具有在那些科学之中占据统治地位的知性,不能够根据那种知性的范畴处理问题,相反,它处理问题依据的是理性的范畴,而且它能够认识那种知性以及它的价值和地位。理性在科学的知性的这种处理问

导　论

题的方式中起作用,类似于本质性的东西有别于所谓的非本质性的东西,而且必定会被从中突出出来。为了能够做到这一点,人们必须认识那个本质性的东西,而如果世界历史应该完整地加以考察的话,那么,理性,就像前面说过的那样,就是自由的意识和在世界历史的发展历程中的这种意识的各种规定性。指向这些范畴就是指向真正的本质性的东西。

　　和一种在它的普遍性中把握到的规定性直接处在矛盾之中的例子,一部分通常都是由于缺乏对于理念的把握和理解。如果在自然史中,为了反对不容置疑地显示出来的种类和等级而援引一个奇形怪状的、出现事故的样本或者杂种生物作为例证,那么,人们就有理由常常使用含糊其词地说出的那些话,如例外证实了规则,也就是说,规则显示出,它是各种例外,或者说偏离了常态的各种不正常的东西、雌雄同体的东西,出现的条件。① 自然的软弱不能保持它的普遍的等级和种类以反对其他一些要素性的因素。但是,例如,当人的组织在他的具体形态之中被把握到,而且人的大脑、心脏等等器官被规定为本质上属于他的有机的生命的时候,有可能有人会出示一个可怜的怪胎,他大体上自在地具有一个人的形状或者人的各个部分,它也是在人的身体中孕育的,在人的身体中获得生命,从它那里诞生,能够呼吸,但是在他身上却没有头脑和心脏。有人会使用这样一个例子来反对人的普遍的特性,他们固执地使用人的名义以及人的表面的规定,这就显示出,一个现实的、具体的人当然是完全另外的样子:一个现实的、具体的人必须在头部有大脑,在胸部有心脏。

　　如果以同样的方式来进行处理的话,那么,就可以正确地说,天才、天赋、道德德性和情操、虔敬在一切地区、在各种宪法和政治状况中都能够发生,在这一方面,任何地方都有不胜枚举的例子。如果在这种表述中,这些例子中的区别被当作无关紧要的或者无关本质的东西而不予采纳,那么,反思就会固执于抽象的范畴之中,而置具体的内容于不顾,在这些范畴之中根本不存在任何就这些内容而言的原则。朝向这种形式的观点

[89]

---

① 原作:"这个规则显示了……的条件",据黑格尔手稿校改。——原编者注

[90] 运动着的文化立场为各种锋芒逼人的问题、知识渊博的意见和引人注目的比较、貌似高深的反思和宣言保证了一块硕大无朋的用武之地,这些东西越是显得光彩夺目,供那种立场使用的东西也就越不确定;这些东西越是日新月异、变动不居,它辛苦操劳所获得的成果也就越是微不足道,所能够达到的坚韧不拔的东西和合乎理性的东西也就越是少得可怜。在这种意义上,著名的印度史诗可以和荷马史诗相提并论,而或许是因为诗歌的天才是通过想象力的伟大来证明的,它被抬到了想象力的伟大之上,就好像由于诸神形象的属性的个别想象的特征具有相似性,我们就认为通过印度神话而认识希腊神话中的人物形象的做法是合情合理的。在类似的意义上,中国哲学,由于它把一当作基础,后来就被人冒充为埃利亚派哲学和斯宾诺莎哲学看起来所是的东西;因为它也是用抽象的数字和线来表达的,人们就从它之中看到毕达哥拉斯学派的东西和基督教的东西。勇敢的事例,刚毅的性情,宽宏大量、大公无私和自我牺牲的特征,这些东西既可以在最野蛮的民族也可以在最怯懦的民族中找到,拿这一点用来证明下列观点已经绰绰有余了,即在这些民族中所发现的道德与伦理和在有高度文明的基督教国家中发现的道德与伦理别无二致,只是程度不同而已。人们在考虑到这一点时提出了一个疑问,即在历史和一切类型的文化的进步之中,人是否变得更好了,他们的道德是否增进了,而道德只是建立在主观的意见和洞见的基础之上,建立在把行动看作是法权还是违法,看作是善的还是恶的基础之上,而不是建立在这样一个基础之上,它自在自为地或者在某种特殊的、被认为是真正的宗教之中被看作是合法的和善的或者非法的和恶的。

[91] 我们在这里用不着阐明这种观察方式的形式主义和错误,并确定道德的真正基础,或者毋宁说与错误的道德相对立的伦理。因为世界历史朝向比道德在其中有它固有的处所的地基更高的那个地基运动,而道德的处所包括私人的信念、个体的良知、个体特有的意志和它的行动方式;这些东西自为地有其价值、归因(Imputation)、奖赏或者惩罚。精神自在自为地存在的目的所要求的东西,天意所要实现的东西,超越于属于个体

性的伦理的各种义务、归因能力和无理要求之上。有些人在习俗的规定和因此而高尚的信念之中抵制精神的理念的进步使得它成为必然的东西,这些人在道德上的价值比下面这种人更高,他们的犯罪行为在一种更高的秩序之中被颠倒为把这种秩序的意志设置入作品之中的手段。但是,在这种方式的革命之中,一般说来双方都站在走向毁灭的圈子之内,因此,它就只是一种形式的、被活生生的精神和上帝抛弃不管的法权,它要为那些认为自己具有合法性的粉墨登场者辩护。那些就是世界历史性的个人的伟大人物的行为看起来不仅在内在的、[他们]没有意识到的意义上是理由充足的,而且在世界性的立场上也是有根有据的。但是从这种立场出发,与此无关的道德的要求必须不能起来反对世界历史性的行动和它的执行者。我们可以冗长乏味地列举出的那些私人德性,比如彬彬有礼、谦恭、博爱和乐善好施,都必须不能起而反对他们。世界历史总体上不能完全绝缘于我们经常谈到的道德和道德的差异所属的那个圈子,这不仅仅是因为它自身就包含着判断——但是它的各种原则和它的行动与它的原则之间的必然关联自身自为地就已经是判断——,而且因为它把个体完全从这个游戏中排除出去而不予提及,而它所要报道的东西就是各个民族的精神的行动;无论精神在现实性的外在领域中如何装扮它的个体性的形态,这种形态最终只能听任各种专门的历史记载了。 [92]

这同一种形式主义游荡在天才、诗歌甚至哲学的无规定性之中,而且发现它们以同样的方式无处不在。这是思维着的反思的产物,而且在那种突出和描画出本质性的差异、朝着一种熟练技巧运动却没有沉浸到内容的真正深处的普遍性之中,这种产物就是一般意义上的教化。教化是一种形式性的东西,因为它旨在把内容——无论它意愿这个内容是什么——划分为组成部分并且在它的思维规定和思维形态之中把握这些组成部分。它不是自由的普遍性,这种普遍性有必要把自身变成意识的对象。对于思维自身以及它那和质料处于分离状态的形式的这种意识就是哲学,它本来在教化中具有它实存的条件。这个条件就是给现存的内容穿戴上普遍性的形式这件外衣,以至于它的占有物之中包含着不可分离的两个方面,它们是如此地不可分离,结果是,它把通过对于大量的观念中的某一种观念进行分析而被扩大为一个无法估量的宝藏的那种内容当作了纯粹经验性的内容,而思维绝不会参与到这种内容之中。但是,这同样是一种思维的行动,只不过是知性的行动而已。知性的行动把一个自在地有它具体的、丰富的内容的对象变成了一种单纯的观念(比如大地、人或者亚历山大和恺撒),并且用一个词来描述这个对象,就好像是分解这种观念,在观念中孤立包含在其中的那些规定,并且给予它们一个特殊的名称。导致我们刚才所说的那些东西的起因来源于这样一种见解,和这种见解联系在一起,我们就会非常清楚,就像反思产生了天才、天赋、艺术和科学的普遍性,在精神的诸形态的每一个阶段的形式的教化不但能够发展良好,走向高度的繁荣兴盛,而且必定会如此,因为这些阶段会把自身发展成为一个国家,并且在文明的基础上发展成为知性的反思,以及进一步发展成为诸如法律那样的对一切人而言的形式和普遍性。形式的教化的必然性和因此诸科学的形成的必然性,以及一般意义上的造型诗歌和艺术的形成的必然性,都存在于国家生活自身之中。一切在造型艺术的名称之下得到把握的艺术在技术方面本来就要求人的文明化的共同生活。相对而言,外在的需要和手段对于诗的艺术没有那么必要,诗的艺术直接把精神所生产的定在的要素①、声音作为它的物质材料,所以,它以高度独创性的方式在一个还没有法权生活的统一民族的状况之中显露出了具有高度修养的表达,因为就像我们前面已经注意到的那样,语言自为地在文明的彼岸达到了某种具有很高程度的知性文化。

  哲学也必须在这种国家生活中才会露出面目,因为,某种内容通过它才变成和教化相关之物的那个东西,就像前面已经提到过的那样,就是属于思维的形式,而哲学如果只是对于这种形式的意识,那么,哲学就是思维之思维,因此,它的大厦所特有的物质材料在普遍的教化之中就已经准备好了。如果国家在它自身的发展过程之中,必须踏入不同的时期,唯有

---

① 原作:"直接的定在的要素",据黑格尔手稿校改。——原编者注

经历过这些时期,精神的高贵本性才会从在场中逃逸而出并被驱入理念的区域,为了在这些区域之中寻找它在二元分裂的现实之中再也享受不到的与自身的和解,那是因为,反思性的知性侵蚀着一切神圣者和深刻的东西,以肆无忌惮的方式把它们放置到诸民族的宗教、法律和习俗之中,在抽象的、无神的普遍性之中把它们弄得肤末支离并最终使它们烟消云散,于是,思维被迫成为思维着的理性,以试图能够在它自己的要素中从被带向的那种腐败中重新产生出来。[94]

在所有的世界历史性民族之中固然都有诗的艺术、造型艺术、科学以及哲学,但是它们不仅在一般意义上的风格和流派上歧异纷呈,而且在内涵(Gehalt)上也各有千秋;此外,这种内涵关乎最高的差别,合理性的差别。一种自我标举的审美批判认为,题材方面,也即是内容的实体性的方面不应该规定我们的趣味,相反,美的形式自身、想象力的伟大以及类似的东西应该以美的艺术为目标,应该用某种自由的心态和有教养的精神来关注和享受美的艺术,——这种说法于事无补。健康的人类感官根本不允许这种抽象,也不会将这种类型的所谓作品据为己有。即使人们由于考虑到大量的形式的特征,比如伟大的创造力和想象力、意象和感觉的生动性、辞藻的华丽等等,而想要把印度史诗和荷马史诗相提并论,但是,它们在内涵上的差别以及因此而导致的实体性的东西和理性的兴趣都还保留着,而实体性的东西直接涉及对于自由概念的意识及其在个体中的明显的显示。不仅存在着一种古典的形式,而且存在着一种古典的内容,此外,艺术作品中的内容和形式关系如此密切,以至于形式只能在内容是古典的情况下才能是古典的。如果内容只是想象的、不限制在自身之中的,——合理的东西就是在自身之中具有尺度和目标的东西——那么,形式同时是无尺度和无形式的,或者小里小气的和畏首畏尾的。同样,在比较我们以前已经谈到过的不同的哲学体系时,它唯一依赖的东西,亦即我们在中国哲学、伊利亚派哲学和斯宾诺莎哲学中共同发现的统一的规定性,遭到了忽视,而差别却被把握住了,无论这种统一性是抽象的还是具体的,确切地说,具体到成为精神所是的那种自身之中的统一性。但是那 [95]

种一视同仁也证明了,它只能认识抽象的统一性,因为它在对哲学做出判断之时,对于构成哲学兴趣的东西一无所知。

但是,还存在着另外一些圈子,无论某种教化的实体性内容如何千差万别,它们依旧保持着同一。上面提到的差异涉及思维着的理性和自由,而思维着的理性的自我意识就是自由,思维着的理性和思维有着**同一个**根源。正如动物不能思维,而只有人才能思维一样,人也有而且只有人才有自由,因为人思维着存在。人的自我意识包含着下面这一点,即个体把自身理解为人格,也就是说,把在他的个别性之中的个体自身理解为在自身普遍的东西之中,在抽象之中,在一切特殊的能力的放弃之中,因此把自身理解为在自身之中无限的东西。因此,处在这种把握之外的各种圈子都是那些实体性的差别的某种共同的东西。即便是和自由意识联系得如此紧密的道德也由于实际上缺失这种共同的东西而只能是纯粹的,因为也就是说它只能宣布普遍的义务和法权是客观的诫命,或者说是因为它还停留在作为一种纯粹的否定的形式的颂扬上,停留在对于感性的东西和一切感性的动机的放弃上。自从欧洲人熟悉中国人的道德和孔夫子的著作以后,中国人的道德得到了那些对于基督教道德稔熟于心的人的最高的赞扬和对它的优胜之处的不吝赞美之词的承认。同样,我们也承认,印度宗教和诗歌(人们应该往这里添加的东西,只能是那些较好的宗教和诗歌)以及尤其是它的哲学以崇高的精神宣布和要求对于感性事物的疏远与牺牲。我们必须毫无保留地说,这两个民族都缺乏对于自由概念的本质性的意识。在中国人看来,他们的道德规律和自然规律别无二致,都是外在的积极的诫命、强制性的法权和强制性的义务或者相互冲突的礼貌的规则。实体性的理性规定最初因之而成为伦理信念的那个自由在这些地方是缺失的;道德是国家的事情,由政府官员和法庭来实施。他们的道德著作不是国家的法典,而是针对主观的意志和信念,这种道德著作就像斯多葛学派的道德著述,写得像一条条道德戒律,是达到幸福的目标所必不可少的东西,以至于任性看起来和那种下决心成为这样的诫命、遵守或者不遵守那些诫命的目标是背道而驰的;在中国道德家那里和在

[96]

导　论

斯多葛学派道德家那里一样,一个抽象的主体的观念、贤人的观念构成了这种学说的最高境界。同样,在印度人关于放弃感性、放弃欲望和世俗的利益的学说中,目标和目的不是肯定性的、伦理的自由,而是对于意识的否定,在精神上甚至心理上对于生命的剥夺。

一个民族的具体的精神是我们能够确定地认识的东西,而因为它是精神,所以它只能以精神的方式、通过思想来把握。唯有精神才能够成为在民族的一切行动和方向中起推动作用的东西,把自身带向它的实现、自我满足和自我把握的东西,因为它只关心它自身的生产。但是,对于精神来说,最高的事务是知道自身,不仅仅把自身带向直观,而且带向对它自己的思想。它必须完成这项事务,而且它也可以完成,但是这种完成同时就是它的没落和另一种精神的兴起,另一个世界历史性民族的出现,世界历史的另一个时代的崭露头角。这种过渡和关联把我们引向整体的关联,引向世界历史自身的概念,我们现在要更加详细地考察它,我们必须给出一种关于它的观念。

我们知道,世界历史根本上也就是时代中的精神的解释,就像作为自　[97]然的理念在空间中解释自身。

如果我们把眼光投向世界历史一般,那么,我们就会看到一个由各种变化和行动,由永不安宁而又连绵不绝的民族、国家、个体的无限多重的形态组成的巨大无比的画廊。一切触动人的心灵并令人兴味盎然的东西,一切关于善、美和伟大的感觉都是不可或缺的,无论在什么地方,各种目的都被把握住了,都在实施之中,我们承认这些目标,我们希望实现这些目标;我们渴慕它们,我们又害怕它们。在所有这些事件和偶然中,我们看到,人类的行为和苦难无处不和我们切身相关,而又因此无处不是对我们正面的和负面的兴趣的倾斜。有时候它通过美、自由、财富吸引我们,有时候通过即使罪恶也因之而别有一番风味的能量。有时候我们看到的是,一种让大家普遍感兴趣的无所不包的事业非常艰难地向前推进,为了因微不足道的事务而造成的无限复杂的情势而被牺牲掉,最后竟然烟消云散了;同时,一件无足轻重的小事之完成动用了覆海移山的力量,

69

而从太仓稊米的事情之中却萌生了震古烁今的事业——处处都可能出现形形色色、光怪陆离的窘境，把我们不由自主地卷入它的利益洪流之中，一件事情才匆匆收场，另一件事情立即接踵而至。

[98]　普遍的思想，首先在个体和民族——这些个体和民族在一个时期内存在，然后又委身于大化中——的这种永不安宁的轮替中显示自身的范畴，就是一般意义上的变化。从它们的否定性方面把握这种变化，就会把我们引导到对于曩昔繁华壮丽所留下的废墟的更切近的观察之中。哪一位吊客游人站立在迦太基、帕尔米拉、波斯波利斯和罗马的废墟之上，不会缅怀这些帝国及其子民的过往，不会为强大无比而又富甲天下却一去不再的生命而黯然伤怀？——这种伤怀，不是停留在个人的得失和一己的目的的疏忽易逝上，而是无关个人痛痒的、对于璀璨夺目而高度发展的人类生活的伤悼。——但是，和这种变化紧密联系在一起的更详细的规定是，变化一面是没落，同时另一面是一种新的生活的兴起，死出于生，但是生也出于死。这是一个东方人就已经把握住了的伟大的思想，也是他们的形而上学的最高点。在关于灵魂转世的观念中，这一思想包含在和个体的关系之中；但是关于自然更加广为人知的是**不死鸟凤凰**的形象，它始终为自己准备好了焚烧的柴堆，在上面接受烈火的烤炙，结果从它的灰烬中产生出一个全新的、年轻的、新鲜的生命。但是，这一形象只能是亚洲的、日出之地（东方）的形象，而绝无可能是西方（日落之地）的形象。精神耗尽它自己的实存之外壳后，不仅会流传到另一个外壳之中，以年轻的形象从它的前身的灰烬中死而复生，而且它从灰烬中产生了一个神采飞扬、容光焕发的更纯粹的精神。它虽然和自己为敌，耗尽自己的定在，但是在它耗尽自己的定在之时，它也改造了它自己，它以前的形态变成了材料，它的劳动在这材料的基础之上把它提高到一种新的形象之中。

　　如果我们根据以下这个方面来考察精神，即精神的各种变化不仅仅是作为返老还童的转变，亦即，退回到同一种形态，而且更多的是对于它自身的加工整理，通过这番加工，它为进一步的探求增加了质料，那么，我们就会看到，它在许多方面和方向上大力探索，发展自己和享受自己；而这些方面是无穷无尽的,因为在它所创造的每一个方面,它都可以获得满足,都可以重新把它当作材料而逾越,并重新要求对之进行加工整理。纯粹的变化这种抽象的思想转变成了关于精神力量的思想,这种精神宣告、发展和完善它在一切方面的丰富充沛。它在自身之中拥有的那些力量,〔99〕我们是从它无比丰富的产物和文化成果中经验到的。在它活动的这种乐趣之中,它只跟它自身发生联系。尽管和自然条件,无论是内在的还是外在的自然条件纠缠在一起,它自身就不仅要承受反抗和各种阻碍,而且通过它们,还可以看到它的探求常常以失败告终,以及陷入因为自然条件或者因为它自己而造成的各种纠葛之中。但是,它是在完成自己的天职以及在功成名就之后才走向没落的,因此它仍旧能够为这场戏剧提供它是精神的活动的证明。

精神本质性地行动着,它把自己塑造成为自在存在着的东西,它的行动,它的作品;因此,它变成了自身的对象,于是它把自身当作自己面前的一个定在。因此,一个民族的精神:它是某种特定的精神,它把自己筑造为一个现存的世界,这个世界现在存在着并将持续存在于它的宗教、它的文化、它的风俗习惯、它的宪法和它的政治法律之中,存在于它的全部制度、它的事件和行动之中。这就是它的作品——这就是它的民族。它的行动之所是,就是各个不同的民族。每一个英国人都会说,我们是这样的人,我们乘船漂洋过海,在世界范围内从事贸易,东印度和它的财富属于我们,我们拥有议会和陪审团制度,等等。——个体与民族之间的关系是,他把这种实体性的存在化为己有,这种存在变成了他的气质和技巧,个体凭借这种气质和技巧而成为某种东西。因为他发现,民族的存在是一个在他面前已经完成了的、固定的世界,它必须要和这个世界合而为一。现在,民族精神在它的这个作品之中、这个世界之中享受自身和获得满足。

当一个民族完成了它所意愿的东西,并且在它的客观化的劳动之中捍卫它的作品而抵御外来的暴力之时,这个民族就是伦理的、有德性的、孔武有力的。那个自在存在着的、主观的、存在于它的内在目的与本质之

[100] 中的东西和它现实地所是的东西之间的二元分裂被消除了；它就在自身之中，它把自身当作自己的对象。但是，这样，精神的这种活动就不再是必须的了，它获得了它所意愿的东西。民族在战争和在和平之中，在国内和在国外还有很多事情要做；但是，它似乎再也不是处于活动之中的生机勃勃的、实体性的灵魂自身了。那个根本性的、最高的旨趣已经从生活中失去了，因为这种旨趣只有在存在着对立的地方才是现存的。民族就像一个从成年过渡到白发苍苍的老者的个体那样生活着，由于已经获得了它所意愿和能够达到的东西而享受着它自身。如果它的想象能够超越这一点，那么，它已经放弃把这作为它的目标了，就好像现实性无意于追求这一点，并根据这种现实性限制它的目的。**习惯**（习惯就像上足了发条的时钟，自动地向前走着）是招致自然死亡的东西。习惯是一种没有对立的行为，对它来说，唯一剩下的就只能是形式的延续，在习惯之中，目的的充裕和深度再也不需要达乎言辞——它仿佛就是一种外在的、感性的实存，它再也不会专心致志于事情本身了。因此，个体经受着一种自然的死亡，民族也经受着一种自然的死亡。如果说民族还在延续着它的生命的话，那么，那只是一种了无生趣的、毫无生机的实存，这种实存根本不需要任何制度，正是因为这种需要已经得到了满足——一种政治的虚无状态和无聊。如果说应该产生一种真正普遍的兴趣的话，那么，一个民族的精神必须产生对于某种新的东西的意愿——但是这种新东西从何而来呢？它只能是对于它自身的一种更高的、更普遍的观念，一种对于它的原则的超越状态，——但是，因此就必须存在着一种得到更进一步规定的原则，一种新的精神。

[101] 于是，一种这样的新东西自然进入了一个民族的精神，这种精神就是这个民族的完成与实现；它不会死于纯粹的自然的死亡，因为它不是纯粹个别的实体，而是精神的、普遍的生命；在它身上出现的东西要多于自然的死亡，因为后者只是由于他自己而导致的他自己的死亡。一个民族之有别于一个个别的、自然的个体的根据，是因为民族精神是作为一个类而实存着，因此，在它自身之中、在它的普遍性之中的对它的否定的一面达

到了实存。一个民族只有在它自身之中已经自然地死去的时候,比如,德意志帝国城市,德意志帝国宪法等等,它才会惨遭非命。

一般意义上的普遍的精神不会死于纯粹的自然死亡,它不仅会深入到它的生命的习惯之中,而就它是一种属于世界历史的民族精神而言,它会逐渐发展到知道了它的作品是什么,并且发展到思维它自身。它根本上只能是世界历史性的,因为它已经在它的基本要素中,在它的根本目的中放入了某种**普遍的**原则;只是就此而言,一种这样的精神完成的作品,就是一种伦理的、政治的组织。如果推动着那些民族走向行动的东西只是欲望,那么,这样的行动就会是鸿爪雪泥、过眼云烟,或者它所留下的痕迹更多的是枯枝败叶、颓壁残垣。因此,首先是克罗诺斯——时间统治着,黄金时代没有伦理的作品,它所生育的东西,时间的子女,被时间自己吞噬了。最早是朱庇特——从他的头中生出了密涅瓦,阿波罗和众缪斯也属于他的圈子——战胜了时间,把时间的消逝设置为一个目标。他是一个政治的神祇,他产生了一个伦理的作品,国家。

普遍性、思维的规定自身被包含在一个作品的要素中;如果没有思想,它就不具有客观性,而思想就是它的基础。现在,一个民族的文化所能达到的最高成就是,把握到了它的生活和它的状况的思想,把握到了它的法律、它的法权和伦理的科学;因为它的最内在的统一性就存在于这种统一性之中,在这种统一性中,精神能够和它自身合一。它在它的作品中感兴趣的事情就是把它自己当作对象;但是精神只有在它思维自身的时候,才能在它的本质属性之中把它自身当作对象。

在这个最高点上,精神也知道了它的基本原理,它的行动中的普遍物。但是思维的这种作品作为普遍物,在它的形式方面是同时有别于现实的作品和作品由于它而得到实现的那种有效的生活的。现在有一种实在的定在和一种观念的定在。如果我们想要赢获希腊人曾经拥有过的那种普遍的观念和思想,那么,我们可以在索福克勒斯和阿里斯托芬、修昔底德和柏拉图等人那里发现它们。希腊的精神在这些个体当中以表象和思维的方式把握到了自己。这就是它的最深刻的满足;但是它同时是理

[102]

想性的，而有别于真实的效果。

因此，我们必然会在这样的时代中看到一个民族在关于德性的观念中获得满足，一面把关于德性的谈论和它的现实的德性相提并论，另一面又让关于德性的谈论取它的现实性而代之。但是，这种单纯的、普遍的思想，因为它自己是普遍物，知道把特殊物和未经反思之物——信仰、信任、习俗——带向对于自己和它的直接性的反思，并在它的受限状态之中显示它自身的内容，其方式是，它一面提供理由让它自身摆脱义务，另一方面从根本上追问那些理由和与普遍的思想之间的关联，而由于没有发现那种关联，它又尝试着从根本上使得义务摇摇晃晃，根基不稳。

于是，就出现了个体之间的相互独立和个体与整体之间的分离，他们的不惜冒犯他人的自私自利和虚荣心，和以整体为代价追求他们自己的利益和满足：也就是说，每一个人都是以主体性形式出现的把他们自身特殊化的内在物，——以人的肆无忌惮的激情和自己的利益的形式表现出来的自私自利和腐化堕落。

[103] 则此之故，宙斯出现了，他把吞噬时间和让那种转瞬即逝彻底停止设定为一个目标，同时，他又为一个自身坚固的东西奠立了基础——宙斯和他的种族自身也被吞噬了，确切地说，是被那些生育者，也就是说，被从各种根据和对于根据的要求中产生的思想、知识、推理和洞见的原则吞噬了。

时间是感性事物的否定者；思想是这同一种否定性，但是最内在的形式，无限的形式自身，一切存在者根本上消失在这种形式中——首先是有限的存在，特定的形态；但是存在者一般被规定为对象性的东西，因此显现为被给予者、直接的东西、权威，它要么在内容上是有限的和受到限制的，要么是对于思维着的主体和主体在自身之中的无限反思的限制。

但是，首先值得注意的是，就像生命是从死亡中产生出来的，生命自身重新又是一个个别的生命，而一旦类被看作是这种生死轮替之中的实体性的东西，那么，个体的毁灭就是类再次跌落到个别性之中。类的保存只不过是这种实存方式的千篇一律的重演而已。另外值得注意的是，认识、对于存在的思维着的把握是如何以一种一面保持着一面美化着（verklaerend）的原则成为一种新的形态,确切地说,一种更高的形态的源泉和诞生场所的。因为思想就是不会死去并且保持着自身等同的普遍物、类。精神的特定形态不会在时间之中纯粹自然地烟消云散,相反,它在自我意识的自我实现着的、自我意识到的活动之中被扬弃了。因为这种扬弃是思想的活动,所以,它同时是保持和美化。——因此一旦精神一方面扬弃了实在性、存在着的东西的持存,那么,它就同时另一方面赢得了本质、思想、**它曾经所是的**那个东西的普遍物。它的原则再也不是它曾经所是的那个直接的内容和目的,而是它自身的本质。

于是,这一进程的结果是,由于精神把自身客观化了并且思维着它的这种存在,精神一方面破坏了它存在的规定性,另一方面把握住了它存在的普遍物,并由此而赋予它的原则以一种新的规定。因此,这种民族精神的实体性的规定性发生了变化,也就是说,它的原则形成一种截然不同而又更高的原则。[104]

在对历史的理解和把握之中最重要的东西是,具有和认识到这种过渡的思想。一个个体作为个体完整地经历过不同的发展阶段并仍旧保持为同样的个体;一个民族也是这样,直到它到达这样一个阶段,这个阶段就是它的精神的普遍的阶段。内在的东西、变化的概念必然性就存在于这个点上。这就是对于历史的哲学理解中的灵魂、最令人瞩目的东西。

精神本质上就是它的活动的结果:它的活动就是从直接性之中超拔出来,否定自身而又回到自身。我们可以把它比作种子,因为种子是植株最初的形态,但是种子又是植株全部生命的结果。但是,生命的软弱无能表现在,一物最初之所是和它最终之所是,是相互外在地并列在一起的。个体的生命和民族的生命概莫能外。一个民族的生命把它的果实带向成熟;因为它的活动倾向于通往完全实现它的原则。但是,这种果实并不会复归于把它生育出来并促使它成熟的民族的母腹;恰恰相反,对于民族的母腹而言,果实简直就是一杯苦酒。这个民族不能没有这个果实,因为它对于这一果实有着无穷无尽的渴望,但是这杯苦酒的代价就是这个民族的消亡,与此同时,一种新的原则冉冉升起。

[105]　关于进步的终极目的,我们在上面已经阐明过了。民族精神的诸原则在它的必然性的系列阶段中只不过是某种普遍精神的诸环节,通过这些环节,普遍的精神在历史中把自己提升为某种把握自身的**总体性**并结束自身。

因此,我们只是和精神的理念打交道,把在世界历史中出现的一切都看作是精神的理念的现象,于是,在我们考察过去时,无论这过去是多么年深日久,我们都要穿越一切把它和现在联系在一起;因为哲学只和真(Wahren)打交道,把真和永恒的当前联系在一起。对哲学而言,过去发生的一切都是永不消失的,因为理念存在于当前,而精神是不朽的,也就是说,它不仅不是已经消逝了的东西,而且不是尚未消逝的东西;相反,精神本质上就是现在。则此之故,正如已经说过的那样,精神的当前形态就是在自身之中把握它的一切先前的阶段。这种形态是独立不倚而又连续不断地发展起来的;但是精神之所是,就是它一直自在地所是的那个东西,而区别不过是这种自在的发展而已。当前的精神的生命就是那些阶段组成的过程之圆圈,这些阶段一方面相互外在地并立,而另一方面又显示为过去了的东西。精神在它的当前的深处保存着看起来已经被它抛在后面的那些环节。

世界历史的地理基础

与伦理的整体的普遍性和它的个别的行动着的个体性相反,民族精神的自然关联被看作是一种外在的东西,但是,就我们必须把精神在其中自我运动的那个外在的东西当作地基考察而言,精神本质地而且必然地是一个基础。我们的出发点是这样一种主张,即精神的理念在世界历史中实现自身之时显示出一系列外在的形态,它的每一种形态都把自身表现为一个现实地实存着的民族。这种实存的方面以自然存在的方式既落入时间之中,又落入空间之中,而每一个世界历史性的民族自在地承载着的那个特殊的原则同时也把它的自然存在当作自身之中的自然规定性。[106] 以这种自然性的方式表达自己的精神让它的各种特殊的形态相互外在地并列存在,因为相互并列本来就是自然性的形式。现在,这种自然的区别必须首先被当作精神可以从中潜滋暗长出来的特殊的可能性,而且因此赋予精神以地理的基础。我们所要关注的,不是把那块土地认作一个外在的地点,而是认识那个地方的自然类型,一个地方的自然类型和作为这块土地之子的那个民族的类型与性格特征紧密地联系在一起。这种性格特征也就是世界历史中的诸民族登上历史舞台以及在世界历史中获得他们的地位和位置的方式。——自然不会允许得到太高和太低的评价;明媚的伊奥尼亚的天空肯定对于荷马史诗的优美风格助益良多,但是如果只有这种天空也不可能产生荷马史诗;而且它也没有总是产生荷马史诗。在土耳其人的统治之下,就再也没有出现过诗人了。——在这里首先要纳入考察之内的是这样一些自然特征,它们应该永远被排除在世界历史运动的范围之外:在寒带和热带地区,没有任何一块土地可能出现世界历史性的民族。因为觉醒的意识最初只能出现在自然之中,但是这种意识的每一步发展都是精神在自身之中的反思,它与自然的直接性相对立。现在,自然的环节属于这种特殊化过程;自然的因素是人类能够由于它而在自身之中获得自由的第一个立足点,而这种获得自由绝不会由于自然的权力而荆棘丛生,窒碍难行。和精神截然不同的是,自然是一种量的东西,自然的力量还没有大到这样一种地步,以至于单凭它自己就可以无所不能。在极度寒冷或极度炎热的地区,人几乎不可能做任何自由的运动,严寒和酷热在这里都是威力无边的力量,以至于它们不会允许精神自为地建造一个世界。亚里士多德曾经说过:"只有在必不可少的需要得到满足的地方,人才会转向普遍的需要和更高的需要。"①但是在这种极端的地区,必需品的匮乏从来没有停止过,也从来没有一次可以避免,人们持续不断地得到指示,把他们的注意力投向自然,当心太阳的炙烤和照射与冰天雪窖的严寒。因此,世界历史的真正的舞台在温带,确切地说,它就是北半球的温带,因为地球在这里呈现为大陆的形式以及,如古希腊人所说的,拥有一片宽阔的胸膛。与此相反,在南方,大地四分五裂,并且向四处扩散为不同的点。在自然的产物之中也显示出同样的因素。北半球共同拥有种类繁多的动物和植物;而在陆地呈现七零八落状的南半球,自然形态千差万别,各各不同。

世界划分为旧世界和新世界,确切地说,新世界的名字之所以出现,是因为美洲和澳洲是我们晚近才知道的。但是,鉴于这些部分全部物质的和精神的属性,它们不仅是相对新的,而且在一般意义上是新的。它们地质学上的古老和我们毫无干系。我并不想否认它们的荣誉,否认它们是在创造世界之时(与旧世界)同样地从大海之中耸峙而出的。然而,在南美洲和亚洲之间的群岛显示出了某种物质上的不成熟;这些岛屿的大部分是这样创造的,即它们好像只是在岩石上覆盖了一层泥土,而这些礁

---

① 《形而上学》,第一卷,第 2 章,982b。——原编者注

石是从无底的深渊中显露出来的,并且带有一种很晚才形成的东西的特征。新荷兰显示出一种别无二致的地理的不成熟;因为如果人们从英国人在这里的殖民据点出发,深入到那片土地之中,那么,他们就会发现许多巨大的河流,这些河流还没有达到冲出一个河床的状况,相反,它们都消失在大草泽中。关于美洲和它们的文化,也就是说,墨西哥和秘鲁的文化,尽管我们有了不少报告,但是,这些报告无非是说,那种文化是一种完全自然的文化,一旦精神和这种文化有所接触,这种文化必定会消失。美洲过去显示出来的和现在仍旧显示出来的永远是物质上和精神上的软弱无力。因为美洲的土著,在欧洲人登陆美洲以后,逐渐在欧洲人活动的气息之下走向没落。在北美那个自由的国家中,所有公民都是欧洲人的后裔,那些古老的居民却不能被他们同化,而是被他们驱逐到别的地方去了。那些土著自然也从欧洲人那里学会了一些技艺,其中就有纵饮白兰地酒的技艺,但是,这种技艺对他们造成了毁灭性的影响。在南美,土著遭到了更加狂肆的虐待,他们被使用于他们的力量根本不能胜任的各种沉重的劳役之中。那个地方的美洲人的主要性格特征是,温顺有余而激情不足,对于一个克莱俄尔人低三下四、卑躬屈膝,就更不必说对于一个欧洲人了。欧洲人要花费很长时间才能够做到在他们身上培养起一些自我感觉。这些个体在所有方面,甚至在身材方面的低人一等在所有事务上都昭然若揭,极易辨识;只有巴塔哥尼亚完全南方气质的部落天然地孔武有力,但是仍然完全处于那种蛮不讲理和飞扬跋扈的自然状态之中。在耶稣会和天主教的教士试图让印第安人习惯于欧洲人的文化和习俗之时(众所周知,他们在巴拉圭建立了一个国家,在墨西哥和加利福尼亚建立了一些修道院),他们开始与印第安人过从甚密,视之如婴孺,对他们的日常事务做了明文规定,虽然他们生性懒散迟钝,但是他们也能够由于教士的权威而勉强完成这些事务。这些规定(例如,为了让他们想起夫妻之间的婚姻义务,在半夜里敲响钟声)首先完全正确地旨在唤醒他们的欲求,人的根本活动的推动力。美洲人体质的孱弱是需要把黑人输入到美洲的主要原因,借助于黑人的力量才能完成那些工作;因为黑人远比

[108]

[109]

印第安人对于欧洲文化更有感觉,一位英国的旅行家曾经举过许多例子说,黑人能够成为训练有素的神职人员、医生等等(一个黑人首先发现了可以利用秘鲁奎宁治疗皮肤病),而在旅行家认识的土著之中,只有绝无仅有的一个人心智成长到足以从事研究工作的地步,但是很快这个人就由于过量饮用白兰地酒而命丧黄泉。与美洲人的身体组织的孱弱相伴随的是绝对的工具的缺乏,也就是说,缺乏马和铁,必须借助于这些绝对的工具才能形成一个有坚实根基的国家,而尤其是因为缺乏这些手段,美洲人被彻底征服。

因为现在,那些最早的国家都已经消亡了,或者说差不多消亡殆尽,那么,真正起作用的人口主要来自欧洲,美洲的历史是从欧洲发端的。欧洲把它的剩余人口输送到美洲,这类似于许多人从日耳曼帝国城市迁出,因为那里的同业公会占据统治地位,而各种行业都已经固化了,他们迁入其他城市,那些城市没有这种压力,而且捐税的负担不像那些城市一样沉重。于是,就在汉堡附近形成了阿尔托纳,在法兰克福旁边形成了奥芬巴赫,在纽伦堡附近形成了伏尔特,在根夫附近形成了卡鲁日。欧洲与北美之间的关系亦当作如是观。许多英国人已经在美洲定居下来了,那里没有苛捐杂税,欧洲人的工具和欧洲人的聪明才智相得益彰,使他们能够从一望无垠的未开垦的处女地中收获良多。事实上,这种背井离乡的确带来了许多益处,因为这些背井离乡者已经摆脱了许多在家乡紧紧束缚他们拳脚的东西,而又随身携带着欧洲人的自尊自重和聪明才智这些宝贵财富。对于那些愿意竭尽全力地工作而又在欧洲不能获得用武之地的人来说,美洲为他开启了一个可以大显身手的舞台。

[110] 众所周知,美洲分为南美洲和北美洲两部分,一条地峡把它们连接在一起,然而它却没有促成它们之间的某种交往和联系。毋宁说,美洲的两个部分千差万别,各有千秋。——北美洲首先沿着它的东部海岸向我们显示出一片广阔的海滨,在这背后伸展着一条山脉,——青山山脉,或者阿帕拉契安山脉,往更北的地方则是阿勒格尼山脉。从这山脉中发源的许多河流灌溉着海滨的土地,这些土地给原本在这里建立起来的北美自

由的合众国带来了最大的益处。在那个山脉之后,圣罗伦斯河从北向南涌流而去,连接着几个大湖,加拿大北部的殖民地就在这条河上。继续往西边去,我们就会遇见浩瀚无边的密西西比河流域以及密苏里和俄亥俄流域,密西西比河接受了后面两个流域的水,然后流入墨西哥海湾。在这个地区的西面,同样也有一条绵亘蜿蜒的山脉,这条山脉贯穿墨西哥和巴拿马海峡,然后以安第斯山脉或者科迪勒拉山系的名义把南美洲的整个西边彻底分离开来。通过这种方式而形成的海滨地带与北美的海滨地带相比要狭窄得多,带来的有利条件也少得多。秘鲁和智利就位于这个地方。在南美洲的东部,奥里诺科河与亚马孙河的无边无际的河流向东流去:它们形成了巨大的河谷,但是这些河谷不适合耕种,因为它们都只是广阔的荒原。向南流的是拉巴拉塔河,它的支流的源头一部分在科迪勒拉山脉,一部分在把亚马孙河地区与它自己分隔开来的北部的山脊之中。——巴西和那些西班牙共和国属于拉巴拉塔河流域。哥伦比亚就是南美洲北部的海滨国家,在它的西边,玛格达莱纳河沿着安第斯山脉流入加勒比海。——

除了巴西这个特例,在南美洲——和北美洲一样——成立的普遍都是共和国。如果现在我们比较一下南美洲(我们也可以把墨西哥算作属于南美洲)和北美洲的话,那么我们就会感觉到二者之间的一种天渊之别。[111]

在北美洲,由于工业的进步和人口的增长,以及由于公民的秩序井然和某种稳如磐石的自由,我们看到了一种欣欣向荣之气;整体的联合不仅构成了一个国家,而且拥有了它的政治中心。与此相反,南美洲的共和国建立在军事暴力的基础之上;全部的历史是一种连续不断的政变:联合在一起的国家四分五裂,另外一些国家又重新联合在一起,而所有这些变动都是建立在军事革命的基础之上。美洲这两个部分更进一步的区别在两个方向上以势不两立的方式表现了出来:第一个方向是政治,第二个方向是宗教。西班牙人在南美洲拓土殖民并声称对它拥有宗主权,所以它是天主教的;而在北美洲,尽管总体上这片土地上各个宗派的信仰都有,但是，从它的基本特征来说，它乃是新教的。一个更进一步的不一致在于，南美洲是被征服的，而北美洲是被殖民的。西班牙人占领了南美洲，目的是为了统治它，并且通过政治职务和压榨剥削而变得富有。虽然依赖于一个非常遥远的母国，但是他们的任性却拥有一个极其广阔的游戏空间，通过权力、聪明才智和自尊心，他们获得了对于印第安人的绝对优势。北美洲自由的合众国却截然相反，它们完全是被欧洲人殖民了。因为在英国，清教徒、圣公会教徒和天主教教徒长期以来聚讼纷纭、莫衷一是，一会儿这一派占上风，一会儿另一派占上风，所以许多人背井离乡远渡重洋，只是为了在一个陌生的大陆寻找宗教信仰自由。他们都是勤勤恳恳的欧洲人，他们尽心竭力从事农业、种植烟草和棉花等等。他们很快就能集中精力于劳动之上，而他们的全部生存的实质就是各种需要、休息、公民正义、安全、自由和一种共体（Gemeinwesen），这种共体是由原子式的个人组成的，以至于国家只不过是一种为了保护财产而建立的外在的东西而已。个体之间的相互信任、对于他人的信念的信赖源自清教主义的宗教，因为在基督教新教的教会中，宗教的著作就是全部的生命，生命的活动一般。与此相反，在天主教教会中不存在这样一种信任的基础，因为在世俗的事务中占据统治地位的，只有暴力和心甘情愿的服从，而我们在这里称之为宪法的那些形式只不过一种紧急自卫的措施，用来防止不信任的发生。

[112]

如果我们比较一下北美洲与欧洲，我们就会在那里发现一种共和制宪法的千古不朽的例子。主观的统一性是现成存在的，因为那里有一个总统作为国家的首脑，总统选举每四年举行一次，以防止任何未曾料及的君主的野心。普遍的财产保障和基本上免除捐税是长期以来口碑载道的事实。同时，通过这种方式，我们也可以看到北美洲民众的基本品格，他们的品格从私人的角度来说旨在有所收益和获得利润，私人利益占据优势，只是为了个人享受的目的才会使私人利益服务于普遍的利益。固然会出现各种合乎法权的状况，某种形式上的法权法律，但是这种合法性（Rechtlichkeit）是没有正派（Rechtschaffenheit）可言的，因此，美国的商人总是会有在法律的保护之下使奸耍滑的恶劣名声。如果说一方面基督教新教的教会为信任的本质性的东西大声喝彩,那么另一方面,它同样因此而包含了情感因素的有效性,而情感因素很容易会过渡为形形色色的任意妄为。持这样一种立场的人会说,每一个人都有一种他自己特有的世界观,同样也有他自己特有的宗教。于是,宗教就分裂为如此众多的教派,宗派数量越来越多已经到了荒谬的顶点,其中的许多教派有一种崇拜上帝的形式,这种形式体现为各种迷狂状态,有时甚至表现为最淫秽的纵欲狂欢。这种彻底的任意妄为发展到了这样一种程度,以至于许多教堂随心所欲地选择神职人员,而又同样轻易地把他们赶走;因为新教教会不是一个自在自为地持存着的东西,后者要有一个实体性的精神存在物和外在的机构;相反,宗教必须根据它的特殊的个人感觉来作出评判。在北美洲占据统治地位的是最放荡不羁的狂野的想象,它所缺乏的是保存在欧洲国家之中的那种宗教的统一性,在欧洲,对于这种统一性的偏离只限于为数不多的宗教团体之中。至于北美洲的政治状况,普遍的目的还没有被设定为某种自为地坚固的东西,对于一种牢固地束缚在一起的东西的需要还不是现成存在的,因为只有在各阶级的差别已经出现的时候,在富裕与贫穷已经变得赫然醒目,而且下面这样一种情势——即很大一批人再也不能采取他们习以为常的方式满足他们的需要——登上舞台之时,一个现实的国家和一个现实的国家政府才会形成。但是,美国仍然没有迎来这种紧张,因为它永不停歇地使殖民的出路(Ausweg)保持高度的开放状态,一批又一批人持续不断地涌向密西西比河平原。通过这种手段,不满足的主要原因消失了,现在的市民状况的进一步维持得到了保证。把北美洲的自由合众国和欧洲诸国家做一个比较因此是不可能的,因为在欧洲尽管有许多人背井离乡,但是并不存在这样一种自然的人口的流动:如果日耳曼的森林仍然存在的话,那么,法国大革命也许绝不会发生了。如果这个国家能够提供的广阔无垠的空间已经人满为患,市民社会在自身之中受到了遏制,那么,北美洲才可以第一次拿来和欧洲进行比较。北美洲还处在可以不断扩大国土面积的情形中。只有到了像在欧洲一样农民数目的纯粹增长受到了阻碍,居民不能向外去占据土地,而是

[113]

[114]

被向内推回到自身之中以追求城市的贸易和交流的时候,他们才会建立起一个紧密的市民社会的体系,并达到需要一个有机国家的地步。北美洲的自由合众国没有任何这样的邻国,它和邻国之间的关系,就像欧洲所有国家相互之间的关系那样,它满腹狐疑地注视着它们的动态,维持着一个常备军以抵御它们的入侵。对于自由合众国而言,加拿大和墨西哥都不足为惧,而50多年来,英国已经逐渐认识到了一点,即和依附的美国相比,自由的美国对它更有好处。北美洲自由合众国的民兵组织在解放战争中表现出来的那种贲育之勇,超过了菲利普二世时的荷兰人,但是,凡是即将赢得的独立自主没有处在危险之中的时候,他们所显示出来的力量就要略逊一筹,因此,1814年民兵组织在与英国人敌对时的表现就没有什么可圈可点之处了。

因此,美洲是将来的大陆,在向我们迎面而来的时代中,也许是在北美和南美的争执之中,世界历史的重要性可能会在这片大陆中自我开启;对于所有厌烦了老欧洲的历史杂物铺(Ruestkammer)的人来说,美洲是一片值得思慕的大陆。据说拿破仑曾经说过,"这个老欧洲让我感到百无聊赖。"美洲和时至今日世界历史在其上发生的那片土地是相互分离的。迄今为止在这里所发生的事情都还只是旧世界的回声和某种陌生的勃勃生机的表达,作为将来的大陆,它根本上和我们还毫无干系;因为一旦涉及历史,那么我们与之打交道的东西,就是过去已经发生的东西和现在正在发生的东西,——用哲学的术语来说,我们与之打交道的东西,既不仅仅是过去存在的东西,也不仅仅是将要存在的东西,而是正在存在的东西和永恒存在的东西——我们与之打交道的东西,是理性,而这已经有足够的事情让我们去做了。

[115]　在我们暂且把新世界和随之而产生的各种梦想暂且置于一边之后,现在我们转回到**旧世界**上来,也就是说,回到世界历史的舞台上来,我们首先要加以注意的是它的自然因素和自然规定。美洲分为南美北美两个部分,通过一个地峡把它们连接在一起,但是这个地峡构成了一个完全外在的关联。与此相反,旧世界和美洲相对峙而立,并且由于大西洋而和美

洲分离开来,而旧世界自身被一个很深的海湾、地中海拦腰截断。旧世界的三大洲相互之间有着本质的联系,并且组成一个总体。它引人瞩目的特征是,它们都在地中海的周围环绕着,而且因此有了一个便利的交通工具。因为河流与大海不能被当作隔离性的,而是应该看作是结合性的东西。英国和布列塔尼,挪威和丹麦,瑞典和利弗兰,都是连接在一起的。对于这三大洲来说,地中海就是世界历史的联结者和中心。作为世界历史的光点的希腊就位于这个地方。然后,作为犹太教和基督教的中心的耶路撒冷位于叙利亚,穆斯林信仰的摇篮,麦加和麦地那位于它的东南方;往西有德尔斐、雅典,再往西就是罗马了;亚历山大里亚和迦太基则是位于地中海的边上。因此,地中海就是旧世界的心脏,因为它是这个旧世界的规定者和激活者。没有这个规定者和激活者,世界历史就无法表象自己,它就像没有了所有人集中在那里一起商定国是的论坛的古罗马和古希腊。——由于广阔的东亚远离世界历史的进程,它不能包含在这一进程之中;同样,北欧由于是在晚近才登上世界历史的舞台,在古代压根儿就没有参与到世界历史进程之中,也不能包括在内;因此,世界历史进程就完全限制在环绕地中海的那些国度。尤里斯·恺撒跨过阿尔卑斯山,占领高卢,日耳曼人因此与罗马世界发生了联系,这是在历史上开创了一个新纪元,因为通过这种方式,世界历史从此以后跨过了阿尔卑斯山。东亚地区和阿尔卑斯山的彼岸是围绕着地中海而运动的那个中心的两个极端——世界历史的开端和终结,它的升起和没落。

[116]

从现在起,我们要进一步确定地理的差异,确切地说,是把它当作与千奇百怪的偶然的事物相对立的思想的本质性的东西。这种独特的差异主要有三点:
1. 带有巨大的荒原和平原的干燥高原;
2. 河谷平原(过渡型的土地),有大河穿流而过并且对它进行灌溉的;
3. 与大海有着直接关系的海岸平原。

这三种因素都是本质性的,我们将会看到,每一个洲根据这些因素都可以分为三个部分。第一种是没有任何杂质的、不会发生变化的、金属般的高地，难以驾驭而闭关自守，但是却有足够的能力把冲动输送到其他地方。第二种塑造了文化的中心，是仍然尚未开启的独立性。第三种表现了并将保持着世界关联。

1. 高原。我们可以在有蒙古利亚人（这是在这个词的普遍意义上使用的）居住的中亚地带看见这种高原；从里海出发，这片荒原向北延伸，一直抵达黑海；在这里和它相同的地形我们还可以列举出阿拉伯沙漠，非洲巴巴里沙漠，在南美洲奥里诺科流域周边和巴拉圭荒原。这样的高原——它们只是偶尔因为下雨或者由于河流泛滥（就像奥里诺科平原那样）才能得到灌溉——上的居民的特点是家长制的生活，大家族分裂为许多个别的家庭。那些家庭栖身于其上的那块土地是不毛之地，只是偶尔才会有所收获；当地居民的能力不是在耕种土地方面，他们从土地中所收获的东西少得可怜，而是在放牧与他们一起四处漂泊的牛羊方面。他们在平原上放牧一段时间，等到草地上的草被吃光了，他们又要迁到另一个地方。他们过着无忧无虑的生活，从来不为冬天储存什么，为了过冬，他们常常要宰杀掉一半的牲畜。在高原的居民中间，根本不存在任何法权关系，因此，在他们中间会出现款曲周至和烧杀劫掠这两种极端状况，而在他们四周环绕着文明国家时，后一种情况尤其盛行，例如阿拉伯人，他们在抢劫之时得到了马和骆驼的大力支持。蒙古利亚人以马奶为主食，所以，对他们来说，马同时既是食物，又是武器。如果说这就是他们的家长制的生活形态的话，那更为经常发生的事情是，他们大规模地聚集在一起，在任何一种冲动的推动之下卷入一种对外的运动之中。虽然早期他们的情调是平心静气的，但是后来，他们却像毁灭一切的洪水猛兽一般侵袭文明国家，而现在这种从天而降的革命所带来的后果无非是冲坚毁锐、哀鸿遍野。在成吉思汗和帖木儿成为领袖之时，很多民族被卷入这样的运动之中：他们毁灭了一切，然后又消失了，就像是无坚不摧的山洪那样消失得无影无踪，因为他们并不具有任何固有的生命原则。他们从高原往下冲向狭窄的谷地：在那里居住的是和平的山地民族，牧人，他们也能像瑞士人一样从事农耕,亚洲也有这样的山地民族,但是,他们从总体上来说是微不足道的。

2. 河谷平原。这些平原和许多河流纵横交错在一起,多亏了这些河流,平原才能够土壤肥沃,五谷丰登,而这些平原正是那些河流所造成的。这样一种河谷平原包括中国、印度河和恒河纵贯其境的印度、有幼发拉底河与底格里斯河流过的巴比伦和尼罗河灌溉着的埃及。在这些土地上形成了巨大的帝国,并开始建立起伟大的国家。因为在这些地方,农业作为个体生存的第一原则占据着统治地位,而农业之进行依赖于一年四季的有序轮替,依赖于相应地安排好的各项事务。随着农业的发展,开始出现了土地所有权和与之相关的法权关系,也就是说,国家的基础与奠基,国家首先只有在这种关系之中才是可能的。

3. 海岸平原。河流把大地分割成许多相互并列的地带,大海就更是如此了,我们对于把水域看作分隔的东西已经习以为常了;尤其是我们在晚近时期极力主张,国家之间必定是通过自然的要素而必然地分开的。与此相反,我们本质上可以说,没有什么比水更具有统一作用了,因为陆地无非就是充满河流的地域。属于这种情况的有西里西亚的奥德河流域,波西米亚和萨克森易北河流域,埃及的尼罗河流域。大海的情况也无非是这样,就像上面曾经提到过的那样。只有山脉才能起到分隔的作用。所以,比利牛斯山把西班牙和法兰西彻底截为两段。自从欧洲人发现美洲和东印度以来,欧洲人就一直从无间断地和他们保持着联系,但是他们从来没有深入过非洲和亚洲的腹地,因为比起通过水的会聚来,通过陆地的会聚千难万险。只是因为它是海,地中海才有能力成为中心。我们现在来看看这第三种因素中的民族性格吧。

大海给我一种变化不定、茫茫无际、无穷无尽的表象,由于人在面对大海这种无穷无尽时会感觉自己亦当如是,所以,他就会鼓起勇气去超越所有对他的限制。大海邀请人们去征服,去抢劫,但是也会邀请人们去获得收益和从事贸易。大陆、河谷平原把人束缚在它的土地上,他们因此而进入了一种无穷无尽的依赖性之中;但是大海引导他们超越这个受到限

[118]

[119] 制的圈子向外突围。那些航行在大海之上的人还想获得收益,进行贸易;但是他们的手段和他们的目的却是南辕北辙,因为他们的方式是,使他们的财产与生命处于丧失的危险之中。因此,这种手段和他们设为目的的东西相对立。这种状况就把获利和贸易提升到超越自身的地步,把它们变成勇敢的东西和高贵的东西。从事贸易必须要有勇气,而同时勇敢必定和智慧联系在一起。勇敢地航行在大海上必然会遭遇狡诈,而狡诈又和故弄狡狯、最不安全和最具欺骗性的要素有关。这种横无际涯的海面是绝对温柔的,因为它不抵抗任何压力,即使是一片气息也不抵抗;它看起来天真无邪、唯唯诺诺、情深义重、小鸟依人,但是事实上,正是这种迁就依从使大海转变成了最危险、最暴力的要素。一叶扁舟上孤苦伶仃的人与这种欺骗与暴力相对抗,他只能依靠自己的勇气和机智果断,离开坚实的陆地而横渡没有任何支撑的大海,凭靠他自己制造的大地(船)一往直前。船只,这只大海中的天鹅,以灵巧而完整的运动乘风破浪,越走越远。船就是一个工具,它的发明使得人的智慧和人的知性获得了最高的荣誉。越出大地的限制并抵达大海的彼岸,这是充满了富丽堂皇的建筑物的亚洲国家所缺乏的,即使他们也与大海为邻,比如中国。对他们来说,大海只不过是陆地的终止,他们没有和大海之间发生积极的联系。大海邀请大家参加的那些活动,是一种完全独特的活动;因此,我们发现,滨海国家总是和内陆国家泾渭分明,大相径庭,尽管内陆国家也通过河流与大海有着千丝万缕的联系。荷兰就和德国大相径庭,葡萄牙和西班牙也各有千秋。

[120] 我们现在根据上述说明来考察三大洲,确切地说,在这里,就是要以多少比较显著的方式把三种因素显露出来:非洲把高原作为它的原则,亚洲的原则正好与高原相对立,是河流区域,欧洲的原则与前二者均有区别,它是它们的混合物。

非洲可以分为三个部分,第一个部分位于撒哈拉沙漠地区的南面,这是非洲的本部,它包括我们对其几乎一无所知的高原以及狭窄的沿海地带。另一部分是撒哈拉沙漠以北地区,也就是所谓的欧洲化了的非洲,是一片沿海陆地；第三部分是尼罗河流域的地区，非洲绝无仅有的平原地带，它与亚洲相连。

从历史所能追溯到的最早时期开始，在与外部世界的关联方面，非洲本部保持着封闭的状态。它是被挤压到自身之中的黄金的国度、儿童的国度，这个国度还处在自觉的历史之白昼的彼岸，仍旧被掩盖在浓黑色的黑夜之中。它的锁闭状态不仅仅源于它的热带的自然状况，本质上更是源于它的地理的特性。非洲的那个三角地带（如果我们愿意把西海岸称为一个边，西海岸在几内亚海湾造成了一个急剧向内凹进的角，而同样把东海岸直到加尔达菲角称为另一个边的话）中有两边具有以下这种特性，即它有一个极其狭窄、只有为数不多的个别地方适于居住的海滨地带。从这里一直往里走，与之接壤的是几乎同等程度大小的一片沼泽地带，其中佳木茂盛、绿草如茵，也是一切类型的毒蛇猛兽的美好家园——这个边缘的空气对于欧洲人来说是毒泷恶雾。这个边缘地带构成了一片崇山峻岭的山麓，不过这片山脉很少有河流穿过，因此，它几乎没有通过河流而和内陆之间建立起关联；因为山脉的中断很少发生在山脉的表层，或者只是发生在几个狭窄的地点，在这些地方形成了常常造成无法通航的瀑布和汹涌澎湃、横行无忌的河流。300 到 350 年以来，欧洲人越过了 [121] 这个山脉，他们认识了这个地带并且把它的几个地方占为己有，但是，他们只是在短期内勉勉强强在有些地方翻越过它，却从来没有在那里定居过。被这个山脉封锁住的陆地是一个名不见经传的高原，即便是黑人也很少取道这个高原。在 16 世纪，从这个高原的内部，在许多非常遥远的地方突然冲出来一支令人恐惧的队伍，他们突然袭击了在斜坡上安居乐业的居民。在它的内部以前是否发生过什么样的运动，是谁组织推动了这次袭击，对此我们一无所知。关于这群人，我们所知道的是正好相反的东西：一方面，他们在战争和远征中的行为举止证明他们的毫无人道纯属无心之举，但是，他们的野蛮行径实在令人作呕；但是，另一方面，后来，等到一切都风平浪静了，在安居乐业的和平时期，他们和欧洲人已经非常熟悉了的时候，他们对欧洲人表现出一副温顺驯良、乐于助人的样子。这种情况也适用于居住在塞内加尔和冈比亚的高山梯地的芙拉族和曼丁卡族。——非洲的第二部分就是埃及的尼罗河流域地区,这个地区注定会成为一个独立文明的伟大中心,也正因如此,它在非洲显得有些格格不入和鹤立鸡群,这有点类似于非洲和其他几大洲之间的关系。——非洲的北部可以以一种突出的方式命名为海岸地区的部分,因为埃及常常被地中海驱逐回自身之中,而北非就位于地中海和大西洋上,这是一块美妙的土地,迦太基曾经落足于此,而现在它属于摩洛哥、阿尔及尔、突尼斯和的黎波里。我们应该和必须把这一部分拉过来和欧洲联在一起,就像法国人现在已经成功地尝试做到的那样:它已经像亚洲的近东转而趋向欧洲了;迦太基人、罗马人和拜占庭人,穆斯林教徒,阿拉伯人等都曾经像走马灯似的入主此处,而欧洲人的兴趣始终要奋力拼搏把手抓向这里。

[122]　因此,非洲最为独特的地方很难理解,因为我们在这里必须完全放弃我们自己的每一个观念中充满的东西,亦即,普遍性的范畴。也就是说,黑人的基本特征是,他们的意识还没有达到对于任何稳固的客观性——例如,上帝、法律——的直观,在这种客观性中,人和他的意志联系在一起,而且达到了对于本质的直观。非洲人在他的无差异的、紧凑的统一性中尚未达到能够区分他的个别性和他的本质的普遍性的地步,因此,他完全缺乏关于一个不同于自我、高于自我的绝对存在的知识。正如前面说过的那样,黑人表现出了自然状态中的人的蛮不讲理和桀骜不驯;如果我们正确地理解了他们的话,我们不得不完全不考虑一切敬畏和伦理,一切称之为情感的东西:在他们的个性中,我们找不到任何能够使人想起人之为人的东西的地方。传教士的详尽无遗的报道完全证实了这一点,似乎伊斯兰教是唯一一种多少还能够使黑人接近文化教育的宗教。伊斯兰教徒也比欧洲人更好地懂得如何深入到非洲的腹地。黑人文化所处的阶段只有在宗教中才能做进一步的考察。我们在宗教中所能想起的第一个东西是人对于一种更高的权力的意识(即使这种权力只能被理解为自然权力),人把自己看作是比这种权力要更加虚弱、更加卑微的存在。宗教始于这样一种意识,即存在着一种比人更高的存在。尽管希罗多德已经把

黑人称作魔术师了;但是魔术中并不包含一个上帝的观念、一个伦理的信仰的观念,相反,它表明,人是最高的力量,唯有人能够对自然权力发号施令。这就既说不上对于上帝的精神崇拜,也说不上一个法权的帝国。上帝雷霆万钧,但是却没有被认识到;因为虽然对人的精神来说,上帝肯定是一种比一位雷神更高的存在,但是在黑人那里完全不是这么一回事。尽管他们可能意识到了对于自然事物的依赖性,因为他们需要暴风骤雨、和风细雨和风调雨顺,但是这并没有导致他们产生对于一个更高的存在者的意识;他们自认为可以对各种要素发出命令,而人们称这种发号施令为魔术。国王有一群大臣,国王委托大臣照管自然的种种变化,每一个地方都以同样的方式拥有它的魔术师,他们通过各式各样的运动、舞蹈、喧闹、怪叫来主持各种特殊的仪式,而在这种出神状态之中,他们宣布各种命令,做出各种安排。其次,他们的宗教的第二个因素是,他们把他们的这种力量带向直观,外在地表现出来,并且形成不同的形象。他们作为他们的力量而表现出来的东西因此绝不是什么客观的东西、固定在自身之中的东西以及和他们有所不同的东西,而是他们遇到的第一个对象,至于它是什么是完全无所谓的,他们尊崇它为天使,无论它是一只动物,还是一棵树,是一个石子,还是一个木头雕像。这就是他们的物神(Fetisch),这个词首先是在葡萄牙人中间流行起来的,它起源于feitico(魔术)一词。虽然在物神中似乎出现了一种与个体的任性相对立的自立性,但是,这种对象性无非是被带向自我直观的个体的任性,因此,这种个体的任性仍然是他们的形象的主人。但是,如果出现了连物神都不能制止的某种令人讨厌的事情,例如很久没有下雨了,出现了农业歉收的状况,于是,他们就会把物神绑起来狠狠地鞭笞它,或者把它毁灭后扔弃,而且立即制作出一个新的物神来;他们就这样操纵着物神。一个这样的物神既没有宗教的自立性,也同样没有艺术的自立性;它作为一个被造物,只不过表达出了创造者的任性并且永远逃不开他的手掌心。简言之,个体在这种宗教中没有任何依赖的关系。但是在黑人那里指向某种更高的东西的,是对于死人的崇拜,在这种崇拜中,他们的死去的祖先和祖宗被他们看作是一种

[123]

[124]

反对活人的权力。他们在这件事情上持有的观念是,那些已死的祖先会进行报复,他们会使人蒙受这种或者那种灾祸,这和中世纪欧洲人们相信女妖会做的事情如出一辙。然而,死人的权力并不因为高于活人的权力而得到尊重,因为黑人能够对死人发号施令和施加魔法。通过这种方式,实体性的东西一直保持在主体的掌控之中。死人自身对黑人来说绝不是普遍的自然规律;他们还认为,这种死亡也是心怀恶意的魔术师所造成的。人固然要高出于自然之上;同样,人的偶然的意志也要比自然要高,所以,人的意志把自然看作是一种根据它的方式来操作它的工具,人并不尊重这个工具,而只是命令它。*

但是,从人被设定为最高的东西中可以推断出,人并不尊重他自己,因为人意识到了一个更高的存在者之时其实是获得了一个立足点,这个立足点能够保证他有一种真正的敬重之心(Achtung)。如果任性是绝对的,是唯一能够达到直观的稳固的客观性,那么,精神在这个阶段就不知道任何普遍性。因此,黑人拥有这种对于人的完全的轻蔑(Verachtung),这种蔑视真正从法权和伦理的角度形成了基本规定。在这里还不存在任何对于灵魂不朽的认识,尽管已经出现了死人的幽灵。人的毫无价值必然导致发生各种难以置信的事情;暴政并不被认为是不法,吃人肉也被认为是理所能容并且司空见惯的事情。我们的本能就拒绝吃人这种事情,

[125] 如果我们能说人总体上具有本能的话。但是在黑人那里情形迥异,食肉寝皮和非洲人的原则若合符节,毫无违和之感。对感性的非洲人来说,人肉就是感性的东西、一般意义上的肉而已。遇见一位国王驾崩的时候,会有上百人被宰杀和被吃掉;俘虏会被杀死,而且他的肉会被放在市场上公开叫卖;战胜者依照惯例要吃掉被杀死的敌人的心脏。在施行魔法的时候,几乎无一例外地发生的事情是,魔术师要杀死他遇见的第一个人,并且让一群人把他分而食之。在考察黑人时,我们发现的另一个典型特征

---

* 参见黑格尔的《宗教哲学讲演录》第二版第1卷,第284页和289页以下【《黑格尔著作集》第16卷,第279页和第283页以下】。——黑格尔原注

是奴隶制。欧洲人使黑人陷入奴隶制度之中,并且把他们贩卖到美洲。尽管如此,他们在他们自己的土地上的命运更加恶劣,因为在非洲存在着绝对的奴隶制度;总的来说,奴隶制的基础是,人还没有获得自由的意识,因此而被贬低为一个东西,一种没有价值的东西。但是在黑人那里,伦理的感觉奄奄一息,或者更恰当地说,压根儿就不存在。父母亲会卖掉他们的子女,反之,子女也会卖掉他们的父母,这要视他们谁能把谁捕获而定。由于无孔不入的奴隶制度,我们这里相互之间所具有的那种伦理尊重的一切纽带都消失了,黑人从来不会产生对于他人有所期待的想法,而我们却相互要求对方做到这一点。黑人多妻制的目的常常是生养很多子女,以便能够把他们统统卖出去做奴隶。人们常常能够听到那种愚蠢的抱怨,例如一个伦敦的黑人大声诉苦说,他现在是一个穷困潦倒的人,因为他已经把他所有的亲戚都卖出去了。在黑人对于人的蔑视之中,构成他们的基本特征的,与其说是对于死亡的蔑视,不如说是对于生命的不屑一顾。黑人在反对欧洲人的战争中即使成千上万地被击毙仍然英勇向前,这种由强大的身体实力支撑着的奋不顾身应该归功于这种对于生命的不屑一顾。也就是说,只有在一种有价值的东西作为生命的目的之时,生命本身才具有一种价值。 [126]

如果我们现在过渡到**宪法**的基本原理,那么,实际上可以从全体黑人的本性中得出结论说,在黑人那里根本不可能有宪法。这个阶段的立足点是感性的任性加上意志的能量。因为,精神的普遍规定,例如家庭伦理,在这里还没有获得任何价值,因为一切普遍性只不过是任性的内在性。政治的维持因此不可能有自由的法律把一个国家联合起来这种特征。使得国家能够维持一段时间的东西,因此只能是外在的暴力。有一个主人处在权力的终端,因为只有专制的暴力才能够驯服那种粗野的感性。但是因为下属都是具有同样野蛮的感官的人,所以,他们反过来使主人受到了束缚。在酋长下面有许多其他的酋长,我们称之为国王的第一个酋长同其他酋长进行商议,如果他想要发动一场战争或者强迫征收赋税,他必须寻求获得他们的同意。在这些事情上,他多少能够显示出他的权威,趁机用诡计或者暴力除掉某些酋长。除此以外,国王还拥有一定的特权。在阿散蒂人当中,国王可以继承他的下属的一切遗产,而在另一些地方,一切未出嫁的女子都属于国王,凡是想要讨一个老婆的人,都必须出钱向国王购买。如果黑人不满意于他们的国王,他们就把他赶下台并且杀死他。在达荷美有一个风俗,如果黑人不再满意于他们的国王,他们就送给国王鹦鹉蛋,这就表示他们已经厌烦了他的统治。有时候,他们也会派遣一个代表团去见国王,对他说:治国的重担想必已经使他不堪重负,他最好还是休息一下。然后国王向下属表示感谢,走进他的居室,让他的妻子们把他绞死。在更早的时候,有一个女儿国以能攻善战而著称:在这个国家中站在权力巅峰的是一个女王。她曾经把她的亲生儿子在石臼中捣成泥浆,用污血涂满全身,并且要求常年充足地储备被捣碎的孩子的血。男人都被赶尽杀绝,她还命令杀死一切男孩。这些复仇女神毁灭了邻近地区的一切,但是因为她们不耕种土地,所以不得不被迫经常打家劫舍。那些战俘就被当作男人一样来使用,有孕在身的妇女在营帐之外分娩,如果她们生下的是一个男孩,那就把他杀死。这个臭名昭著的国家后来消失了。在黑人国家,刽子手总是陪伴在国王身边,他的官职被认为是最重要的,国王只要怀疑谁就让刽子手去把他们除掉,而在大人物渴望杀死国王的时候,国王本人也会被刽子手杀害。

[127]

尽管黑人在其他方面显示出温和驯良,但是总的来说也可以在黑人中间鼓动起一种超越一切信仰的狂热。一位英国的旅行家曾经讲道:在阿散蒂决定发动一场战争的时候,首先会举行一些隆重的仪式,这些仪式中有一个环节是,用人血来洗净国王母亲的遗骨。作为战争的序幕,国王下令在他自己的都城进行一次屠杀,似乎是为了激起民众的狂热。国王派人对英国总督哈钦森说:"基督徒,你们小心点,好好守护你们的家园。死亡的使者已经提着他的重剑,用它击中许多阿散蒂人的脖子。战鼓擂响的时候,这就是许多阿散蒂人死亡的信号。如果你能够,请来到国王身边吧,你本人什么都不用怕。"战鼓擂响了,一场可怕的大屠杀开始了:所有在大街上遇见怒气冲天的黑人的人都被刺穿了。国王趁着这样的机会

[128]

把他平素猜忌的人都杀戮殆尽,而这次行动后来还披上了一种神圣行动的外衣。每一个抛掷给黑人的观念,他们都会殚精竭力、百折不挠地去抓住它们和实现它们。但是同时,他们又在实现过程中捣毁一切。这些民族会在长时间里安静无事,但是也会突如其来地爆发激情,然后就完全控制不住自己。他们突然爆发的激情所造成的一个后果是毁灭,而毁灭又可以在以下事实中找到它的根据,即造成这种动荡的东西没有内容,也没有思想,与其说它是精神的狂热,不如说它是身体的狂热。

在达荷美,如果国王死了,那么,社会的纽带立即就会扯断;在宫廷之中开始出现普遍的毁坏和解体:国王所有的嫔妃(达荷美国王拥有的嫔妃的人数为3333)都会被杀死,整个京城开始到处出现抢劫和屠杀。国王的嫔妃在她们的这种死法中看到了一种必然性,所以,她们精心打扮之后平静赴死。高级官员不得不以最快的速度匆匆忙忙地宣告新王登基,只有这样才能停止这场大屠杀。

从所有这些多次提到的特征可以得出,黑人最根本的特征是桀骜不驯。这种状况使非洲人没有能力发展自身和形成文化,而就像我们今天看到的那样,他们一成不变,永远如此。黑人和欧洲人之间曾经拥有过而现在仍然拥有的唯一的关联是奴隶制的关联。黑人在这种制度中没有看到任何不合适的东西,而恰恰是费了九牛二虎之力想要废除奴隶贸易和奴隶制度的英国人被黑人自身当作敌人来对待。因为对于那些国王来说,他们最重要的一件事情就是售卖被他们俘获的敌人和他自己的臣属;就此而言,奴隶制度唤醒了黑人生命中更加合乎人性的一面。我们从黑人的奴隶制度这种状况中所得出的学说是唯一令我们感兴趣的那一面,而这个学说是我们从以下这种理念中认识到的,即自然状态自身是绝对的和毫无例外的非法的状态。在自然状态和合乎理性的国家的现实之间的每一个中间阶段都同样具有不正义的因素和方面;因此,我们甚至在希腊和罗马的国家中也发现了奴隶制,以及直到近代还存在的农奴制度。虽然奴隶制度还在(许多)国家中存在,但是它自身也是纯粹个别化的感性实存的进步中的一个因素,一种教育的因素,一种参与更高的伦理和与

[129]

之紧密相连的文化的方式。奴隶制是自在自为的不法(Unrecht),因为人的本质是自由,而为了获得自由,人首先必须变得成熟。这也就是为什么循序渐进地废除奴隶制要比突然废除它更加合适的原因。

我们必须从这里开始离开非洲了,而且以后也不会再提到它。因为非洲不属于世界历史的一部分,它没有显示出任何运动与发展,而在它身上,也就是说在非洲北部,所发生的那些事情,属于亚洲世界和欧洲世界。在那里,迦太基是一个重要的和过渡性的因素,但是作为腓尼基的殖民地,它归属于亚洲。埃及应该在人类精神从东方到西方的过渡中进行考察,但是它不属于非洲的精神。必须真正地放在非洲之下来理解的东西,是没有历史的东西和没有展开的东西,它完全被束缚在自然的精神之中,所以,在这里,它只能在世界历史的门槛上被展示出来。

[130] 在我们结束了这个引导性的因素之后,我们发现我们已经置身于世界历史的现实舞台之上了。我们剩下来要做的事情是,先行对亚洲和欧洲的地理基础做一番勾勒。亚洲总的来说是太阳升起的世界部分。虽然对美洲来说,它在西方;但是欧洲总的来说是旧世界的中心和末端,它绝对地是西方,所以,亚洲绝对地是东方。精神之光从亚洲升起,因此,世界历史也从亚洲升起。

我们现在要考察的是亚洲的不同的地方性。亚洲的物理属性显示出各种绝对的对立以及这些对立之间的本质关联。这些不同的地理原则是在自身之中发展和完成了的各种形态。

首先要切割下来放在一边的是亚洲北部的倾斜面,西伯利亚。这个倾斜面以阿尔泰山为起点,有许多往北注入北冰洋的美丽的湖泊,总的来说,这个倾斜面和我们这里所说的没有任何关系,因为正如我们已经说过的,北极地带处在历史之外。——但是亚洲其余的部分包括三个有趣的地区。第一个地区是,就像在非洲一样,纯粹的高原,其中有一片包含着世界上最高的山峰的山脉。这个高原的南部和东南部分别毗邻慕士塔格峰和伊美昂山,再往南走,它和喜马拉雅山脉平行。往东,从南往北走向的连绵不断的山峦把黑龙江流域分开了。在北部矗立着阿尔泰山脉和松花江山脉;和松花江山脉连在一起的,在西北部是木查特山脉,在西部是贝勒尔塔格山脉,贝勒尔塔格山脉通过兴都库什山脉而再次与慕士塔格山脉连接在了一起。

有很多河流流经这座巍峨高耸的山峦,这些河流由于受到堤坝的阻挡,形成了许多广阔的河谷平原。这些河谷平原多多少少都经历过洪水泛滥,造成了许多林木茂盛和土地肥沃的中心,它们有别于欧洲的河流区域的地方在于,它们形成的不是那种带有很多分支河谷的主干河谷,而是大河平原。这种大河平原主要有:由黄河流域和长江流域(黄色的河流和蓝色的河流)组成的中国河谷平原;恒河贯穿其全境的印度平原流域;虽然其重要性大大不如恒河,但是印度河在北方规定了旁遮普地区的性质,在南方则流经许多沙丘平原;此外,则是底格里斯河和幼发拉底河所流经的那些国家,这两条河流发源于亚美尼亚,沿着波斯山脉流去。里海在东部和西部都有同样的河流谷地,在东部穿过都注入咸海的阿姆河和锡尔河(该浑河与西浑河),在西部穿过居鲁士河和阿拉克斯河(库尔河和阿拉斯河)。——高原和平原必须完全区分开来;第三个地区是前两者的混合,它出现在前亚细亚。属于这第三种地区的是阿拉伯半岛,沙漠的国度,高原上的平原,宗教狂的帝国。属于这种区域的还有叙利亚和小亚细亚,它们和大海相连,而且和欧洲保持着持续不断的联系。

[131]

对于亚洲而言,上面关于它的地理差异总体上提到的那些东西大部分是有效的,也就是说,畜牧业是高原的职业,农业和追求工商业是河谷平原的工作,而最后,商业和航海构成了第三个原则。家长制的独立自主和第一种原则相联系,财产和主奴关系与第二种原则相联系,公民自由和第三种原则紧密联系在一起。在高原中,值得注意的事情除了畜牧业,马、骆驼和绵羊(很少的情况下还有牛)的饲养,还要把那种悠闲自在、四处游荡的游牧生活和他们在攻城略地时的那种居无定所区别开来。这些民族还没有发展成真正的历史,他们拥有的还只是一种改变他们形态的强烈冲动;即使他们还不具有一种历史的内容,但是,历史的开端还是必须从他们身上获取。那些流域的民族会更令人感兴趣些。农业中已经包

[132] 含了对于畜牧业的居无定所的终止;它要求对将来要有预防措施和深谋远虑。对于普遍物的反思因此而产生了,而在其中已经包含了财产的原则和行业的原则。中国、印度、巴比伦把自己提升为这种类型的农业发达的国家。但是,居住在这些国家的民族闭关自守,没有把海洋的原则变成自己的原则,或者,起码在他们自己的文化形成的时期是这样,因为他们的海上航行完全没有对他们的文化造成影响,所以,就他们可能和更广阔的历史之间存在着某种关联而言,他们自身只能被别人有意地探访和考察。高原上的山脉、高原和河流平原是亚洲物理的方面和精神的方面最典型的特征;但是,这些东西并不是具体的历史的要素,而是直接处在一种关联中的对立:对于山地和高原居民的那种居无定所、动荡不安和四处漫游的状态而言,扎根于土地肥沃的平原就成了他们奋力向外发展的持之以恒的目标。在自然的方面彼此分离的地理特征从根本上造成了他们的历史联系。——前亚细亚的这两种要素合而为一,并且因此而与欧洲发生了关联;因为这个地方最为出色的东西使得这片土地从来没有闭关自守过,而且还馈赠给了欧洲。它表达了一切宗教原则和国家原则的兴起,但是只有在欧洲,这种原则才出现了进一步的发展。

我们终于到达了欧洲,我们在亚洲和非洲以赫然醒目的方式标识出它们的地形差异,但是欧洲完全没有这种差异。欧洲的特征是,我们先前看到的那种差异、它们的对立消失了,或者说这些差异和对立并没有那么鲜明、固定,欧洲显示出一种过渡状态的柔和的本性。我们在欧洲看不到任何高原和平原之间的对立。欧洲的三个部分因此具有的是一种不同的规定根据。

[133] 第一部分是朝向地中海的南欧。在比利牛斯山的北部,绵亘不绝的山脉贯穿法兰西王国,它们与阿尔卑斯山相连,而阿尔卑斯山又把意大利和法兰西与德意志分离和隔绝开来。希腊也属于欧洲的这一部分。世界历史曾经在很长的时间把希腊和意大利当作它的舞台,在欧洲的中部和北部还处在未开化的状态之中时,世界精神就在这里找到了它们的家园了。

第二个部分是欧洲的心脏,恺撒征服高卢时打开了这片心脏地带。这个行动是罗马的统帅壮年时期的行动,它比亚历山大青年时期的行动产生了更为丰富的成果,因为亚历山大承担着把东方提升为希腊的生活的使命,虽然他的行动从它的内容来看包含最伟大和最美丽的想象力,但是从它的后果来看却像一个理想一样很快就又消失得无影无踪了。——处在欧洲中心的主要国家是法兰西、德意志和英格兰。

最后,第三部分构成了北欧的国家,波兰、俄罗斯和那些斯拉夫王国。它们很晚才首次步入历史性国家之列,持续不断地形成和维持着欧洲和亚洲之间的联系。至于前面提到的那些千差万别的自然特质,正如已经说过的那样,它们并不明显,相反,它们相互抵消了。

划　　分

　　在概述地理的要素时,我们已经大略地陈述了世界历史发生的进程。太阳、光明从东方升起。但是光明是单纯的自身联系;在自身之中的普遍的光明同时作为主体存在于太阳之中。人们经常描绘这样的场景,一个盲人突然恢复了视力,他看见灿烂的曙光,生成着的光明和闪耀着光芒的太阳。在这种纯粹的光亮之中彻底地遗忘了他自己,这是他的第一感觉,完全的惊讶。等到太阳升起来了,这种惊奇会越来越少;四周的对象已经看清楚了,对象便会从这些外在的对象上升为自己内部的对象,并因此而推进到在这二者之间建立起一种联系。然后,人离开了那种没有行动的静观而走向活动,到傍晚的时候已经建造好了一座建筑,他是用内在的太阳建造这座建筑的。如果他在傍晚静观这座建筑,他一定会认为这座用内在的太阳建造的建筑要高于那个最初的外在的太阳。因为他现在和他的精神建立起了一种联系,并因此而是一种自由的联系。我们一定要牢牢记住这幅图像,因为其中包含了世界历史的进程,精神在一天里所创造的伟大功绩。

[134]

　　世界历史从东方走向西方,因为欧洲绝对是世界历史的终结,而亚洲是开端。对世界历史来说,一个特别的东方是存在着的,而与此相反,东方自为地是某种相对的东西;因为尽管地球构成一个球体,但是,历史并没有围绕地球转成一个圆圈,相反,它毋宁有一个确定的东方,而这个东方就是亚洲。外在的、物质的太阳从这里升起,而在西方降落。但是,自我意识这个内在的太阳也是在这里升起,传播一种更为高贵的光辉。世界历史就是一个把自然意志的桀骜不驯转变成普遍物和主观的自由的规训过程。东方知道了但是仅仅是知道了,**一个人**是自由的,希腊和罗马的世界认识到,**一些人**是自由的,而日耳曼的世界认识到,**一切人**都是自由的。因此,我们在世界历史中看到的第一种形式是**专制主义**,第二种形式是**民主制和贵族制**,而第三种形式是**君主制**。

在考虑对于这种划分的理解之时,必须注意的是,国家是普遍的精神生活,个体由于出生而产生了对于国家的信任和习惯,他在国家中获得了他的本质和他的现实性,而这首先端赖于,他的现实的生命是具有这种统一性的无反思的习惯和风俗呢,还是,这些个体是有反思能力的、人格性的、自为存在着的主体呢?在这种关联中,必须把实体性的自由和主观的自由区别开来。实体性的自由是自在存在着的意志的理性,它在国家中得到发展。但是在理性的规定中,还不存在自己的识见和自己的意志,亦即主观的自由,这种主观的自由首先是在个体之中才自己规定自己,而且在个体的良知之中构成了个体的反思。在这种纯粹的实体性的自由中,命令和法律是自在自为地固定的东西,主体因此以完全顺从的方式行事。这种法律完全不需要满足自己的意志,主体发现自己因此而几乎和儿童别无二致,他们只需要服从父母而丝毫不必顾及他们自己的意志和他们自己的识见。但是,一旦出现了主观的自由,而人从外在的现实性下降到他的精神之中,反思的对立就出现了,这种对立自身之中就包含着对于现实性的否定。也就是说,从当前在场撤回到自身之中形成了一种对立,这个对立的一方面是上帝、神圣的东西,而另一方面是作为特殊物的主体。在东方的直接意识中,这二者是分离的。实体性的东西有别于个别的东西并与之相对立,但是,这种对立还不存在于精神之中。[135]

我们由之开始的第一个阶段因此是东方。这个世界的基础是直接的意识,实体性的精神性,主观的意志首先作为信仰、信任、服从而和它发生关联。我们在国家生活中发现了实在化了的合乎理性的自由,这种自由获得了发展,但是没有在自身之中向前推进为主观的自由。这是历史的童年时期。各种实体性的形态构成了东方帝国的那些富丽堂皇的建筑,虽然在东方帝国中存在着各种合乎理性的规定,但是主体仍然停留在偶 [136]

101

然的状态上。这些主体围绕着一个中心、统治者旋转,统治者作为大家长还不像罗马帝制意义上的独裁者那样站在权力的巅峰。因为他不得不认为实体性的东西和伦理的东西是有效的:他不得不维持那些已经存在的本质性的命令,而那些在我们这里完完全全属于主观自由的东西在这里是源自全体和普遍物。东方的直观的壮丽是作为一切都属于它的实体的主体,结果,没有任何其他的主体能够独立出去,没有任何其他主体能够在他的主观自由之中反思自己。幻想和自然的一切财富都被这个实体所独占,主观的自由本质上都沉降到这个实体之中,而且主体的荣誉不是在自身之中,而是在这个绝对的对象之中。国家的一切因素,以及主体性的一切因素,都存在于那里,但是尚未达到与实体的和解。因为在唯一的权力面前,任何东西都不能够维持一种独立的存在,而在唯一的权力之外,除了可怕的任性之外,不存在任何别的东西,这种任性在唯一的权力之外毫无目标地四处游荡。我们因此发现,一群野蛮人从高原上突然出现,突然侵入这些国家之中,他们要么使一切沦为废墟,要么定居在这些国家的内部,放弃他们的野蛮状态,但是,一般地说,他们只会毫无结果地在实体之中灰飞烟灭。一般地说,实体性的这些规定会平均地分裂为两个因素,因为他们没有在自身之中吸收并克服这种对立。一方面,我们看到了持久、稳定——一个似乎只有空间的帝国,一种无历史的历史,例如在中国,我们看到的是建立在家庭关系基础之上的国家和一个父亲般的政府,这个政府通过他们的预防措施、各种劝告、惩罚或者更多的规训来维持整体的制度,——这是一个散文式的帝国,因为形式、无限和观念性的对立在这里还没有出现。另一方面,这种空间的绵延和时间的形式正好对立。

[137] 这些在内部没有任何改变或者在原则上没有任何改变的国家,相互之间处在无休无止的变化中,在永不停歇的冲突中,这种冲突使它们迅速地走向衰落。对于个体原则的预感出现在这种对外的颠倒状态之中,出现在冲突与斗争之中,但是它自身还是处于无意识的、只是自然的普遍性之中——这种光明还不是个人灵魂的光明。这种历史自身大部分还是无历史的,因为历史只是同一种壮丽之毁灭的重演。通过勇敢、力量、宽宏大

量而取代了以前的富丽堂皇的位置的新生事物,又走上了衰落和灭亡的圆圈。这种毁灭因此不是真实的毁灭,因为经过所有这一切永不停歇的变化,它没有取得任何进步。历史就是以这样的方式前进,确切地说,只是外在地前进,也就是说,没有和先前的历史发生一种关联,没有在一般的意义上过渡到中亚(Mittelasia)。如果我们想要继续把它比作人的年龄,那么,它也许可以称为少年时代,这个时代不再安于儿童时代的安静与信任,而是处于一种喜欢打架斗殴和四处游荡的状态。

接下来,可以把希腊的世界比作青年时代,因为在这里开始形成了个体性。这是世界历史的第二个主要原则。在希腊,伦理的原则和在亚洲的伦理原则是一样的,但是,这里的伦理打上了个体性的烙印,因此它意味着个体的自由意愿。所以,在这里,出现了伦理的意志和主观的意志的联合,或者说,出现了**美的自由**的帝国,因为理念是和可塑的形象统一在一起的:一方面,它还不是自身抽象的,而是直接地和现实的东西结合在一起,就如在一件美的艺术作品中,感性的东西承载了精神性的东西的特征和表达。由于这一点,这个帝国是真正的和谐,是最妩媚而又稍纵即逝的、昙花一现的花朵(全盛时期)的世界;这是一种无拘无束的伦理,但还不是道德,相反,主体的个体意志仍然处在直接的风俗和法权与法律的习惯中。个体因此和普遍的目的处于一种无拘无束的统一性之中。在东方分离为两个极端的东西——实体性的东西自身和被实体性的东西彻底粉碎了的个别性——在这里汇聚在一起了。但是,这两个被分离开的原则只是**直接地**处于统一性中,因此同时是在自身之中的最高矛盾。因为**美的**伦理还没有通过已经获得再生的主观的自由的斗争而艰辛地获得,它还没有净化为自由的主体性的伦理。

[138]

第三个因素是抽象的普遍性的帝国:这就是**罗马帝国**,历史的**壮年时代**的严酷的工作。因为壮年时代的活动既不会听任主人的任性,也不会听任自己的美的任性,而是服务于普遍的目的,个体消失在普遍的目的之中,而且只能在普遍的目的之中实现自己的目的。国家开始抽象地得到了强调,形成了一个个体必须参与其中的目的,但是又不能完全地具体地参与到这个目的中。也就是说,自由的个体必须为了这个冷酷无情的目的而牺牲自己,他们必须完全投身于为这个自身抽象的普遍目的的服务之中。罗马帝国不再是个体的帝国,就像当初雅典的城邦那样。在这里再也没有了欢乐与愉快,而只有冷酷无情和艰辛繁重的工作。历史的兴趣完全脱离了个体,但是这种兴趣以个体为代价而赢获了抽象的、形式的普遍性。普遍物奴役了个体,诸个体在普遍物中不得不放弃自身,但是他们因此而获得了他们自己的普遍性,亦即人格性:他们变成了作为私人的具有法权的人格。个体被并入人格这个抽象的概念之中,在与这同样的意义上,诸民族个体也不得不经历同样的命运;它们的具体形象也在这种普遍性之下被压扁了,作为大众而被合并到普遍性之中。罗马成了一个由所有神祇和所有精神性的存在组成的万神殿,但是一切神祇和这种精神并不能保有它们独特的生机。

[139]

这个帝国的发展朝着两个方向。一方面,它以反思、抽象的普遍性为基础在自身之中形成了明确的、明显的对立:因此它表达了自身内部的那种对立的斗争,这种斗争必然导致的结果是,某些任性的个体、一个主人的完全偶然的但却完全是世界性的权力控制了抽象的普遍性。最初,这种对立存在于作为抽象的普遍性的国家目的和抽象的个人之间,但是,后来,随着历史的推进,个体的人格性占据了优势,而分裂为原子的国家只能外在地聚集在一起了,这时,主观的统治权力就应运而生,受命承担起这个任务。因为抽象地遵守法律,还不是具体地在自身之中成为自己,还不是在自身之中组织起来,因为它变成了权力,所以,这种抽象地遵守法律只能把一种作为偶然的主体性的任性的权力转变成推动者和统治者;个别人在这种已经发展了的私人法权中寻求丧失了自由的安慰。这就是纯粹的**世俗性**的"仇必和而解"。但是现在大家已经感觉到了专制主义的痛苦,而被迫退回到他最内在的深处的精神,离开了无神的世界,在自身之中寻求和解;精神就这样开始了它的内在性的生活,这种获得了满足的具体的内在性同时拥有不单单是扎根于外在的定在的实体性。于是,精神性的和解就在内部产生了,也就是说,因为个体的人格性宁愿被纯化为普遍性和美化为自在自为的普遍的主观性,神圣的人格性。毋宁说,就这样,那种只是世俗性的王国和精神性的王国完全对立起来了,而精神性的王国是自我认识者的王国,确切地说,是在它的本质中认识了自身的主体性的王国,是现实的精神的王国。 [140]

正是在这里,日耳曼帝国、世界历史的第四个因素登上历史舞台了:如果要把它比作人的年代的话,它相应于老年时期。自然的老年状态是虚弱不堪的,但是精神的老年时代是它完全成熟的状态,在这种状态之中它回到了统一性,但是是作为精神。

这个帝国始于在基督教中发生的和解,但是这种和解只是**自在地**实现的,因此,毋宁说,它始于精神的、基督教的原则和野蛮的现实性自身的无与伦比的对立。因为精神作为对于一种内在世界的意识在最初仍然是抽象的,世俗性因此而被委托给了粗野和任性。伊斯兰教的原则、东方世界的神化首先要出来抵抗这种粗野和任性。伊斯兰教的发展在时间上比基督教更晚,但在势头上更猛,因为基督教用了800年的时间才把自己向上发展成为一种世界形态。然而,日耳曼世界的原则只是通过各个日耳曼民族就发展成了具体的现实性。在这里出现了教会帝国中的精神原则和世俗帝国中的粗鲁而野蛮的蛮族之间的对立。世俗性**应该**相称于精神的原则,但是,这只是应该而已:被精神所抛弃的世俗的权力不得不首先消失在教会的权力面前;但是因为在教会的权力下降为世俗的权力的时候,它也丧失了它的权力与规定。由于精神的方面,也就是说教会的这种腐败,更高形式的合乎理性的思想出现了:被迫退回到自身之中的精神以思维的形态产生了它的作品,它变得有能力只是通过世俗性的原则而实现合乎理性的东西。于是,现在发生的事情是,通过以精神的原则作为它的基础的那些普遍规定所产生的作用,思想的王国被生产为现实性。国 [141]
家和教会之间的对立消失了;精神存在于世俗性之中了,并且把世俗性发展成为一个自身有机的定在。国家再也不是不如教会的东西了,也不再从属于它;教会不再维持着任何特权,精神性的东西也不再外在于国家了。自由发现了实现它的概念以及它的真理的依据。这是世界历史的目的,我们不得不长途跋涉以叙述刚才以提要钩玄的方式概述的东西。然而,时间的长度是某种完全相对的东西,而精神属于永恒。不存在一种对于精神而言的真正的长度。

第一部

东方的世界

[142]

我们的任务是从东方的世界开始,确切地说,是因为我们在东方的世界中看到存在着许多国家。语言的传播和部落(Voelkerschaft)的形成处在历史之外。历史是散文体的,神话压根儿不包含历史。对于外在的定在的意识随着抽象的规定而出现,一旦表达诸种法则的能力已经形成,就会出现以散文的方式把握对象的可能性。因为前历史的东西是在国家生活之前发生的东西,所以,它存在于自我意识的生活之外,如果我们在这里把对它的诸种泛泛了解和揣度揣测收集起来,那么,它们仍然还不是事实。东方的世界把伦理之物的实体性当作它的较近的原则。这种原则是对于任性的最早侵袭,任性在这种实体性之中被遗忘了。伦理的规定被表述为诸种法则,但是这样一种法则,主观的意志接受这种法则的统治就像是接受某种外在的权力的统治,一切内在的东西、沉思、良知、形式的自由等还没有出现,因为这些法则是以一种外在的方式施加的,只是作为强迫的法权而存在。我们的民法(市民法权,Zivilrecht)还包含着强迫的义务:我能够由于受到督促而放弃某个他人的财产,或者遵守一份订立的契约;但是,伦理之物不仅仅是出于强迫而为我们所持守,而是出于我们心甘情愿和感同身受。伦理之物在东方表面上也同样的是作为命令而宣告出来的,如果伦理的内容是完全正确地规定的,那么,内在的东西也就被当作了外在的东西。它并不缺乏对伦理之物下达命令的意志,而不过是缺乏从事伦理行动的意志,因为后一种意志是由内而外地提供的。因为精神还没有要求内在性,所以,它就仅仅把自身一般地显示为自然的精神性。就像外在之物和内在之物、法则和识见(Einsicht)仍然是合一的,宗

[143]

109

教和国家也依然是如此。宪法是完全的神权政体,而上帝的王国就是世俗的王国,正如世俗的王国也同样是上帝的王国。我们称之为上帝的东西,在东方还没有进入意识之中,因为我们的上帝首先是在向超感性之物的提升中出现的,我们之所以俯首帖耳地顺从,是因为我们从我们自身之中取出了我们要做的一切,所以,法则在那里就是自在地有效的东西,而不需要这种尚未出现的主观的东西。这里的人没有对于他自己的意愿（Wollen）的直观,而是有着对于一种彻头彻尾外在于他的意愿的直观。

在亚洲的各部分中,我们已经把它当作非历史的部分弃置不论的有：上亚洲（Hochasien）,因为而且只要它的游牧部落从来没有登上过历史的舞台,和西伯利亚。亚洲世界其余的地方分为四个地区：首先是黄河和青河所形成的河谷平原,以及远亚细亚的高原——中国和蒙古。其次是恒河流域和印度河流域。历史的第三个舞台包括阿姆河和锡尔河河谷平原,波斯的高原和幼发拉底河与底格里斯河的其他平原流域,它们紧靠着中东地区。第四个地区是尼罗河的河谷平原。

历史从**中国**和**蒙古人**——神权政体统治的王国——开始。这二者都把家长制原则作为它们的原则,确切地说是以这种方式,即家长制在中国发展成为世俗的国家生活的一个有机体系,而在蒙古人那里,它被合并为一种精神性的、宗教性的王国的单纯性。在中国,皇帝就像是一个作为家长的领袖：国家法律部分地是法律性质的,部分地是道德性质的,以至于内在的法则、主体对于他的意愿之内容的知识作为他自己的内在性而存在,甚至作为某种外在的法权规定而存在。因此,在这里,内在性的领域还没有达到成熟,因为道德的法则被当作国家法律来对待,而法定的东西就其自身而言却保存着道德物的外观。我们称之为主体性的一切东西都聚集在国家的最高首脑身上,他通过他所规定的一切以促进全体国民的福利、平安和利益。和这种世俗的王国适成对照的是,蒙古人的王国是精神性的王国,它的最高首脑是喇嘛（Lima）,受到如上帝般的尊敬。在这个精神性的王国中形成不了任何世俗的国家生活。

在第二种形态、亦即印度帝国中,我们可以看见像在中国存在的那种国家有机体的统一性、一种发展完善的机构已经解体了:各种特殊的权力四分五裂、分崩离析,互不相干。那些不同的等级固然是固定不变的,但是通过设立那些等级的宗教,这些等级变成了自然的差异。诸个体甚至因此而变得更加没有自我,虽然表面上看起来他们能够通过这种差异的发展获得成功;因为国家的有机体不再像在中国那样由某一个实体性的主体来规定并且划分成不同部分,差异落入了自然之手,变成了阶层的差异。这些不同的组成部分最终必须汇聚而成的统一性是一种宗教的统一性,因此就形成了神权政体的贵族制和它的专制主义。现在,在这里又开始出现了精神性的意识和世俗性的状况之间的差异,但是,正如诸差异的分裂状态是主导状况,理念的诸环节的独立原则也出现在宗教中,这种原则包含着两种最高程度的极端,也就是说,一个纯粹抽象的上帝的观念和普遍感性的自然权力的观念。这两种观念之间的关联只是一种不断的变化,从一个极端过渡到另一个极端的永不安宁的游移,一种狂放不羁、一无所成的激动,对于一种循规蹈矩的、知性的意识来说,这简直就是疯狂。

第三种伟大的形态是**波斯帝国**,它和中国那种永不变动的单一与动荡不安、无拘无束的印度的不安宁正好相反。中国是完全独特的东方的;如果我们可以把印度和希腊相比较,那么,与之相反,我们可以把波斯和罗马相比较。也就是说,在波斯,神权政体以君主制的形式登上舞台。现在,君主制是这样一种宪法,它的组成部分汇聚在最高首脑一个人手中,但是,它既不是把这个首脑看作绝对普遍的规定者,也不是把他看作端坐在王位上的任性的统治者,而是这样看待他,他的意志表现为一套法律制度,他和他的臣民共同遵守这套法律制度。于是,我们拥有了一个普遍的原则,一套作为一切东西的基础的法律,但是,这个原则自身作为自然的东西仍然受到这种对立的牵累。因此,精神自身就具有的那种观念在这个阶段上仍然是一种完全自然的东西,亦即光。这种普遍的原则对于君主而言和对于每一个臣民而言是别无二致的规定,而波斯的精神就是纯粹的、被照亮的精神,活在一种纯粹的伦理以及活在一个神圣的共体之中

[145]

的一个民族的理念。但是,一方面,这种理念作为自然的共体没有克服自身之中的对立,它的神圣性维持着这种应当的规定;另一方面,在波斯,这种对立把自身显示为由诸敌对民族所组成的帝国,以及不同的国家的关联。波斯的统一性并不是中华帝国的那种抽象的统一性;相反,它被规定为对于许多有差异的部落的统治,它把这些部落统一在它的普遍性的温和的权力之下,就像一轮福佑万物的太阳普照着万物,唤醒它们并给予它们以温暖。作为最终根源的普遍性容许一切特殊物从它自身之中脱离出来,率性任己地四处散播和分殖生长。因此,在这些特殊的民族所组成的系统之中,一切不同的原则都可以完全不相妨害地生长,并共存共荣。在这一大群民族之中,我们发现了许多迁徙无定的游牧民族,然后我们注意到在巴比伦和叙利亚发展起来的商业和贸易,以及最粗野的肉欲,最放肆的心醉神迷。通过海岸,和外国之间的联系建立起来了。在这个罪恶渊薮的中心,犹太人的精神性的上帝迎面向我们走来,他像婆罗门一样只是为思想而存在的,但是充满着热忱,他把一切其他宗教允许自由生长的差异的特殊性都从自身之中排除出去了,扬弃了。因为波斯帝国能够容许那些特殊的原则自由地保存自己,所以这个帝国自身内部存在着各种活生生的对立;由于不像故步自封、画地为牢的中国和印度那样抽象而静止,它在世界历史中造成了真正的过渡。

[146]

  如果说波斯造成了向希腊生活的外在的过渡,那么,**埃及**充当了向希腊生活的内在的过渡的中介。埃及渗透了各种各样的抽象的对立,这种渗透就是对立的消灭。这种仅仅自在存在着的和解更多地表达了诸种自相矛盾的规定的斗争,这些规定还不能够孕育出它们的统一,但是,通过把这种统一的诞生设定为任务,把它自身变成对自身和他者而言的谜,它的解答就是**希腊的**世界。

  如果我们比较一下这些帝国的不同命运,那么,有黄河和长江流过的中华帝国是世界上唯一绵延历久、源远流长的帝国。多次征服也不能给这样一个帝国带来损害。恒河和印度河的世界也得到了保全;这样的无思想性同样地是永恒不朽的,但是它本质上注定要和其他民族相混合,被外族所征服,受到外族的压迫。如果说这两个帝国在地球上一直到现时代还继续保存着,那么,相反,底格里斯河和幼发拉底河的帝国却再也没有了踪迹,至多不过剩下几处残垣断壁;因为波斯帝国作为过渡的帝国是必定要灭亡的,而里海旁边的帝国则不得不任自己经受伊朗和土耳其之间在古代的斗争。尼罗河上的帝国只不过存在于地底下,在它那些永不开口的死者——这些死者现在被偷运到世界各地——那里,存在于死者富丽堂皇的居所中;——现在地面上所遗留的东西,不过是些奢华的坟墓而已。

[147]

第一篇　中　国

历史必须从中华帝国开始,因为根据史书的记载,中国是最古老的帝国,而它的原则具有那样一种实体性,即这个原则对于这个帝国来说同时既是最源远流长又是最焕然一新的。我们看到,中国很早就发展成了今天它仍然置身于其中的那种状况。但是,因为它的客观存在和相应的主观运动之间仍然缺乏对立,所以,每一种变化都被排除在外,永远反复地显现的那个静止不变的东西代替了我们称之为历史之物的东西。中国和印度同样仍然处于世界历史之外,作为那样一些因素的前提,而这些因素联合在一起就造成了世界历史的生动活泼的进步。实体性和主观的自由的统一性因此就没有了这两方面的差异与对立,以至于正因为如此,实体不能达到在自身之中的反思,达到主体性。实体性的东西显现为伦理之物,因此,它就不是作为主体的信念,而是作为最高首脑的专制政体而统治着。

没有一个民族像中华民族这样拥有如此层出不穷、数量庞大的历史著作家。尽管亚洲其他民族也有极其古老的传统,但是它们没有历史。印度的"吠陀经"并非这种历史。阿拉伯人的传统也极为古老,但是他们不是建立在一个国家及其发展的基础之上的。然而,这种国家存在于中国,而且证明是独树一帜的。中国的传统可以往前追溯到基督降生之前

[148] 3000年;《书经》①,这本从尧帝治理天下开始的基本典籍,确定这件事情发生在公元前2357年。顺带提一下,在这里也许值得注意的是,一些其他的亚洲帝国如果计算时间的话也可以追溯到很远。根据一个英国人的测算,例如,埃及的历史可以追溯到公元前2207年,亚述帝国的历史可以追溯到公元前2221年,印度帝国的历史可以追溯到公元前2204年。东方主要的帝国的传说都可以上溯到基督诞生前2300年左右。如果我们把它们和《旧约全书》的历史进行比较的话,那么,根据大家共同接受的说法,从诺亚的洪水到基督纪元,已经过去了2400年。但是,约翰纳斯·冯·缪勒对这个数字提出了很有说服力的异议。② 他通过完全以《摩西五书》的亚历山大里亚的译本为准的研究,确定了大洪水发生于基督纪元前3473年,大概要更早1000年左右。我指出这一点不过是因为,如果我们遇到远古时代比公元前2400年更早的日期,但对于大洪水却闻所未闻,联系到历史年表,我们不必为此而感到局促不安。

中国人保存了古老的和基本的典籍,可以从这些典籍中辨识出他们的历史、他们的宪法和宗教。"吠陀经"和"摩西的原始记录"是类似的典籍,荷马的颂歌亦当作如是观。在中国人那里,这些典籍获得了"经"的名称,并构成了他们的一切学术研究的基础。《书经》包含了他们的历史,讨论的是最古老的帝王的政府,并载有这个或者那个帝王所颁发的命令。《易经》由一些卦象组成,人们把这些卦象看作是中国文字的基础,[149] 就好像人们也把这本书看作是中国人沉思的基础。这本书始于一元(Einheit)和二元(Zweiheit)这样的抽象物③,但是讨论的却是这种抽象的思想形式的具体实存。归根结底,《诗经》是不同类型的古老的歌谣之总集。早先,所有的高官都有一个任务,在每年的庆典活动中献上这一地区一年来写作的全部诗歌。天子在他的宫廷上充当这些诗歌的评判者,被

---

① 《书经》(Schu-king),即《尚书》。——译者注
② 约翰纳斯·冯·缪勒:《前世界的时间估算研究》,1806年,载《缪勒全集》,斯图加特和图宾根,1831/1835,第26卷,第162页。——原编者注
③ 这里应该是指阴爻(- -)和阳爻(—)。——译者注

评定为佳作的便可以得到官方的认可。除了这三本得到特别的尊敬和研究的典籍以外,还有另外两本重要性稍逊一等的典籍,亦即《礼记》(也称为《礼经》)和《春秋》;《礼记》包含着帝王和官员的习俗与礼仪,它还有一个讨论音乐的附录《乐经》,而《春秋》是孔子生长于斯的鲁国的编年史。这些典籍是中国历史、风俗和法律的基础。

这个帝国很早就引起了欧洲的注意,尽管关于它只有一些飘忽不定的传说。人们一直惊诧于这样一个国度,它从自己产生之日起,似乎和外界没有任何的关联。

在 13 世纪有一个威尼斯人(马可·波罗)第一次对中国进行了探索,可是,人们却认为他的证词形同神话。后来,他关于这个国家的幅员广大与非凡成就所说的一切终于完全得到了证实。① 根据最低程度的估计,中国拥有人口 1.5 亿,根据另一种估计,有两亿,而根据最高估算,甚至有 3 亿之多。它的疆域从极北开始,向南伸展到与印度接壤,向东为浩瀚无涯的太平洋所限制,向西一直延伸到波斯和里海。中国本部人口极为稠密。在黄河和长江这两条河流的两边,居住着数百万的人口,他们居住在完全是为了他们生活舒适而建造的竹筏子上面。人口数量极为膨胀却被安排得井井有条,国家权力触角足以伸入到最为琐屑不足道的细节之中,这一切让欧洲人瞠目结舌,而尤令人叹为观止的是,他们的历史著作所达到的那种精细周密的程度。在中国,历史著作家跻身于最高官员的行列。两名大臣如影随形般陪伴在帝王的身边,他们的任务是在纸条上巨细无遗地记录下帝王的言行举止、发号施令,这些实录供历史著作家们加工和利用。我们当然不必进一步深入到这些历史的诸种细节,因为这些历史本身没有任何发展,只会阻碍我们的发展。他们的历史可以回溯到极为古老的时期,在这个时期伏羲被命名为文化的散播者,他最早把一种文明传播到整个中国大地上。他大概生活在纪元前 2900 年,早于《书经》开始的那个时期。但是,中国的历史著作家把神话性质的东西和

[150]

---

① 这里应该是指《马可·波罗游记》一书。——译者注

115

前历史的东西当作历史的东西来处理。

中国历史上第一片土地是西北一隅,中国本土,靠近黄河从山脉中顺势而下的那个点;因为要到很久以后,中华帝国才会向南扩展,推进到长江边上。历史叙事始于以下这种状况,在这种状况中,人们还生活在野蛮状态,也就是说,生活在森林中,以大地上的果实为食,以野兽的皮毛为衣。他们对于特定的法律还一无所知。据记载,伏羲(要把他和佛、一种新的宗教的创立者区分开来)教会了人建造房屋并定居下来;他教导人们注意一年四季的季节变换与周而复始,指导人们从事交换与贸易,提出婚姻法律的根据;他教导人们理性来自于天,并且讲授蚕桑之养殖、桥梁之建造和畜力之使用等方面的课程。对于所有这些东西的起源,中国的历史著作家们都加以评论,言人人殊。接下来的历史是已经形成的文明向南方的传播,以及一个国家和一个政府的开端。这个逐渐形成的巨大帝国不久就分崩离析,成为许多邦国,在很长的时间里它们之间战争频仍,后来又重新统一成一个整体。在中国,各个朝代频频变换,现在统治的朝代(按指清朝)通常被称作是第22个朝代。随着不同统治王朝的兴盛与衰亡,京城不停地更换地方,这个帝国之中有不少这样充任过京城的城市。南京曾经在很长一段时间里做过首都,现在首都是北京,更早的时候另外一些城市也做过首都。中国不得不与鞑靼人多次交战,鞑靼人曾经深入中国腹地。始皇帝为了抵抗北方游牧民族的入侵而建造的万里长城,一直被认为是工程奇迹。这位君主把整个帝国划分为36个郡,他还由于以下事迹而特别值得注意,即他焚烧过古老的文献,尤其是历史典籍和一般的历史研究。他做这一切旨在于,通过消灭更早时期的记忆以巩固他自己的王朝。在历史典籍被搜集起来集中焚毁之后,成百上千的学者逃往山林,为了保存在他们那里残留下来的著作。所有被抓捕起来的学者最终都遭到和书籍同样的命运。这个焚书事件造成了一个非常重大的后果,但是,尽管如此,一些重要的典籍仍然侥幸得以留存,就像所有地方发生的同样的事件一样。中国同西方世界的联系大概始于公元64年。据说,当时一位中国皇帝派遣使者去拜谒西方的智者。20年后,据说一

[151]

位中国将军曾经挺进到犹太地区(Judaea);在纪元8世纪初,第一批基督徒抵达中国,后来重新来到中国的基督徒曾经目睹过他们的遗迹和纪念碑。① 据说1100年左右,在西鞑靼的帮助之下,中国人曾经毁灭和战胜过在中国北部存在的一个叫作辽东的鞑靼王国,但是这一事件反而给予这些鞑靼人在中国立定脚跟的机会。中国人以同样的方式把他们的居所让给满洲人,他们在16和17世纪和满洲人之间卷入了战争,战争的结果就是现在的王朝(按指清朝)夺取了王位。这个新的统治家族并没有给这个国家带来更多的变化,这和早先1281年蒙古的征服者别无二致。生活在中国的满洲人必须熟习中国的法律和科学。

现在,让我们从中国历史上为数不多的重大事件转向对它的一直停滞不前的**宪法**的**精神**的考察。它的精神来源于一条普遍的原则。也就是说,这条原则是实体性精神和个体的直接统一性。这就是**家庭的精神**,只是它在这里推扩到了人口最多的国家。在这里还没有出现主观性的因素,也就是说,还没有出现与作为消灭个别意志的权力的实体相对立的个别意志在自身之中的自我反思,或者说,这种权力被设定为它自己的本质性,在这种设定状态之中,它知道自己是自由的。普遍的意志直接通过个别的意志证实自己:这个意志压根儿不知道自己和实体是对立的,它还没有把实体设定为与自身相对立的权力,就像在犹太教之中,热心的上帝被认识到是对于个别物的否定。在中国,普遍的意志直接说什么是个别的意志应该做的,而这个个别意志俯首帖耳,言听计从,毫无反思,毫无自我。如果它不听从,它因此从实体之中跳脱出来,那么,因为这种跳脱出来没有借助于深入自我之中(Insichgehen)这个中介过程,所以,它所受到的惩罚就不是针对它的内在性,而是针对它的外在的实存。因此,这个国家的整体就缺乏主观性的因素,正如在另一方面,这个国家的整体也不是建立在信念(Gesinnung)的基础之上。因此,实体直接地就是主体,帝王

---

① 这是指"大秦景教流行中国碑",唐代碑刻,立于建中二年(781年),大秦寺僧景净述,朝仪郎前行台州司士参军吕秀岩书。碑文颂扬景教(即基督教)在中国传播流行的盛况,是研究唐代景教的珍贵资料。明朝天启五年(1625年)出土。——译者注

的法律就构成了信念。尽管如此,这种信念的匮乏并不是任性,因为任性自身就已经是充满信念的,它就是主观的和变动不居的;相反,这种匮乏在这里被认为是普遍物,是实体,它至为刚强,只等同于他自身。

  这种关系以更为切近和更合乎它的观念的方式表达出来,就是**家庭**。中国的国家纯粹建立在这种伦理纽带的基础之上,而客观的家庭孝敬(Familiepietaet)足以刻画它的特点。中国人自认为属于他的家庭,而同时又是国家的儿子。在家庭中是没有人格(Personen)的,因为他们置身于其中的那个实体性的统一性是血缘和自然性的统一性。他们在国家中也同样没有人格,因为在其中占据统治地位的是家长制的关系,而政府建立的基础是,把一切都纳入秩序之中的天子像父亲一样做好各项预防措施。在《书经》中列举了受到高度推崇而且不可移易的五种义务①:1,君与臣;2,父与子;3,兄与弟;4,夫与妇;5,朋友之间。在这里可以附带提及,值得注意的是,五这个数目一般地说在中国人心目中是某种稳固的东西,就像三这个数字在我们德国人心目中一样;他们拥有五种自然元素:气,水,土,金和木;他们认为天有四方和一个中心;建立祭坛的那个神圣的场所由四个小土堆和中间一个土堆组成。

  家庭义务是绝对有效力的,而且它们像法律一样得到遵守。在父亲走进房间时,儿子不能向父亲打招呼;他必须紧靠在门的一边,没有得到父亲的允许,他不能擅自离开房间。如果父亲去世了,儿子必须守孝达3年之久,且不能饮酒茹荤;他所从事的事业,即便是国家的事业,也必须停止,因为他必须远离这些事务;哪怕是刚刚登上大宝的天子本人在这段时间里也不能亲临朝政。一个家庭在守孝期间不允许举行婚礼。只有年届50的人才可以免除以上这些严格的居丧要求,为的是新近丧失亲人者不会因此而形销骨立;对于年届60者的要求可以更加从宽,而上了70岁以后,对他的要求就仅仅局限于服饰的颜色了。母亲受到和父亲同样的尊敬。在马戛尔尼伯爵觐见中国皇帝(按:指乾隆)时,这位皇帝已经68岁

[154]

---

① 即五伦:父子有亲,君臣有义,夫妇有别,长幼有序,朋友有信。——译者注

了(在中国60是一个基本的完整的数目,就像100百在我们这里一样),可是他还是不顾自己年事已高,每天早晨步行去向他的母亲请安,以证明对母亲的尊敬。元旦朝贺也必须在皇帝的母亲那里举行;皇帝本人必须在向他母亲行礼之后,才可以接受朝廷文武百官向他宣誓效忠。皇太后总是第一个和持续不断地给皇帝提建议的人,而与这个家庭相关的一切东西都是以她的名义颁布的。儿子的丰功伟绩不能算在他自己的名下,而应该归功于他的父亲。有一次,在一位宰相请求皇帝授予他死去的父亲以荣誉称号(按:指谥号)时,皇帝下发了一道圣旨,其中说:"曾经有一次饥荒给国家带来劫难:你的父亲开仓赈灾。这是多么仁慈啊!国家曾经处于厄难的边缘:你的父亲不顾个人生命之安危以保卫它的安全。这是多么忠诚啊!国家的管理曾经委托给了你的父亲:他制定了出色的法令,维护了和平,与邻国的君主和睦相处而且坚持了皇室的权利。这是多么智慧啊!因此,我授予他的荣誉称号是:仁慈、忠诚和智慧!"在这里归功于父亲的一切功绩实际上都是儿子做出的。以这种方式,祖先(这和我们这里正好截然相反)通过他们的子嗣而获得荣誉称号。但是,正因为如此,每一个一家之长也必须为他的不肖子孙的作奸犯科负责任。诸种义务都是自下而上的,但是绝不会存在自上而下的义务。

[155]

中国人的一项重要的事务是生儿育女,子女们能够为他们送葬,在他们去世之后怀着崇敬的心情怀念他们,为他们扫墓。即便一个中国人允许娶多个妻子,但是只有一个妻子是正妻,而妾媵所生的子女必须尊敬正妻,视之如生母,绝无二心。在中国人的诸多妻妾都没有生育子女的情况下,他可以考虑收养别人的孩子,而这也是为了死后有人送葬。说到底,有一种绝对必要的义务,那就是,每年都要去祭扫父母的坟墓。祭扫时,人们年复一年地重复那些哀告,许多人为了尽情地展现他们的悲伤,间或会在墓边逗留一到两个月之久。已经去世的父亲的尸体常常在屋内停放3到4个月,在这段时间里,所有人都不允许坐在凳子上和睡在床上。中国的所有家族都有一个祭祀先祖的祠堂,家族所有成员每年都要聚集在这里;祠堂里悬挂着那些曾经担任高官的先祖的遗像,而对于这个家族来说不太重要的男人和女人的名讳则刻写在神主牌位上；家族全体成员在一起聚餐，比较富裕者要设宴款待家境贫寒者。据说，有一位绅士在皈依了基督教之后就再也不能以这种方式祭祀祖先了，他还受到了来自他的家族方面的巨大攻击。正如在父亲与子女之间的关系一样，关于兄弟之间的关系也做出了详细的规定。兄长也有受到尊敬的资格，虽然在程度上稍逊一筹。

[156]

这种家庭的基础也就是宪法的基础，如果我们想要谈论一种宪法基础的话。因为尽管皇帝拥有一种站在国家整体的金字塔顶端的君主的法权，但是他行使法权时是以一个父亲对他的孩子的方式。他是一位大家长，在国家中可以要求得到敬畏的一切东西都可以堆积到他身上。皇帝同时也是宗教和学术的权威，关于这一点，我们后文有详细的论述。——天子的这种父亲般的操心和他的臣僚的精神——臣僚作为孩子不能越出家庭领域的道德雷池一步，也不能自为地获得独立的市民自由——使得这个整体成为一个帝国、政府和行为规范（Benehmen），而帝国和政府同时是道德意义上的和纯粹散文式的，也就是说，是理智的，但却没有自由的理性与想象。

最高的敬畏必须敬献给天子。由于他的地位，他不得不亲临朝政，而且必须**亲自**知道和指导帝国的法律和国是，即使法官们会帮助减轻他的负担。尽管如此，他那纯粹的任性只有很小的用武之地，因为一切事务之发生都必须根据帝国的生活准则，而使他时时受到约束监督也同样是必不可少的。因此，皇帝的那些儿子接受了最为严格的教育，他们的体格受到磨炼，他们从很早开始就学习治国理政。他们的教育在帝王亲自监督之下进行，老早就有人告诉他们，天子是一国之主，必须在一切事物中都要表现为独占鳌头者和首屈一指者。诸位皇子每年都要接受考核，考核结果要详细地通报给全国各地，全国各地都会最大程度地关心这件事情。因此，中国历来都能获得最伟大且最优秀的摄政者，"所罗门的智慧"①这

---

① 所罗门，是古以色列联合王国的第三任君主，《旧约·列王纪》称他有非凡的智慧。所罗门在位期间，把首都耶路撒冷建成圣城，成为犹太教的礼拜中心，也被基督教、伊斯兰教奉为圣地。所罗门时代又是古代希伯来文化发展的重要阶段，许多文学作品都以他的名字命名，并在以后成为《旧约全书》的重要组成部分。——译者注

个表述可以应用于他们身上;尤其是现在的清朝(Mandschudynastie,满洲人的王朝)在精神和身体的灵巧性方面尤为出色。一切关于君主和君主教育的理想,从费内隆的《泰利玛格》以来公开表达出来的这一类的东西不知凡几,在这里都变成了现实。在欧洲压根儿就不可能出现什么所罗门。但是在这里,存在着这样的政府的地基与必然性,因为整个国家的公正、福利和安全都是建立在等级制的完整链条的最高环节的推动这一基础之上的。皇帝的行为举止被向我们描述为最高程度单纯的、自然的、高贵的和理智的;他生活在对于他自己的尊严的清醒意识之中,毫不刚愎自用、狂妄自大、朝令夕改、装腔作势,他履行着从幼年开始就被教导要承担的各种义务。除了皇帝之外,在中国人中就没有任何其他在根本上高人一等的阶级,没有任何贵族阶层。只有皇室的后裔和大臣的儿子有一些特权,但是,这与其说是由于他们的出身,不如说是由于他们的地位。此外,一切人一律平等,只有那些具备相应的才能的人才有机会参与国家管理。因此,国家公职都由受过最好学术训练的人出任。因此,中国的国家常常被高悬为一种理想,甚至在我们这里充当模范。

[157]

接下来是**帝国的行政管理**。在这里我们还不能谈论一种宪法,因为在那种情况下就意味着,诸个体和团体拥有独立的法权,这些法权部分地关系到特殊的利益,部分地关系到整个国家。中国必然缺乏这些因素,所以只能谈及某种帝国的行政管理。中国是一个绝对平等的帝国,一切存在的差异都只有借助帝国行政才是可能的,任何一个人都能够凭借他表现出的值得敬重的东西,在政府中谋取到一个高位。由于在中国是平等而绝非自由占据着统治地位,所以,专制主义(Despotismus)就是必然会产生的政府形式。在我们这里,人们只是在法律面前和在他们拥有财产这种关系之中是平等的;除此之外,我们还有必须得到保证的许多利益和许多特殊性,因为对我们而言自由是实实在在的。但是在中华帝国,这些特殊的利益并不自为地就是合理的,政府是只以皇帝为出发点的,而皇帝把政府当作一种由官员或满大人组成的等级制度来对待。这些官员分为两种类型:学识渊博的文官和身经百战的武官,后一种相当于我们的军

[158]

官。那些学富五车的满大人官阶更高,因为在中国,市民的地位要高于士兵的地位。官员们是在学校里培养的。为了获取初等的知识,就必须建立起初等学校。但是,像我们这里的大学那样的高等教育的机构,在中国大概是没有的。那些想要取得国家高级官职的人,必须参加许多的考试,一般说来是三次。① 在第三场也就是最后一场考试中,皇帝本人会亲临现场,而只有那些以及格的成绩通过第一场和第二场考试的人,才有资格参加第三场考试,如果人们幸运地通过了这第三场考试,那么,其奖励是立即获准进入帝国最高的咨询委员会(翰林院,Reichkollegium)。特别要求要获得的学科知识有帝国历史,法权科学和伦理与习俗的知识,还包括关于政府的组织与管理的知识。除此之外,绅士们还应该拥有精致到极致的诗歌艺术的天赋。我们可以从阿贝尔·雷姆萨(Abel Remusat)翻译的小说《玉娇梨》或《两个表姐妹》中窥视出这一点;在这里介绍给大家的是一位年轻人,他在修习完他的学业之后,开始专心致志以获取更高的官职。军队中的官员也必须具有一定的知识,他们也要接受考核;但是,就像已经说过的那样,文官享有更加崇高的威望。在盛大的节日里,天子在两千名学士(他们被称为文官)和数量相等的武官的陪同之下公开露面。

[159]　(在整个中国政府中约有15000 名文官和20000 名武官。)那些还没有获得任用的满大人也属于朝廷,在春天和秋天的盛大节日里,天子要亲自耕种,而他们必需出席。这些官员分为八个等级(八品)。侍奉在天子身边的是一品官员,接下来是各地方的总督,依次递降。天子通过行政机关进行统治,而后者主要由官员们组成。帝国咨询委员会(Reichkollegium)是最高的行政机关,它由一群学识渊博和才华横溢的人组成。各地方的首脑及其同僚都从这些人中遴选担任。政府处理公务时极为公开透明:官员们向翰林院汇报情况,而翰林院又向天子陈述情况,随后,天子的裁断被记载在邸报中而布告天下。天子也常常会因为自己所犯下的错误而下罪己诏;如果皇子在考试时表现糟糕的话,他也会严厉训斥他们。在帝

---

　　① 它们分别是乡试、会试和殿试。——译者注

国的各个部门和各个地方都有一个监察部门,"科道",他必须把一切消息汇报给天子;这些监察人员不能罢免,极为大家所敬畏:他们对与政府相关的一切事务以及满大人的公、私事务进行严格的监督,并直接把这一切向天子汇报;此外,他们有权向天子提出劝诫或者对天子进行训斥。中国历史上涌现出了很多关于科道品质高贵、胆大心雄的例子。例如,一位御史曾经对一位暴君进谏,但是遭到粗暴地拒绝。他没有因此而有所动摇,而是再次找到天子,重新向他进谏。由于预计到他可能会死,他同时让人抬着他想要安葬于其中的棺材同往。还有人讲述过另一些御史的故事,他们虽然受尽了暴君们的各种折磨,已经无力发出声音了,但是还要用血在沙石上写下他们的意见。这些御史把他们自己培养成对于整个帝国进行监督的又一个法庭。发生意外事故时他们所忽视的一切事情,由官员们负责处理。一旦爆发饥荒、瘟疫、谋反或者教乱,他们应该如实向上汇报,但并不是坐待政府下达进一步的命令,而是同时积极插手这些事务。全部这些行政事务覆盖着一张官员之网。官员们被委派对道路、河流和海岸等进行监督。事无巨细皆安排得井井有条;尤其是大江大河得到了细致周到的照顾。在这方面,我们在《书经》中就可以发现天子为了防止洪水泛滥保证陆地安全而发布的许多诰谕。每一道城门都有人站岗把守,所有街道每天晚上都实行宵禁。官员们随时接受上级机关的问责。每一位满大人(Mandarin)有义务说明5年之内所犯的全部错误,由御史组成的监察机构会担保他的申述的忠诚。倘若满大人犯有任何重大违法行为而刻意隐瞒,那么,他和他的家人会受到最为严厉的惩罚。

[160]

  所有这些表明,天子是中心,一切都围绕他而展开,一切都回到他这里,国家之兴盛与人民之安康同样取决于天子。全部行政机构的等级制度多多少少是按部就班行事的,在承平盛世,这种按部就班会变成怠惰因循的习惯。这种制度一成不变,墨守成规,就像自然的途程一样,永不变化地走在自己的道路上。只有天子拥有一颗富有生气、总是清醒、自我运动的灵魂。如果天子的人格不具有上面所描述的品质,也就是说,他并不道德高尚、工作勤勉、威仪皇皇而又精力充沛,那么,一切事务都会大打折

[161] 扣,政府的状态就会自上而下彻底瘫痪,纲纪废弛,专断独行。因为除了天子这种自上而下发出的监察权力,就再也没有任何其他合法的权力和秩序存在了。敦促官员们奉公尽职的,不是他们自己的良知,不是他们自己的荣誉,而是外在的命令和对他们的严格监督。在17世纪中叶的革命发生之时,当时的统治王朝(按:指明朝)的最后一个皇帝变得脾气温和、高尚无私,但是由于他温和的品格,政府有点放任自流,必然导致各种反叛风起云涌。叛乱者把满洲人引进了国家内部。天子本人以身殉国,以免身陷敌人之手,(临死之时,)他还用鲜血在他女儿的裙边上写了一些话,他在其中极力控诉他的臣民的不义。一位随从他的满大人埋葬了他,然后在他的坟墓旁边自杀身亡。皇后与宫女们也都自杀而死;皇室的最后一位王子被围困在一个遥远的省份,落入了敌人的手中,然后被处死。所有随从天子的官员也都纷纷自杀而死。

如果现在我们从帝国的行政机关过渡到它的**法权状况**(Rechtszustand),那么,我们可以借助于父权制政府的原则说明臣民们为何会被看作是不成熟的。没有任何独立的阶级或者阶层——像在印度那里一样——有自为的利益要保护,因为一切利益都由上面来指导和监督。一切关系都通过法律性的规范得到确乎不拔的规定:因此,一般意义上的自由的感觉、道德的立场被彻底地取消了。*家庭成员相互之间应该如何处

[162] 理他们的内心活动,在形式上是由法律规定的,违反者在很多情况下会为自己招致严厉的惩罚。在这里要注意的第二个因素是家庭关系的外在性,这种关系几乎是一种奴隶制。每个人都可以出卖自己和他的孩子,每一个中国的妻子都是买来的。只有嫡妻是一个自由人,与此相反,诸侧室都是女奴,她们像孩子和其他物什一样在抄家时被没收充公。

---

* [卡尔·黑格尔的附注:]我们可以看到,这里的道德的立场,在严格的意义上,就像黑格尔在他的法权哲学中所规定的那样,被当作是主体性的自我规定的道德立场,对于善的**自由的确信**。但是,读者不要因此而误入歧途,在中国人进一步谈论道德、道德的政府等等的时候,在这里,道德只是在这个词的最宽泛而最常见的意义上,标明好的行为举止和行动的规定或者信条,而完全没有突出内在的确信这一因素。——原编者注

第三个要素是,惩罚主要是对肉体进行鞭笞。在我们这里,这种做法是奇耻大辱,但是在中国却是另一番景象,因为在那里根本不存在什么荣誉感。一顿鞭打是很容易不放在心上的,但是,对于有荣誉感的人来说,这是最严厉的惩罚,有荣誉感的人不愿意他的肉体受到触碰,而另一方面又具有各种精细的感觉。但是中国人还没有认识到荣誉的主体性;他们更愿意得到规训而不是遭到惩罚,就像我们这里的孩子那样;因为规训以改善为旨趣,而惩罚却是一种正当的因罪受罚。在接受规训时,维持行为的根据是害怕受到惩罚,而非不义的内在性,因为在这里尚未预设对于行为之本性的反思。现在,在中国人那里,一切违法行为,无论是在家庭中的违法行为还是在国家中的违法行为,都以外在的方式受到惩罚。对父亲或者母亲缺乏孝敬的儿子,对兄长缺乏恭顺的弟弟,会受到棍棒的痛打,如果他们还要抱怨作为子女,他们受到了父母的不义对待,作为兄弟,他们受到了兄长的不义对待,那么,即使他完全占理,他也会得到一百鞭笞,或者三年流放;而如果他不占理的话,他就会被绞死。如果儿子胆敢对他的父亲动手,他所应得的判决是用炮烙之刑把他的肉从身上扯下来。[163]丈夫和妻子之间的关系,就像一切家庭关系一样,得到高度的重视,女人的不忠——尽管因为妇人处于深闺之中,这种情况极少发生——会受到严厉的斥责。如果一个中国人对于妾媵显示出比对自己的嫡妻更多的爱慕之情,而嫡妻因此而告官的话,会发生同样的斥责。——在中国,每一位满大人都受过廷杖,无论他位列公卿、总督,还是天子的宠臣,都受过廷杖的责罚。受过这种责罚之后,天子还一如既往地是他们的朋友,而他们本人看起来就像完全没有受到任何影响一样。曾经在最后一批派往中国的英国大使由皇子和他们的随从引领着从皇宫回到住处的时候,为了给清理出一条道路,礼部尚书毫无顾忌地用鞭子抽打那些皇子和高官。

说到归责的问题,在存心故意的行动和无心之失或者偶一出现的行为之间不存在区别,因为偶然事件和刻意的行为同样难辞其咎,而如果有人由于偶然原因导致一个人死亡,必须对他处以死刑。这种对于偶然之失和蓄意行为不加区别的做法导致中国人和英国人之间的大部分争执,因为如果一个英国人受到了中国人的攻击,如果一艘战舰相信自己受到了攻击,就会为了捍卫自己而杀死中国人,那么,中国人就会依照规则要求开枪杀人的英国人偿还性命。所有与罪犯有任何关联的人——尤其是犯上作乱的罪行——都会受到罪犯的株连,他的至亲会因此而被折磨致死。印刷出版一本应受谴责的著作的人,以及阅读它的人,都同样要受到法律的制裁。在这种关系中,私人复仇欲所采取的措辞也极有特色。从中国人的角度可以说,他们对于受到的伤害感受极为强烈,而且有着极强的报复欲。为了达到复仇的目的,受到伤害者并不谋杀凶手,因为那样的话,罪犯的全家都会被判处死刑,所以,为了能够让对方受到牵连,他就自己伤害自己。在许多城市,人们必须把井面弄得特别狭窄,以免有人会跳井自杀。因为如果有人自杀的话,法律规定,为了找出原因,必须就此作出最严格的侦查。自杀者的所有敌人都会被带进衙门遭受严刑拷打,最终将会查明谁是施害者,他和他的所有家人都会被判处死刑。中国人在这样的场合下宁愿自杀也不愿意杀死他的敌人,因为他必须死,而在第一种情况下,他还可能享有树碑立传的荣誉。他还可以怀着他的家人能够获得他的敌人的财产的希望。这就是在归责与不归责的情况下出现的可怕的状况,即一个行动中呈现出来的一切主观的自由与道德都会被否定掉。在摩西十诫①中,尽管还没有精细地区分故意(dolus)、过失(culpa)和偶然(casus),但仍然为过失杀人者保留了一个他能够托庇于其中的庇护所。然而在中国,在这件事情上,无论是居庙堂之高,还是处江湖之远,都被一视同仁地对待。有一位曾经屡建奇功的帝国统帅,因为有人在天子面前进谗言而最终受到罪犯才可能得到的惩罚,人们给他安上的罪名是他暗中窥伺那些没有能够把积雪清扫出街道的机关人员。

在法权关系中还应该提到的是财产权中的各种变动和引入了与此相关的奴隶制。作为中国人主要财产来源的土地与耕地,只是在后来才被

---

① "摩西十诫"是《圣经》记载的上帝借由以色列的先知和众部族首领摩西向以色列民族颁布的十条规定。犹太人奉之为生活的准则,也是最初的法律条文。——译者注

当作国家的财产。从那个时间以来可以确定的是,一切田庄收入的九分之一应该归天子所有。后来又产生了农奴制度,人们把它的开始实施记在秦始皇的名下。这位皇帝在公元前 213 年修建了长城,焚烧了一切典籍,其中包含了中国最古老的法律。中国的许多诸侯国都接受他的管辖。他发动的战争所造成的后果是,被征服的国家成了他的私人财产,而那些国家的居民变成了没有人身自由的农奴。但是,中国的奴隶制和自由之间的差别注定不会太大,因为天子面前一律平等,也就是说,一切都同样受到贬黜。由于没有任何荣誉可言,也不存在任何一种优先于其他法权的法权,因此,到处盛行的是一种屈辱的意识,而这种意识自身轻而易举地就会转变成一种堕落的意识。中国人极大的不道德就是由这种堕落意识造成的。他们以只要有可能就随时随地坑蒙拐骗而闻名于世:朋友欺骗朋友,而即使行骗者没有达到目的,或者说揭穿了对方的真面目,也绝不会有人认为对方卑鄙无耻。他们行骗时诡计多端,老奸巨猾,以至于和他们打交道的欧洲人时时小心翼翼,如履薄冰。道德堕落的意识还表现为佛教(die Religion des Fo)到处泛滥,因为佛教把无当作是最高的东西和绝对物,当作上帝,而把对个体的蔑视看作是最高的成就。[165]

现在我们考察中国政府的宗教的方面。在父权制的状况中,宗教对自为的人的提升只是单纯的道德与行善。绝对自身部分地是这种行善的抽象的、单纯的规则,永恒的正义,部分地是这种永恒正义的权力。现在,自然世界与人之间的一切更广泛的联系,主观心境的一切要求,都处于这种单纯的规定之外而受到忽视。身处这种父权制之中的中国人根本不需要这种与最高存在者之间的中介;因此,教育、道德与礼仪的规律,以及天子的命令与统治就包含了这种中介。天子既是国家领袖,又是宗教领袖。因此,在这里,宗教在本质上是国家宗教。我们必须把它和喇嘛教区别开来,因为喇嘛教并不是要发展成为国家的宗教,而是包含了作为自由的、精神的、无利害的意识的宗教。因此,中国的宗教就不是我们称为宗教的那种东西。因为对我们来说,宗教是在自身之中的精神的内在性,所以,它在它自身之中表象了它的最内在的本质。于是,这个领域就规避了国[166]

家关系,而尽可能地逃避到内在性之中而摆脱世俗政权的权力。但是,中国的宗教并不处在这个阶段,所以,真正的信仰首先在这样一个地方才是可能的,在这里,在自身之中的个体自身,自为地独立于一个外在的推动力量。在中国,个体还没有这种独立性的东西,因此,他在宗教中仍然是依赖性的,确切地说,依赖于自然存在者,依赖于天上的最高者。收成、年节、五谷丰登和凶岁饥岁等都依赖于它。天子,作为最高领导人,作为权力,独自与天相接,而其他的个体则做不到这一点。他是这样一个人,他在四个节日里奉上牺牲,为了丰收而感谢朝廷的首脑,为国家而祈求神灵赐福。这样,由于具有自然的首脑的含义(比如我们说,上天保佑我们),这个天可以被称为我们意义上的上帝。但是,在中国,还不是这种情形,因为在这里,个别的自我意识作为实体性的自我意识就是天子,他自身就是权力。因此,天仅有自然的含义。耶稣会在中国被迫让步而称基督教的上帝为天(Tian),但是其他教团因此而在教皇面前控告他们。教皇向那里派遣了一位枢机主教,他最后长眠于异国他乡了。后来又有一位主教被派遣到中国,他规定应该说"天主"而不应该说"天"。人与天的关系现在也可以这样来理解,就好像个人与天子的正当行为会带来福祐,而他们的罪行会带来困境和所有的祸害。在中国的宗教中仍然残存着巫术的因素,因为人的行为举止是绝对的决定者。如果天子励精图治,那么就能够国运亨通,诸事顺遂,天一定会让善事发生。这种宗教的第二个方面是,正如与天的关系的普遍方面在于天子,天子也完全把他的特殊的关系掌握在自己手中。这种特殊的关系是老百姓和各省的福利。各省都有守护神(Schen),他们都隶属于天子管辖,而天子又只尊崇天的普遍权力,同时,自然王国的其他神灵也遵从它的法律。因此,他同时又是真正为天立法的人。那些守护神中的每一个都以它自己的方式受到尊敬,而且各自塑有雕像。也有一些面目可憎的神像尚未成为艺术的对象,因为其中显示不出任何精神性的东西。因此,它们只会让人大吃一惊,满怀恐惧,消极悲观,它们就像希腊人那里的河神、水妖和树妖一样,看管着各别的元素和自然对象。五种元素(五行)的每一种都有它的守护神,它们通过

[167]

特殊的颜色而互相区别开来。维持住中国的皇位的那个朝代的政权依赖于某位守护神,确切地说,当前的这尊神与黄色相配。但是,每一个省和城市,每一座山和每一条河流都至少拥有一位特定的守护神。所有这些神灵都处于天子的管辖之下,在每年出版一次的帝国户口册(Reichsadressbuche)中,负责每一条河流、每一个江河的官员和守护神都要登记在册。如果发生了什么不幸的事情,守护神和一位满大人都要为此而免职。守护神有无以数计的庙宇(仅在北京就有将近万座庙宇之多),以及大量的尼姑与和尚。这些和尚与尼姑过着终身不嫁不娶的生活,中国人在遭遇病灾时会向他们讨主意。但是,除此以外,他们既不尊重和尚尼姑也不尊重庙宇。英国公使马戛尔尼勋爵(Lord Macartney)①甚至曾被安排在寺庙住宿,因为这种寺庙常常被当作客栈之用。有一位皇帝曾经令成千上万个尼姑还俗,逼迫和尚回到市民生活之中,并对寺庙课以税收。和尚们都会占卜算命和驱邪降魔;因为中国人沉湎于无休无止的迷信之中;这同样是以他们内在的不自立为根据,而且以精神自由的对立面为前提。在每一件事务——例如要确定一幢房子的地址或者坟墓的选址以及诸如此类的事情——中,都要向算命先生讨主意。在《易经》中给出的是确定的线条,这些线条表示某些基本形式和基本范畴,因此,这本书被称作为"命运之书"。这样的线条组合在一起就具有了某种确定的含义,就可以从前提中窥知某种预示。或者把一定数量的小棍子抛撒在空中,然后从小棍子坠落在地的方式中预先确定命运。在我们看来纯属偶然的东西,

[168]

---

① 1792年(清乾隆五十七年)9月,马戛尔尼使团带着乔治三世致乾隆皇帝的国书以及天文地理仪器、乐器、钟表、图册、毡毯、车辆、武器、船只模型等价值13000余英镑的礼物从英国朴茨茅斯港启航,于次年7月驶进天津大沽,随即到达北京。9月,乾隆皇帝在避暑山庄万树园接见了英国使团并赠送了礼物,又派大臣陪同使团游览避暑山庄。之后,使团返回北京。马戛尔尼并未忘却自己的真正使命,回京后即向清政府提出了一系列要求。1793年10月,马戛尔尼使团离开北京,沿运河南下至杭州,再从杭州西行,经江西南至广州。1794年1月,马戛尔尼使团从广州乘船回国,同年9月到达伦敦。马戛尔尼使华的主要目的虽然未能达到,但他们通过实地观察、同清朝官员谈话等途径获得了大量情报,内容涉及中国的经济、政治、文化、地理、军事以及科技等方面,撰写了多种有关中国见闻的书籍和文章,为英国的下一步行动提供了有用的资料。——译者注

只不过是自然地关联的东西,中国人却试图用巫术来推演它或者实现它。在这些地方,也表达出了他们的无精神性。

中国人的**科学**的形成也与这种特有的内在性之缺乏有关。如果我们谈论中国的科学,那么,我们就会面对中国科学在发展程度和历史悠久方面的极高的声誉。如果我们靠得更近些,我们就会看到,科学受到极大的推崇,确切地说,显而易见的是,科学获得了政府给予的高度评价和大力促进。天子本人站在文学的金字塔尖。一个专门的咨询委员会负责对天子的上谕进行审校,以便上谕能够写得文体优美,文字典雅,因此,这个咨询委员会是一个非常重要的国家机构。满大人在写作公文之时也必须遵循这种完美的文体,因为形式应该与内容的卓尔不群相匹配。最高的国家机构之一是翰林院(die Akademie der Wissenschaft)。天子本人亲自考试它的成员;他们住在皇宫之中,部分地充任书记,部分地充任帝国的史官、物理学家、地理学家等。如果有人建议增立一部新的法律的话,那么,翰林院必须呈送他们的报告。报告必须在导言中叙述旧的设置的历史沿革,或者如果这项事务涉外的话,那么,就必须对那些国家进行一番描述。天子本人要为这样写作出来的著作撰写前言。在最近的皇帝中,乾隆帝(Kien-long)尤其以学识渊博而著称:他本人著述宏富,而且由于他编辑出版了中国的主要著作①而更为卓尔不凡。身居改善书籍印刷错误委员会的领导者的位置的,是天子的儿子。一部著作在已经经过众人之手之后,还要再次送回到天子那里,而如果天子发现已经校勘过的书籍仍有错误,他要对他们加以严厉的处罚。

如果说,一方面,科学似乎得到最高程度的尊敬与维护,那么,另一方面,它又偏偏缺乏内在性的那种自由的土壤和把科学当作一种理论活动的专门的科学兴趣。一个自由的、观念性的精神王国在这里找不到它的位置,而在这里能够被称作科学的东西是经验性的自然,它本质上是为国家的效用服务的,为国家的需要和它的百姓的需要服务的。书面语

---

① 当指《四库全书》。——译者注

(Schriftsprach)的方式对于科学的发展是一种巨大的障碍,或者毋宁说,反过来:因为不存在真正的科学兴趣,所以中国人没有找到更好地表达与传授思想的工具。众所周知,他们除了口语(Tonsprach,声音语言)外,还有一种书面语,这种书面语言不像我们的语言表示个别的声音,不把说出的词语带到眼睛面前,而是通过符号表达各种观念自身。这种语言初看起来具有一种巨大的优点,并且给许多伟大的人物——其中包括莱布尼兹——留下了深刻的印象。但是,事实上,它拥有的正好是优点的对立面。如果我们先来考察这种书面语言的方式对于口语的影响,那么,由于口语和书面语言的分离,这种书面语言在中国人那里极其不完美。因为我们的口语主要是通过下列方式发展成为一种具有确定性的东西的,即文字必须是每一个声音都有它的符号,而我们可以通过阅读学习确切地表达这种声音。由于中国人缺乏这样一个口语的教育工具,所以,他们就没有通过对声音的调整而发展出可以通过字母和音节表达的口语——他们的口语是由无以数计的单音节词语组成的,这些词语在使用时多于一种含义。含义的差异部分地是通过上下文,部分的是通过口音——发音时或快或慢,或轻或重——而产生的。因此,中国人的耳朵被训练得极为敏锐。于是我发现,Po 这个音有 11 种不同的含义:(1)玻璃;(2)沸腾;(3)簸谷物;(4)剖开;(5)浸泡;(6)做准备;(7)一个老太婆;(8)奴才;(9)宽宏大量的人;(10)聪明人;(11)很少的一点点。——至于他们的书面语,我只想强调指出它对科学进步所造成的障碍。我们的书面语学习起来非常容易,因为我们把口语(声音语言)分为大概 25 种声音(声音语言是通过这种分析而得到规定的,可能的声音总量是有限的,那种含糊不清的中间声音被舍弃不用了);我们只要学会这些符号和它们的结合就可以了。中国人要学习的可不只是这样的 25 个符号,他们有成千上万个符号要学会;有人计算过,最低限度地使用的符号数是 9353 个,如果把新近采用的符号也计算在内的话,这个数字高达 10516。他们用来表达在各种书籍中出现的观念及其组合的文字数量,总计有 8 万到 9 万之多。

[170]

[171]

至于与科学本身相关的方面,中国人的**历史**只是把握到了完全确定

131

的事实本身,而没有对那些事实作出任何判断和推理。**法权科学**也只是制定了特定的法律,**道德科学**只是罗列了特定的义务,但是没有涉及后者的内在根据。中国人也有一种哲学,它的基本规定非常古老,像《易经》("命运之书")已经讨论了生成与毁灭。我们还可以在这本书中发现像"一元"(Einheit)和"二元"(Zweiheit)这样的极其抽象的理念,因此,中国人的哲学似乎像毕达哥拉斯的学说一样是从某些基本思想出发的。* 原则是理性,道,这个作为万物的基础、产生了万物的本质性。认识它们的各种形式在中国人那里就可以看作是他们的最高科学;但是,它和与国家相关的各门学科几乎没有关联。老子的许多著作,尤其是他的著作《道德经》,享誉千古。孔子在公元前 6 世纪曾经拜谒过这位哲人,以示对他的敬重。虽然每个中国人都可以随心所欲地研究这些著作,但是还是有一个特定的派别自称为"道家"或者"理性的推崇者"。这些人把自己排除在世俗的生活之外,他们在他们的思想方式上混杂了许多迷狂的东西与神秘的东西。也就是说,他们相信,谁认识了理性(道),谁就拥有了一种普遍的手段,这种手段可以直接被看作是无所不能的力量,并且能够提供一种超自然的力量,以至于人们能够因此而飞升到天空之上,从此过上长生不老的生活(大致相当于我们这里所说的一种让人长生不死的灵丹妙药)。对于孔子的著作,我们现在更加熟悉了。中国经典的编辑出版都要归功于他。除此以外,还有他自己的一些论述道德的著作,它们为中国人的生活方式和行为举止奠定了基础。在孔子的主要著作——它们已经译成了英语——中,我们可以发现正确的道德箴言,但是它只是一种絮絮叨叨,一种反省和一种思想上的拐弯抹角,无法把自己提升到超出日常的东西之上。——至于其他的科学,它们绝不能被看作是真正的科学,毋宁说,它们更适合被看作是为了达到实用的目的的认识。中国人在数学、物理学和天文学等方面已经远远地落在了后面,虽然他们在这些领域曾

[172]

---

* 参见黑格尔:《哲学史讲演录》第一卷,第 138 页以下。[对应于《黑格尔著作集》第 18 卷,"中国哲学"部分]——黑格尔原注

经声名卓著。他们一度认识了许多欧洲人压根儿还没有发现的东西,但是,他们却又不理解如何把它们付诸使用,例如指南针和印刷术。仅以印刷术方面为例,他们仍然继续在木制的板子上刻下汉字然后印刷的做法;他们对于活字印刷仍然一无所知。他们发明火药也比欧洲人要早,但绝对是耶稣会教士制造出了最早的一批枪炮。至于数学方面,他们虽然在懂得计算方面造诣极高,但是他们对于科学的更高方面却茫然不知。即使长久以来中国人被认为是伟大的天文学家,但是拉普拉斯在对他们的知识进行探查以后发现,他们只是拥有关于日食和月食的一些古老的报道和记录,这些东西远不足以构成科学。这些记录是如此犹疑不定,以至于它们根本不能被当作是知识。比如在《书经》当中提到了大概在1500年范围内发生的两次日食。中国人拥有的天文学知识到底程度如何,其最好的证明是,几百年来,他们的日历是欧洲人为他们制定的。在中国的天文学家编制日历的更早的时期,经常发生错误地预告日食与月食的情况,这将导致把日历的编制者处死。中国人从欧洲人那里当礼物一样接受的望远镜,只是被搭起来当作装饰之用,他们根本不知道如何进一步利用它。中国人也从事医药研究,但只是把它当作纯粹经验性的东西,而且与各种最冥顽不化的迷信缠夹不清。总体上,这个民族在模仿方面有一种异乎寻常的机敏,这种机敏不但在日常生活上,而且在艺术方面训练有素。他们还不能游刃有余地把美表现为美,因为他们在绘画中缺乏视角与阴影。即便中国的画家能够逼真地复制欧洲的绘画,就像中国人做所有其他事情一样,即便他们也清楚地认识到,一条鲤鱼有多少片鱼鳞,树叶有多少种形状,不同的树木显示出怎样的姿态,与树木具有怎样的曲度,但是,崇高、理想和美仍然不属于他们的艺术与机敏的领域。另一方面,中国人又过于骄傲,不屑于向欧洲人学习,尽管他们不得不经常承认欧洲人的优点。因此,一个广东的商人建造了一艘欧洲的船,但是在总督的命令之下,这艘船很快就被拆毁了。欧洲人常被当作乞丐对待,因为他们迫于生计而背井离乡,设法在异国他乡维持生计。与此相反,正是因为欧洲人有了精神,所以他们尚不能模仿中国人的那种外在的和完全自然

[173]

的机敏。中国人的表面涂饰、金属加工,尤其是通过浇铸把金属变得极薄的技艺,他们的烧制瓷器以及许多其他类似的工艺仍然是其他民族难以望其项背的。

[174]　　这就是中国人在所有方面的特征。其中最令人瞩目的是,一切属于精神方面的东西、自由的伦理、道德、心灵、内在的宗教、科学与真正的艺术,都与他们毫不沾边。天子对于民众说话时总是带着无比的威严和父亲般的和善与温柔,可是人民对于他们自身的感觉却无比糟糕,他们相信自己生下来就是为了推拉高贵的天子的权力马车。把他们压到匍匐在地的重担在他们自己看来是必然的命运,因此,对他们来说,把自己当作奴隶出售和啖食奴隶的发酸的面包,实在不足为奇。把自杀看作是复仇的作品,把遗弃婴儿看作不过是一件平淡无奇、司空见惯的小事,都表明了他们对于自己以及他人极少怀有尊重之情。虽然不存在出身的差异,每个人都可能获得最高的地位或威望,但是这种平等并不意味着通过斗争而获得了内在的人性,而是意味着那种卑微的、尚未获得差异的自我感觉。

第二篇　印　　度

　　和中国一样,印度具有一种既古老又现代的形态,它停滞不前、岿然不动,在它完全独立的发展中圆满完成了向内在的转变。它一直是无数人心驰神往的国度,而在我们眼中,它仍然是一个梦幻的国度,一个令人陶醉的世界。中国在它的一切制度建设方面都充满了最平淡乏味的知性,与中国人的国家相反,印度是幻想和感觉的国度。总的说来,它在原则上取得进步的因素可以胪列如下:在中国,父权制原则统治着一群处于[175]　未成熟状态之中的人,皇帝的调控性法律和道德性监督为他们的道德决定负责。现在,精神的旨趣在于,被外在地设定的规定成为一种内在的规定,自然的和精神的世界被规定为内在的、从属于理智的世界,而通过这种方式,主观性和存在的统一性或者定在的唯心论从根本上被设定起来了。这种唯心论现在存在于印度,但只是作为一种无概念的、想象的唯心论,它从定在中提取出开端与物质,但只把一切转变为了想象的东西;因为虽然看起来想象的东西中充满了概念,而思想也自始至终在其中发生作用,但是,这种想象的东西只发生于一种偶然的统一之中。然而,因为现在抽象的和绝对的思想作为内容进入这种梦境之中,所以,我们可以说,我们在这里能够看见的东西是在梦境的心醉神迷的状态之中的上帝。它不是一个具有特定的人格并且真正地展现了这一人格的经验性主体的梦境,而是完全不受限制的精神自身的梦境。

印度的妇女有一种特殊的美,她们脸上的皮肤纯净无瑕,带有轻微的可爱的绯红,但是这种红不纯粹是健康与生机勃勃的红色,而是一种精致绝伦的红,就好像一种精神的气息从内部泛出,这种表情与眼睛的顾盼神飞和嘴唇的形状结合在一起显得柔媚娇俏,百依百顺,怡然自得。——这种人间难得几回见的美,我们只能在妇女产后的那段日子才能看见,那时,女子从十月怀胎的沉重负担和分娩的辛苦之中解放出来,同时又因为一个可爱的孩子的赠礼而感到灵魂的欢乐。在正处于魔幻的、梦游的睡梦之中并且因此而与一个更美的世界发生关联的女人身上,我们也可以看见这种美的音调。一个伟大的艺术家(斯科勒尔[Scorel])①曾经赋予垂死的玛利亚这种美,她的精神已经上升到那个幸福的空间之中,但是仿佛要使她那垂死的面容再度容光焕发以接受告别之吻。我们也可以在印度世界中那些最惹人怜爱的形象中发现这种美——在这样一种神经脆弱的美中,一切粗糙的东西、僵硬的东西和反抗的东西都消融了,感觉着的灵魂才显现出来,而在这种美中可以辨识出自由的、在自身之中奠基的死亡。——因为如果我们凑得更近地观察这种花样生命的梦幻般的、充满精神的妩媚——这种生命的一切环境、一切关系都弥漫着灵魂的玫瑰般的气息,并且把世界转变成了一个爱的花园——,用人的尊严和自由这样

[176]

---

① 扬·凡·斯科列里(Jan van Scorel, 1495—1562)是荷兰画家,在从意大利文艺复兴时期的绘画到荷兰和佛兰芒文艺复兴时期绘画的发展过程中起主导作用。——译者注

的概念来考察它的话,那么,乍看起来我们越是觉得它魅力十足,最终我们就越会觉得它在所有方面都低劣不堪。

这种梦幻般的精神就是印度的本性的普遍原则,这种精神所具有的品格仍需做进一步的规定。在梦境中,个体不再把自身认作把对象排除在外的这个个体。醒来时我是自为存在着的,他者是一个外在物,是坚定地与我相对立的东西,就像我与它泾渭分明那样。他者作为外在物把自身扩展为一个合理的关联体,一个由各种关系组成的体系,我的个别性自身成了这个关联体的一个组成部分,一个和那个体系关联在一起的个别性;——这便是知性的领域。与此相反,在梦境中不存在这种分离。精神已经不再是自为地与他者相对立的,因此,总体上,外在的东西和个别性的分离在它的普遍性和本质面前不再存在了。做着梦的印度人因此就是一切我们称为有限物和个别物的东西,同时,作为一个无限的普遍物和不受限制的东西,他又是一个自在地神圣的东西。印度人的观点完全是一种普遍的泛神论,确切地说,是一种想象力的泛神论,而非思想的泛神论。存在着一种实体,一切个体化都因为被直接赋予生命和灵魂而成为特殊的力量。感性的材料和内容只是以粗暴的方式采纳入和装载到普遍物和无法估量之物中,它并没有被自由的精神力量解放出来并塑造成为美的形态,并且在精神中观念化。因此,感性的东西只是有助于以附属性的方式表达出精神的东西;而且,感性的东西扩大成为不可估量之物和没有尺度之物,并因此而使神圣的东西变得光怪陆离、杂乱无章、荒诞可笑。这些梦境并不是空虚的童话,一个想象力的游戏,以至于精神只是在其中故弄玄虚,相反,精神在其中完全迷失了自己,既被这些空想扔来踢去,也被它的实在和严肃扔来踢去。它在牺牲它的有限性的同时也牺牲了它的主人和诸神。于是,一切东西,太阳、月亮、星辰、恒河、印度河、动物、花朵等,对它来说,这一切都是一个神,因此,正如在这种神圣性中,有限物丧失了它的组成部分和它的坚固性,对于这些有限物的一切知性也都消失了。反过来也一样,神圣的东西也消失了,因为它自为地是变动不居、变幻无常的,于是,它由于那些卑下的形态而变得龌里龌龊、荒诞不经

[177]

了。——由于这种普遍地把一切东西神圣化和因此而蔑视神圣的东西,神化成人和道成肉身的观念就不是一个极其重要的思想。鹦鹉、母牛、猿猴等等也同样地是神的化身,但并不因此就被提升到它的本质之上。神圣的东西没有个体化为主体、具体的精神,而是被贬低为卑鄙无耻和麻木不仁。——这就是印度人的世界观的总体状况。诸事物之间缺乏知性、原因和结果这种有限而持续的关联,正如人缺少自由的自为存在、人格和自由的稳固性。

在许多方面,印度和外界之间都具有世界历史的关联。在晚近时期,人们发现,梵语是一切得到进一步发展的欧洲语言——例如希腊语、拉丁语和德语等——的基础。此外,印度是全部西方世界出发点,但是,这种外在的世界历史的关联更多的只是各民族由此出发向全世界的一种自然的扩散。即使我们可以在印度找到进一步发展的成分,即使我们拥有他们迁来西方的蛛丝马迹,这种移居也实在是太抽象了,对我们来说,后来的民族所拥有的利益再也不是他们从印度人那里因袭而来的东西,而毋宁说是他们自己发展起来的一种具体的东西,他们竭尽全力发展这具体的东西就是为了忘记印度的元素。印度人的四处扩散是前历史的,因为历史只是在精神的发展历程中构成一个本质的时期的东西。印度人的离家出走根本上只是一种喑哑无声的、无迹可寻的扩散,也就是说,没有政治的行动。印度人在向外扩散时没有征服任何地方,相反,他们自己总是被人征服。正如悄无声息的北印度是自然扩散的出发点,总体上,印度作为大家心向往之的国度是完整的历史的一个本质性环节。从最古老的时期以来,一切民族都心驰神往于找到一条通道以获得这块神奇的土地上的奇珍异宝,这些珠宝是大地上所能有的最为贵重的东西——天然的宝藏,珍珠、钻石、香料、玫瑰香精、大象、狮子等等,以及智慧的宝藏。把这些宝藏运往西方的道路在所有时代都是一种具有世界历史意义的状况,它与各个国家的命运交织在一起。有些国家成功地实现了侵入他们所向往的这片土地;几乎没有一个东方的大国或者近代西欧的大国,不曾在那里攫夺一块或大或小的地方。在旧世界,亚历山大大帝曾经第一个成功

[178]

[179] 地逼近与印度接壤的土地,但是他只是碰触到了它。新世界的欧洲人已经能够与这个神奇的国度建立直接的关联,因为他们以迂回的方式从它的背后来到了这里,确切地说,是通过海路,就像我们曾经说过的那样,大海根本上是联结者。英国人,或者更应该说是东印度公司,是这块土地上的主人,因为亚洲各帝国的必然命运就是臣服于欧洲人,有朝一日,中国也必定会服从这种命运。印度居民的数量接近于两亿,其中有 1—1.2 亿人直接接受英国人的管辖。那些不直接接受英国人管辖的君主在他们的宫廷中也有英国的工作人员,他们还为英国的军队提供军饷。自从马拉提人的国家被英国人占领以后,它的任何东西都再也不能保持相对于这个力量的独立自主了,英国人的力量已经在缅甸帝国建立了据点,并且越过了在东部与印度毗连的雅鲁藏布江(布拉马普特拉河)。

　　印度本土是一块被英国人分成两个巨大部分的土地:一块是德干高原,它是一个巨大的半岛,往东有孟加拉湾,往西有印度洋;一块是印度斯坦,它是由恒河的山谷形成的,一直绵延到波斯。往东北方向,印度斯坦与喜马拉雅山脉相邻,欧洲人认为这座山是地球上最高的山脉,因为它的最高峰有海拔 26000 英尺高。这座山的另一边又逐渐下降;中国人的统治延伸到这里,英国人曾经想要去拉萨拜见达赖喇嘛,但是他们遭到了中国人的阻拦。印度河向印度的西部流去,有五条河流汇集到印度河中,它们所在的这个地方被称作旁遮普地区,亚历山大大帝一度挺进到这里。英国人的统治没有扩展到印度河地区,在那里居住的是锡克族人,他们的宪法是彻头彻尾的民主式的,它既摆脱了印度宗教的羁绊,又摆脱了穆罕默德宗教的羁绊,而坚守二者之间的中点,因此,它只承认一个最高的存 [180] 在者。它是一个极为剽悍的民族,统治着喀布尔和克什米尔地区。除此之外,印度河边居住着出自武士阶层的真正的印度人部落。在印度河与它的孪生兄弟恒河之间,有一片巨大的平原,而恒河一再在它周围培育出强大的帝国,这些帝国的科学曾经发展到了极高的高度,因此,恒河周边的国家比印度河周边的国家声名更加卓著。孟加拉王国尤其繁荣昌盛。内尔布达成了德干高原和印度斯坦的分界线。德干半岛的地形远比印度斯坦丰富多样,它的河流几乎都与印度河与恒河一样伟大、神圣,而恒河已经成了印度境内一切河流的统称了,它的意思是"首屈一指的河流"。我们由于印度河而称我们现在正在考查的这片伟大的土地上的居民为印度人(英国人称他们为辛都人[Hindu])。他们自己从来没有给这个整体一个名称,因为它从来没有成为一个帝国,但是我们却在对它进行考察之时把它当作一个帝国。

一涉及印度人的政治生活,我们首先要考察的是它在与中国进行比较时显示出来的进步。在中国,人人平等的状况占绝对优势,因此,统治的中心集中在皇帝身上,于是,特定的个体无法获得自我独立和主观的自由。这种统一性的第二个进步在于,差异出现了,它在它的特殊性中独立于统治一切的统一性。一方面,这一个灵魂属于一个有机的生命,另一方面,进入到差异之中的扩张状态划分为不同的环节,在它的特殊性中发展成为一个完整的体系,但是,它的活动重建了这一个灵魂。中国缺乏这种特殊化的自由,而它的不足在于,各种差异还不能获得独立自主。考虑到这一点,印度所取得的本质性的进步就在于,从专制政体的统一性中产生出来了独立自主的成员。然而,这些差异又落回到自然的范围之中;它们没有像在有机生命中激活作为一的灵魂并且自由地显示那个灵魂,而是相反,它们变得顽固、僵化,而且由于它们的冥顽不化而诅咒印度民族成为受尽侮辱的精神奴隶。这些差异就是**不同的阶层**。在所有理性的国家中都存在着差异,差异一定会出现;诸个体必定会达到主观的自由,并从自身之中设定了差异。但是,在印度,这还不涉及自由和自由的伦理,相反,在这里出现的差异只是职业的差异、身份的差异。在自由的国家中,这些差异造成了许多特殊的圈子,这些圈子在它们的活动中结合在一起,但是圈子中的诸个体仍然保持着他们的特殊自由;然而,在印度,只会形成不同集合的差异,这种差异支配了全部的政治生活和宗教意识。阶层的差异,就像中国的统一性那样,就这样停留在实体性的同样原始的阶段,也就是说,它们并不是从个体的自由的主观性中形成的。

[181]

如果我们追问国家的概念及其不同的职能,那么,它的第一个本质性的职能是这样的职能,它的目标是一个完全普遍的东西,人首先是在宗教中,然后是在科学中意识到这一点。上帝、神圣的东西是绝对的普遍物。因此,第一阶层是神圣的东西通过它而产生并得以实现的阶层,亦即婆罗门(Brahmanen)阶层。第二个因素,或者说第二个阶层,表现出主观的力(Kraft)和勇敢。力必须使自身发生作用,因此整体能够持存,并且齐心协力对抗其他的整体或国家。这个阶层是武士和统治者的阶层,亦即刹帝利(Kschatrija)阶层,尽管婆罗门也常常成为统治者。第三项职能的目的是生活的特殊性,满足各种需要,它包含农业、手工业和贸易,这就是吠舍(Waischjas)阶级。最后,第四个因素是服役的阶层,工具的阶层,它的职责是为了一份维持短期生计的工资而为他人劳动,这就是首陀罗(Schudras)阶层(这个服役的阶级真正说来在国家中几乎构不成特殊的有机阶层,因为它只为个别人服务,它的职能只具有个别性的、互不相干的职能,而且附属于上述各阶层)。

尤其是在近代,兴起了一种反对这些阶层的思想,这种思想认为,人们可以单单从抽象法权的方面来考察国家,并由此推断出,各阶层之间一定不能存在差别。但是,国家生活中的平等是某种完全不可能的东西;因为每一个时代都会出现性别和年龄的个体差异,即使人们说,一切公民都应该平等地参与统治,但是,我们马上忽略了被排除在外的妇女和儿童。贫困和富足的差异,才能与天赋的影响同样很少会遭到忽视,它们从来都拒绝这样抽象的主张。但是,如果我们从这些原则出发而容忍各种职业的多样性以及因此而授予他们的阶层的多样性,那么,我们在印度人这里遭遇的是这种特殊的状况,个体本质上通过出生而属于某个阶层,并终其一生保持不变。因此,我们眼看它形成的那种具体的生命力又重新跃回到死亡之中,锁链妨碍了正要怒放的生命;在这些差异中实现的自由的迹象因此而被完全消灭了。因出身而造成的隔离,主观的任性是不可能把它们重新黏合在一起的:因此,不同的阶层自古以来就不能相互融合、相互通婚。阿里安(《亚历山大远征记和印度》,第11卷)曾估计有7个阶层,而近代以来的人们查明,超过30个阶层,这些阶层是通过各个不同阶层的结合而形成的。一夫多妻制必然导致这种结果。如果一个婆罗门先前从他自己的阶级娶了一位妻子,那么,他还可以从其他三个阶层娶3位女性为妻。这种由于不同阶层的混合而生的子女原本不属于任何一个阶层,但是,有一位国王寻求一种方法来安排这些没有阶层的人,他所发现的方法同时也是技艺和生产的滥觞。也就是说,这些孩子被允许从事某些特定的职业:其中一部分人成了纺织工人,另一部分人从事冶铁业,于是就从这些不同的职业中形成了不同的阶层。这些混合阶层中最高贵的阶层是通过一个婆罗门和一个武士阶层的女子的结合而形成的阶层;最低贱的阶层是旃陀罗(Tchandalas)阶层,他们以搬运尸体和处决犯人为业,总而言之,他们必须从事一切不洁净的事物。这个阶层受到排斥,受到鄙视,必须和其他阶层隔离开来居住,而且远离其他阶层。旃陀罗必须给比他高的阶层让路,所有婆罗门都可以将不曾主动避让的旃陀罗踢翻在地。如果一个旃陀罗喝了一个池塘里的水,这里的水就被玷污了,它必须重新接受一次神圣的仪式。

我们首先必须加以考察的就是这些阶层之间的关系。如果我们追问它们的形成,那么就必须提到,他们的神话是如何讲述它们的。据神话说,婆罗门阶层出自梵天(Brahma)的嘴,武士阶层出自他的手,从事手工业的阶层出自他的臀部,服役阶层出自他的脚。许多历史学家提出一种假说,婆罗门曾经构成一个独立的祭司民族,这一凭空臆造尤其为婆罗门自身所津津乐道。由纯洁的祭司构成一个民族,这显然是荒诞不经之事,因为我们先天地认识到,不同阶层的区别只可能发生在一个民族的内部;在每一个民族之中都必须有不同的职业,因为他们属于不同精神的客观性,从根本上说,一个阶层必须以其他阶层为前提,不同阶层的形成总体上首先是共同生活的结果。绝不可能存在着一个没有耕种的农民和战士而只有祭司的民族。不同的阶层不可能外在地汇集在一起,只有从内部出发才可能划分成不同的阶层。他们是从一个民族内部形成的,而绝不可能从这个民族的外部进入。这里的这些差异应该归之于自然,这乃是来自一般的东方人的概念。即便主观性能够真正证明选择他的职业的正

[184]

141

当性,但是在东方,总体上尚不承认内在的主观性是独立的,而走上历史舞台的是诸种差异,因此,与此相关的是,个体不能出于自身而选择这些差异,而是由于自然而维持这种差异。在中国,整个民族依赖于皇帝的各种法律和他个人的道德意志,而没有任何阶层的差异,也就是说,依赖于一个人的意志。柏拉图在他的《国家篇》中听任统治者的选择造成各种职业的差异;同时,在这里,某种伦理的东西、精神的东西是规定者。在印度,自然就是这种统治者。但是,自然的规定并不必然导致我们在这里看见的这种侮辱人格的程度,如果这些差异仅仅局限于世俗的事务、局限于客观精神的诸形态的话。在中世纪的封建制度中,个体被系缚在某个特定的阶层之上,但是对所有人而言都还有一个比它更高的东西,它让所有人获得自由,并提升到精神的层面。这个高等的差异就在于,宗教对所有人来说是一个平等的东西,即便手工业者的子嗣仍是手工业者,农民的儿子仍然是农民,自由选择常常依赖于许多受限的状况,但是宗教的因素与所有人都处在同一种关系之中,所有人都由于宗教而具有绝对的价值。然而,在印度,情况与此截然相反。此外,基督教世界的诸阶层与印度世界的诸阶层的另一个区别是伦理的尊严,在我们这里,每一个阶层都有这种伦理的尊严,它构成了人在自身之中并且通过自身必须拥有的东西。在这一方面,身居高位者与身为下贱者是平等的,尽管宗教是一切人都陶醉于其中的更高的领域,但是,法律面前一律平等,人格与财产权,是每一个阶层都获得了的。但是,如前所述,在印度,这些差异不仅延伸到精神的客观性上面,而且延伸到绝对的内在性上面,并因此而耗尽了它的一切关系,所以,无论是伦理,还是正义,还是宗教性,都根本不存在。

[185]

每一个阶层都有其特殊的义务与法权;因此,义务与法权不是一般意义上的人的法权,而是某个特定阶层的法权。如果我们可以说"勇敢是一种德性"的话,那么,与此相反,印度人说"勇敢是刹帝利的德性"。人性一般,人的义务和人的情感,并不存在,存在着的只是特殊阶层的义务。一切都在差异之中固化,统治着这种固化的是任性。伦理和人的尊严还没有出现,超出伦理和人的尊严之上的是恶的激情。精神徘徊在梦寐的世界之中,最高的东西是寂灭(Vernichtung)。

为了进一步理解什么是婆罗门以及它有什么价值,我们必须深入考察宗教及其各种观念,后面,我们还会回到这个问题上来,因为不同阶层的法权相互对立的状况在宗教的关系中有它的基础。婆罗门(中性)是宗教中最高的存在,除此之外还有几个主神,梵天(阳性)、毗湿奴或克里希纳——他们有无穷无尽的形象——和湿婆;这三个主神相互共属。梵天是地位最高者,但是毗湿奴或者克里希纳,湿婆,再加上太阳、空气等等也都是梵天,亦即实体性的统一体。并不需要给梵天供奉牺牲,它不接受崇拜;但是需要向其他偶像感恩祷告。梵天自身是一切事物的实体性的统一性。人的最高的宗教性关系在于,他把自身提升为梵天。如果我们问一个婆罗门什么是梵天,他会回答说:"如果我返回到我自身之中,锁闭我的一切感官,对自己说南无(Om),那么,这就是梵天。"与神之间的抽象统一会在这种人的抽象(舍弃)之中被带向实存。一种抽象作用能让一切都保持不变,就像瞬间在某个人身上所唤起的入神状态(Andacht)。但是,在印度人那里,这种状态是针对一切具体的东西的否定状态,最高的状态是升华。印度人通过升华而使自己通达神性。婆罗门因为他的出身而拥有神圣的东西。因此,阶层之间的差异也就包含着当前的神祇和有限的人之间的差异。其他的阶层在再生之时也会分有这种神性;但是,他们必须经受没完没了的誓绝、苦刑和赎罪。对生命和生机勃勃的人的蔑视是它的基本特征。非婆罗门人中的大部分都孜孜以求重生。我们称之为瑜伽派信徒。一个英国人在去西藏旅行拜见达赖喇嘛时遇见了一位这样的瑜伽派信徒,他讲了下面这个故事:这个瑜伽派信徒发现自己已经处于成功地获得了一个梵天的力量的第二阶段。他已经修习完了第一个阶段,此前,他毫不间断地站立了12年,从来不曾坐下或者躺下。一开始,他用绳索把自己绑在一棵树上,直到他已经习惯于站着睡觉。他这样修习完了第二个阶段:他在12年里持续不断地把双手交叠,放在头顶,他的指甲几乎嵌进了他的手里了。第三个阶段并不永远是以同样的方式完成;通常,瑜伽派信徒必须在五火之间——也就是说,在天

[186]

[187]

堂四个角落的火和太阳之间——度过一天；为此，他在火上摇来晃去，每一场持续 3 小时 45 分钟。曾经出席过一次这样的活动的英国人说，半个小时后，鲜血就从这个人身体的各个部位涌流出来；他被抬了下来，当场就一命呜呼了。但是，如果有人经受住了这项考验，那么，他最终有可能会被活埋，也就是说，被站立着放进土里，并被完全覆盖上泥土，在 3 小时 45 分钟之后，他才会被从土里挖出来，而如果这时他还活着，他就最终成功地获得了梵天的内在力量。

于是，仅仅通过这种对于他们的实存的否定，人们就获得了一个婆罗门的权力；但是，这种否定达到它的最高阶段之时处于它的昏昏沉沉的意识之中，它把意识带向一种完全的寂然不动，消灭了所有的感觉和一切的意愿，这种状态在佛教之中也被认为是最高的状态。印度人在别的方面有多么胆小怕事、身体虚弱，他们在把自己奉献给至高无上者——寂灭——之时就有多么斩钉截铁。这个观点与下面这个例子显示出来的习俗相关，妻子在她们的丈夫去世之后会自焚而死。如果有一个妻子反抗这种代代相传的规章，那么，有人就会把她从一切社会中隔离出去，让她孤独以终老。一个英国人讲过一个故事说，他看见一位妇人自焚，因为她失去了自己的孩子；他竭尽全力想要打消她自焚的念头；他最后向那位袖手旁观的丈夫求助，但是这位丈夫一副完全漠不关心的样子，他认为他家里还有好几位妻子。20 位女子自沉于恒河这样的事情，人们已经熟视无睹了，一位英国人在喜马拉雅山脉看见三位妇女寻觅恒河的源头，为了在这条神圣的河流中结束她们的生命。在孟加拉湾的奥里萨有一座著名的 Jagernaut（雅格尔诺特）庙，在庙里举行宗教节日之时，会有几百万印度人聚集在一起参加，毗湿奴的神像挂在一辆车上在庙里兜圈，有将近五百人推着这辆车前行，有许多人自投于车轮之下让自己被碾碎。整个海滩遍布着把自己当作牺牲的人的尸骨。残杀婴儿在印度也是司空见惯的事情。母亲们把她们的孩子扔进恒河里，或者任他们在太阳的炙烤之下备受折磨而死。由于对人的尊重而产生的道德观念在印度人那里压根儿是不存在的。这样一种趋向于寂灭的生活方式，现在尚有无限的改进的余

[188]

地。例如,就像希腊人称之为"裸体哲人"的那种人就属于这种生活方式。一丝不挂的游方僧(Fakirs)不事生产,四处游荡,就像天主教会的乞丐托钵僧,赖他人的施舍度日,以达到最高程度的抽象、意识的完全死寂为目标,从这种意识的完全死寂过渡到肉体的死亡,距离不再遥远。

其他人必须经历千辛万苦才能达到的这种高度,我们前面已经提到过,婆罗门阶层通过出身就已经具有了。因此,其他阶层的印度人必须把婆罗门阶层奉若神明,匍匐在他面前,对他说:"你就是神!"当然,这种值得尊重并不在于道德的行动之中,因为一切内在性都是不存在的,毋宁说,它只存在于一堆混乱的习俗之中,这些习俗对于那些细枝末节的、无足轻重的行为一一做了规定。据说,人的一生应该坚持不辍地供奉神明。如果我们考虑到那些普遍的规定所采取的具体形式,我们就会知道,这些规定是多么空洞啊。如果它们想要有意义的话,它们仍然需要一种完全不同的、更进一步的规定。婆罗门是当前的神,但是他们的精神性还没有反映在和自然性相对立的自身之中,因此,这种无关紧要之物获得了绝对的重要性。婆罗门的职责主要在于念诵"四吠陀经"(der Wedas),实际上只有他们才可以念诵这些经。如果一个首陀罗念了吠陀经,或者他听到婆罗门念吠陀经,那么,他就会受到严厉的惩罚,他的耳朵里便会被灌进烧得滚烫的油。从外在行为上约束婆罗门的规定多如牛毛,《摩奴法典》①中把这一点当作各种法权中最本质的部分来对待。婆罗门起床时用哪一只脚站立,以及他在哪一条河里洗澡;他的头发和指甲必须被剪成圆形;全身保持洁净,长袍必须是白色的,手中拿着一根特制的手杖,耳朵上戴着一个金色的耳环。如果婆罗门遇到一个出身下等阶层的人,他必

[189]

---

① 《摩奴法典》(Manava-Dharma-Sastra)是古代印度最重要的一种法经或称法论的作品,成书于公元前2世纪至公元2世纪间。本书托摩奴(印度教神话中的人类始祖)之名,是古印度婆罗门教僧侣根据吠陀经典、累世传承和古代风习编成的教律与法律结合一体的作品,其内容关乎民事,也涉及宗教行为如宗教义务和仪式、苦行、赎罪的规定等,还有道德训言、军事和商业知识等,范围极广。它规定了印度各种姓的社会地位、权利义务和行为准则。这本书不仅是研究古印度法律的重要资料,也是研究古代印度社会和文化不可多得的历史文献。——译者注

须折回家中,洁净自己的身体。他在念吠陀经的时候,必须采用不同的方式:简单地一个字一个字地念,或者隔一句重读一遍,或者从后往前念。在太阳初升的时候,太阳落下的时候,他不能盯着太阳看,在乌云遮蔽住太阳或者太阳在水底反光的时候,他也不可以看。他被禁止从一根拴着牛犊的绳子上跨过去,或者被禁止下雨天出门。在他妻子吃饭、打喷嚏、打哈欠或者燕居闲坐之时,他被禁止盯着她看。在吃午餐时,他可以只穿着一件长袍,但是洗澡时,他却不能赤身裸体。这些规定几乎无所不包,这尤其可以从婆罗门在从事维持生计所需的事务时所必须遵守的各种命令上作出判断。在大路上,在灰烬旁,在耕种的田地里,在山上,在白蚁的巢穴上,在已经确定要焚毁的树林中,在墓穴旁,在行走或者站立之时,在河岸边等等,他都不可以脱衣服。在处理日常事务时,他不可以观看太阳,观看水和动物。一般地说,他白天应该面向北方,晚上应该面向南方;只有在阴影中的时候,他才可以随心所欲地转向自己想要面向的方向。如果一个人想要长命百岁的话,他就被禁止践踏在陶器碎片、棉花籽、灰烬、庄稼或者他自己的尿液上。在《摩诃婆罗多》①这首诗中讲述了娜拉(Nala)的故事,在她还是一个 21 岁的处女的时候,——女子到了这个年纪,有权利为自己选择夫婿——在她的诸多求婚者当中选择一个丈夫。求婚者总共有 5 人,但是女子注意到,其中有 4 人站立不稳,于是她完全正确地推断出,他们是神明。于是她选择了第五位,他是一个真正的人。然而,除了这四位遭到拒绝的神之外,还有两位阴险的神,他们由于没有被选上而想要报复。他们因此暗中窥伺他们心上人的丈夫的一举一动,蓄意在他出现任何不足之处时,就对他施加伤害。这位时时受到跟踪的丈夫没有犯下任何可能会给他招来负担的过错,直到他出于无心之失而踩踏了自己的便溺。现在神祇终于找到了正当理由与他跻身于同一行列

---

① 《摩诃婆罗多》,亦译《玛哈帕腊达》,意译为"伟大的婆罗多族",是印度古代梵文叙事诗。相传作者为毗耶娑。成书年代约从公元前 4 世纪至公元 4 世纪。共 18 篇,约 10 万颂(一颂两行)。主要描写婆罗多族的后裔般度和俱卢两族围绕王位继承权的斗争。有季羡林中文译本。——译者注

之中;他使他饱受沉迷于赌博之苦,并以此为由把他推进深渊之中。

虽然婆罗门受制于诸如此类的规定和命令,但是,他们的生命却是神圣圣洁的。他们不会为任何犯罪行为而受到监禁,任何人不能侵占他们的财产。君主能够对他们施加的一切惩罚最多是把他们驱逐出境。英国人想要在印度设立一个陪审法庭,这个陪审法庭一半由欧洲人一半由印度人组成,并且向想要就此提出自己意见的印度人指出交托给陪审团的全权。但是现在印度人主张有大量的例外和附加条件,除此之外,他们还说,他们绝不会同意一个婆罗门会被判处死刑,更不用说他们提出的其他反对意见了,比如,他们不允许观看和查验死尸。虽然对于一个武士,利率是百分之三,对于一个吠舍利率是百分之四,对于一个首陀罗利率甚至可以高达百分之五,但是对于一个婆罗门,利率决不能超过百分之二的高度。婆罗门拥有这样一种权力,如果国王竟然敢逮捕婆罗门或者侵吞他的财产,那么,国王就会被天打五雷劈;因为最卑微的婆罗门也要远远高于国王,以至于如果他同国王交谈,就已经玷污了自己,而如果他的女儿选择了一位王子为婿,他就做了不体面的事情。在《摩奴法典》中说:如果有人出于他的职责而教训婆罗门,那么,国王就应该下令把滚烫的热油灌进这个师心自用的家伙的耳朵和他的嘴里。如果一个仅仅出生过一次的人竟敢辱骂一个出生过两次的人,那么,就应该拿一根十寸长的烧红的铁棍捅进他的嘴里。相反,如果一个首陀罗坐在了一个婆罗门的椅子上,那么,就用一根烧红的烙铁从他的背部刺进去,而如果他用手推用脚踢婆罗门的话,那么,就把他的手和脚砍断。只要能够使婆罗门摆脱罪名,甚至允许提供虚假的证据和在法庭上作伪证。

[191]

正如婆罗门具有相对于其他阶层而言的优越性,其他的阶层又胜过那些隶属于他的阶层。如果一个首陀罗被一个帕里亚(Paria)通过触碰而玷污了,那么,他有权利当场把他打翻在地。一个更高阶层的人对于一个更低阶层的人的仁慈是绝对禁止的,一个婆罗门是绝不会想起要去帮助一个其他阶层的成员的,即使他处在危险之中。如果一个婆罗门娶了其他阶层的人的女儿为妻,那个阶层的人会认为这是无上光荣的事情,而

[192] 正如前面已经说过的那样,只有在他已经拥有一个来自自己阶层的妻子的情况下,这对他来说才是允许的。因此,婆罗门有娶妻纳妾的自由。在举行盛大的宗教节日之时,他们就会走进人群之中挑选那些最令他们赏心悦目的女子。但是,他们也可以随自己的好恶,把她们打发走。

如果一个婆罗门或者任何一个其他阶层的成员触犯了上面提到的法律和规定,那么,他就会被逐出他自己所属的阶层,而为了能够被这个阶层重新接纳,他就必须用一个钩子钻进自己的臀部,并在空中左右来回晃动数次。此外,还可以发现其他被重新接纳的形式。一位王公(Rajia)认为自己受到了一位英国总督的损害,他派遣了两名婆罗门前往英国去诉说他的苦楚。但是这两个印度人被禁止跨越海洋;因此,在这两位使者回来之后,他们就被宣布逐出他们的阶层,而为了能够重新进入他们的阶层,他们应该从一只纯金的母牛身体中被再次生出来。这项任务的总体由于他们而被大大减轻了,结果,只有他们必须从中爬出来的母牛的那个部分必须是金子做的,而其余的部分可以用木料制成。每一个阶层都必须严格遵守的这种多重的风俗习惯和宗教戒律使英国人——尤其是招募士兵之时——陷入了巨大的困境之中。一开始,他们从首陀罗招募士兵,他们无须遵守这么苛察缴绕的习俗;但是由于这批人什么事情都做不了,因此,他们转向刹帝利阶层;但是这个阶层又有太多的事情要处理:他们不能吃肉,不能接触死尸,不能从动物或者欧洲人喝过水的地方取水喝,他们不吃其他人烹饪好的食物等等。每一个印度人都只能做一件特定的事情,以至于人们必须拥有无限多的仆役,例如,一个少尉拥有 30 个,而一个市长则要拥有 60 个。每一个阶层都有它自己的职责;阶层越是卑

[193] 下,它需要遵守的东西就越少;每一个个体通过出身就被指定了他的立场,所以,除了这种固定的被规定的东西之外,一切都其余的东西都是任性使气和暴力行动。在《摩奴法典》中,阶层越是降低,惩罚越是增多,在其他方面也存在着这种差异。如果一个较高阶层的人控诉一个较低阶层的人却没有证据,这个较高阶层的人不会受到惩罚;在相反的情况下,就会受到严厉的惩罚。只有在发生了盗窃行为时会有例外,越是高的阶层,

付出的代价也就越惨重。

在财产方面,婆罗门占有很大的优势,因为他们无须缴纳税款。在其他的土地上,君主征收收入的一半,另外一半想必足以支付种植的成本和农民的生活费用。最为重要的问题是,在印度,所耕种的土地一般地说是耕种的农民的财产呢,还是一个所谓的采邑主的财产?英国人在想要把这一切弄得明明白白时遇上了极大的困难。在他们征服孟加拉的时候,他们带着巨大的兴趣去规定财产征税的方式,他们想必体验到了,税收到底是应该由农民还是应该由地主来承担。他们向后者征税;但是现在地主竟然敢于任意妄为;他们把农民驱逐离开,并作出声明,这么多的土地不属于可耕种之列,赋税应该大大减少。然后他又只用很少的钱把被驱逐的农民招纳回来,把他们当作日结工资的短工,让土地以自己的名义来耕种。前面已经说过,一个村庄的全部收入分成两份,其中一部分属于大公,另一部分属于农民。但是还需要按照一定关系的比例分配给村长、法官、看管水的人、主持宗教祭祀的婆罗门、占星家(他也是一个婆罗门,预告黄道吉日和归忌往亡)、铁匠、木匠、陶器工人、洗涤者、理发师、医生、舞女、乐师、诗人。这个比例是固定的,不可改变的,任何人不得随意更改。因此,普通的印度人对于政治革命完全无动于衷,因为他的命运一成不变。

[194]

各个阶层之关系的描述现在直接导向对于**宗教**的思考。因为各阶层的束缚,就像我们已经注意到的那样,并不只是世俗的,而本质上是宗教的,具有崇高地位的婆罗门自身就是肉身化、现世化的神明。在《摩奴法典》中说:国王即使是在最急难的时候也不要激起婆罗门对自己的反感;因为婆罗门能够用自己的力量毁灭国王,婆罗门创造了火、太阳、月亮等等。他们既不是神的仆人,也不是他的民众的仆人,相反,对于其他阶层而言,他就是神本身。这种关系造成了印度精神的混乱不堪。精神和自然的那种梦幻般的统一性在一切形态和关系上都造成了极度的心醉神迷,我们此前曾经把这种统一性当作印度精神的原则。因此,印度神话就只是一种狂野幻想的纵情狂欢,没有任何东西保持着固定不变的形态,一

149

切事物都会从最微不足道的转变成最高不可攀的,从高贵的转变成最丑陋不堪的和最琐屑不足道的。因此,要发现在印度人那里婆罗门到底是什么意思,并非易事。我们把最高的神、一、天和地的创造者等观念拿来并且把这些思想都归入到印度的婆罗门(Brahman)的观念之中。梵天(Brahma)显然和婆罗门(Brahman)不同,梵天构成了一个和毗湿奴(Wischnu)与湿婆(Schiwa)相对立的人格。因此,许多人把超越于一切之上的最高存在者称为至尊梵(Parabrahma)。英国人为了弄清楚婆罗门到底是什么意思,着实花费了一番工夫。威尔福德(Wilford)声称,在印度人的观念之中,有两重天:第一重天是人世间的天堂,第二重天是精神意义上的天。为了达到这两重天,就有两种祭祀的方式。第一种方式包含着外

[195] 在的仪式,亦即偶像崇拜;第二种方式规定,人们要在精神之中崇敬最高的存在者。在第二种方式中,牺牲、沐浴、朝圣等并非不可或缺的。人们很少发现印度人乐于采用第二种方式,因为他们不能理解在第二重天中有什么快乐可言。如果我们问一个印度人,他是否崇拜偶像,他会回答说:当然啊;但是如果我们问,他是在崇拜最高的存在者吗,所有人都会回答:不。如果现在我们进一步追问,那几位饱学之士所提及的静思(das schweigende Meditieren)的做法,对你来说究竟有什么意义呢?回答肯定是这样的:在我向诸多神明中的某一个祈祷以示尊敬之时,我坐下来,双脚交叉,分别放在另一只脚的大腿上,仰望天空,双手合十,一语不发,静静地让思想升腾而起;然后我说,我是婆罗门,最高的存在者。由于空幻(Maya,世俗的幻象)的存在,我们没有意识到我们已经成了婆罗门;我们被禁止向他祈祷,向他奉献牺牲,因为那样的话,我们就是崇拜自己了。所以,我们向之祈祷的永远只能是婆罗门的发散物。用我们的思想过程来翻译的话就是,婆罗门是在自身之中的思想的纯粹统一性,在自身之中的单纯的上帝。他们没有为他建立神庙,他也没有任何祭祀。与此类似的是,在天主教中,教堂也不认为是为了上帝而建造的,毋宁说是为了圣徒而建造的。另外一些致力于婆罗门思想研究的英国人认为,婆罗门就是一个无以言喻的修饰语,它可以应用于所有的神之上。毗湿奴的意思

是，我是婆罗门；太阳、空气、大海都可以叫作婆罗门。婆罗门就是这样的单纯的实体，它本质上可以变化为种类无限、杂乱无章的现象。因为这种抽象，这种纯粹的统一性是作为一切事物之根基的东西，一切规定的根源。在认识了这种统一性之时，一切对象性都消失了，因为纯粹的抽象物同时是在它的最外在的空洞性之中的知识本身。在生命中已经达到生命的死亡，设定这种抽象，为了达到这一点，就必须像在佛教中那样，消灭一切伦理的行动和意愿；为此，就必须像前面已经讨论过的那样，要采取各种悔罪行为。

[196]

对于婆罗门的这种抽象的补充就是具体的内容，因为印度宗教的原则是把各种差异显露出来。这些差异处在所有抽象思想的统一性之外，它们都是从这种统一性中偏离出来的感性的差异，或者说以直接的感性形态存在着的思想差异。以这种方式存在的具体的内容是无精神的，狂放不羁而四处散落，不会再次被纳入梵天的纯粹的观念性之中。于是，其余的神明都是感性的事物：山岳、河流、动物、太阳、月亮、恒河等等。这种狂放粗野的多样性便被综合为实体性的差异，并且被把握为神性的主体。毗湿奴、湿婆、摩诃提婆以这种方式和梵天区别开来。在毗湿奴的形态中，出现了道成肉身（Inkarnation），在这种肉身化中，神显现为人，这种化身为人（Menschwerdung）总是一些历史人物，他们造成了许多变化和新的时代。生殖力也同样是一种实体性的形态，在印度人的各种洞穴、石窟和塔楼之中，人们总是可以发现男性生殖器作为男性生殖力的象征，莲花作为女性生殖力的象征。

与抽象的统一性和抽象的感性的特殊性这种二元性相对应的是，在自我与神之间的关联中的这种二元崇拜。这种二元性崇拜的一方面存在于纯粹的自我超拔的抽象之中，存在于对于实在的自我意识的消灭之中，这种否定性于是一方面显现为麻木的无意识状态，另一方面显现为通过强加给自己各种折磨而导致的自杀和对于生命活力的扼杀。二元性崇拜的另一方面存在于狂放不羁的纵情声色之中，存在于通过沉降到自然状态（Natuerlichkeit）之中而导致的意识的自我消失之中，以这种方式把自

[197]

151

我等同于失去自我,因为它扬弃了意识同自然状态之间的差异。因此,所有的塔里都会容留妓女和舞女,婆罗门会一丝不苟地教导她们学习姿态优美和手势动人的舞蹈,而她们必须屈从于所有出了一定价钱的人的愿望。在这里,压根儿就和什么学说、宗教与伦理之间的关联没有任何干系。一方面,爱,天,总而言之,一切精神性的东西全部通过印度人的幻想而被表象出来;但是另一方面,所思之物对印度人来说又以感性的方式在那里存在,他通过自我麻痹而耽溺于这种自然的事物之中。因此,宗教的对象要么是通过艺术而产生的各种丑陋不堪的形象,要么是自然的事物。所有的鸟,所有的猿猴,都是现世的神,一个完全普遍的存在者。也就是说,印度人根本没有能力固定住一个有着知性规定的对象,因为这已经属于反思了。在普遍物被完全颠倒成为感性对象性的时候,这种感性的对象性又被驱迫着从它的规定性转变成了普遍性,通过这种方式,它失去了立足点,向外扩展到了没有任何尺度的地步。

如果我们现在进一步追问,宗教在多大程度上让印度人的伦理显现了出来,那么,可以这样回答,他们的宗教被切断了同伦理之间的联系,就像婆罗门远离它的具体的内容。宗教对我们来说是本质的知识,归根结底是对于我们的本质的知识,因此也就是我们的知识和意愿的实体,它包含着作为这种根本实体(Grundsubstanz)的镜子的规定。与此相关的是,这种本质自身是带有神圣的目的的主体,而这个目的能够成为人的行动的内容。但是,【在我们这里,】人的行动的普遍实体就是与上帝之本质的一种关联,这样的概念,这样的伦理在印度人那里是找不到的,因为他们没有把精神性的对象变成他们意识的内容。一方面,他们的德性存在于在婆罗门的本性中可以看到的一切行动的抽象之中;另一方面,他们的所有行动都是事先规定好了的外在的习俗,而不是通过内在的自我性的中介而做出的自由的行动。因此,正如前面已经说过的那样,印度人的伦理状况显示为道德败坏到了无以复加的地步。所有的英国人都对此表示同意。在对印度人的道德状况做出描述时,我们很容易被对于他们的温和、柔顺以及美丽而又充满感情的幻想的描述所迷惑,然而我们必须考虑到,即使在那些完全腐化堕落的民族中,也会有被人们称为柔顺和高贵的性情的那些方面。在我们读过的中国诗歌当中,有的诗歌描绘了最温柔的爱情关系,在有的诗歌中可以发现对于深刻的情感、恭顺、羞耻、谦虚的刻画,我们可以把它和欧洲文学中出现过的最好的东西相提并论。我们在许多印度诗歌中遇见了同样的状况。但是,伦理、道德、精神的自由、对于真正的权利的意识和这些东西完全不是一回事。对于精神的和生理的实存的消灭在自身之中没有任何具体的东西,而沉浸到抽象的普遍性之中也和现实没有任何联系,阴险狡猾和诡计多端是印度人的基本性格;欺骗、偷窃、抢劫、杀人已经变成了他们的社会风气。在战胜者和主人面前,他们显示出低声下气、胯下蒲伏、无耻下流的样子,但是在被征服者和臣服者面前,他们表现得肆无忌惮、残酷无情。印度人的人性特征体现在,他们不杀害动物,为各种动物,尤其是母牛和猿猴,建立了许多富丽堂皇的医院以保护它们;但是在整个国家居然找不到一家为老弱病残而设立的机构。印度人不会踏死路上的蚂蚁,但是他们却看着穷困潦倒的流浪者备受折磨而无动于衷。婆罗门尤其不人道。据英国人报道,他们只是吃吃睡睡。凡是他们的习俗不禁止的事情,他们完全任由他们的欲望引导去做。在他们参与公共生活之时,他们表现出贪得无厌,尔虞我诈,耽于声色。他们对待他们不得不惧怕的人时服服帖帖,但是却对他的下属撒气以作补偿。一个英国人曾经说,"我在他们中间从来没有认识过一位诚笃君子"。孩子对于父母亲没有一丝的尊重,而儿子也总是虐待母亲。[199]

如果要详尽无遗地论述印度的艺术与科学,就会走得太远了。但是,一般地说,由于有了对于这些东西价值的更加详细的知识,关于被认为具有重要意义的印度智慧的各种废话可以大大减少了。根据纯粹的无自我的观念性和同样感性的差异这种印度原则,可以显示出,仅仅纯粹的思想和幻想是如何可能培养起来的。例如,印度语的语法已经发展到了具有高度的稳定性的地步;但是,科学和艺术作品所依赖的各种实体性的材料,在这里还是不能找到。在英国人成了这个国家的主人之后,他们开始重新恢复印度的文化教育工作,威廉·琼斯①首先搜寻黄金时代的诗歌。英国人在加尔各答演出了很多戏剧,于是,婆罗门也表演了一些戏剧,例如迦梨陀娑的《沙恭达罗》(Sakuntala)等等。在这种发掘的热情之中,印度文化被推崇到了无以复加的地步,就像人们习以为常地所做的那样,在新的宝藏被发现之时,我们已经拥有的东西总是受到藐视,遭到贬低,因此,印度的诗歌艺术和哲学被认为要比希腊的诗歌和哲学更高一筹。对我们来说最重要的东西,是印度人的原始文献和经典著作,尤其是《吠陀经》。它包含许多部分,其中第四部分起源较晚。这些经典的内容部分地包含宗教的祈祷文,部分地包含人必须遵守的各种戒律。这些吠陀经的一部分钞本已经流传到了欧洲,然而,保持完帙的钞本寥若晨星。它们的文字是用一根针刻写在棕树叶上的。《吠陀经》极其费解,因为它们撰作的时期极其久远,而它的文字又是一种极为古老的梵文。只有科尔布鲁克(Colebrooke)②将其一部分翻译了出来,但是这一部分也许是从注疏之中节选下来的,而这类的注疏不胜枚举。* 此外,还有两大史诗,《罗摩衍那》和《摩诃婆罗多》,也传到了欧洲。四开本的《罗摩衍那》已经印行了三卷,其中第二卷印数极少。** 除了这些作品之外,特别值得注意的还有《往世书》(Puranas)。《往世书》包含了一位神或者说一座神庙的历史。这本书完全是古怪离奇的。还有一本印度的基本典籍是《摩奴法

---

* 目前,在伦敦的罗森教授正在心无旁骛地埋首研究这些东西,不久以前,他出版了这个文本的一个样本并附有译文。《梨俱吠陀样本》,弗兰克·罗森编著,伦敦,1830年(后来,在罗森去世之后,从他的遗著中出版了完整的《梨俱吠陀》,伦敦,1839年)。——卡尔·黑格尔附注

** 冯·施莱格尔出版了第一卷和第二卷;F.波普非常熟悉《摩诃婆罗多》的一些最重要的片段,现在,加尔各答已经出版了它的一个完整的版本。——卡尔·黑格尔附注

① 威廉·琼斯(William Jones),英国东方学家、语言学家、法学家。其曾在印度当法官,用业余时间学习东方语言,最早正式提出印欧语假说,揭示了梵语、希腊语、拉丁语、日耳曼语、凯尔特语之间的同族关系。——译者注

② 亨利·托马斯·科尔布鲁克,1765—1837年,印度学的主要奠基人。——原编者注

典》(das Gesetzbuch des Manu)。曾经有人把这位印度的立法者和克里特的米诺斯(Minos)相提并论,这个名字也在埃及人那里出现过,这个名字如此频频出现,绝对值得注意而且并非出自偶然。摩奴的风俗书(出版于加尔各答,并附有威廉·琼斯爵士的英译)奠定了印度立法的基础。它开始于一个神谱,不仅自然地和其他民族的神话观念完全不同,而且也和印度的传统自身有着本质的偏离。因为在这部书当中,只有几个基本特征贯穿始终,而在其他方面,一切都受任性和喜好所支配,因此,我们在书中可以发现各种稀奇古怪、歧异纷呈的传统、形象和名字。而且,《摩奴法典》一书形成的年代也几乎完全不可考,不能确定。这些传统可以上溯到基督纪元前 2300 多年以前:据说,它是由太阳的子嗣执政的一个朝代,而随后继起的是由月亮的子嗣执政的一个朝代。但是我们可以肯定的就是这么多,这部法典出自遥远的古代;它的知识对于英国人来说非常重要,因为英国人关于法权的洞见依赖于它。[201]

现在,由于在阶层之差异、宗教与文学等之中的印度原则已经得到了证明,所以,我们还应该说明他们的政治定在的方式与方法,亦即,印度国家的根本原则。——国家是这种精神的现实性,亦即,精神的自觉的存在、作为法律的意志自由必须得以实现。这就从根本上直接预设了对于自由意志的自觉。在中国人的国家之中,皇帝的道德意志就是法律;但是因此,主观的、内在的自由便受到了压制,自由的法律只是作为个体之外的东西统治着他们。在印度,首次出现了想象力的内在性、自然物和精神物的某种统一性,但是,在这种统一性之中,既没有作为一个知性的世界的自然,也没有作为和自然相对立的自我意识的精神物。在这里原则上是缺乏对立的;它既缺乏作为自在地存在着的意志的自由,也缺乏作为主观自由的自由。因此,在印度压根儿就不存在国家所特有的基础、自由原则;因此,也根本不可能存在本来意义上的国家。这是第一点。如果中国完全是一个国家,那么,印度的政治存在只是一个民族,而绝非国家。此外,如果说中国存在一种道德的专制主义,那么,印度的政治生活能够被命名为一种没有任何基本准则、没有任何伦理和宗教规则的专制主义。

[202]　因为就宗教必须关联于人的行动而言,伦理和宗教直接把意志自由作为它的条件和基础。所以,在印度流行的是那种最专横独断、最罪大恶极、最奢侈淫逸的专制主义。中国、波斯和土耳其,总的来说,亚洲是专制主义的温床,而且是具有糟糕特征的暴政(Tyrannei)的温床;但是暴政是一种没有任何规章可言的东西,是不为宗教、个体的道德意识所容的东西。在这些国家中暴政激起个人的愤怒,他们憎恶它,视之为压迫,因此暴政是一种偶然现象,出乎常理,它本来就不应该存在。但是在印度,它却在情理之中,因为在这里不存在可以拿来与暴政进行比较并且由此而在心灵之中引起憎恶的自我感觉;它还只是保持为身体上的痛苦,各种必不可少的需要和乐趣的匮乏,相反,这种匮乏当中包含着一种否定性的感觉。

　　所以,在一个这样民族中,无法找到我们在双重意义上称之为历史的那个东西。在这里就最为明显、最令人瞩目地出现了中国和印度之间的差异。中国人有关于他们的国家的最准确无误的历史,而且大家都已经注意到,中国设置了哪些机构,在史书中,一切东西都被巨细无遗地记录下来了。在印度人这里,情况完全相反。如果我们在晚近时期、在我们已经对于印度文学的宝藏了如指掌之时发现,印度在几何学、天文学和代数等方面赢得了巨大的声誉,他们在哲学方面也取得了很高的成就,语法学研究有着长足的发展,没有任何语言像梵文一样发达完备,那么,我们就会发现他们完全疏忽了历史的方面,或者毋宁说,他们压根儿就没有历史。因为历史要求知性,要求为了自身而释放出对象并且在它的知性的关联之中把握对象的力量。因此,只有那些达到了以下这一点并且从这一点出发的民族才有能力撰写历史,就像一般意义上的散文(Prosa),即个体把自身把握为自为地存在着的、具有自我意识的个体。

[203]　中国人的价值应该根据他们在国家的伟大整体之中所做出的成就来加以衡量。因为他们已经以这种方式达到了某种在自身之中的存在(Insichsein),所以他们能够把自身和对象区别开来,并且就像对象存在于我们面前,在它们的规定性之中和它们的关联之中把握它们。与此相反,印度人根据他们的出身而被分配了某种实体性的规定性,同时,他的精神又

被提升为观念性,结果,他们是自相矛盾的,一方面把固定的知性的规定性消融于他们的观念性之中,另一方面又把这些规定性贬低为感性的差异性。这就使得他们没有能力撰写历史。一切发生的事情在他们那里都挥发成含混不清的梦境。我们把什么称为历史的真理和真实,对于各种事件的理智的、感性的把握和记录中的真诚无伪——所有这一切在印度人那里都是不可追问的。这部分地是因为他们的某种神经过敏和神经衰弱,这不允许他们忍受一个定在和坚固地把握住这个定在——在他们把握它时,他们的感觉和幻想会把它颠倒成高烧性谵妄——;部分地是因为真实是与他们的本性相对立的,他们甚至会在他们对之胸有成竹的事情上明明心知肚明却蓄意撒谎。印度的精神就像是一个漂浮不定的梦境,一种失去自我的消融状态。因此,对他们来说,对象性消融为缺乏现实性的形象以及某种没有尺度的东西。这种特征绝对是他们所特有的,只有通过这一点,我们才能把握住印度精神的规定性,而我们到此为止所说的一切都可以从中发展而来。

但是历史对于一个民族来说总是具有举足轻重的意义,因为可以通过历史而达到对于它的精神历程的意识,而精神表现在法律、习俗和行为之中。法律作为习俗和制度一般地说是具有永久性的东西。但是历史赋予这个民族在某一特定状况中的画像,因此历史对于民族来说变成了客观的东西。没有了历史,它的时间性的定在在自身之中是盲目的,是任性以多重的形式所做的一个自我重复的游戏。历史把偶然性固定住;它使偶然性固定不变,赋予它普遍性的形式,并因此而同时建立起赞成和反对它的规则。在宪政——亦即一种合乎理性的政治状况——的发展和规定中,历史是一个本质性的中间环节;因为它是使普遍产生出来的经验性的方式,因为它为表象而建立起了一种绵延的东西。——因为印度人没有作为历史学的历史(Geschichte als Historie),因此他们也就没有作为行动(Taten,res gestae)的历史,也就是说,他们没有形成一种真正的政治状况。

[204]

在印度的文献中列举出了很多时代,以及常常存在着具有天文学意义的巨大的数字,但是这些数字更经常的是随意杜撰的。所以,它提到有一位国王曾经统治国家达 7 万年之久,甚至更长的时间。梵天是宇宙起源学说中的第一位人物,他生了自己,活了两百亿年等等。能够叫得出名字的国王数不胜数,其中包含毗湿奴的各种化身。可笑的是,他们把这样的东西叫作历史。在诗中最常提到的就是国王;也许这其中有些人是历史上的人物,但是他们完全淹没在寓言之中;例如他们完全从世界之中退隐出去,等他们再度现身的时候,他们已经在孤寂之中度过了一万年。因此,这些数字完全没有它们在我们这里所拥有的那种价值和知性的意义。

[205] 　　因此,关于印度历史的最古老的和最可靠的资料是在亚历山大大帝打开了通往印度的道路之后那些希腊作家所做的记录。我们从这些记录中得知,那个时候的印度已经和今天的印度一样存在着一切制度。人们常常提到在印度北部,大夏国的国土也延伸到的地方,有一位雄才大略的统治者日护王(Tschandragupta)。穆罕默德教的历史学家提供了另外一些史料,因为在公元 10 世纪,穆罕默德教徒已经开始了他们的侵略。一个土耳其的奴隶是加兹尼种族(Ghasnewiden)的祖先;他的儿子马哈默德进入了印度斯坦,并很快征服了整个国家。他在喀布尔的西部定都,诗人菲尔多西(Firdusi)①就生活在他的宫廷里。加兹尼王朝不久被阿富汗后来又被蒙古人彻底消灭。在近代,几乎所有的印度人都臣服于欧洲人的统治之下。我们关于印度历史所知道的东西,绝大部分都是由于外国人而为人所知的,而他们本国的文献只是提供了一些不确定的资料。欧洲人保证了想要蹚过印度的信息这个沼泽是不可能的。从那些碑文和档案中,尤其是从那些施舍给佛塔和神庙的文书、地契之中或许可以得到更为确定的资料,但是这些情报也只是提供了一些纯粹的名字而已。还有一种来源是来自远古时期的天文学的文献。科尔布鲁克曾经详细地研究过这些文献,然而要得到这些手稿极其困难,因为婆罗门把它们保存在极为

---

① 　菲尔多西(940—1020)是广受尊重的波斯诗人,与萨迪、哈菲兹和莫拉维一起被誉为"波斯诗坛四柱"。他最重要的作品是的民族史诗《列王纪》(意译"皇帝的史诗")。——译者注

隐秘的地方,除此之外,这些手稿由于做了巨大的涂改增删而不复保持它们的真面目。结果是,那些关于星象的报告往往是自相矛盾的,婆罗门把他们自己时代的星象情况插入这些古老的记载当中。印度人虽然拥有他们帝王的世系和年表,但是可以看出其中夹杂着最大程度的任性,因为人们常常发现一个世系表中比另外一个表中多出20位国王。即使是在世系表正确的情况下,他们还是不能构成任何历史。婆罗门在真理这方面是完全不负责任的。威尔福德上尉费尽心血掷洒千金才从各个方面搜集来那些手稿,他在自己身边召集了许多婆罗门,委托他们从这些著作中寻章摘句,做好节录,以便能够就某些著名的事件、就亚当和夏娃、就大洪水等进行研究。那些婆罗门为了取悦他们的主子,于是为他调制出了那些东西,而在手稿中那些东西压根儿就不存在。威尔福德就此撰写过许多论文,直到他终于发现自己上当受骗,认识到他的努力全部白费。诚然,印度人有一个纪元:他们从超日王(Wikramaditja)开始计算,《沙恭达罗》的作者迦梨陀娑就生活在这位帝王金碧辉煌的宫廷之中。总的来说,最杰出的诗人大致都生活在这个时期。婆罗门曾经说:"超日王的宫廷之中有9颗明珠。"然而,我们还是无法考察出,这个光辉灿烂的盛世究竟存在于何时。从不同的记载出发,有人得出是在公元前1491年,而另外一些人则认为是公元前50年,这个说法是最通行的说法。宾特来(Bentley)通过他的研究最终确定超日王的时代在公元前12世纪。最近的研究又发现,印度有5位,甚至8到9位名叫超日王的国王,因此,在这里人们又重新陷入那种完全的不确定之中。[206]

在欧洲人开始熟悉印度的时候,他们发现印度是由大量的小王国组成的,而站在它们最上面的是穆罕默德教和印度人的君王。这种状况接近于根据采邑制而组织起来的,每一个小国家又划分为许多区域,这些区域由穆罕默德教徒或者出身于武士阶层的人出任长官。这些长官的职责在于征收税赋和从事战争,于是他们形成了一种类似于贵族制的东西,一个君主的咨询机关。但只是就诸位君主令人畏惧或者君主激起他人的畏惧而言,他们拥有权力,而如果没有暴力的话,没有人会为他们做任何事情。只要君主不缺乏钱财,只要他有军队,与他毗邻的国家的国王如果实力上逊色于他,他们就必须经常向他上交贡税;但是他们也只是在受到驱迫的时候才会上缴贡税。因此这整个状况并不是太平无事,而是战争频仍。而由于连年战火,什么事情也得不到发展和加强。这是一个精力充沛、意志坚定的君主对一位软弱无能的君主发起的战争,是那些王朝统治者的历史,但却不是人民的历史,是一系列层出不穷的阴谋诡计和兽困则噬,但确切地说,不是臣民对于统治者的揭竿而起,而只是君主的子嗣反对父亲,兄弟之间同室操戈,叔伯和子侄之间砥锋挺锷,官吏对于上司的战争。我们现在可以相信,在欧洲人发现这样一种状况之时,它是早先各种更好的组织土崩瓦解的结果。例如,人们可能会认为,蒙古人统治的年代是一段幸福和辉煌的时期,在这种政治状况中,印度人的宗教信仰和政治生活没有被外族征服者撕扯得四分五裂,没有受到他们的压迫和被他们废除。但是从诗歌描写和各种传说顺便提及的历史的诸多迹象和特征中浮现出来的东西,总是表明他们处于战争频仍、各据一方和政治关系动荡不安的状态;而与之相反的东西可以很容易被认作是痴人说梦与空洞不实的想象。这种状况来源于前面已经说明过的印度人的生活概念及其必然性。各种宗派之间、婆罗门和佛教徒之间、毗湿奴和湿婆的支持者之间的诸多战争对于造成这种错乱也做出了贡献。——在全体印度人之中贯穿着一个共同的特征;但是,除此之外,在印度的每一个国家之间又存在着巨大的差异;结果是,人们在这一个印度国家中遇见的是懦弱无能、胆小如鼠,相反,在另一个国家显现出来的又是撼地摇天之力和嗜杀成性。

[207]

如果我们最后再一次提纲挈领地把印度和中国做一比较,那么,我们会发现,在中国存在着一种彻头彻尾的、毫无幻想的知性,一种处于牢固确定了的现实中的散文式生活(ein prosaisches Leben)。在印度的世界中,没有一个所谓的现实的、被牢牢地限制起来的对象,这个对象马上就被想象力歪曲成对知性的意识而言它之所是的对立面。在中国,构成法律的内容的东西和被塑造成外在的、完全确定关系的东西是道德的东西,而且这一切还面临着皇帝的父权制的预防措施的威胁,皇帝作为父亲以

[208]

同样的方式为他的臣属操心。在印度这里正好相反,根本不存在这种统一性,而是存在着各种实体性的东西的差异性:宗教、战争、手艺、商业,乃至于最微不足道的事务,都被确定地区分开来,这种确定的区分构成了被归摄于这种差异之中的个别意志的实体,而且就个别意志而言可谓详尽无遗。和这种状况紧密联系在一起的是一种非常惊人但却毫无理性的想象,这种想象把人的价值和人的关系放置于恒河沙数般的同时既无精神又无心灵的行动之中,它把一切对于人的福利的考虑都弃置一边,把对人的最惨无人道的和最冷酷无情的伤害变成人的义务。由于各种差异的固定不变,对于一个国家的普遍意志而言,唯一剩下的东西就是纯粹的任性,对于国家意志的无限威力来说,唯一可以得到保护的是阶层之间的差异所具有的实体性。在那种散文式的理智中,中国只是把他们的抽象的、至高无上的主人尊奉为最高者,他们对于这被规定的一切保有一种可耻的迷信。在印度人那里没有这种迷信,因为这种迷信和知性相对立,毋宁说,他们的全部生活和观念只是一种迷信,因为在他们那里,一切都是梦幻以及他们的奴隶化。对于一切理性、道德和主体性的消灭、弃绝只能导致对于他的自我的一种肯定的情感和意识,因为毫无节制地纵情于狂野的想象力之中,这种想象力作为荒凉的精神找不到可以安顿之所,也无法理解自身,但是只能以下列方式获得满足,——就像一个在肉体和精神上都变得衰落的人觉得他的生存了无生趣和不可忍受,只有借助于鸦片才能创造出一种梦幻的世界和一种癫狂的幸福。

佛教[*]

[209]

到了离开这种梦幻形态的印度精神的时候了,它在一切自然形态和

---

[*] [卡尔·黑格尔的注释:]因为我们发现,在黑格尔的最初的手稿之中和在最初的讲座之中,从印度的婆罗门教到佛教的过渡就是它在这里呈现出来的样子,而在这个问题上,这个佛教的位置更能与最新的研究取得一致,所以,把这一部分从他以前为它安排的位置移到接下来的附录部分,理由充足,允为公论。[参见本书编辑说明]——原编者注

精神形态的放荡不羁和精神错乱中摇摆不定,把最粗野的感性和最深刻的思想的预感都包含在自己之中,因此,与自由的和合理的现实相关的东西就存在于完全自暴自弃的、不知所措的奴隶状态之中。——在这种奴隶状态之中,把具体的人类生活相互区分开来的那种抽象方式固定下来了,并且使得法权和文化完全依赖于这种差异。现在,和这种心醉神迷的、在现实中被牢牢系缚住的梦幻般的生活相对立的,是不受任何拘束的梦幻般的生活,这种生活一方面是更加粗野的,还没有进化到在不同生活方式之间做出区分,但是另一方面,也没有因此而陷入它会导致的奴隶状态之中。它使自己固定在一种更加自由、更加自立的状态之中;因此,它的观念世界聚合为一些更加单纯的点。

上面提到过的这种形态的精神停留在印度直观的这同一种基本原则之上;但是它更加集中于自身之中,它的宗教更加单纯,它的政治状况更加波澜不惊,平安稳当。形形色色的民族和国家都在这一原则之下聚合在一起:锡兰,东印度和缅甸帝国,暹罗,安南,西藏的北部,以及蒙古族和鞑靼族等不同民族的人口聚居在一起的中国高原。在这里要考察的不是这些民族的特殊的个体性,而应该只是简短地揭櫫它们的宗教的基本特征,因为宗教构成了它们最令人兴致盎然的那一方面。这些民族的宗教是佛教,佛教是我们地球上传播最广、无远弗届的宗教。佛陀在中国被尊为佛(Fo),在锡兰被尊为乔达摩(Gautama);这种宗教在西藏和蒙古有一些差别,成了喇嘛教(Lamaismus)。我们发现,佛教在中国很早就得到了广泛的传播,并且形成了一种寺庙的生活,这种宗教在融合成为中国的原则的诸因素中占有一席之地。正如中国的实体性精神仅仅发展成为一个统一的世俗的国家生活,而这种生活让个体处于一种固定不变的依赖关系之中,宗教也处于这种依赖关系之中。它缺乏解放的因素,因为它的对象是一般意义上的自然原则、天、普遍的物质。但是,精神的这种外在于自身而存在的真理就是理想的统一性,超拔于一般意义上的自然和定在的有限性之上,意识回复到内在之中。这种本来包含在佛教中的因素,只要进入了中国,很快就使中国人发现了他们的无精神的状况以及他们的

[210]

意识的不自由。——在这种总的来说被刻画为内在存在的宗教的宗教之中,*无精神性被以双重的方式提升到内在之中,其中一种是否定的方式,一种是肯定的方式。

就否定的方式而言,这种方式是把精神集中于无限的东西上面,它首先必须出现在宗教的规定之中。它存在于下面这种教义之中,即无是一切事物的原则,一切从无中产生,又复归于无。世界的各种差异只不过是形成过程的变化。如果人们试图对于这些不同的形态进行分析,那么,他就有可能失去它们的质,因为一切事物自在地都是一和同一个东西,不可分离,而这种实体就是无。这一教义和轮回学说之间的关联可以这样来说明:一切都只是形式的一种变化。在自身之中的精神的无限性,无限的、具体的独立自主性,是与之完全分离的。抽象的无正好处在有限性的彼岸,我们也可以称之为最高的本质。这就是说,这个最高的原则处于永恒的静止之中,在自身之中保持不变:它的本质也就在于没有行动和意志。因为无就是抽象与自身的合一。为了获得幸福,人必须通过不断地战胜自我而努力使自己等同于这项原则,从而做到什么都不做,什么都不意愿,什么都不欲求。因此,这种幸福的状态就既无关乎恶习,也无关乎德性,因为真正的幸福就是和无达成统一。一个人越是达到无规定性,他越是达到完满状态,在消灭了能动性之时,在纯粹的被动性之中,他就恰好和佛等同了。空洞的统一性不但是一种将来的东西,精神的彼岸,而且是今天的东西,是为了人而存在的、在人身上获得实存的真理。在这种佛教信仰扎根于其中的锡兰和缅甸帝国之中,流行着这种观念,即通过冥想,人能够达到不再受制于疾病、年老和死亡。

[211]

如果说这是把精神从它的外在性提升到它自己自身之中的否定性方式,那么,这种宗教也会进展到一种肯定的方式。绝对就是精神。然而,对精神的把握本质上端赖于精神被表象的特定形式。我们把精神说成是

---

* 参见《宗教哲学讲演录》第二版第一卷,第384页。[《黑格尔著作集》第16卷,第374页]——黑格尔原注

[212] 一种普遍的东西,因此我们认识到,它只是在内在的表象中为我们而存在的;但是要达到仅仅在思想和表象的内在性中拥有精神,首先是已经走过一条漫长的教育道路的结果。在我们现在站在历史之中之时,精神的形式尚是直接性。上帝存在于直接的形式之中,而非对象性地存在于思想的形式之中。但是,这种直接的形式就是人的形象。太阳、星辰尚不是精神,但人是,作为佛陀、乔达摩和佛的人,以一位死去的导师的方式或者以喇嘛活佛的形象分享神圣的崇拜。抽象的知性通常反对这样一种亦神亦人(Gottmenschen)的观念,并且认为下面这种说法是有所欠缺的,即精神的形式是一种直接的形式,确切地说,是一个人。一个民族的整体的特征在这里是和这种宗教的方向紧密联系在一起的。蒙古人——他们穿过整个中亚一直延伸到他们曾经在那里受制于俄国人的西伯利亚,——崇拜喇嘛,和这种礼拜紧密联系在一起的是一种单纯的政治状况,一种父权制的生活。因为他们原本是游牧民族,只是偶尔才会发生骚乱,这时突然完全控制不住自己,造成民族的大爆发,像排山倒海一般向外扩张。喇嘛一共有3位:最著名的是达赖喇嘛,他在西藏王国的拉萨有他的席位;第二位是班禅喇嘛,他以班禅仁波切(Pantschen-Rinpotsche)的头衔驻扎在扎什伦布寺;第三位喇嘛在西伯利亚南部。前两位喇嘛主持两个不同的教派,其中一派的喇嘛头上戴着黄色的帽子,而另一个教派戴着红色的帽子。戴着黄色帽子的喇嘛的领袖是达赖喇嘛,中国的皇帝也是喇嘛教的信徒,这些喇嘛僧在教会中过着独身的生活,而戴着红帽子的喇嘛允许神职人员的婚姻。英国人和班禅喇嘛已经交情匪浅,并且多次为我们描述了他的样子。

[213] 佛教中喇嘛教的发展采取的一般形式是一个当前在场的人的形式,而在原始佛教中是一个死去了的人。它们二者共同的地方总的来说是都和一个人发生关联。现在,一个人,尤其是一个活生生的人,被当作神而受到崇拜,这种观念之中包含着自相矛盾的东西和令人气愤的东西,但是我们必须更加细致地研究下面的事实。在精神自身之中成为一个普遍物,这是精神概念的应有之义。这一规定必须被突出出来,而且,一个民

族的直观中必须表现出如下观念,即,这种普遍性浮现在他们眼前。被崇拜的东西不是主体的个别性,而是在他身上的普遍物,而在西藏人、印度人和一般的亚洲人那里,这种普遍物被看作是渗透在万物之中的东西。精神的这种实体性的统一性在喇嘛身上达到了直观,喇嘛无非是精神在其中显示自身的形象,但是他却不把精神性当作他的特殊的财产,相反,人们认为他只是分有了这种精神性,其目的在于把这种精神性表现在其他的人身上,从而使这些人也获得精神性的外观,而且被引向虔诚信仰和极乐状态。因此,个体性自身、独一无二的个别性在这里也在根本上从属于那种实体性。在这种观念中显露出来的第二种东西是与自然的区分。中国皇帝拥有凌驾于自然力量之上的权力,他统治着自然,同时在这里这种精神的力量又有别于自然力量。那些礼拜喇嘛者不会产生要求喇嘛证明他自己是自然的主人、拥有魔法并且行使奇迹的念头,因为对于他们尊称为神的那些人,他们只是要求精神的行动和慷慨施与精神的福利。菩萨也被称为灵魂的救赎之地,德性的海洋,伟大的导师。所有认识班禅喇嘛的人都会把他描述为卓尔不群、恭默守静和最忠诚于冥思的人。礼拜喇嘛对他也作如是观。他们在他身上发现的是这样一个人,他持续不断地从事宗教事务,当他把他的注意力转向人事的一面之时,他也只是为了通过他的大量施舍、通过施行他的慈悲和原谅而给人带来慰藉和提升。这些喇嘛一生都过着与世隔绝的生活,他们接受的与其说是男性的不如说是女性的教育。喇嘛很早就被强行离开父母的怀抱,他们按照惯例都是体质健康、相貌俊美的孩子。他们在一种寂然无声、离群索居的状态中,在一种类似于监狱的环境中,接受教育。他们的食膳非常精美,但是没有任何运动,也不作任何儿童游戏,所以毫不奇怪,他身上明显体现出来的是一种静如处子、多愁善感的女性倾向。大喇嘛手下有一些地位较为低下的喇嘛作为一些大的群体的主事者。在西藏每一位有4个儿子的父亲都必须为修道院奉献一个儿子。蒙古人主要是信仰喇嘛教,佛教的一个修正版,他们对于一切生灵都有着极大的尊敬。他们主要以蔬菜为食,畏缩不前不敢杀生,哪怕是一只虱子。喇嘛的职责已经取代了萨满教

[214]

（Schamanentum），亦即巫术的宗教。萨满，这种宗教的神职人员，通过喝酒和跳舞而进入一种晕眩状态，由于这种晕眩状态而施加魔法，筋疲力尽地倒在地上，喃喃自语，这样说出来的话就可以算作是预言。自从佛教和喇嘛教取代了萨满宗教的位置，蒙古人的生活就变成单纯的、实体性的和父权制的，在他们登上历史舞台之后，他们所造成的历史作用只是很初级的推动。因此，关于喇嘛如何领导政治国家，我们几乎无话可说。一位大臣负责世俗的统治事务，并向喇嘛汇报一切工作；政府是单纯的、宽大的，蒙古人向喇嘛献上的崇敬主要表现为，他们在政治事务中向喇嘛征询建议。

[215]

第三篇　波　斯

　　亚洲分为两个部分：前亚细亚和后亚细亚，这两个部分本质上截然不同而又相互外在。中国和印度这两个我们已经考查过的后亚细亚的大国，属于真正的亚洲，也就是说，属于蒙古利亚种族，因此他们有完全是他们特有的、和我们完全不同的一种性格，而前亚细亚的各个国家属于高加索种族（Kaukasischen），也就是说，属于欧罗巴人种。他们和西方保持着联系，但是，那些后亚细亚的民族却完全是独立的。欧洲人取道波斯去往印度之时就注意到了一种判若云泥的反差。他们在置身于波斯的土地之上时还有一种身处家乡之感，身之所触、目之所及皆是欧洲人的心性、人类的德性和人类的热情；而一旦他跨过印度河，他在印度帝国所遇见的是贯穿于一切个别事物中的最高程度的矛盾。

　　随着波斯帝国的出现，我们走进了历史的关联之中。波斯人是第一个历史性的民族，波斯是第一个逝去了的帝国。中国和印度都保持着停滞的状态，以一种自然的、植物性的定在方式延续至今，纹丝未变，然而，波斯这个国家所经历的那些发展与变化是唯一地显示出了某种历史状态的发展与变化。中华帝国和印度帝国只能自在地和对我们而言才进入一种历史的关联之中。但是在这里，波斯升起了一道光，这道光闪耀着而且照耀着他者,因为**琐罗亚斯德**(Zoroaster)的光才属于意识的世界,属于作为与他者之间联系的精神。我们在波斯帝国看见了一种纯粹的、崇高的统一性,它作为本质摆脱了在它自身之中的特殊物,它作为光而显示出那些仅仅自为存在着的身体,它作为一种统一性而统治着诸个体,只是为了激励他们变得强大有力,以能够发展出他们的特殊性和使它们具有价值。光不会对任何东西区别对待:太阳同时照耀着义人和不义之人、高贵之人和低贱之人,分配给所有人同样的福利和繁荣。光只是赋予生命者,因为光将其自身与他者联系在一起,对他者造成影响,使他者得到发展。它天生和黑暗处在一种对立的位置上。因此,它天生就具有能动性和生命的原则。发展的原则始于波斯的历史,而且因此,这项原则造成了世界历史的真正开端;因为历史中的精神的普遍兴趣在于获得主体性的无限的自为存在,并借助于绝对的对立而达到和解。

[216]

因此,我们不得不形成的过渡仅仅是在概念之中,而不是处于外在的历史的关联之中。这种过渡的原则是,我们已经在婆罗门身上看到的普遍物现在达到了意识的水平,成为一个对象,对人而言赢得了一种肯定性的意义。印度人不崇拜婆罗门,相反,他只是一种个体的状况,一种宗教的情感,一种非对象性的实存,一种对于具体的生机而言只是寂灭的关系。但是现在,这种普遍物变成了某种对象性的东西,它获得了一种肯定性的本性:人变得自由了,因此,对他来说作为一种客观物的那个最高的东西向他迎面走来了。我们看到这种普遍性在波斯人那里登上历史舞台,因此就出现了普遍物的自我区分,同时也出现了个体与他自身的自我认同。在中国和印度的原则中,还没有出现这种差异化,而只有精神物和自然物的统一性。但是,仍然处于自然状态之中的精神担负着将其自身从这种状态中摆脱出来的任务。在印度人那里,法权和义务仍旧和阶级束缚在一起,因此,它们还只是人由于他的自然本性而不得不属于它的特殊的东西;在中国,这种统一性以父道(Vaeterlichkeit)的方式存在:因此人不是自由的,他不包含着道德的因素,因此他等同于外在的命令。在波斯的原则中,这种统一性第一次提升到了有别于纯粹的自然性的地步;它

[217]

是这种直接的、不以意志为中介关系的否定。在波斯的原则中,统一性体现为可以直观的光,这种光不仅仅是光本身,是最为普遍的物理性的东西,同时也是精神的纯粹性、善。但是,它因此而将特殊物、和那种**受限的**自然束缚在一起的状态搁置在一旁。在物理学的和精神的意义上的光于是被看作是一种提高,免于自然状态的自由,人和光、善打交道就像和一种客观物打交道,承认它是一种出自意志的东西,并对它加以崇拜和推动。如果我们现在再回过头来看一眼(不可能回顾得过于频繁)我们迄今为止到达这个形态之前已经经历的那些形态,那么,我们就会在中国看到一种习俗的整体的总体性,但是没有主体性,这个整体分成了不同的部分,但是各个方面没有自立性。我们只能发现这个一的外在的秩序。与此相反,分离在印度登上了舞台,但是,它自身是无精神的,是一种只具有如下规定的、开端性的在自身之中存在,即差异自身是不可克服的,保持为束缚于自然状态的受限状态的精神,因此,它就是它自身的颠倒状态。现在,波斯的光的纯粹性、善超越了不同阶层的分离,并以同样的方式切近一切事物,因为在光之中,一切事物都能够同等地将自己神圣化。因此,统一性第一次成为一项原则,而不是一种无精神的秩序的一种外在的约束。结果是,每一个人都分有了这项原则,每一个人都为他自身而赢得了一种价值。

[218] 我们首先涉及的是**地理的**状况。我们把处于丰饶的平原之中的中国和印度看作是精神还在昏昏沉沉的酝酿状态,这些平原和高耸入云的山脉以及在高原上四处迁徙的游牧部落相互分离。那些高原上的民族在他们侵占平原之时并没有改变他们的精神,相反,他们使自己皈依了平原的精神。但是在波斯,那些原则达到了有差异的统一,而且高山上的民族使他们的原则变成了占优势地位的原则。这里要提到的两个主要部分是波斯的高地和河谷平原,河谷平原被高原的民族征服了。这片高原的东部受到苏莱曼山脉的限制,这条山脉向北继续延伸到兴都库什山脉和贝鲁尔塔格山脉。后一条山脉把位于奥克苏斯河平原上的前麓地、大夏、粟特和绵亘至喀什噶尔的中国高原一分为二。奥克苏斯河平原自身位于波斯

高原的北部,而波斯高原向南伸向波斯湾。这就是伊朗的地理位置。波斯(法尔希斯坦)在伊朗高原的西部倾斜地,向北更高的地方是库尔德斯坦,然后是亚美尼亚。底格里斯河和幼发拉底河从那里发源向西南延伸。——波斯帝国的组成要素是赞德民族(Zendvolk),古波斯人,其次是在这块提到过的土地上的亚述、梅迪安和巴比伦帝国;但是波斯帝国也包括小亚细亚和埃及、叙利亚以及它的海岸线,因此它自身包含了高原、河流平原和沿海地带这三者。

第一章　赞德民族

赞德民族因它所使用的语言而得名,古老的帕西人的宗教建基于其上的基本著作,亦即赞德典籍(Zendbuecher)就是用这种语言写下的。关于帕西人或者拜火教教徒的宗教,我们现在尚可寻得蛛丝马迹。在孟买还有一个拜火教教徒的殖民地,而在里海周围也零星分布着一些家族,他们还保持着这种礼拜仪式。总体上,他们已经被穆罕默德教教徒消灭了。伟大的萨拉赛斯杜拉(Zerdust),希腊人称之为琐罗亚斯德(Zoroaster),用赞德语写下了他的宗教经典。一直到上个世纪(18世纪)末叶,对于这种语言以及用它写成的所有书籍,欧洲人都还一无所知,直到最后著名的法国人杜伯龙(Anquetil-Duperron)为我们打开了这座丰富的宝藏。① 他一腔热忱地投入到东方自然的研究之中,但是由于他家境贫穷,他就应征入伍参加了法国军团,跟随军团乘船去了印度。这样,他到了孟买,他在那里遇见了帕西人,开始研究他们的宗教理念。经过了难以言喻的千辛万苦,他终于想方设法把他们的宗教经典弄到了手。他深入这些文献之中,打开了一个全新而广阔的领域,但是由于他本人缺乏语言方面的知识,这个领域还需要做一番彻底的处理。

[219]

---

① 杜伯龙(Abraham Hyacinthe Anquetil-Dupperon),1731—1805年,赞德宗教研究的奠基人,他翻译了《赞德—阿维斯塔》。——原编者注

琐罗亚斯德的宗教经典所关涉的那个赞德民族曾经居住在什么地方,非常难以确定。琐罗亚斯德的宗教在梅迪安和波斯曾经盛极一时,据克塞诺芬说,居鲁士曾经接受过它。但是,这几个地方没有一个是赞德民族本来的居住地。琐罗亚斯德本人称他们的故土为亚利尼(Ariene);我们在希罗多德的书中发现一个类似的名称,他说,梅迪安人早先被称作亚利尼人,而这个名称又和伊朗的名字联系在一起。在古老的大夏,在奥克苏斯河南面,绵亘着一条山脉,那些高原流域就从这里开始,而居住在这里的人有梅迪安人、安息人和希尔坎尼人。据说大夏国(Baktra)——似乎就是今天的巴尔赫(Balch)——曾经位于奥克苏斯河源头的地区;从这里往南,离喀布尔和克什米尔大约8天的路程。大夏这个地方似乎就是赞德民族的居住地。我们发现,在居鲁士的时代,纯粹而原始的信仰和在赞德典籍中为我们所描述的那种古老的社会状况就已经不再是完美无缺的了。看起来极为确定的是,和梵文有着亲缘关系的赞德语是波斯人、梅迪安人和大夏人所使用的语言。从这个民族的各项法律和制度中可以看出,就像赞德典籍所指出的那样,他们的法律和制度是极其简单的。他们有四个阶级,分别称为:祭司、武士、农民和工匠。贸易从来没有被提到过,从这里似乎可以看出,这个民族仍然处于闭关自守、孤立寡与的状态。各个地区、城市、街道的长官都被列举了出来,而且一切事务都还只是和市民的法律,而不是和政治的法律发生关系,也没有任何东西显示与其他国家存在着某种关联。同样根本的事情是,尽管赞德典籍中除了宗教的规定以外还明确规定了市民的法律和惩罚,但是,我们在这里没有发现等级,而只发现存在着阶级,没有明令禁止在不同的阶级之间通婚。

我们在这里要特别提到的主要事实是琐罗亚斯德的学说。和印度精神那种可怜的糊里糊涂相反,我们在波斯人的观念中看到一种纯粹的呼吸,一丝精神的气息。在波斯人那里,精神将自身提高到走出自然实体性的统一性,走出这种毫无内容的实体性的地步,在这种统一性中,还没有发生(精神同客体之间的)断裂,精神还没有自为地与客体相对立。也就是说,这个民族开始意识到,绝对的真理是必须具有普遍性、统一性的形式。这个普遍物、永恒物、无限物首先包含的规定无非是不受限制的同一性。这个普遍物是真实的,我们已经不厌其烦地多次提到这一点,也就是婆罗门的规定。但是,波斯人把这个普遍物当作对象,而他们的精神变成了对于他的这种本质的意识,与此相反,在印度人那里,这种对象性只是婆罗门的自然的对象性,它只有通过消灭意识才变成了对他们而言的纯粹的普遍性。这种否定性的姿态在波斯人那里变成了肯定性的,而人以他在其中保持为肯定性的东西的方式和普遍物建立起了一种关系。这种一、普遍物还不是自由的思想的一,还没有在精神中和在真理中受到崇拜,相反,它仍然穿戴着光的形象。但是光不是喇嘛,不是婆罗门,不是山岳,不是动物,不是这种或那种特殊的实存(Existenz),相反,它就是感性的普遍性自身,单纯的显现。因此,波斯的宗教绝非什么偶像崇拜,崇拜某种个别的自然物,而是崇拜普遍性本身。所以,光同时具有精神物的意义;它是善与真的形象,是知识和意愿的实体性,同时也是一切自然事物的实体性。光把人设定在这样一种位置上,即他能够进行选择,而且只有在他从那种堕落状态中走出之时,他才能够选择。但是,光立即在自身之中拥有一个对立物,也就是说黑暗,类似于善与恶的相互对立。正如如果不存在恶,那么,对人而言善也不存在,而如果他认识了恶,那么他就能够成为真正善好的人,因此,没有黑暗,也就没有光明。在波斯人那里,善神(奥尔穆兹德,Ormuzd)和恶神(阿里曼,Ahriman)构成了这种对立。奥尔穆兹德是光明王国、善的主宰,而阿里曼是黑暗王国、恶的主宰。但是还存在着一个更高的王国,这二者从其中形成的那个王国,一个没有对立的普遍物的王国,被称为一个不受任何限制的大全(Zerwana Akrana)。这个大全也就是某种完全抽象的东西,它并不自为地存在着,奥尔穆兹德和阿里曼都从其中诞生。这种二元论常常被看作是东方思想的一种缺陷,而就这种对立被固执为绝对的东西而言,这种固执当然是一种反宗教的知性,这种知性坚持这种对立。但是精神必须拥有对立;因此二元论的原则属于精神的概念,这一概念作为具体的概念把这种差异当作它的本质。在波斯人那里,纯粹的东西和不纯粹的东西都达到了意识,那个因此而把

[221]

[222]

171

握到了自身的精神必须把普遍的肯定物和特殊的否定物对立起来。只有通过对这种对立的克服,精神才会第二次降生。波斯人的原则的缺陷只是在于,对立的统一性没有在完满的形态中被意识到,因为,在对奥尔穆兹德和阿里曼从中诞生的那个不受任何限制的大全的不确定的观念中,统一性只是绝对在先的东西,它并不会把这种差异带回到自身之中。奥尔穆兹德以自我规定的方式创造,但是也必须依照不受限制的大全(Zerwana Akrana)的命令,对立的和解只在于,奥尔穆兹德(善神)与阿里曼(恶神)进行斗争,而且最终能够战胜它。奥尔穆兹德是光明的主宰,它创造了世界——它是一个太阳的王国——上一切美的东西和高贵的东西。它是一切精神的和自然的定在中的卓尔不群者、善、肯定物。光就是奥尔穆兹德的身体;拜火教崇拜就是这样形成的,因为奥尔穆兹德出现在一切事物当中;但是它却不是太阳或者月亮本身,波斯人崇拜的只是它们之中的光明,而光就是奥尔穆兹德。琐罗亚斯德曾经问奥尔穆兹德他是谁;奥尔穆兹德回答说,我的名字是一切事物的根据和中点,最高的智慧和科学,世界罪恶的毁灭者和一切的提高者,完满的幸福和纯粹的意志等等。出自奥尔穆兹德的东西是活泼泼的、独立自主的和持久的,道(das Wort)就是这一点的证明;祈祷就是它的生产。与此相反,黑暗是阿里曼的身体,但是一团永恒的火将它从庙宇之中驱逐出去。每一个人的目标

[223] 是保持自己的纯洁并且在自己的周围传播这种纯洁。与此相关的规定极为广泛,然而道德的规定却十分温和;它说:如果一个人极力侮辱你,辱骂你,然后又对你低声下气,那么,你就称他为朋友。我们在《驱邪典》(Wendidad)中可以读到,奉献的牺牲主要是纯净的动物的肉、鲜花、果实、牛奶和薰香。它里面还说:既然人在被创造出来时就是纯洁的,配得上上天的眷顾,那么,他通过奥尔穆兹德仆人的法律会重新变成纯洁的,因为这种法律自身是纯洁的;只要他通过思想、言辞和行动的神圣性纯洁自我即可。什么是纯洁的思想?纯洁的思想以万物的开端为目标。什么是纯洁的言辞?奥尔穆兹德的言辞(这种言辞是人格化了的,意味着奥尔穆兹德的全部启示的活生生的精神)就是纯洁的言辞。什么是纯洁的

行动？对于开天辟地之时创造出来的天上的星辰满怀敬畏地呼唤。因此在这里就要求，人是善良的：本己的意志、主体的自由必须被预设为前提。奥尔穆兹德并不局限于个别性。太阳、月亮和其他让我们想起行星的五曜，闪闪发光者和被光照耀者，首先都是奥尔穆兹德的值得尊敬的肖像，就是安姆沙司本特（Amschaspands），他的第一批儿子。在这一群星辰中有一颗叫作米特拉（Mithra）；但是，对于我们这样称呼的那颗星辰，我们知之甚少，而另外那些名字的星辰也是一样。在赞德典籍中米特拉和其他星辰并列在一起，没有任何特异之处；但是，在刑法典中道德的犯罪被称作米特拉罪，比如，背叛诺言，将会接受鞭打300下的惩罚；而如果犯了偷盗之罪，还要附加蹲300年地狱的惩罚。在这里，米特拉似乎是人的内在方面、更高方面的监督者。后来，米特拉获得了作为奥尔穆兹德和人之间的调解人这样一个重要的角色。希罗多德已经提到过米特拉的仆役；后来他在罗马作为一种秘密崇拜非常盛行，甚至直到中世纪我们都可以发现他的各种踪迹。除了前面列举过的那些神祇，还有另外一些保护神，他们作为主要首领都位列于安姆沙司本特之下，是世界的统治者和保持者。在波斯的君主手下有7位大臣，由他们组成的枢密院是模仿奥尔穆兹德的环境而设立的。法伏（Ferwers）属于某种类型的精灵世界，他们和世俗的世界的造物不同。法伏不是我们所理解的那种精灵，因为他们存在于每一个身体之中，它们是火、水和地；它们从远古时代就存在了，存在于一切地方、一切街道和城市之中；它们准备好了帮助每一个向他们求助的人。它们的居留之所是在格罗特曼，这是有福之人居住的地方，是比苍穹还高远的地方。——作为奥尔穆兹德的儿子，他有一个名字叫德什姆希特；他看起来好像是希腊人称为阿契美尼德的那个人，他的后裔叫作毕希达地人（Pischdadier），据说居鲁士也是毕希达地人。在很久以后，罗马人都还用阿契美尼德人来称呼波斯人（参见贺拉斯：《歌集》卷三，I，44）。也就是说，那个德什姆希特用金匕首捅穿了大地，这无非是说他引入了农业。然后，他还周游列国，开凿水井，疏浚河流，从而使许多地带土地肥沃，山谷之中动物蓄息。在《赞德—阿维斯塔》中常常提到古斯塔思普

[224]

(Gustasp)这个名字,而许多近代学者都倾向认为这个名字指的是大流士·西寺塔斯普斯(Darius Hystaspes),但是,这种做法应该受到彻底的谴责,因为毋庸置疑,这个古斯塔思普属于古老的赞德民族,比居鲁士时期要早得多。在赞德典籍之中曾经提到过都兰人,也就是说,北方的游牧民族,和印度人,但是,我们不能从中提取什么具有历史价值的东西。

[225] 奥尔穆兹德的宗教作为一种祭礼在于,人的行为举止应该合乎光明王国的标准;因此,正如已经提到过的,普遍的规定是精神的与身体的纯洁,这种纯洁就存在于向奥尔穆兹德的祈祷之中。波斯人特别负有责任的事情是维护有生命的东西,种植树木,挖掘水井,灌溉沙漠,通过这种方式,生命、肯定的东西、纯洁物得以产生,奥尔穆兹德的王国向所有方面扩张。接触到了动物的尸体就违背了外部的纯洁,而关于人们如何才能解除那种不洁,保持纯洁,有许多规定。希罗多德讲过一个居鲁士的故事,在他去巴比伦的时候,冈底斯河淹没了太阳马车的一匹骏马,于是居鲁士花了整整一年的时间来责罚这条河流,他为了剥夺这条河流的力量,用许多细小的水道把这条河里的水引走。而在大海冲垮了架在其上的桥梁之时,薛西斯把它当作恶贯满盈的道德败坏的东西,当作阿里曼,给它拴上了锁链。

第二章 亚述人、巴比伦人、梅迪安人和波斯人

如果说赞德民族是波斯帝国的比较高级的精神元素,那么,在亚述和巴比伦存在的元素是国家富庶、繁荣昌盛和贸易发达。关于它们的传说可以往上追溯到历史上最古老的时期;但是,它们自在自为地是晦暗不明的,而且一部分互相抵牾,而这种抵牾之所以难以得到澄清,是因为这个民族缺少基本典籍和本国的著作。据说,希腊历史学家科塔希亚(Ktesias)曾经取材于关于波斯诸国王的档案;但是仍然流传至今的只是些残篇断简。希罗多德曾经对他们做过许多报道;除此以外,《圣经》中的那些故事是至关重要的,值得注意,因为希伯来人和巴比伦人有着直接

东方的世界

的关系。一般地说,在与波斯人的关系中,要特别提到的是菲尔杜西的史诗《列王纪》(Schah-nameh),这是一部60,000多行的英雄故事,格勒斯曾经为它做过一个现在依然在使用的选本。菲尔杜西于基督纪元11世纪初生活在马哈茂德大帝的宫廷里,宫廷位于喀布尔和坎达哈尔东边的加斯纳(Ghsna)。上面提到的这部著名的史诗以伊朗(也就是说,西部波斯本土)古代的英雄传说作为它的题材,但是它并不能被看作是历史的素材,因为它的内容是诗意的,而它的作者又是一个穆罕默德教教徒。这首英雄史诗描述的是伊朗和都兰之间的战争。伊朗是波斯本土,奥克苏斯河南部的山地,而都兰是奥克苏斯河平原的名称,这个平原位于奥克苏斯河与古老的锡尔河(Jaxartes)之间。英雄鲁斯坦姆是该诗中的主要人物,但是关于他的各种故事完全是无稽之谈,或者加工过度,以假作真。诗中提到了亚历山大,称他为以西耿大或者鲁姆的斯耿大。鲁姆是指土耳其帝国(现在这个帝国还有一个省叫作鲁米利亚),但是同时也是罗马人,而在该诗中,亚历山大的帝国同样被称为鲁姆。诸如此类的混淆完全属于穆罕默德教的观念。这首诗讲述了伊朗国王和菲利普之间进行的战争,而后者被打败了。然后,国王迫使菲利普把女儿嫁给他做妻子。在他和她共同生活了一段时间以后,却因为从她嘴里呼出的口气难闻而把她遣送回家。她回到了她父亲身边,她在那里生下了一个儿子斯耿大,在他父亲去世之后,斯耿大赶紧回到伊朗继承他的王位。除此以外,全诗当中没有出现任何一个人物形象或者一段历史和居鲁士相关,所以,这已经向我们显示出这首诗中历史的成分是何其少了!但是,它依然具有一定的重要性,因为菲尔杜西在诗中表现了他那个时代的精神,以及新波斯人的世界观的特征和兴趣之所在。

[226]

至于说**亚述**帝国,它是一个越来越不确定的名称。亚述本土是美索不达米亚平原的一部分,位于巴比伦的北部。这个帝国的主要城市有文献记载的是底格里斯河上的亚都或者亚索,后来又有尼尼微,据说这座城市是由亚述帝国的创建者尼努斯(Ninus)所奠基和建造的。在那个时期,一座城市就构成了整个帝国:尼尼微是这样,梅迪安的额克巴塔纳也是这

[227]

175

样,据说这座城市有七重城墙,城墙之间的空地可以用来耕作;统治者的宫殿位于最中心的那座城墙之内。据狄奥多罗斯说,尼尼微方圆有480希腊里(大概12德国里);在它高100尺的城墙上有1500座碉堡,在城里住着数量庞大的人口。巴比伦境内所辖人口数量庞大,只多不少。这些城市源于两重需要,首先是放弃游牧生活,在固定的区域从事农业、手工业和贸易活动,其次是保护自身,抵御那些四处流浪的山地民族和掠夺成性的阿拉伯人。更加古老的传说告诉我们,整个河谷平原曾经布满了游牧民族,后来城市生活把这些人都排挤出去了。因此,亚伯拉罕和他的家属从美索不达米亚平原向西流浪到了多山的巴勒斯坦地区。到了今天,那些居无定所的游牧部落仍然以这种方式蜂拥般聚集在巴格达周围。据说尼尼微是在公元前2500年建造的,亚述帝国的创建也应该可以上溯到那个年代。尼努斯随后又征服了巴比伦、梅迪安和大夏,尤其最后一块土地的获得被表彰为丰功伟绩,因为据科特西亚斯估计,尼努斯出征时率领的军队有1,700,000步兵和相应比例数目的骑兵。巴尔赫(Baktra)被围困了非常长的一段时间,这个地方的攻克应该归功于希米拉米斯,据说她带领一群勇士,攀上一座高山的陡峭的山坡。希米拉米斯这个人物总的说来在神话形象和历史形象之间徘徊;我们在圣经中知悉建造巴别塔这个最古老的传说,也有人把巴别塔的建造归功于她。

[228]

　　巴比伦位于幼发拉底河南面一个土地极为肥沃而且尤其适合农业的平原上。在幼发拉底河和底格里斯河上,船只往来极为频繁;一部分船只来自亚美尼亚,一部分船只来自南部,它们都是驶向巴比伦,从而造成了这座城市物阜民丰、堆金积玉的盛况。巴比伦四周的土地上有无以数计的运河从中间穿过,这与其说是为了航运的需求,不如说是为了农业的需求,可以灌溉土地和防止洪涝。巴比伦城里希米拉米斯富丽堂皇的建筑闻名遐迩;但是其中有多少属于古老的年代,还不能确定和得到证实。据文献记载,巴比伦城曾经是一个四方形,幼发拉底河从中间将它分为两半;在河流的一边矗立着培尔庙,而在另一边是历代君主的巨大的宫殿;这座城市有100座金属的(确切地说,铜制的)城门,它的城墙高100尺,有适当比例的宽度,并配备250座城楼。城里凡是通往河里的街道,每个晚上都用金属门封锁起来。科尔·波特尔,一个英国人,大概在12年前(他全部的行程从1817年持续到1820年)周游了古老的巴比伦曾经坐落于其中的那些地方;在一座小山丘上,他相信可以挖掘出古老的巴别塔的废墟;他自认为已经发现了盘绕在巴别塔四周的那些道路的遗迹,而且在这座塔的最高层陈列着培尔庙的图像。除此以外,还可以发现许多山丘上仍然留有古老建筑的遗迹。那些砖石显示出,它们和《圣经》当中描述的塔式建筑上的砖石如出一辙。一个巨大的平原上依旧遍布着无以计数的这样的砖石,尽管几千年来人们持续不断地从那里把砖石运走,位于巴比伦城附近的希拉城,整座城市都是用从这里运去的砖石建筑起来的。希罗多德列举过巴比伦人风俗当中几个值得注意的特征,从这些特征中似乎可以看出,巴比伦人是一个从容不迫、与邻为善的民族。如果一个人在巴比伦城生病了,那么,人们就会把他带到一个公共场所,以便每一个路过那里的人都会向病人提出建议。已经达到出嫁年龄的女子会被公开拍卖,对模样俊俏者所出的高昂的价格由长相丑陋者的妆奁费用来规定。但是,这并不阻碍每一个女子在她一生之中必须有一次去米利塔神殿里出卖自己的机会。这种做法如何和宗教概念发生关联,已经很难考证清楚了;此外,希罗多德说,后来,在巴比伦逐渐变得积贫积弱之后,各种伤风败俗之事才开始蔓延开来。模样俊俏者资助长相丑陋者这种状况意味着,巴比伦人为所有人操心,就像把病人安置在公共场所意味着某种确定的亲密协作。

[229]

  在这里我们还要再提一下**梅迪安人**。他们和波斯人一样是一个山地民族,他们居住的地方位于里海的南面和西南面,延伸到亚美尼亚。还要提及的是梅迪安人当中的马格斯人,它是构成梅迪安民族的六个部落当中的一个,他们的主要特征是凶猛、粗鲁和勇猛好战。梅迪安的首都厄克巴塔纳最早是由德约科斯(Dejokes)建造的;据说在梅迪安人第二次从亚述的统治中解放出来以后,他作为国王统一了所有的部落,他劝使他们为他建造一座体面的国都,并且对它进行了加固。——至于梅迪安人的宗教,希腊人把所有东方的祭司都笼统地称为马格斯(Magier),因此,这个名字完全是不确定的。根据所有的记录来看,马格斯努力建立起他们和赞德宗教之间的密切关联,但是,即使马格斯是这种联系的保持者和传播者,这种联系也由于他们的宗教流传到其他不同的民族而发生了巨大的变化。克塞诺芬说过,居鲁士最早是依照马格斯人的方式给上帝献祭;梅迪安人因此是赞德宗教得以进一步传播的中介民族。

[230]

统治着这么多民族的亚述—巴比伦帝国据说存在了 1000 年或者 1500 年之久。它的最后一个统治者是萨丹纳帕路斯,从对他的文献记载来看,他是一个纵情声色、荒淫无度之徒。梅迪安的地方总督,阿尔巴克斯,煽动其他地方的总督一起起来反对他,和他们一起带领每年都会聚集在尼尼微以接受检阅的部队推翻了萨丹纳帕路斯。萨丹纳帕路斯虽然赢得了更多次的胜利,但是他最终因为被迫屈服于对方的优势兵力之下,退守于尼尼微城之中;在他最后再也无力抵抗之时,他便携带了全部珠宝自焚而亡。根据有的人的说法,这件事情发生在基督纪元前 888 年,而另外一些学者认为,这件事情发生在公元前 7 世纪末叶。在这场灾难之后,整个帝国解体了,它分裂为一个亚述帝国、一个梅迪安帝国和一个巴比伦帝国,有一个来自北方的山地民族,迦勒底人,也属于巴比伦帝国,他们和巴比伦人融合在了一起。这个帝国各自又经历了不同的命运,但是有关这方面的历史记载充满了各种舛误混乱,至今尚未得到梳理、澄清。在这个时期,他们开始和犹太人与埃及人发生接触。犹太王国屈服于他们盛极一时的力量之下。犹太人被掳掠到了巴比伦,我们现在从犹太人那里得到了关于这个帝国的状况的更为准确的记载。根据丹尼尔的陈述,巴比伦设立了一个明察秋毫地处理各项事务的组织机构。在谈到马格斯人时,他把他们和解释经书的人、预言家、星象学家、学者和解释各种梦的迦勒底人一一区别开来。一般地说,基督教的先知喋喋不休地讲述了巴比伦的商业之繁荣,但是,他们也对那里盛极一时的道德败坏的可怕景象做了勾画。

[231] 波斯帝国的真正顶峰应该是真正的**波斯民族**,它把全部前亚细亚包含在自身之中,并且和希腊发生接触。波斯人在很早的时候就和梅迪安

人发生了联系,政权转移到波斯人身上并没有造成本质的区别,因为居鲁士本人是梅迪安国王的一个亲戚,波斯人和梅迪安人这两个名字就融合为一了。在波斯人和梅迪安人的鼎盛时期,居鲁士对吕底亚和他的国王克里萨斯发起战争。据希罗多德说,在此之前,吕底亚和梅迪安就发生过多次战争,这些战争由于巴比伦国王的介入而得到调解。我们从这些事情中可以认识到存在于吕底亚、梅迪安和巴比伦之间的国家体系。巴比伦盛极一时,它的统治已经延伸到了地中海沿岸。吕底亚往东延伸到哈里斯河,小亚细亚西部海岸的索姆,那些美丽的希腊殖民地,也隶属于它;因此,吕底亚帝国已经存在着高度发达的文化。这些殖民地也属于波斯管辖。贤人,如比阿斯和更早的泰勒斯,建议这些殖民地结成一个巩固的同盟,或者放弃他们的城市以及他们的家当,寻求另外的居所(比阿斯指的是萨蒂尼亚)。但是,那些因妒火中烧而情绪激动而且长期兄弟阋墙的城市已经不可能团结一致了,过着纸醉金迷的生活的他们也没有能力做出英雄的决断,放弃他们的安乐窝而去追求自由。直到他们处在被波斯人奴役的那个时刻,有几个城市才为了最高的善、自由,为了不确定的东西而放弃确定的东西。关于那场对吕底亚人进行的战争,希罗多德说,吕底亚人教会了以前缺衣少食和粗俗不堪的波斯人好逸恶劳的生活和彬彬有礼的教养。稍后,居鲁士征服了巴比伦,他又带着巴比伦占领了叙利亚和巴勒斯坦,把犹太人从囚禁状态中解放出来,允许他们重新建造他们的神殿。最后,他领兵进攻马萨格泰人,在奥克苏斯河与锡尔河之间的荒原上与这些民族进行战争,但是他被打败了,最终,他作为一个战士和一个征服者而死去。在世界历史上开辟了一个新纪元的英雄的死都打上了他们的使命的烙印。居鲁士就是在完成他的使命之时去世的,而这个使命是把前亚细亚统一在一个政权的统治之下,此外没有任何其他的目的。

[232]

第三章　波斯帝国及其组成部分

波斯帝国是一个现代意义上的帝国,就像从前的德意志帝国和拿破仑治下的伟大的有皇帝称号的君主国（Kaiserreich）一样，因为它是由许多国家组成的，这些国家虽然没有独立自主，但是它们还保持着它们自己的个体性、它们的风俗和法权。那些通用的法律，因为它们对于一切都有约束力，所以无碍于那些国家的特殊状况，相反，它们甚至会保护和保持这些状况，因此，组成全体的那些民族每一个都有它们自己的宪法形式。就像光照耀着一切，赋予每一个事物以它特有的生机，波斯的统治扩展到凌驾于大量的国家之上，又让每一个国家保持它们的特殊性。有一些国家甚至拥有它们自己的国王，每一个国家都有一种不同的语言、武装力量、生活方式、风俗习惯。这一切都相安无事地并存于普遍的光明之下。波斯帝国总共包含着三种不同的地理因素，我们前面已经对之做过叙述。首先是波斯和梅迪安的高原；其次是幼发拉底河和底格里斯河的河谷平原，这里的居民统一在一起，形成了一种具有高度教养的文化生活，还有埃及的尼罗河的河谷平原，在那里，农业、手工业和科学都很发达；最后是第三种元素，也就是那些会遇上海上风险的民族，叙利亚人，腓尼基人，希腊殖民地和小亚细亚沿岸各希腊国家的居民。波斯把这三个自然的原则统一在自身之中，而中国和印度对于大海是陌生的。我们发现在这里既没有中国的实体性的整体，也没有印度的本质，在印度的本质中占主导地位的是随心所欲的无政府主义，相反，波斯的政府是诸民族只是在它们的普遍统一性之中的联合，这种民族的联合让那些聚合在一起的各个民族都保持着自由状态。那种惨无人道和飞扬跋扈通过这种方式得到了制止，否则，那些民族会因此而互相毁灭，对此，《列王纪》和（《圣经》中的）《撒母耳记》给出了极为充分的证据。先知们关于波斯人征服这些地方之前的状况所发出的哀叹与诅咒让我们认识了那种状况的贫困、罪恶和荒凉，以及同时，居鲁士给整个前亚细亚世界带来的幸福。亚细亚人没有被赋予把独立自主、自由、精神的纯粹力量和文化，亦即对于各方面事务的兴趣和对于安闲舒适的熟悉，联合在一起的力量。战士的勇敢只是表现为狂野不羁的风俗，而不是遵守秩序的那种镇静的勇敢，一旦精神开启了各式各样的利益（兴趣），他马上就会转而变得软弱无力，使自己耽溺于懦弱的感性之中，并且使人变成这种感性的奴隶。

波斯人

波斯人，一个自由的山地民族和游牧民族，控制着许多极为富足的、高度开化的和比较繁荣的国家，但是总体上仍然保持着他们那种古老的生活方式的基本特征；他们一只脚踏在他们祖国的土地上，另一只脚伸向外国。在祖国的土地上，国王是许多朋友中的一位朋友，他就像是处在和他一样的人中间；但是在祖国之外，他是主人，一切人都臣服于他，他们通过赋税证明自己从属于他。波斯人笃信赞德宗教，修炼自己的纯净，纯粹地崇拜奥尔穆兹德。历代国王的坟墓都在波斯本土，偶尔国王会去那里拜访桑梓，他和他们之间保持着一种完全单纯的关系。他会给他们赠送礼物，而同时，一切其他的国家必须进贡礼物给国王。在君主的朝廷之中有一支波斯骑兵队伍，他们构成了全部军队的核心；他们一起用餐，总的来说纪律严明。他们凭借勇敢而超群轶类，威震天下，连希腊人在梅迪安战争中都带着敬意承认他们的勇敢。一旦这支队伍属于它的全部波斯军队有事出征，那么，首先在所有的亚洲人口居住地都会张贴公告。等战士们汇合在一起了，他们便开始踏上征程，并且带有那种无法安静的特征和游移不定的生活方式，而这构成了波斯人的固有特征。所以，在他们侵犯埃及、斯泰基、色雷斯和最后希腊时，无论他们的力量多么非同寻常，最后都必定大败而归。这样的启程简直就像是整个民族的迁徙，拖家带口，挈妇将雏；每个民族都通过他们的武器装备显示他们的特殊性，蜂拥在一起缓慢地向前移动，每一个民族都有一种不同的秩序和不同的作战方式。希罗多德为我们勾画出了薛西斯率领各民族组成的大军行进之时（据说他带领了200万人之多）方方面面的一幅引人瞩目的图像。然而，因为这些民族所受的训练参差不齐，因此他们的力量和勇敢也就各不相同，于是我们轻而易举地就可以想到，人数不多、但训练有素又为某种勇气所灌注的希腊军队，在优秀的军官的指挥下，能够抵挡住那个数量庞大的但是纪律涣散的武装力量。各个行省必须操心驻扎在帝国中心的波斯骑兵的军费。巴比伦必须承担全部部队给养的三分之一,由此可见,它应该是最富有的行省。此外,每一个民族必须根据他们那里物产的特点而提供最拿得出手的东西。所以,阿拉伯人进贡的是乳香,而叙利亚人进贡的是紫红色衣料,等等。

诸位王子的教育,尤其是皇太子的教育,是最为用心良苦的。王国的儿子们直到7岁时都长于妇人之手,而不会带到统治者的面前。从7岁开始,他们开始被教导学习打猎、骑马和射箭等等,同时还学习讲真话。有一则记载说,王子们还要参加学习琐罗亚斯德的巫术的课程。四位官阶最高的官员教育王子。全国的大人物组成某种类型的国会。在他们之中也有马格斯人。他们都是自由人,满怀着高贵的忠诚和爱国主义。因此,有7位大人物是这样的,他们是围绕在奥尔穆兹德身边的安姆沙司本特的副本,在冈比西斯王死后,那个冒充为国王兄弟的伪斯梅迪斯被揭穿了之后,他们7人就聚集在一起讨论,什么样的政府形式在真正的意义上是最好的政府形式。在完全不受激情支配和没有任何野心的状况下,他们一致同意,君主制是唯一适合波斯帝国的。太阳和首先通过嘶叫欢迎他们的马决定了继承人为大流士。

[236] 由于波斯帝国幅员辽阔,各个行省必须由总督、省长来统治。而这些总督在治理他所管辖的行省时常常显示出极大程度的随心所欲,而且相互之间充满敌意、妒贤嫉能,而多少祸害都是发源于此啊!这些省长只是地方的督察长,他们通常还是会让这些国家被征服的国王保留他们的特权。一切土地与河流都属于波斯的伟大的国王;大流士·西斯帕斯和薛西斯要求从希腊取得土和水。但是国王只是抽象的元首;享受是留给各个民族的,他们应尽的义务在于为宫廷和省长提供给养,进贡他们所拥有的最昂贵的东西。式样划一的贡税制度直到大流士·西斯帕斯统治的时期才形成。在国王在帝国内部巡狩之时,各个地方同样必须要提供礼物,从这种礼物的数量上,人们可以看出这些还没有被榨干的省份的富裕程度。所以,波斯的统治无论如何绝不是压迫型的,无论是在世俗的方面还是在宗教的方面。希罗多德说,波斯人没有偶像崇拜,因为他们嘲笑诸神

的人神同形的表现方式，但是他们容忍任何宗教，尽管有时他们会对偶像崇拜爆发出愤怒之火。希腊神庙被他们破坏了，而且神庙中诸神的雕像也被他们砸得粉碎。

叙利亚人和闪族前亚洲

一个元素，沿海地区，也属于波斯帝国，它在叙利亚表现得尤其明显。这一点对于波斯帝国尤其重要，因为当波斯人在大陆上着手完成一个伟大任务之时，一定会有腓尼基和希腊的舰队伴随而行。腓尼基的海岸是一条极其狭窄的边棱，常常只有两个小时的路程那么宽，它在东部有一座很高的黎巴嫩山脉。在海岸线上有一系列的美丽富饶的城市，比如泰尔、西顿、比布鲁斯，贝鲁特等，它们都有巨大的商业贸易和繁忙的船只往来，但是贝鲁特过于孤立无援，只关注自己的国家，所以，它对整个波斯国家没有太大的影响。贸易的主要方向是通往地中海，它从这里出发能够继续运往西方。由于和这么多国家之间进行交往，叙利亚很快就获得了高度的发展，最美丽的金属制品和最高贵的玉石制品都可以在这里制造完成，这里还做出了一些极为重要的发明，比如玻璃和紫色布料。书面语言在这里得到第一次发展，因为在和不同的民族交往之时，这种需要很快就要登场了（正如英国公使马戛尔尼已经注意到的，中国人在广东感觉到需要一种比较通用的书面语言）。腓尼基人发现了大西洋，并且首先在大西洋上航行；他们在塞浦路斯和克里特岛上建立殖民地；他们在塔索思（一个离他们很远的岛屿）上开采金矿；在西班牙南部和西南部，他们开采银矿；他们在非洲建立了像尤迪卡和迦太基这样的殖民地；他们从噶德斯出发沿着非洲海岸航行到很远的地方，据有些人报道，他们甚至完成了环绕着整个非洲的航行；他们从布列塔尼运来了锡石，从波罗的海运来了普鲁士的琥珀。一种全新的原则就以这种方式出现了。无所事事结束了，同样，纯粹野蛮的勇敢也结束了，取而代之的是产业和有胆有识的能动性。这种胆识让他们敢于乘风破浪，又通过理智思考达到目标的手段。在这里，一切都建立在人的奋发有为、敢于冒险和他们的知性的

[237]

基础之上，以及对他们而言目标是什么。在这里，人的活动和意志是第一位的，而不是自然和它的仁慈。巴比伦人的疆土是有一定限度的，而总的说来，物质生活基础是由太阳的运行和自然过程决定的。但是，水手在面对风浪无常时必须信赖他自己，敏于观察，勤于思考。同样，产业的原则就包含了人靠天吃饭的对立面；因为自然的对象为了能够使用和成为装饰品，就必须经过加工。在产业中，人自身成为他自己的目的，而把自然当作一个被他征服的东西来对待，人在自然上面盖上了他的活动的印章。在这里，知性就是勇敢，而机敏远胜于纯粹自然的勇气。我们在这里看到，这些民族从对于自然的恐惧和对自然尽奴仆般的职责之中解放出来了。

[238]　如果我们在这里比较一下不同的宗教观念，那么，我们就会在巴比伦，在叙利亚的不同部落中，在弗里吉亚人那里看到一种粗陋的、共同的、感性的偶像崇拜，我们主要是从基督教的先知那里知道关于它的描述的。此外，我们在这里谈论的只是偶像崇拜，而这又是一种不确定的东西。中国人、印度人和希腊人都有偶像崇拜，天主教徒也崇拜诸圣徒的画像。但是在我们现在置身于其中的这个圈子里，受到崇拜的东西一般地说是自然的和生产的力量，而且祭品是丰富而奢侈的物品。先知们曾经就此做过令人十分厌恶的描述，然而，它的难以容忍之处一定程度上是由于犹太人对于相邻民族的憎恨而强行加塞进去的。这样的描述尤其是在《智慧书》中最为翔实。这里出现的不仅仅是对自然物的崇拜，而且还有对于普遍的自然力量的崇拜，例如阿斯塔尔塔、库柏勒、以弗所的戴安娜。这种崇拜是感官的沉醉、放荡不羁和奢侈。纵情声色和残酷无情是这种崇拜的两个基本特征。《智慧书》第14章第28节说："他们在庆祝节日的时候，就像是丧心病狂一般。"这种残酷无情和沉溺于感官的生活必然联系在一起，而这种生活作为一种意识还没有达到普遍物的程度，因为自然本身是最高的东西，所以人还没有任何价值，或者说只有最微不足道的价值。此外，在这种服侍多神的状况中存在的是，就精神努力追求等同于自然而言，精神取消了它的意识以及一般地说的精神性的东西。因此，我们

看到了这样的状况:把儿童当作牺牲供奉,库柏勒的祭司自残身体,男人阉割自己,女人在神殿里出卖自己等。巴比伦宫廷之中值得注意的一个特征是,当丹尼尔在宫廷里长大的时候,没有任何人要求他参加各种宗教典礼,以及,用来款待他的都是洁净的菜肴。国王只是在让他给国王解梦时才特别需要他,因为他有神圣的诸神的精神附体。国王只有通过梦这个更高的东西才会自我振拔,超越感官的生活。总的来说,这就显示出,宗教的束缚极为松弛,我们在这里根本找不到任何统一性。我们在这里还可以看到对于历代国王的画像的崇拜;自然力量和作为精神力量的国王是最高的东西,而与波斯的纯洁性的完全对抗就显示在这种对于多神的服侍之中。[239]

与此相反,我们在腓尼基人、一个敢于冒险的海洋民族那里发现了不同的东西。希罗多德告诉我们,泰尔城的人崇拜的是赫拉克勒斯。如果说这还不是希腊的神明,那么,我们可以从这个名字中理解到,他和希腊的那个神的概念大体上应该是一致的。这一崇拜尤其可以刻画出这个民族的特征,因为希腊人说,赫拉克勒斯是这样一个人,他是通过属人的勇猛与果敢才跻身于奥林匹斯山上诸神的行列。赫拉克勒斯完成 12 件任务大概是以太阳的观念作为基础的,然而,这个基础尚没有刻画出赫拉克勒斯的主要规定,他的规定毋宁说是这样,赫拉克勒斯是神的儿子,他通过属人的勇猛和果敢,通过他的德性与事迹使自己上升为神,他不是在无所事事之中,而是在艰难困苦和辛勤劳动之中度过了他的一生。第二个宗教因素是崇拜阿多尼斯,这种崇拜流行于沿海城市(在埃及,托勒密王朝也极为隆重地颂扬这一崇拜),《智慧书》第 14 章第 13 节以下有一个论述这一崇拜的主要地方:"偶像并不是从一开始就有的,……而是由于人的自命不凡的错觉才来到世间,因此他注定很快就会结束。一个父亲因他儿子的夭折(阿多尼斯)而甚为悲伤,于是他为自己早死的儿子立像。他虽然是一个已死的人,如今却被当作神来崇拜,并且传令家属崇拜偶像和供奉牺牲。"阿多尼斯的庆典,大概类似于欧西里斯的崇拜,都是对于死者的纪念,在这样的丧葬仪式中,妇女因为这位神的死去而爆发出[240]

最肆无忌惮的哀号。在印度,这种哀痛由于英雄主义的麻木不仁而默不作声;那些妇女毫无怨言地自沉于河流之中,而男人们却浮想联翩,设想出了各种惩罚方式,把最难以忍受的折磨强加到自己身上,因为这些惩罚与折磨只能导致对于生命的扼杀,以便在空洞的、抽象的直观中根除意识。但是在这里,人的痛苦变成了一种崇拜的因素,一种敬重的因素;人在痛苦中感受到了自己的主体性;在这里,他应该、他也可以认识他自己和意识到自己的在场。在这里,生命重新包含了价值。一种普遍的痛苦被建立起来了;因为死亡对于神圣的东西来说是内在的,所以上帝也要死去。我们在波斯人那里看到光明与黑暗之间的相互斗争;但是在这里,这两种原则统一为了**一种原则**。在这里,否定的东西也只是自然的东西,但是作为上帝之死,它不仅是对于一种被规定的东西的限制,而且是纯粹的否定性自身。这一点是要害之所在,因为神性的东西一般说来应该被把握为精神,而精神就在于,它必须是具体的,在自身之中包含着否定性的因素。智慧、权力的规定也是具体的规定,但只是作为述谓,结果,上帝保留了抽象的、实体性的统一性,这种统一性之中的差异消失了,没有变成统一性中的环节。但是在这里,否定自身就是上帝的环节、自然物、死亡,对它的崇拜就是痛苦。于是,在对阿多尼斯之死和他的复活的庆祝之中存在着的是,具体的东西变成了意识。阿多尼斯是一个青年,他被从他父母那里夺走而过早地夭折。在中国,祖先受到崇拜,祖先享受着这种神性的荣誉;但是父母亲的死亡等于偿还自然的债务。与此相反,死亡攫夺了年轻人的生命,这是一件不应该存在的事情(Nichtseinsollen),如果说在

[241] 父母去世之时感到痛苦绝非合乎正当的痛苦的话,那么,死在少年那里就是一个矛盾。这种矛盾具有深刻的意义,即在上帝中,否定、矛盾达到了直观,而在崇拜仪式中包含了这两种因素:一方面是为他被夺去生命而感到痛苦,另一方面是为重新发现的上帝而感到欢乐。

犹太人

海岸线上另外一个属于波斯帝国、但是关系比较疏远的民族是犹太

民族。我们发现这个民族也有一本基本典籍,即《旧约全书》,在这本经书中显示出了这个民族的基本观念,它们的原则和我们刚刚叙述过的那个民族的观念恰好截然对立。如果说腓尼基民族的精神性的东西仍然受到自然方面的限制,那么,与此相反,在犹太人这里,精神性的东西被完全净化了;思想的纯粹产物、自我思想达到了意识的水平,精神性的东西在反对自然和反对自然与它自身的统一性时发展到了它的极端的规定性。我们以前也看到过纯粹的婆罗门,但是只是把它当作纯粹的自然存在,确切地说,婆罗门自身并非意识的对象;我们在波斯人那里看到它成了意识的对象,然而只是在感性直观之中,作为光才是如此。但是,从现在起,光是耶和华,纯粹的一。就这样,在东西方之间发生了一个断裂;精神回到了自身之中,承认那个抽象的基本原则是精神性的东西。在东方是最初的东西和基础的自然现在被贬低为被造物;现在精神是第一位的东西。关于上帝,人们知道,他是一切人和全部自然的创造者,同时也是绝对的功效一般。但是,这个伟大的原则在它的进一步的规定中是**独一无二的一**。这种宗教必须获得这种排他性的因素,这种因素本质上存在于以下这一点之中,即只有这一个民族能够认识这个一,并且为他所承认。犹太民族的上帝只是亚伯拉罕以及他的子嗣的上帝;在这种上帝的观念中交织着民族的个体性和一种特殊的地方性崇拜。所有其他的神因为和这种上帝相对立而是虚假的;确切地说,真神和假神之间的区别是完全抽象的,因为我们不能承认在假神身上有一种神圣者的光辉在它之中闪耀。但是,现在,每一种精神的功效,更不必说每一种宗教了,都具有如下性质,即无论它是什么,在它之中都包含着一种肯定性的因素。一种宗教无论它有多少错谬,也总还是包含着真理,即使是以严重受损的方式。在每一种宗教中,都有一种神圣的东西出场,都有一种神圣的关系,一种历史哲学必须在受到最大损害的形象之中寻找出精神性的因素。但是,我们不能由此得出,因为它是一种宗教,所以它就是好的。我们绝对不能陷入那种不够严谨的态度中说,它不取决于内容,而只是取决于形式。犹太宗教没有这种松松垮垮的仁慈,因为它是绝对排外的。

[242]

在这里,精神的东西直接宣布和感性的东西之间脱离关系,自然被贬低为一种外在的东西和非神性的东西。这本来就是自然的真理,因为很久以后理念才在它的这种外在性中达成了和解;它的第一次表达是和自然相对立的,因为迄今为止一直受到侮辱的精神在这里才获得了它的尊严,正如自然在这里才获得了它的正当的位置。自然自身就是外在地存在着的,它是被设定的东西,它是被创造的东西,而上帝是自然的创造者和主人这种观念带来了上帝作为崇高者的观念,因为全部自然都是上帝的装饰品,同时被用来为上帝服务。和这种崇高状态相反,印度的崇高只是一种无节制的崇高。由于这种一般意义上的精神性,耽溺于感官的东西和伤风败俗之事不再拥有特权,相反,它们被贬低为非神圣性的东西。

[243] 只有一、精神、非感性之物是真理;思想是自为地自由的,真正的道德和正义从现在起也出现了;因为上帝之受到崇拜正是因为正义,而正义的行为已经漫游在主的道路上。幸福、生命和尘世的康乐作为奖赏就是和正义联系在一起的;因此,《圣经》说:"你可以长久地生活在大地上。"——一种历史性的观点的可能性现在也出现了;因为正是在这里出现了散文式的知性,这种知性让那些受到限制者和被限定者各就各位,并且把它们把握为它们固有的有限性的形态:人被看作是个体,而不是上帝的道成肉身,太阳被看成是太阳,山岳被看作是山岳,而不是在它自身之中具有精神和意志的东西。

我们把这个民族中的那种僵硬的宗教仪式看作是和纯粹的思想之间的关系。主体作为具体的东西是不自由的,因为绝对自身绝不会被把握为具体的精神,因为精神出现时仍然被设定为无精神的。我们面前固然有了内在性、纯洁的心、忏悔和虔诚,但是,特殊的、具体的主体还没有在绝对之中变成对象性的东西,因此,他仍然要严格地遵守仪式和法权,而法权的基础正是作为抽象物的纯粹的自由。犹太人通过一而成为他们现在之所是;因此,主体自身还没有自为的自由。斯宾诺莎把摩西的"律法书"看作是上帝加诸犹太人身上的惩罚、严厉管教。主体从来没有达到对于他的独立自主的意识,因此,我们在犹太人那里发现不了对于灵魂不死的信仰,因为,主体还不是自在自为地存在着的。如果说在犹太教中主体是没有价值的,那么,与此相反,家庭是自立的,因为对于耶和华的崇拜是和家庭联系在一起的,家庭因而是实体性的东西。但是国家是与犹太原则不相称的东西,对于摩西的立法来说完全外在的东西。在犹太人的观念中,耶和华是亚伯拉罕、以撒和雅各布的上帝,上帝命令他们离开埃及,并给予他们迦南的土地。犹太人列祖列宗的故事令我们兴致益然。[244]我们在这些故事中看到犹太人从父权制的游牧状况过渡到从事农耕的状态。总的来说,犹太人的历史具有巨大的特色;只是由于对其他民族精神的排斥(消灭迦南地带的原住民居然是为了执行命令)被神圣化了,由于总体上缺乏文化教育和过于迷信,他们的历史受到了玷污,而他们的迷信是由于他们这个民族的固有特征具有更高的价值这一观念所导致的。在作为历史的历史中,奇迹也让我们无所适从,因为就具体的意识不是自由的而言,具体的洞见也不是自由的;自然被去神圣性了,但是还没有达到对它的理解。

通过占领迦南,犹太的家族成长为了一个伟大的民族,他们拥有了一块土地,在耶路撒冷建立了一座全民族共用的神殿。但是还不存在一条真正的国家纽带。在遭遇危险之时,英雄们挺身而出,身先士卒,然而,这个民族大部分时间里都处在异族统治之下。后来,在他们选举出了国王之后,犹太人才实现了独立自主。大卫王甚至转而侵占别的国家。律法在原本的意义上只适合于家庭,然而,在《摩西五书》里已经预见到有一个国王的愿望。据说应该由祭司选举国王;他不能是外国人,不能有大部队的骑兵,只能有很少的妻妾。在短暂的辉煌之后,这个国家又陷入了分裂和割据的状态。因为在耶路撒冷只有一个部落利未族和只有一座神庙,所以,由于国家的分裂,必定很快会出现偶像崇拜。因为这个唯一神不能供奉在不同的神殿里,一个宗教不能有两个国家,于是这个客观的上帝就被看作是纯粹精神性的,于是对客观的上帝的崇拜的主观方面就是受到限制的和无精神的。这两个国家,无论是在外部的战争还是在内在的战争中,最终都同样不幸地被亚述人和巴比伦人所征服。是居鲁士允 [245]

许他们重回故里，依照他们自己的律法生活。

埃及人

波斯帝国是一个逝去了的帝国，它的鼎盛一时只留下令人悲惋的遗迹。它那些最美丽、最富庶的城市，例如巴比伦、苏撒、波斯波利斯，都已经完全毁灭了，只余下一些断壁残垣向我们指示它们的旧址。即使是在晚近的波斯的那些大城市，比如伊斯法罕、设拉子，也有一半左右变成了废墟，它们没有像同时代古罗马的城市一样焕发出新的生机，相反，在环绕着他们的那些民族的记忆之中，它们几乎完全消失了。除了前面讲过的那些属于波斯帝国的国家以外，现在登场的是**埃及**。总的来说，它也是一个成为废墟的国家，它从古至今都被当作是令人叹为观止的国家，它在近代也引起了人们对它的极大的兴趣。它的废墟，一个无法估量的伟大工程的最终的结果，在雄伟壮阔和气势磅礴方面胜过其他一切我们还能看得到的古代遗迹。

我们在埃及看到，在波斯君主制中作为个别物而出场的那些因素聚合在了一起。我们在波斯发现了对光的崇拜，把它当作普遍的自然存在。后来，这个原则展开为许多相互并列但是漠不相关的因素：其中一个因素是在巴比伦和叙利亚出现的沉浸于感官的事物之中；另一个因素是精神性的因素：一方面是在阿多尼斯崇拜中发端的具体精神的意识；另一方面是犹太人那里的纯粹的和抽象的思想；前者缺乏具体物的统一性，而后者缺乏具体物本身。把这些互相矛盾的元素统一在一起，是一个任务，而这个任务就出现在埃及。我们从埃及古代发现的各种表现中可以看出，有一个形象，也就是说**斯芬克斯**的形象，必须要被突出出来，它自在自为地是一个谜，一个双重意义的造像，半兽半人。人们可以把斯芬克斯看作是埃及精神的象征：一颗从野兽的身体内探出四处张望的头颅表现了这样一种精神，它开始把自身从自然状态中提升出来，但是又没有完全从自然的羁绊中解放出来。埃及人的这种无边无际的建筑作品一半陷入地下，一半抬升到半空之中。这整个国家可以分为一个生之国和一个死之国。

[246]

巨大的门农的雕像发出声响应和着初升的朝阳的第一道光线；然而，这还不是自由的精神之光在门农身上鸣响。埃及的文字还是一种象形文字，这种文字的基础只是感性的图画，而不是字母。——因此，对于埃及的回忆提供给我们的是大量的形象和图像，它们表达出了埃及的特征；我们在其中认识了一种感觉到自己受到排挤的精神，虽然这种精神只是以感性的方式表现自身。

埃及自古以来就是一个充满了奇迹的国度，现在它仍然是如此。我们所拥有的关于埃及的报道特别是从希腊人那里，而且首先是从希罗多德那里获得的。这位深思熟虑的历史著作家本人曾经访问过这个他想要对之进行报道的国家，并且在埃及各大城市考察时结识了许多埃及的祭司。他详细地报道了他耳闻目睹的一切；但是他有所顾忌，没有说出埃及神祇的更深刻的意义：它们是神圣的东西，但是他却未能像谈论某种外在的东西一样谈论那些神祇。除他以外，还有一位狄奥多罗斯·西库鲁斯以及犹太历史学家约瑟夫斯也非常重要。

埃及人的思想和观念通过他们的建筑作品和象形文字表达出来。但是他们没有一件全国性的语言类的作品；不但我们没有这种作品，埃及人那里也没有；他们之所以不能拥有这样一件作品，是因为他们还没有发展到理解他们自身的地步。也不存在一部埃及的历史，直到最后，那位把《圣经》组织翻译成希腊文的托勒密·菲拉德尔福斯①安排大祭司曼涅托撰写了一部埃及史。我们只有这部书的节录本，帝王世系表，然而这些摘录又造成了异乎寻常的困难和自相矛盾之处。为了认识埃及，我们总的说来必须依赖古代的报道和流传至今的许多巨大的纪念碑的碑文。我们发现了大量的刻有象形文字的花岗岩墙，古人给我们留下了关于其中一些文字的解释，只是这些解释还远远谈不上充足。近代以来，人们重新注

[247]

---

① 他是托勒密二世。亚历山大的心腹大将索忒尔·托勒密一世（前323—前283），是托勒密王朝的奠基者，也是第一代法老。在菲拉德尔福斯·托勒密二世（前283—前246）和欧厄格提·托勒密三世（前246—前221）两代法老统治时期，埃及的方方面面达到历史的巅峰，成了地中海世界的头号强国。——译者注

意到这些墙上的文字,在许多学者皓首穷年的努力之下,至少已经能够释读其中一些象形文字的文献了。著名的英格兰学者托马斯·扬①最早把握到了这样一种想法,并且使大家注意到这一点,即在墙上有一些较小的面积,它们和其他的象形文字被隔开,可以注意到上面是那些象形文字的希腊文翻译。扬通过比较识别出了三个名字,贝勒尼基、克丽欧佩特拉和托勒密,于是,他便迈出了释读埃及象形文字的第一步。后来人们发现,其中一大部分的象形文字是表音的,也就是说,表达的是声音。于是,眼睛的形象首先表达的是眼睛的意义,但是,它其次还表示其意思是眼睛的那个埃及词语的第一个字母(就像在希伯来语中,一座屋子的形象ב表示字母,因为屋子这个单词是以בית开头的)。著名的**小尚波里翁**②首先让大家注意到,表音的象形文字和那些表达观念的象形文字混合在了一起,然后不同类型的象形文字被分门别类,并且建立了分别对它们进行释读的特定原则。

[248]

  埃及的历史,就我们所知道的而言,充满了巨大的矛盾。神话的东西和历史的东西混淆在一起,而很多叙述又迥然不同。欧洲的学者如饥似渴地研究曼涅托留下来的各种表格,遵从它们的说法;根据最新的发现,大量的国王的名字得到了证实。希罗多德说,根据祭司的叙述,曾经有很多神祇统治着埃及,从第一个凡人国王到塞托国王已经过去了341代,或者说过去了11340年;第一个凡人统治者是美诺丝(Menes,在这里引人注目的是,这个名字和希腊的米诺斯(Minos)与印度的摩奴(Manu)非常相似)。埃及除了它的最南端的忒拜伊思以外,还形成了一个大湖;关于三角洲,看起来确定的是,它是由于尼罗河的淤泥冲积而形成的。就像荷兰人通过征服大海赢得了他们的疆土,而且想方设法维持这种占领的局面,埃及人也以同样的方式赢得他们的土地,并且通过运河和大海来维持它们的膏腴。对埃及的历史来说,一个非常重要的因素是它的历史是从

---

① 托马斯·扬,1773—1829年,学者。——原编者注
② 让·弗朗斯瓦·尚波里翁,1791—1832年,埃及学的奠基者。——原编者注

上埃及延伸到下埃及、从南埃及延伸到北埃及。这就和下面这一点紧紧联系在一起,即埃及人是从埃塞俄比亚,而且主要是从麦罗埃岛,获得它的文化的,根据最近的假设,据说曾经有一个祭司民族居住在这座岛上。位于上埃及的底比斯是埃及多位国王曾定都于此的最古老的首都。早在希罗多德的时代,它就衰落了。这座城市的废墟是我们所知道的埃及建筑物当中体积最为庞大的。它在经过很长一段时间以后还能够如此完好,这要归功于这个国家长年晴好,万里无云。这个帝国的中心随后转移到了孟菲斯,它距今天的开罗并不遥远,最后是转移到塞易思,在真正的三角洲以内了。位于这个城市这个地带的建筑是非常晚近的时期建造的,但是保存下来的不多。希罗多德告诉我们,美诺丝已经建造了孟菲斯。在后来的国王中特别值得一提的是塞索斯特里斯,根据尚波里翁的说法,他必须被认为是拉美西斯大帝。有大量的纪念碑和绘画是专门为了他而作的,这些纪念碑和绘画上表现的是他的胜利和凯旋,以及他所获得的俘虏,确切地说,是从不同国家获得的俘虏。希罗多德讲述过从他征服叙利亚直到他远征科尔基斯的故事,并且因此能够说出在科尔基斯和埃及的风俗之间的巨大的相似性:只有这两个民族和埃塞俄比亚一向实行割礼。此外,希罗多德还说,塞索斯特里斯命令挖掘了贯穿整个埃及的巨大的运河,这些运河有助于把尼罗河的水运送到全国所有的地方。总的说来,埃及的政府越是小心谨慎,他们也就越是重视运河的维护,而在那些漫不经心的政府当政期间,荒漠就赢得了优势。因为埃及持续不断地同高温炎热和尼罗河的洪水作斗争。我们从希罗多德那里得知,由于布满了运河,在这个国家骑兵没有用武之地;与此相反,我们从摩西五书中获悉,埃及人曾经在这方面是如何名闻遐迩。摩西说,如果犹太人需要一位国王,那么,这位国王绝不能跟很多女人结婚,也不能让他从埃及获得战马。

在塞索斯特里斯之后,比较突出的国王还有胡夫(Cheops)和哈夫拉(Chephren)。他们建造了巨大的金字塔,关闭了祭司的神庙;据说胡夫的一个儿子,孟卡拉,又重新开放了神庙;在这之后,埃塞俄比亚人侵入了这个国家,它的国王沙巴卡自立为埃及的国王。但是,安尼西斯,孟卡拉的

[249]

[250]

继承者,逃到了尼罗河出口的沼泽地带;在埃塞俄比亚人撤退之后,他才重新露面。接替他王位的是曾经担任过弗萨的一位祭司的塞托(有人认为他就是赫菲斯托斯);在他统治时期,亚述国王辛那赫里布入侵了这个国家。塞托总是对于武士阶层鄙夷不屑、视如敝屣,而且掠夺他们的田地;所以在他向他们发起号召时,他们并没有对他不离不弃。因此,他不得不颁布了一个向全体埃及人民的总的动员令,并从小商贩、手艺人和小市民中拼凑出了一支军队。据《圣经》说,敌人望风而逃,有很多天使彻底战胜了他们;但是希罗多德说,在半夜出现了很多田鼠,它们啃坏了敌人的弓与箭,因此,手中再也没有武器的敌人不得不落荒而逃。正如希罗多德所说,在塞托去世之后,希腊人自以为获得了自由,选举了12位国王,这12位国王组成了一个联邦,他们建造了一个迷宫作为这个联邦的象征,迷宫由地上地下都有的、不计其数的房间和大厅组成。这些国王之中的一位,普萨美提克王(Psammetich),在基督纪元前650年在伊奥尼亚人和加利亚人的帮助下,驱逐了另外11位国王,因为他承诺将下埃及的土地转让给他们。到那个时候为止,埃及人一直对外保持闭关自守的状态;他们也不在海洋方面与任何其他民族发生关联。普萨美提克王开启了这种关联,但是也因此而造成了埃及的没落。埃及的历史从现在起变得更加确定了,因为它以希腊人的报道作为基础。接替普萨美提克王的是尼科(Necho),他开始挖掘了一条把尼罗河和红海连接起来的运河,而它要到大流士·诺赛斯的手中才算是大功告成。那个要把地中海和阿拉伯海湾与大西洋连接在一起的计划并不像人们相信的那样能够带来巨大的利益,因为在红海上每年有9个月之久持续不断地刮北风,使得航行极为艰难,因此只有3个月才能由南向北航行。继承尼科王位的是普萨米斯王,然后是阿普里斯王,后者曾经率领一支军队进犯西顿,和泰尔人之间进行了一场海战;他还派了一支军队侵犯昔兰尼,这支军队被昔兰尼人打得几乎全军覆没。埃及人对他极为不满,指责他犯了想要把埃及引向毁灭的罪过;但是,看起来,这次起义是由于他给予卡勒人和伊奥尼亚人太多优待而引起的。在这些反叛者中领袖群伦的是阿米西斯,他战胜了

[251]

国王,并登上了国王的宝座。希罗多德把他描绘成一位妙趣横生的君主,但是他并不能够维护君主的尊严。依靠他的机敏过人、诡计多端和精神面貌,他从一个出身卑微的小人而得以飞黄腾达,继承大宝,而根据希罗多德的说法,他在一切其他的场合也都证明了他能够随时调遣的那种敏锐的理智。每天早上,他就来到法庭,亲自审理人民的控诉;但是到了下午,他却饱尝珍馐,纵情于声色犬马之中。在他的朋友为此而责备他并且提醒他注意他应该没日没夜地投身于国家大事之时,他回答他们说,如果弓总是保持着张的状态,那么,它会变成毫无用处,或者折断。在埃及人因为他出身卑微而不怎么高看他之时,他把一个纯金制作的洗脚盆打造成了一座神像,这座神像得到了埃及人的热烈的崇拜。他想借此向他们证明他自己就是这样的例子。希罗多德还说,他在私人生活中纵情享乐,他的全部财产被挥霍一空,以至于他只好去做盗玉窃钩之事。流俗的心灵和卓越的理智所形成的这样一种对照就是这位埃及国王最典型的特征。

阿米西斯导致了国王冈比西斯对他的不满。居鲁士曾经请求埃及给他派一名眼科医生,因为那个时候埃及由于眼疾流行,眼科医生必不可少,于是眼科医生的医术赫赫有名。这名医生因为被派往外国而怀恨在心,于是他建议冈比西斯迎娶阿米西斯的女儿,他知道,阿米西斯要么会把女儿嫁给冈比西斯,但却会为此而感到难过;要么会一口回绝,但是这会令冈比西斯勃然大怒。阿米西斯不想把他的女儿嫁给冈比西斯,因为冈比西斯想要把她当作侧室(因为他的合法的妻子必须是波斯人),于是,他以他女儿的名字送去的是阿普里伊的女儿,阿普里伊的女儿后来向冈比西斯吐露了真相。冈比西斯因为上当受骗而暴跳如雷,于是在阿米西斯死后普萨米特统治埃及的时候,发兵进犯埃及,占领了这个国家,使它沦为波斯的属国。[252]

至于说到埃及的**精神**,在这里要提及的是,据希罗多德说,埃利亚人认为埃及人是最智慧的人。令我们惊诧不已的是,除了非洲人的愚蠢,我们还在这里看到一种反思性的知性,一切制度都合乎理智、井井有条,以及令人赞叹不已的艺术作品。——埃及人和印度人一样分为不同的等级,而且总是克绍箕裘,子承父业。则此之故,各种技艺中的手工艺和技术在这里得到了高度的发展,而且埃及人子承父业的方式和类型并没有像在印度人那里一样造成了各种不利的后果。希罗多德列举了如下七个阶层:祭司、武士、牧牛人、养猪者、商人或者一般意义上的零售商,译员,他们似乎在后来才构成了一个特殊的阶级,以及最后是水手。在这里没有把农民列举进来,似乎因为农民要从事好几个不同阶层的事务,例如武

[253] 士也会分得一份田地。狄奥多尔和斯特拉波给出的阶层划分就有所不同。他们列举出来的只有祭司、武士、牧人、从事农耕者和手艺人,因为从事商业者也属于手艺人。希罗多德谈到祭司时说,他们拥有最好的耕地,他们把耕地租给别人耕作,因为土地基本上掌握在祭司、武士和国王的手中。根据《圣经》的说法,约瑟是国王的总管,他所从事的事务的目的在于,国王成为一切地产的主人。但是,总的来说,这些行业并不像在印度那样一成不变,因为我们发现,原本是主人的以色列人后来被当作手工业工人来使用,而且,就像我们已经说过的那样,一支军队由杂七杂八的手工工人组成。这些阶层不是固定的,相反,他们相互竞争,相互接触,我们经常发现不同阶层融合在一起和互相对抗的状况。武士阶层一度非常不满意于他们被从他们的居住地派往努比亚而没有人来接替他们,以至于他们不能利用他们的田地,于是他们逃亡到麦罗埃,结果,国王只好把外国的雇佣兵派往这个地方。

　　希罗多德曾经向我们详尽无遗地报道过埃及人的**生活方式**,主要讲述了在他看来和希腊风俗大相异趣的东西。例如,埃及人每一种疾病都有特定的医生;女性操劳家庭之外的事务,而男子则留守在家中,纺纱织布。在埃及的一部分地区,流行的是一夫多妻制,而在另一个地方则盛行一夫一妻制;女人穿一件衣服,而男人穿两件衣服;他们常常洗脸、洗澡,每月斋戒一次。所有这一切都意味着他们安居乐业的状况。至于说到警察制度,可以确定的是,每一个埃及人都应该在一定的时间内到他的长官那里报到,而且必须陈述清楚他的生活资料来自哪里。如果他不能说清

楚这一点,那就会被判处死刑;然而,这条法律是要晚到阿米西斯时期才制定的。此外,还可以看到他们在分配国家土地以及运河开凿、堤坝设计等方面都小心翼翼,无微不至。希罗多德说,在埃塞俄比亚国王沙巴卡统治时期,许多城市都因为建筑了堤坝而加高了。

[254]

他们对待**法庭事务**是极其郑重的,法庭由各区域任命的 30 个法官组成,这些法官又选举出他们自己的首席法官。所有诉讼都通过书面方式处理,直到进行第二次辩护。狄奥多罗斯认为这种方式可以有效地抵抗律师的能言善辩和法官的滥发慈悲。法官以一种缄默不语和难以窥测的方式宣告他的判决。希罗多德说,他们把真理的标志挂在胸前,如果他们把这个标志转向哪一边,那一边就会被宣布为获胜的一方,或者他们也会把这个标志悬挂在获胜一方的身上。国王本人必须每天都处理和司法相关的事务。关于盗窃,我们知道,它是绝对禁止的,然而法律却明文规定,盗窃者应该投案自首。如果小偷检举他们自己的盗窃行为,那么,他们就不应该受到处罚;相反,他们还能够获得四分之一的赃物;埃及人素来因为狡诈而声名狼藉,据说,也许这种做法是要推动和训练埃及人的狡诈。

埃及人在设立各项法律制度时的**合理性**似乎占主要部分。这种合理性也表现在他们的实践事务中,因为我们也可以在他们的艺术创作和科学研究上认识到这一点。埃及人把一年分为 12 个月,每个月分为 30 天。他们在每年的结尾再加上 5 天,希罗多德说,他们在这方面做得要比希腊人略胜一筹。我们尤其要为埃及人在机械术上所表现出来的合理性而感到惊叹不已;他们那些宏伟、巍峨的建筑,就任何其他民族都不具有这样的建筑,和就它们在坚固和宏伟方面胜过一切其他民族的建筑而言,足以证明埃及人献身于其中的技巧和技能,因为那些下等的阶层对于政治无动于衷。西西里的狄奥多罗斯说,埃及是唯一一个这样的国度,这个国家的市民并不关心国家,而只关心他们所从事的事务。希腊人和罗马人一定会对这种状况惊奇不已。

[255]

由于他们的合乎理性的制度,现在,古代的埃及人可以被看作是一种依照道德进行管理的状况的典型,在某种方式上,这是毕达哥拉斯在一个

197

规模有限但却出类拔萃的社会中所实现的一种理想，也是柏拉图在一个更大的规模上制定出来的一种理想。但是，在这样一种理想中，并没有把激情考虑在内。如果有一种状况被认为是已经达到完成并且可以被享受的状况，一种在其中所有东西——尤其是教育和对它的适应——都被计划好了的状况，而且，这种状况因此而变成了第二自然，那么，这种状况是完全违反精神的本性的；因为精神把现存的生活当作它的客体，而且是改变生活自身的那种活动的无限的动力。这种动力在埃及也以一种特殊的方式表现出来了。也就是说，这种秩序井然的、一切细节都被规定好了的状况中似乎并不包含任何它所特有的东西；宗教似乎可以随意地以这种或那种方式附加到这种状况之上，人的更高的需要也可以由此而得到满足，确切地说，是以在所有状况下都处之泰然而且与那种道德秩序相称的方式。但是，如果我们现在来考察一下埃及的宗教，那么，我们就会由于它那些最为古怪离奇的和最为异想天开的现象而惊愕不已，我们从而认识到，这种风平浪静的、警察所管理的秩序并不是一种中国式的①秩序，在这里和我们打交道的东西是一种截然不同的、在自身之中运动着的、充满本能和激情的精神。——我们在这里把非洲的元素和地中海沿岸——许多民族都在这个地方展示过自己——的东方的光怪陆离混杂在了一起，也就是说，结果是，在这里，不存在任何与外来的东西的纠葛，因为这种刺激的方式表明是多余的；在这里有一种无比巨大的推动的努力指向它自身，这种努力通过最为惊人的生产而在它的圈子内部发展成了它自身的客观化。我们在这里发现的东西是，非洲式的密不透风以及在自身之中客观化的无限冲动。但是，就像精神的额头上被缠绕上了一块铁绷带，它在思想中还没有达到对于它的本质的自由的自觉，相反，还只是把它作为任务，作为它自身的谜而生产出来。

对于埃及人视为本质的那种东西的基本观念建基于他们生活于其中

---

① 这里的"中国式的秩序"是指停滞不变的秩序，这是那个时代欧洲人对于中国的偏见。——译者注

东方的世界

的那个天然地被锁闭的世界,进而言之,建基于被锁闭的物理性的自然圈子,尼罗河加上太阳规定了这个自然圈子。在太阳的状况和尼罗河的状况这二者之间存在着一种关联;对埃及人来说,这种关联就是一切之中的一切。总的来说,尼罗河就是土地的基本规定,在尼罗河河谷之外就是沙漠;北方被大海所包围,而南方被炽热状态所包围。占领埃及的第一个阿拉伯统帅在给哈里发奥玛的信中说,埃及首先是一望无际的沙尘之海,然后是惹人喜爱的水海,最后是一片广阔的花海。这里终年无雨。到了7月底,白露降临,尼罗河开始泛滥,而埃及像极了岛屿之海(希罗多德也把这段时间中的埃及和爱琴海中的岛屿相提并论)。尼罗河水退却之后,留下了大量的小生物,然后出现的是无以数计的蠕动动物和爬行动物;不久以后,人们开始在这里播种,而到时候就会收获满满。埃及人的生活状况并不取决于太阳的日照强度或者降雨的丰沛,相反,对他们来说,只需要如此简单的条件即可,这些条件构成了他们的生活方式和生命有所作为的基础。这是一个封闭的物理的过程,尼罗河遵循着这一过程,而这个过程又和太阳的运行联系在一起:太阳升起,太阳运行到它的最高点,然后开始后退。尼罗河的运行过程大致亦如是。

埃及人生活的基础也构成了他们的宗教的基本内容。自古以来就存在着关于埃及宗教的意义与意涵的争吵。早在提贝里乌斯时期,亲身去过埃及的斯多葛派学者喀里蒙就曾经对之做过纯粹唯物主义的解释。新柏拉图主义学者构成了前者的对立面,他们把一切都看作某种精神意涵的象征,因此把这种宗教看作是一种纯粹的唯心主义。这每一种观念自身都是片面的。在埃及,自然的力量和精神的力量被认为是最紧密地联系在一起的,但是,还不是以自由的、精神的意涵已经浮现出来的方式,而是以处在最僵硬的矛盾之中的对立双方被系缚在一起的方式。我们已经谈论过尼罗河、太阳以及依赖于前二者的植物的生长。这种特殊化的自然直观赋予了宗教的原则,而这种宗教的内容首先是历史。尼罗河与太阳作为神性,是从人的角度来设想的神性,而自然的运行和神祇的历史是同一回事。到了冬至点,太阳的力量下降到最低的水平,它必须被重新诞

[257]

生出来。因此,欧西里斯就是这样出生的,但是他被提风,他的兄弟和敌人、沙漠中的热风,杀死了。把太阳的力量和尼罗河的力量收走了的伊西斯、大地想念欧西里斯;她搜集了欧西里斯的残缺不全的尸骨,为他感到叹息,整个埃及和她一道用一支哀歌悼念欧西里斯之死,希罗多德称这支歌为"曼那罗斯":他说,曼那罗斯是埃及第一代君王唯一的儿子,在很小的时候就去世了;这首歌和希腊的利诺斯歌完全一样,只字未改,而且是埃及所拥有的唯一一支歌。在这首歌中,痛苦再次被看作是某种神性的东西,而且它在这里遇到了和它在腓尼基人那里所得到的同样的荣誉。然后,赫尔墨斯为欧西里斯的尸体涂上香料,而且把几个不同的地方指认为欧西里斯的坟墓。欧西里斯现在是死者的法官和阴曹地府的君王。这些是基本观念。欧西里斯、太阳和尼罗河,这三重神圣的东西统一在一个节点上。太阳是欧西里斯和诸神祇的历史在其中被意识到的那个象征,尼罗河同样是这种象征。埃及人具体的想象力进一步把农业的引入、犁的发明、双齿耙的发明等等归功于欧西里斯和伊西斯;因为欧西里斯不仅带来了有用的东西、肥沃的土地,而且带来了利用它们的手段。但是他还赋予人以法律,一种公民的秩序和上帝崇拜;他还把劳动的工具送到人的手中,并且保卫人的安全。欧西里斯是被播撒到大地之中然后破土而出的那个种子的形象,这个形象和生命的过程的形象如出一辙。这些不同质的东西,自然现象和精神现象,交织成了一个节点。

[258]

  人的生命历程和尼罗河、太阳与欧西里斯组合在一起不能被把握为某种隐喻,就好像呱呱坠地、茁壮成长、年富力强和生儿育女、瘦骨穷骸与老态龙钟等都是以相同的或者相似的方式表现在各式各样的现象之中;相反,幻想在这各式各样的现象中看到了**一种主体**、**一种生机**;然而,这种统一性是完全抽象的,这些异质的东西在其中把自身显示为受到挤压和驱迫的状态,并且处于一种含混不清之中,这与希腊的清澈明晰完全相反。欧西里斯代表尼罗河与太阳,而太阳与尼罗河又是人的生命的象征;每一个都有意涵,都是象征;这种象征颠倒过来又成了意涵,而这种意涵又是象征之象征,又成了意涵。没有任何规定可以不同时既是意涵又是图像的。任何一方都是另一方,每一方都可以通过他者而得到解释。一种丰富的观念就是这样形成的,它从许多观念中建立起来,在这种观念中,基本节点的个体性仍然保持着,而不会消融在普遍之中。这种普遍的观念或者思想自身构成了类比的纽带,但是,它作为思想登上舞台时对意识而言还不是自由的,相反,它作为内在的联系还是处于隐藏的状态。这是一种紧密结合在一起的个体性,这一个体性把现象的不同方式系缚在一起,它一方面因为把七零八落地显现出来的内容集合在一起而是幻想的,但是另一面在实事上又是内在地系缚在一起的,因为这些不同的现象就是现实性的某种特殊的、散文式的内容。

[259]

除了这些基本观念,我们发现还有更多特殊的神祇,希罗多德曾经把它们分作三类来讲述。在第一类中,他列出了 8 位神祇,在第二类中,他列出了 12 位,而第三类神祇数量很多,没有定员,这一类神祇处在欧西里斯把各种特殊性统一在一起的位置上。在第一类中的弗萨掌管火及其使用,还有尼夫神,他也被设想为好的精灵;但是尼罗河本身也被认为是这种精灵,于是,这个抽象的神转变成了具体的观念。有一位伟大的神祇叫亚蒙,他规定了春分和秋分,而且还是一位神谕宣告者。但是,欧西里斯也同样被列为神谕的奠基者。为欧西里斯所驱逐的生育能力被描述为一位特殊的神祇。但是欧西里斯自身同样也是生育能力。伊西斯是大地,月亮,自然的受孕状态。作为欧西里斯的一个重要因素,阿纽比思(托特,Thot),埃及的赫尔墨斯神,值得突出出来。精神的东西自身在人的活动与发明之中,在法律秩序之中,包含着一种实存,而且以这种自我规定和自我限制的方式成为意识的对象。这里所说的精神的东西不是一种对于自然的无限的、自由的统治,而是与自然力量并列的一个特殊物,也是就其内容而言的一个特殊物。因为埃及人已经把神祇当作精神的各种活动和功效,但是,这些神祇一方面在它的内容方面受到了限制,另一方面在自然的象征之中获得直观。——埃及的赫尔墨斯以神圣的精神性的方面而著称。根据扬布里科的说法,埃及的祭司自古以来就在一切发明前冠上赫尔墨斯的名字;因此,埃拉托斯特尼为他那本讨论全部埃及科学的

[260]

著作加上的标题是《赫尔墨斯》。阿纽比思被称作欧西里斯的朋友与伴侣。文字的发明，然后一般科学的发明，语法学、天文学、测量科学、音乐和医学等的发明都归功于他；他第一个把一天分为 12 个时辰；此外，他还是第一个立法者，宗教习俗和圣地、体育和乐队的第一位教导者；他还发现了橄榄树。但是，尽管他具有所有这一切精神的属性，这位神祇还不是什么思想之神：人们只是把人的特殊技艺和发明一起综合在他身上而已；此外，这位神祇和自然实存完全联系在一起，并且被贬低为自然象征：他被设想为一个狗头的样子，设想为动物化了的神，除了这种面具，他又被设想为具有一种自然实存，因为他同时是天狼星，塞里乌斯（Sirius）。同时，根据他的内容和他的定在，他也被限定为一种感性的存在者。——有时候，同样值得注意的是，就像各种理念和自然物在这里不能彼此区分开来，人生的技艺和机敏同样还没有形成和被规定为由目的和手段组成的某种理智的圆圈。因此，医学，为人的疾病而出谋划策，以及总的说来，针对人生中的各种事业所给出的建议和做出的决议这个范围，屈服于由神谕和巫术所组成的形形色色的迷信。天文学从本质上说同时是占星术，医学是巫术，而且首先是占星术。一切占星术的和感应的迷信都肇始于埃及。

[261] 崇拜首先是动物崇拜。我们已经看到精神性的东西和自然的东西之间的联系，这种观念的进一步和更高的状况是，埃及人，就像他们对于尼罗河、太阳和种子已经具有精神的直观，他们对于动物生命也有这种直观。在我们看来，动物崇拜是令人反感的；我们习惯了崇拜上天，但是崇拜动物对我们来说是陌生的，因为自然元素的抽象在我们看来是更加普遍的，因而是更加值得崇敬。然而，确定的是，那些崇拜太阳和天体的民族，与那些崇拜动物的民族相比，绝不可能得到更高的尊重，实际情况正好与此相反；因为埃及人在动物世界中直观到了内在的东西和不可把握的东西。然而，我们在观察动物的生活与行动时，它们的本能，它们的合乎目的的活动、不安、运动和生机勃勃都会让我们感到惊奇。它们达到了最高程度的活跃，对它们的生活目的而言它们也足够聪颖，但同时，它们

又是沉默的和封闭的。我们不知道在禽兽身上隐藏着什么,我们也不能信赖它们。一只黑色的猫,两眼放光,一会儿运动起来蹑手蹑脚,一会儿跳起来快如闪电,既像一个邪恶的东西虎视眈眈,又像是一个不可捉摸、沉默寡言的幽灵;与此相反,狗和金丝雀似乎是一种与人为善的、与人息息相通的生命。动物实际上是不可捉摸的东西;一个人,无论在他身上有多少和狗相似之处,他也不能设身处地地幻想或者设想一只狗的本性,狗对他而言始终是一种陌生的东西。——人只会在两条道路上遭遇那种不可捉摸的东西,一条道路是在活生生的自然中,另一条是在精神之中。但是,只有在自然之中,人才真正会遇见不可捉摸的东西;因为精神这种东西让自身保持着敞开状态,精神能够理解并且把握住精神。——因为对于埃及人的这种模糊的自我意识来说,人的自由的思想仍然处在锁闭状态,所以,埃及人只会崇拜那种被锁闭在赤裸生命中的、浑浑噩噩的灵魂,并和动物生命之间息息相通。我们也在其他国家中发现这种对于赤裸生命的崇拜,有的明明白白,比如在印度人和在所有的蒙古人那里;有的只有蛛丝马迹,比如在犹太人那里:"你不应该喝动物的血,因为动物的生命存在于鲜血之中。"希腊人和罗马人也在飞鸟身上看到了灵知者(Wissenden),他们相信,在人的精神看来所不能解释的东西,不可捉摸的东西和更高的东西,对于灵知者而言确实是存在着的。但是在埃及人那里,这种动物崇拜无论如何都会发展成为一种最愚蠢的和最不合人道的迷信。在埃及人那里,动物崇拜是某种极其琐碎不堪的东西:每一个区域都有它自己的动物,猫、鹤或者鳄鱼等等不一而足;有许多地方分别为它们建立起巨大的建筑物,人们给它们配备美丽的妻子,它们像人一样死后要抹上橄榄油。公牛死了要埋葬起来,但是,埋葬时,牛角要露出坟墓。奥比斯拥有许多豪华的墓碑,有些金字塔就应该看作是这样的东西。在一个已经打开的金字塔中,人们发现正中间的房间里有一具美丽的雪花石膏棺材;经过进一步的研究,人们发现,锁闭在其中的尸骨是牛的骨头。这种动物崇拜常常会发展成为荒唐可笑的不知变通。如果一个人蓄意杀死了一只牲畜,那么,他也要被处以死刑;而且,即使他是无意杀死了某只动

[262]

物,他也可能要让自己承受死刑。据说,曾经有一个罗马人在亚历山大里亚杀死了一只猫,这件事情引起了一场暴动,在暴动中,埃及人杀害了那个罗马人。因此,人们宁愿让一个饥肠辘辘的人命丧黄泉,也不愿意宰杀神圣的动物,或者说动用他们的库存。在某种生殖崇拜中,相比于这种赤裸的生命,能生育的自然的普遍的生命力更加受到崇拜,而希腊人也在他们的狄奥尼索斯崇拜中接受了这种生殖崇拜。这种生殖崇拜总是和放荡不羁、纵情声色联系在一起。

此外,现在,动物的形象又转变成了象征,一定程度上以象形文字的方式被贬低为纯粹的符号。我现在还可以回忆起埃及纪念碑上无以数计的雀鹰或者老鹰、甲壳虫、金龟子等等形象。人们不知道这些形象到底是什么观念的象征,也不敢相信我们能够把这些晦暗不明的东西彻头彻尾地搞明白。例如,据说屎壳郎是生育、太阳和太阳运行的象征,朱鹭是尼罗河洪水的象征,秃鹫是占卜、成年、同情的象征。这些荒诞不经的结合来源于,不像我们设想的那样,在诗歌创作中一个普遍的观念总是由一个意象来承担,而是相反,在他们那里,一个普遍的观念总是始于感性的直观,然后凭借想象力进入这种观念之中。

但是,我们进一步看到,这个观念摆脱了直接的动物形象和在对它的直观之中的逗留,敢于把在动物身上感觉到的东西和要寻求的东西转变成可理解性和可把握性。潜藏在其中的东西,精神性的东西作为人的脸从这个动物状态中走出来。那个有着多重形象的斯芬克斯,狮子的身体和少女的头部的组合,或者说作为满脸胡须的人面狮身的怪物(androsphigges),本来是这样一个东西,它向我们表达的意思是,精神性的东西的意义是要解决的任务;这个谜语根本上不是表达某个未知的东西,而是提出了它必须得到揭露的要求、意愿。——完全颠倒过来的是,人的形象又被动物的脸污损了,目的在于把它特殊化为一种特定的表达。希腊的美的艺术懂得如何借助精神的特征以美的形式抵达这种特殊的表达,而不需要为了理解它而污损人的面容。埃及人通过在许多神祇的人的形象之上添加动物的头和动物的脸来对之加以解释;例如,阿纽比思有一个狗头,伊西斯有狮子的头和公牛的角等等。祭司们在从事本职工作之时,也总是装扮成老鹰、狼、牛等动物的样子;同样需要装扮的还有把内脏从尸体中掏出来的外科医生(他装作要逃跑的样子,因为他对一个有生命的人犯下了罪过),以及给尸体涂防腐剂的人、文书等等。具有人的头部、张开双翼的雀鹰表示灵魂正在飞越感性的空间,为了去赋予一个新的生命以灵魂。——埃及人的想象力把不同的动物重新组合在一起,创造出了新的形象:把蛇和牛或羊的头结合在一起,把狮身和羊头结合在一起,等等。

所以,我们看见埃及被限制于一个狭小逼仄的、闭境自守的自然直观之中,然后又打破了这种直观,把它逼入自相矛盾之中,并提出解决这个矛盾的任务。原则再也不能停留在直接性之中,相反,它指向隐藏在其内部的另一种意义和精神。

迄今为止,我们已经看到埃及的精神坚持不懈地从自然形象中摆脱出来。但是,这一艰难地向前推挤着的、强有力的精神已经再也不能停留在我们迄今为止一直在考察的内容的主观表象上了,相反,它必须要让自身成为外在的意识,并且通过艺术而成为外在的直观。——对于永恒的——这个无形无象之物的宗教而言,艺术不仅是一种不充分的东西,而且因为它本质上独一无二地以它的对象来表达思想,它也是一种有罪的东西。但是,如果精神处于对于特殊的自然状态的直观之中,并且是在这种直观中不断向前推挤和发展的精神,那么,这种精神就会把直接的、自然的直观,比如对于尼罗河、太阳等的直观改变为精神参与其中的那种形象;正如我们已经看到的,这就是象征化了的精神,因为它就是这种精神,所以,[265]它竭尽全力强占这种象征化,使它们明白易懂。它越是对于它自身来说难以捉摸、晦涩难懂,它在自身之中就越有一种冲动,要发奋工作,冲决网罗,转变成为一种对象性的表象。

埃及精神的卓尔不群之处在于,它像一个无所不能的巨匠一样站在我们面前。它所寻求的东西既不是豪华,也不是游戏或者娱乐,而是一种推动它理解自身的冲动;它在教导它自己它是什么以及为了自身而实现自己之时,除了这种在石头上的勤勉工作以外,没有任何别的材料和基础,而它刻写进石头之中的东西又是它的谜,它的象形文字。象形文字分为两类,一类是真正的象形文字,它更多的是规定语言的外在表达和与主观的观念之间的联系;另一类象形文字是数量庞大的遍布整个埃及的建筑和雕塑作品。如果说在其他的民族那里,历史由一系列的事件所组成,比如说,在好几个世纪中,罗马人几乎过着以攻占为目的的生活,他们所创造出来的作品是对于其他民族的征服,那么,埃及人也用行动在艺术作品中也创建了一个同样强大的帝国,这个帝国的废墟证明了它的永垂不朽,并且比古往今来一切其他的作品都更伟大,更令人赞叹不已。

关于这些作品,我不想提及其他的,而只想说说那些献给死人的作品,它们特别吸引我们的注意。这些作品是底比斯城(Theben)中尼罗河沿岸丘陵之中的巨大的洞穴,这些洞穴中的隧道和小房间里塞满了木乃伊,这些地下室的面积之大可以和近代以来最大的矿井相媲美。其次是塞易斯平原上广阔无边的掩埋死人的旷野,上面还有围墙和拱顶。再次是作为世界奇迹的金字塔,它们的规定其实早在希罗多德和狄奥多罗斯那里就已经说得清清楚楚了,近代以来又得到了官方的证实,也就是说,这些合乎几何学规律的、硕大无朋的晶体建筑,收纳了很多尸体。最后,最令人赞叹的是历代国王的陵墓,其中有一个在近代被贝尔佐尼①打开了。

[266]

重要的是要看到,这个死人的王国对于埃及人来说有什么意义。我们可以从这里认识到,埃及人对于人持有什么样的观念。因为人会认为,在死人那里,人被剥夺了一切偶然性,而只根据他的本质表现自己。一个民族怎样想象人的本质,这个本质就是它自己,就是它的特征。

第一,我们必须在这里举出希罗多德给我们讲述的那个令人赞叹的事实,也就是说,埃及人是第一个说出人的灵魂是不朽的这一思想的民族。但是,灵魂是不朽的这一思想也可以说成是,灵魂是一种和自然有别

---

① 乔万尼·巴蒂斯塔·贝尔佐尼(1778—1823),意大利埃及学家。——原编者注

的东西,精神是自为地自主的。在印度人那里最高的东西是进入最抽象的统一性之中,进入到无之中;主体消逝了,如果他是自由的,在自身之中无限的;自由精神的王国是不可见的事物的王国,就像希腊人那里的哈得斯的王国。这个王国在人面前首先显示为死亡状态的王国,而在埃及人面前表现为死者的王国。

精神是不朽的这种观念包含了如下这种观念,即个体的人在自身之中拥有无限的价值。纯粹的自然物看起来是个别化了的,是绝对地依赖于他者的,在他者之中有它的实存。但是,不朽性这个词所说的意思是,精神本身在自身之中是无限的。这种观念首先是埃及人提出的。但是我们必须加上一句,埃及人只是知道灵魂首先是一个原子,也就是说,一个具体的特殊化的东西。这种观念立即和灵魂转世的观念结合在一起,灵魂转世的观念认为,人的灵魂也可以寄宿在动物的身体之中。亚里士多德曾经谈到过这种观念,但是只是用三言两语就轻蔑地把它置之一旁。他说,每一个主体都有他特有的工具来执行他的活动,因此,铁匠、木匠都有完成他的手艺的工具;同样,人的灵魂也有它特殊的工具,一个动物的身体不可能成为灵魂的身体。毕达哥拉斯把灵魂转世说纳入他的学说之中;但是,他发现希腊人中响应他的人寥寥无几,因为希腊人都执着于具体的事物。印度人对于这一学说同样拥有一种模糊不清的观念,因为他们心目中最终的东西是他们将会转化为的普遍的实体。但是,在埃及人这里,至少灵魂、精神是肯定性的东西,即使是抽象的肯定物。灵魂转世的时间被规定为3000年;然而他们说,一个对于欧西里斯保持忠诚的灵魂就不必受制于这种沉沦(因为他们认为灵魂转世是一种沉沦)。

[267]

众所周知,埃及人要在死者身上涂抹香料,因此可以使尸体保持非常持久的时间,以至于它可以保持到今天,而且还可以继续这样继续保存下去数千年之久。这种做法现在看来似乎并不符合他们的灵魂不朽的观念,因为如果灵魂是自为地持存着的,那么,身体的保存就是无关紧要的事情。与此相反,人们现在可以反过来说,如果人们认识到灵魂是持久存在着的,那么,就应该对它的身体,作为灵魂过去的居住地,表示应得的尊敬。帕西人把死者的身体放置于空旷的场所，以便它能够被飞鸟啄食；但是，在他们这里，灵魂被认为是可以融入普遍物之中的。在灵魂可以永久存在的地方，仿佛身体也必须被当作隶属于这种永久存在的。当然，在我们这里，灵魂不朽是更高的东西：精神是自在自为地永恒存在着的，它的规定就是永恒的幸福。——埃及人把他们的死人制作成木乃伊，通过这种方式，死人就被打发了，此外对它就没有表现出任何尊敬了。谈到埃及人时，希罗多德说，许多妇女围在一个人的尸体旁边号啕大哭，但是，某种不朽的观念从来没有像在我们这里一样给他们带来安慰。

从我们前面关于为了死人的作品所说的那些东西当中，我们可以看到，埃及人，尤其是他们的国王，把为自己建造坟墓和给他们的尸体一个可以留存的地方当作一生中最重要的事业。值得注意的是，凡是他为了营生所必需的一切东西，都必须陪死者一起下葬，所以，例如，手工业者也需要他的工具陪葬。棺材上的绘画表现了死者生前所从事的职业，因此，人们可以从这些绘画中认识到他的阶级和他的职业的全部细节。此外，人们还发现了许多胳膊下面有一卷莎草纸文卷的木乃伊，这种莎草纸以前被认为是特殊的珍宝。但是，这种纸卷包含着对于死者生前所从事的职业的许多信息，间或还有一些用世俗体的文字所撰写的文件。人们已经释读出这些文件，发现它们都是关于地产的买卖契约以及类似的东西，其中记录了一切相关事务中最细枝末节的东西，甚至包括必须缴纳给文书处的捐税。一个人在活着的时候所买的一切东西，在他死后都要以契据的方式陪他下葬。以这种纪念碑的方式，我们处于一种对于埃及人的私人生活了如指掌的状态之中，就像是通过庞培城和赫库兰尼姆城的废墟而对罗马人的私人生活了如指掌一样。

一个埃及人死后，就要对他盖棺定论。——棺材上主要展现的一个内容是冥国的审判：欧西里斯被描绘为手里拿着一杆秤，在他背后是伊西斯，而已死者的灵魂站在他面前。但是，对于死者进行的审判是活着的人定做的，这种情况不仅适用于私人，甚至也适用于国王。人们已经发现了一个国王的陵寝，体积庞大，建造精致：在象形文字中，主人公的名字被擦去了,而浮雕和绘画中的主要人物也被剜除了,人们在解释这件事情时说,在死人的法庭中,这位国王被剥夺了以这种方式永垂不朽的荣誉。

既然活着的埃及人一直在思考着死亡的问题,那么,人们可能会认为,他们的情绪应该是悲伤的。但是,对于死亡的思考绝没有在埃及人当中传播一种悲痛欲绝的情绪。据希罗多德说,他们在宴席上会放置上面带有箴言的死人的塑像:吃吧,喝吧,你死了以后,就会变成这个样子。因此,死亡对他们来说更多的是敦促大家享受生活。——根据前面提到的埃及神话,欧西里斯本人也会死去,下降到阴曹地府;在埃及的很多地方都声称拥有欧西里斯的神圣的坟墓。但是,他也被当作看不见的东西的帝国之元首以及这个国家的审判死者的法官;后来,赛拉比斯接替了他在这个位置上的职责。关于阿纽比思—赫尔墨斯,神话说,他曾经为欧西里斯的尸体涂上防腐剂;这个阿纽比思后来也担任过死人的灵魂引导者,他置身于那些图像式的表达之中,手中拿着黑板,站在死人的审判者欧西里斯旁边。把死者收纳到欧西里斯的帝国之中有着非常深刻的意义,也就是说,个体和欧西里斯合而为一了;因此,人们可以在棺材盖上看见这样的观念,即死者本人变成了欧西里斯,而且在人们开始释读了象形文字之后,相信他们发现了,诸位国王被命名为不同的神祇。人的世界和诸神的世界就这样被显示为统一的。

如果我们现在最后总结一下,我们在这里关于埃及精神的所有方面的固有特征到底说了些什么,那么,基本的观点是,现实中的两个元素——沉浸于自然之中的精神和要从这种沉浸之中解放出来的冲动——既处在冲突之中,又被强制结合在一起。我们看到自然与精神之间的矛盾,而不是直接的统一性,也不是在其中自然被设定为精神之调整的地基的那种具体的统一性。与这第一种和第二种统一性相反,埃及的统一性作为自相矛盾的统一性处在它们的中间。这种统一性的诸方面还只有抽象的自主性,而它们的统一性还只是被设想为一个任务。因此,**一方面**,我们就有了巨大的拘束,完全被束缚在细枝末节之上,狂放不羁的感性和非洲的坚硬结合在一起,动物崇拜,享受生命等等。有人讲过一个故事

[270]

说,一个妇女和一头山羊公然在公共市场上进行人兽交媾;据尤维纳利斯说,有人为了复仇而吃人的肉,喝人的血。**另一方面**是精神竭尽全力争取解放,对于各种图像的幻想,以及为了把这些图像生产出来付出的机械劳动所需要的抽象的知性。这同一种合理性,改变细节所需要的力量和超越直接的现象的那种牢固的审慎,也表现在他们的国家警察制度和国家机器之中,表现在他们对土地的利用之中,等等。与此相对立的一面是与风俗之间的一种僵硬的联系,以及人必须毫不容情地屈服于它的迷信。冲动、鲁莽和不满的易趋极端是和对于现世生活的理解紧密联系在一起的。这些特征集中体现在希罗多德讲述的埃及人的历史之中。他们和《一千零一夜》中的故事有许多相似性,尽管这些故事发生的地点是巴格达,但是,这些故事的起源既不只是发生在这个奢侈的宫廷之中,也不只是发生在阿拉伯世界,而毋宁是像冯·哈默尔先生所说的,也发生在埃及。阿拉伯世界是一个完全不同于不切实际的空想和充满巫术的世界;他们对于很多事情都充满了热情和兴趣:爱情、战争的勇气、宝马、宝剑等都是他们独具特色的诗歌所吟咏的对象。

向希腊世界的过渡

几乎在所有的方面,埃及的精神都把自己锁闭在它的细枝末节之中,并且似乎是以动物的方式显示在其中,但是同时又有着无限的冲动,处在从一种特殊性向另一种特殊性的运动与辗转之中。看起来,这种精神没有把自己提升为普遍物和更高的东西,因为它似乎盲眼无珠,不认识它们,它也没有回到它的内在之中;但是,它自由而勇敢地用那些特殊的东西象征普遍物,并且已经控制了它。这完全取决于把已经自在地是观念性的特殊性设定为观念性的东西,以及把握到了那自在地已经是自由的普遍物自身。① 自由而明朗的希腊精神才是把这些东西实现出来和从中

---

① 本书的英译者西布里认为,希腊和埃及之间的区别或转变可以表述为:"抽象将要代替类比。以类比的方式把各种特殊的观念联系在一起的能力确实缺乏理解把那些特殊的观念联系在一起的普遍理念的能力。"——译者注

产生出来的东西。——一个埃及的祭司曾经说过,希腊人永远停留在童年;相反,我们可以说,埃及人是孔武有力、朝气蓬勃的小伙子,为了成为年轻人,这个小伙子所需要的无非是依照某种理想的形式清楚地认识他自己。在东方的精神中,作为基础的是沉浸在自然之中的精神的那种纯粹的实体性;对于埃及的精神来说,虽然它面临着无限的约束,但是要在它之中继续坚持这种状态已经不可能了。强壮有力的非洲的本性已经拆散了那种统一性,并且发现了新的任务,而这个任务的解决就是自由的精神。

埃及人的精神在埃及人的意识面前已经以任务的形式存在,关于这一点,我们可以援引位于塞易斯的奈斯女神神庙中最著名的铭文作为证据:"我是过去、现在和将来都存在着的东西:从来没有人揭开过我的面纱。"这句铭文已经说出了埃及精神之所是,尽管人们常常会认为,这句话适用于一切时代。普罗克勒斯曾经在这里为它添了一句后续:"我结出来的果实,是赫利俄斯。"对于它自身来说自明的东西,因此就是这个任务的结果和解答。这种明白的东西就是精神,奈斯这位深藏不露的黑夜女神的儿子。在埃及的奈斯之中,真理尚处于封闭之中,希腊的阿波罗是它的解答;他的箴言是:"人啊,认识你自己!"这句箴言并不是指对于他的弱点和失败的细节的自我认识;它也不是指某个特定的人应该认识他的特殊性;而是指一般意义上的人应该认识自身。这条戒律是专为希腊人而发的,在希腊的精神中,人性清楚明白地在它的形成中表达自身。那个希腊的传说必定会让我们目瞪口呆,惊愕不已,据这个传说报道,斯芬克斯,这个埃及的形象,出现在了底比斯,而且说了如下的话:"有一个东西,它早晨用四条腿走路,中午用两条腿走路,而到了晚上用三条腿走路,它是什么?"俄狄浦斯给出了谜底说"他是人",而且用岩石砸死了斯芬克斯。对于东方精神的解答和解放,在埃及已经越来越成了一个任务,而这种解答不过是,自然的内在东西是思想,而思想只有在人的意识中才会有它的实存。但是,提出这个古老的解答的俄狄浦斯,这个表现为有灵知的人,对于他自己的所作所为,却表现出了惊人的无知。精神的明晰性

[272]

在这座古老的皇宫升起时还伴随着出于无知而做出的恐怖行为,所以,为了成为真正的知识和道德的明晰性,第一个国王的统治必须借助于公民的法律和政治的自由来实行,而且必须与美的精神达成和解。

[273]　　从埃及精神向希腊的**内在的**过渡,或者说根据概念而发生的过渡,就这样得到了澄清;但是,埃及变成了伟大的波斯帝国的一个行省,而这个历史性的过渡就是在波斯世界和希腊世界相接触时出现的。我们在这里第一次处于一个历史性的过渡之中,也就是说,处于一个帝国走向没落的过程之中。就像我们前面已经说过的,中国和印度一直停止不动,而波斯不是;向希腊的过渡是内在的,但是在这里,它作为统治的没落也是外在的,这样的事实从此以后会反复上演。因为希腊人把统治者的权杖和文化转交给了罗马人,而罗马人又被日耳曼人征服了。如果我们更细致地考察这种过渡,那么,立即就会产生一个疑问,例如在波斯那里,为什么波斯会沦落,而中国和印度却绵延至今?在这里,我们首先必须远离那种偏见,认为与消逝相比,持续存在是某种更加卓越的事情:永不消逝的高山并不比它逐渐失去香味的生命中迅速凋零的玫瑰更加优越。与自然状态相对立的自由精神的原则始于波斯,而这种自然的实存也凋零了,沦落了;与自然相分离的原则存在于波斯帝国之中,因此,它比那种沉浸在自然状态之中的世界要更高级。进步的必然性从此开启了,精神展开了自身,而且必须完全实现出来。中国人在死后才获得价值;印度人自己杀死自己,沉浸在婆罗门之中,在完全没有意识的状态之中过着生不如死的生活,或者通过他的出身而变成现世的神。这里没有设定任何变化,没有设定任何进步,因为只有通过承认精神的独立自主,进步才是可能的。精神的直观始于波斯人的光明,精神借助于光明和自然道别。因此,我们在这里首次发现了前面已经得到注意的东西,对象性保持自由的状态,也就是说,诸民族没有受到异族的奴役,而是被保持在它们的财富、它们的宪法、

[274]　它们的宗教的原有状态之中。确切地说,这就是与希腊人相比,波斯人相形见绌的方面。因为我们看到,波斯人没有能力建立起一个具有完善组织的帝国,他们没有想到把他们的原则扩展到他们占领的国家中去,没有

想到从它们当中建立起一个完整的帝国,而只是想要一个由许多形形色色的个体性组成的大杂烩。波斯人没有在这些不同的民族之中获得一种内在的合法性;他们没有把他们的法权和法律当作有效的东西,在他们为他们自身建立起一种秩序之时,他们只顾及了他们自己,而没有顾及他们的整个帝国。因为波斯人以这种方式还没有在政治上形成一种精神,所以,与希腊相比,波斯就显得黯然失色。导致波斯灭亡的并不是它的积贫积弱(尽管巴比伦也许削弱了它),而是与希腊的组织相比,波斯军队只是一群毫无组织的乌合之众,也就是说,更高的原则战胜了从属的原则。波斯人的抽象原则表现在他们的缺点之中,亦即各种不同类的对立所构成的杂乱无章的、不具体的统一性,在这个统一性之中,存在着波斯人的光明学说,叙利亚人的骄奢淫逸,善于学习并且敢于对抗海上风险的腓尼基人的勤勉与勇敢,犹太宗教的纯粹思想的抽象和埃及人的内在冲动——诸种要素组成的这个大杂烩期待着它们的理念性,而且只有在**自由的个体性**之中才能获得这种理念性。希腊人被看作这样一个民族,在这个民族中,这些要素获得了它们的相互渗透,因为精神深入到了自身之中,战胜了特殊性,并因此而解放了自身。

第二部

希腊的世界

到了希腊人那里,我们立即生起一种家园之感,因为我们已经踏上了精神的地面;虽然这个民族的起源和它的语言的差异可以远远地追溯到印度,但是精神的真正升起和真实的再生首先应该在希腊寻求。我们先前已经把希腊比作青年时代,但不是在以下这种意义上,即青年在自己身上背负着一种严肃的、将来的使命,因此,他们必然被培养成为朝向一个高远的目标前进,就好像它自为地是一个完全未臻完善的和不成熟的形态,在它自以为尽善尽美之时,实际情形恰好截然相反;而是在以下这种意义上,即青年还没有劳动的能动性,还没有为一种有限的知性目标而辛苦操劳,相反,毋宁说,它就是精神的具体而新鲜的生命:它在某种统一性中作为"身体化了的精神和精神化了的身体"而出现在感性的当前之中——而这一种统一性是从精神中产生的。希腊为我们提供了对于精神生命的蓬勃朝气的愉快的观瞻。首先,正是在这里,精神成熟到把它自己当作它的意愿和它的知识的内容,但是采取以下这种方式,即国家、家庭、法权、宗教同时也是个体性的目的,而唯有通过那个目的,它才是个体性。与此相反,成年人靠一种有着客观目的的工作而生活,他始终不懈地遵循着这个目的,即使它与他的个体性相违背。

浮现在希腊人的观念中的最高形象是阿喀琉斯,他也是诗人的宠儿,荷马笔下特洛伊战争时期的青年。荷马是希腊世界赖以生息的要素,就像人要生活在空气中一样。——希腊的生活是一种真正的青春的行动。开启这种生活的是阿喀琉斯,这个诗性的、想象出来的(poetische)青年,而亚历山大大帝,那个现实的(wirkliche)青年,把这种生活带向终结。这两位青年都出现在抗击亚洲的斗争中。阿喀琉斯是抗击特罗伊人时希腊民族军事行动的主角,但是他却不是这次军事行动的领袖,而是听命于各位国王的国王;除非出于奇思怪想,他不可能成为领袖。与此相反,第二位青年,亚历山大大帝,现实世界中曾经拥有过的最自由与最优美的个体,达到了自身已经成熟的青年生活的巅峰,并且执行了对于亚洲的报复。

  我们现在把希腊的历史划分为三个时期:第一个时期是真实的个体性形成的时期;第二个时期是它通过与以前的世界历史性民族相接触,由于在对外战争中获得胜利而独立与繁荣的时期;第三个时期是它在与世界历史的下一个工具(organe)相遭遇时最终走向衰败与没落的时期。在这个时期从开端走向它的内在完成的过程中,它使一个民族有可能与以前的世界历史性民族相匹敌,而且,这个时期把以前的世界历史性民族最初的文化包含在自身之中。如果这个民族有一个前提,即希腊世界是如何建立在东方世界的基础之上的,那么,在它的开端处就有一种陌生的文化闯进来了,于是,它就有了双重的文化,一方面来自它自身,另一方来自外来的刺激。把这双重文化合而为一,就是它的教育,第一个时期就以这种产生了真实的、特有的强壮有力的结合而告终,这种强壮有力转而又反抗它的前提。第二个时期是胜利与繁荣的时期。但是,在这个民族全力对外之时,它就不再忠实于它的内部规定,一旦与外部的紧张关系戛然而止,内部的分裂也就应时而生了。这种分裂在艺术与科学中表现为观念与实在的分离。这是希腊衰败的起点。第三个时期是它由于接触到了更高的精神来自它的那个民族而走向灭亡的时期。关于这样一个同样的过程,我们可以一劳永逸地说,我们将会在每一个世界历史性民族的生活中都遇到它。

第一篇 希腊精神的要素

  希腊是实体,它同时又是个体:普遍物自身被克服了,[1]沉降在自然

---

[1] 英译者西布里认为这里所说的普遍物是指中国,因为中国人对于道德要求或者对于从个人信念或者禀赋中抽象出来的原则表现出了一种盲目的服从。——译者注

之中的状态被克服了,因此,各种**地理学的**关系在很大程度上已经消失了。这个地区由一片土地——它以多种多样的方式分散在海洋之中——组成,由许许多多的岛屿和一块坚固的陆地组成,而这块陆地自身是半岛性质的。伯罗奔尼撒半岛只是通过一个狭长的地峡而与大陆连接在一起;整个希腊布满千姿百态的海湾。希腊所有地方都被分割成小小的区域,同时又凭靠大海而建立起无关紧要的联系与关联。我们在这个地区随处可见山脉、狭长的平原,小小的山谷与河流;这个地方没有巨大的河流与单一的河谷平原,相反,这块土地上布满了各式各样的山岭与河流,虽然并没有形成唯一一种体积庞大的地形。我们没有发现这种东方式的自然力量,没有发现像恒河、印度河等一样的河流,在它们的平原上有一个式样单一的种族,这个种族身上从来没有发生任何变化,因为它的地平线永远只显示出同一种形态;相反,我们在希腊到处可以发现四分五裂和千姿百态,这种地形完全相应于希腊民族特征的多姿多彩和希腊精神的动荡不羁。

　　希腊精神中有一种与生俱来的**要素性特征**,即文化始于独立的个体性,始于下列状况,在这种状况中,个人坚执他们独立的身份,不是从家庭出发通过家长制的自然纽带而团结在一起,而是首先在一种其他的媒介中,在法律与精神性的风俗之中团结协作。因为希腊民族是最早成为它自己之所是的民族。在这个民族的统一性的起源中,它的关键因素是一般意义上的分裂、在自身之中的各种外来特征(Fremdartigkeit),我们将在下文对之进行考察。对自身的第一次克服构成了希腊文化的最早时期:只有通过这样一种外来特征与这样一种克服,才能形成优美而自由的希腊精神。关于这个原则,我们必须要有一种意识。认为这样一种优美而真正自由的生活能够从一个依旧停留在血缘关系和友爱中的种族的独立发展中产生出来,这是一种肤浅的愚蠢之见。即使是显示出这样一幅安静的、不能外化地展开自身的图画的植物,它们若要活着,也不得不依靠阳光、空气和水这些与它对立的东西的活动。精神所能够具有的真正的对立是精神性的;它在它自身之中就包含着外来特征,只有通过这种外来

[278]

特征,它才能够赢获成为精神的力量。希腊的历史在它的开端处就显示出了一部分是本地的部落,一部分是外来的部落的迁徙与混合;阿提卡的民族应该达到了希腊繁荣的最高峰,而正是阿提卡成了那些天差地别的部落与家庭的避风港。每一个世界历史性的民族,——除了那些亚洲的帝国,因为他们仍然站在世界历史的关联之外,——都以这样的方式得到发展。因此,希腊人、罗马人也一样,是从某种汇合(colluvies),从天差地别的诸民族的某种汇合中发展而来的。关于我们在希腊遇见的大量民族,我们不能明确地指出,哪些民族本来就是希腊的原住民,哪些是从外国和陌生的世界迁徙过来的,因为我们这里所讨论的这个时代,根本上就是一个无历史的时代和晦暗不明的时代。那时候,希腊的主要民族是**贝拉基人**,我们拥有的关于他们的报道错谬百出而又自相矛盾,许多学识渊博的学者绞尽脑汁试图让它们能够首尾一贯,因为一个晦暗不明的时代正是冬烘学者的特殊用武之地和积极进取之处。作为一种正在成长的文化的最早的中心,色雷斯,奥尔菲斯的祖国,和帖撒利这两个地方显得璀璨夺目,尽管后来它们都或多或少变得无足轻重了。从阿喀琉斯的故乡菲斯欧提斯产生了**希腊人**(Hellenen)这个他们共同的名称,根据修昔底德的意见,这个名称在荷马那里和野蛮人(Barbar)这个名称一样,并没有在这种总括的意义上出现,关于什么是野蛮人,希腊人的看法千差万别,莫衷一是。追踪每一个部落的来源以及他们的鼎革兴衰,应该留待专门的历史研究来完成。总的说来,可以假定,如果一个地方的居民把一块土地塞得太满的话,许多部落与个体可以轻而易举地离开他们的土地,随之而来的是,许多部落处在迁徙不断和相互劫掠的状况之中。深思熟虑的修昔底德曾经说,到他那个时候为止,奥佐利亚的罗科里亚人、埃陀利亚人和阿卡内尼亚人仍然保持着古老的生活方式;在他们那些部落中,仍然残留着从古老的打家劫舍的生活方式中传承下来的携带武器的风俗。关于雅典人,他说,他们是最早一批在和平年代扔掉武器的人。在那种情况下,无法从事农业生产;居民们不仅要抵御强盗保卫家园,还要常常同猛兽搏斗(直到希罗多德的年代,在涅斯托河和阿溪庐河河畔还有许多狮

希腊的世界

子出没);后来,尤其是温顺的牲畜变成了抢劫的对象,农业已经更加普遍的时候,人们仍然备受抢劫和被贩卖为奴之苦。希腊的这种原始状况,修昔底德曾经以极尽描绘之能事向我们讲述过。

因此,当时的希腊处在动荡不安、履险蹈危、打家劫舍的状况之中,而它的许多部落居无定所,迁徙不断。 [280]

希腊民族赖以生存的另一个要素是大海。他们的国土的本性把他们带向这种两栖式的生存方式,让他们既自由地飘荡在海洋上,又自由地在陆地上扩散,既不像游牧民族的漂泊不定,又不像那些河流流域的民族安土重迁。海上抢劫,而不是商业,构成了他们海上行船的主要内容,而就像我们从荷马那里看到的那样,这种事情压根儿就不会被认为是一种耻辱。据记载,米诺斯曾经镇压过海盗,而克里特这个国家曾经因为最早建立起固定的关系而受到颂扬;也就是说,它最早进入了我们后来在斯巴达重新发现的那种状况,即一部分人占统治地位,而另一部分人服务于他们,被迫完成一切劳动。

我们在前面提到过外来特征是希腊精神的一种要素,而且众所周知,文化的开端与外国人的到达是结合在一起的。希腊人在某种意识中——我们可以称之为神话的意识——以满怀感激的追忆方式保存着伦理生活的这种本源:在神话中保存着某些特定的回忆,这些回忆包括刻瑞斯把耕种教授给特里普托勒摩斯,而后者又把它引进了希腊,以及引入婚姻制度等等。普罗米修斯的故乡被安置到高加索山,被归在他的名下的事情有,他第一个教会人类生火并且使用火。对希腊人而言,采用铁器同样是意义非凡的事情,而荷马只是提到过铜,埃斯库罗斯称铁是西徐亚人发明的。引入橄榄树,纺线与织布的技艺,以及波塞冬创造马等等,均属于这一类的记载。

比这种开端更具历史性的是**外国人**的到来;我们被告知,外国人是如何建立起不同的国家的。于是,雅典是由一位埃及人凯克洛普斯奠定基础的,尽管这个人的历史已经湮没无闻。普罗米修斯的儿子德卡利翁的种族和许多不同的部落保持着联系。此外,弗里几亚的普洛普斯,坦塔罗 [281]

斯的儿子,也被人提到过;还有埃及人达瑙斯:他的后裔包括阿克里西奥斯,达娜厄和柏修斯。普洛普斯据说是带着大量的财富来到伯罗奔尼撒的,而且在那里努力经营获得了巨大的声望与权力。达瑙斯定居于阿尔戈斯。尤其重要的是出身于腓尼基的卡德摩斯的到来,据说是他把拼音文字带到了希腊。关于他,希罗多德说,拼音文字是腓尼基人发明的,为了支撑他的这个主张,他还援引了古老的但在当时尚存于世的碑铭。依据某些传说,卡德摩斯建立了底比斯城邦。

我们还可以看到许多有教养的民族的殖民状况,这些民族在文化方面已经比希腊先行一步了;然而,我们还是不能把这种殖民同英格兰人在北美的殖民相提并论,因为英格兰人没有和当地居民混合在一起,而是将他们排挤出去并取而代之,而通过在希腊的殖民开拓,从外面迁入的人和本地土生土长的人却水乳交融在了一起。可以确定的是,这些殖民者到来的时间可以回溯到很远,适逢基督纪元前15到14世纪。据说,卡德摩斯大概在1490年建立了底比斯城,这件事情和摩西从埃及出走(基督纪元前1500年)差不多同时发生。安菲克提翁被认为是希腊的建立者之一:据说他曾经在温泉关(德摩比利)建立了一个希腊本土和色萨利的许多小部族之间的同盟,后来伟大的安菲克提翁同盟就是从这个同盟发展而来的。

[282]　　通过建立许多堡垒和建造皇宫,这些外国人在希腊形成了几个固定的核心。由古老的堡垒所组成的城墙在阿尔戈利斯被称为赛克洛普式城墙。人们在近代又发现了类似的城墙,这些城墙正是因为它们的固若金汤而不可摧毁。这些城墙一部分是由不规则的大石块砌成,大石块之间的空隙中填满了许多小石头,一部分是由大量的极其细心地连接在一起的石头建造的。梯林斯的城墙和迈锡尼的城墙就是这样的城墙。我们今天还可以根据泡桑尼亚的描述认出迈锡尼刻有雄狮的门。关于曾经统治过阿耳戈斯的普罗依托斯,据说他曾经从吕基亚带来建造城墙的赛克洛普斯人。然而,也有人认为,这些城墙是过去的贝拉斯基族人建立的。英雄时代的王侯往往把他们的住所安置在有这种城墙保护的堡垒之中。尤

其值得注意的是那些王侯所建造的珍宝收藏室,它们可以和米尼亚斯在奥尔霍迈诺斯的珍宝收藏室以及阿特柔斯在迈锡尼的珍宝收藏室相媲美。这些堡垒现在都变成了小城邦的核心地带:他们给予农民以更大的安全保障,又保护各种交往,抵御强盗。尽管如此,正如修昔底德所报道的那样,因为有大量的海盗抢劫,所以,这些堡垒并不会直接建在海边,到很晚的时候,海边才出现城市。最早的趋于稳定的共同生活就是从这种国王的皇宫中出现的。我们最好是从荷马的史诗中来认识王侯和他的下属以及王侯相互之间的关系:它并不是建立在一种法律状况的基础上,而是建立在财富、财产、武器的优势,个人的勇敢,见识和智慧的优点,以及最后,出身和祖先等的基础之上。因为王侯作为英雄被认为是来自更高等的宗族。人民之所以隶属于他们,不是因为某种等级关系把他们区分开来,也不是由于受到了他们的压迫,更不是因为父权制的关系,根据这种关系,只有一个共同的种族的族长或者家庭的家长才能成为首领,也不是一个以法律进行统治的政府的明确需要,而是由于把所有人凝聚在一起和服从一位统治者的普遍的需要,这位统治者习惯于发号施令,但是人们却对他从不妒忌,从不心怀恶意。王侯懂得自己显示出多大的权威和声称自己有多大的权威,他就拥有多大的个人权威;但是,这种优势由于只能通过个人的功绩而是个人英雄主义的,所以,它不可能长久地维持下去。于是,我们在荷马那里看到帕涅罗帕(Penelope)的求婚者强占出征多年的奥德修斯的财产,完全不把他的儿子放在眼中。在奥德修斯去往阴曹地府的时候,阿喀琉斯向他打听他父亲的情况,他似乎认为,他的父亲已经老了,他们再也不会像过去那样尊重他。风俗习惯仍然极其淳朴:王侯们仍然亲自下厨烧饭做菜,奥德修斯也亲自动手建造房子。我们在《伊利亚特》中看到的是一位诸王之王,一个伟大的国家事业的统帅,但是其他有权有势者围绕着他,自由地向他提出建议;王侯们受到尊重,但是他必须把一切都安排得井井有条,以便讨得其他人的喜欢;他用暴力行动反对阿喀琉斯,但是阿喀琉斯因此而退出了战斗。个别的王侯与民众的关系也是这样的松散、任性,民众中间总有一些个别人要求他能够得到

[283]

倾听和尊重。民众参战时，并不是作为王侯发起战争时的雇佣兵，也不是作为一群愚蠢的农奴，像畜群一样被赶着鸭子上架，也不是为了他们自己的利益，而是作为备受他们尊敬的领导者的陪伴者，作为他的行动和他的名誉的证明，以及在他陷入困境时，作为他的保卫者。诸神的世界也显示出了和这种关系的一种完全的相似性。宙斯是诸神的父亲，但是每一位神祇都有他自己的意志。宙斯尊重他们，而他们也尊重宙斯。宙斯有时候也会叱责他们，威胁他们，他们要么服从他的意志，要么面带愠色地退下；但是他们绝不会让事情发展到极端，而宙斯在全盘处理事务时，满足一个人的这点愿望，满足另外一个人的那点愿望，以至于他们都能够表示满意。所以，在人间的世界和在奥林匹斯山上的世界一样，都只存在着一种松散的统一性的纽带。王权制还不是君主制，因为对于君主制的需要要到进一步发展了的社会中才会出现。

[284]

在这种状况中和在这种关系之中，一件令人瞩目的伟大事件发生了，整个希腊联合起来参与到一件全国性的事业之中，也就是说，参加了特洛伊战争，并且因此而与亚洲发生了进一步的交往，这一交往对于希腊人产生了影响深远的后果（诗人们也提到过的杰逊远征柯尔齐斯发生的时间比这项事业要更早，但是与此相反，柯尔齐斯远征是一件极为单独的事件）。这次联合行动的事件发生的原因被认为是，一位从亚洲来的王子因为拐走了东道主的妻子而伤害了客人要求受到款待的权利，从而犯下了过错。阿伽门农凭借他的权力和威望把希腊的各位王侯召集在一起；修昔底德把他的权威归之于他世袭的统治权以及他的海军的力量（《伊利亚特》，第 2 卷，第 108 行），因为他有这种权威，他就远比其他王侯要处于优势地位；看起来，所有的王侯联合在一起并不是外在暴力的结果，整个希腊以纯粹个人的方式聚集在一起。希腊人终于达到了齐心协力共同行动的状况，前无古人，后无来者。他们鞍马劳顿的结果是征服了特洛伊并且将之毁灭，他们完全没有长久地占有这座城市的意图。并没有发生在这个地带定居下来这样外在的后果；同样，为了完成这一次单独的行动而把不同的国家联合在一起，也没有导致一种持久的政治联合。但是

希腊的世界

诗人为希腊民族的观念提供了一幅关于它的青春和它的精神的永久的图像，这幅关于优美的人的英雄主义的图像从此以后一直指导着希腊人的全部发展和文化。因此，我们在中世纪看到整个基督教世界为了占领神圣的坟墓这样一个目的而团结在了一起，尽管他们大获全胜，但是最终是毫无成果的。十字军东征是刚刚觉醒过来的基督教反对单纯的、内部完全一致的清晰的穆罕默德教的特洛伊战争。[285]

那些王室逐渐毁灭了，有的是因为个别的暴行，有的是因为渐渐地子孙绝灭了；在他们和人民之间还不存在真正的道德的联系。这种状态使得人们和王室陷入一种悲剧之中：人民是歌队，消极，无为，而英雄们完成行动，也承担罪过。在他们之中没有任何共同的东西；人民没有任何评价的权力，而只能向诸神呼吁。这些个别的英雄，就像个别的王侯一样，因为卓尔不群、能力突出而成为戏剧艺术的对象。因为他们特立独行，自主决断，而不需要接受对所有公民有效的法律的引导；他们的行动和他们的毁灭都是个体的。民众似乎和王室完全隔绝了，而王室被认为是某种格格不入的东西，某种鹤立鸡群的东西，他们独自把命运的斗争进行到底并且独自接受命运的惩罚。王室的尊严在他们竭尽全力、尽其所能之后，就变成完全是多余的东西了。许多国王的家族造成了自己的毁灭或者败落，而不是因为来自人民的仇恨、战争；人们更愿意让那些统治者的家族安闲自得地享受他们的荣华富贵，这是一种征兆，即我们不要把随后登上历史舞台的人民统治（Volksherrschaft）看作是某种绝对不同的东西。这和其他时期的历史形成了多么鲜明的对照啊！

王室的这种衰落是在特洛伊战争之后登上历史舞台的，从此以后，各种变化接踵而至。伯罗奔尼撒被赫拉克勒斯族所占领，他们带来了一段太平无事的岁月，这种状况再也没有因为那些连续不断的部族的迁徙而被打破。历史再次进入一种难以考证的晦暗状态，如果说我们对于特洛伊战争这个个别的事件近乎了如指掌，那么，对于接下来数百年时间里发生的至关重要的事件，我们却犹豫不决，难下定论。没有任何齐心协力的事业显示出来，除非我们把修昔底德讲述的那件事情看作是这种状况的[286]

225

例子,即许多部落参加了卡尔基迪尔人和埃雷特里亚人在优卑亚岛上发生的战争。各个城邦在孤立无援的状态下独立发展,他们只有通过与邻邦之间的战争来显示自己的出类拔萃。然而,尤其是通过商业,这些城邦在这种孤立无援的状态之中还是呈繁荣昌盛之势,而且各自为阵、党同伐异所造成的分裂状态也没有阻碍进步。我们看到中世纪意大利的各城市也以同样的方式存在,尽管它们无论是在内部还是在外部都连年征战,兵燹频仍,它们仍然达到了高度的繁荣。根据修昔底德的看法,希腊各城邦在那段时期达到高度的繁荣也证明了他们向四面八方都派送了殖民者:因此,雅典和它的殖民者占有了伊奥尼亚和大量的岛屿;这些殖民者还从伯罗奔尼撒出发在意大利和西西里安家落户。殖民者然后又成为其他殖民地的母邦,例如,米利都在马尔马拉海沿岸和黑海沿岸建立了许多城邦。不断地向外派遣殖民者,尤其是在从特洛伊战争到居鲁士战争期间,是这个地方特有的一种现象。我们已经能够对之做出解释了。在单个的城邦之中,人民已经掌握了统治权力,因为归根结底,城邦事务是由人民决定的。承平日久,人口剧增,城邦发展日新月异,它最直接的后果是积

[287] 累了大量的财富,与此紧密联系在一起的总是同时出现了大量饥寒交迫和穷困潦倒的人。我们今天意义上的工业还没有出现,而地产很快就被霸占一空。尽管如此,一部分的贫苦阶级并没有接受沦落到贫病交加的生活状况的命运,因为每一个人都自认为是自由的公民。因此,唯一的解救办法就是去殖民;这些在母邦陷入困境之中的人在另一个国度可以寻求一块自由的土地,通过耕种而作为自由的公民生活下去。因此,殖民是一种多少还可以维持公民之间平等的手段;但是这种手段只是一种治标不治本的手段,因为建立在财富不平等的基础之上的那种原初的不平等很快就会再次出现。古老的热情会由于重新恢复的力量而复活,财富很快就会被利用来进行统治:于是,僭主在希腊的城邦中出现了。修昔底德说:"随着希腊财富的急剧增长,僭主就在城邦中诞生了,而希腊人更加热衷于投身海洋的事业。"到了居鲁士时代,希腊的历史已经赢得了它真正的兴趣;我们现在可以从它的特殊的规定性中来看城邦。独树一帜的

希腊精神也在这段时期里形成了;宗教和国家宪法与这种精神一起发展起来,而其最重要的因素也是我们现在要对之加以思考的东西。

如果探究**希腊文化**的开端,那么,我们首先会再次注意到,这片土地的自然状况并没有显示出一种典型的统一性特征,也没有形成一种具有单一形态的主体部分,这个主体部分对于所有居民行使一种统治的权力,相反,它变化多姿,而它因此缺乏一种决定性的影响。因此,在这里也不存在许多家族抱成一团或者全国性的联系所带来的庞大的统一性,相反,由于地形犬牙交错,权力四分五裂,人们只能更多地依赖他们自己以及他们这种微小力量的拓展。所以,我们看见四分五裂、一盘散沙的希腊人被推回到他们的内在精神和个人勇气之中,他们以最为多样的方式受到刺激,在一切方面都畏葸不前,在自然面前心神不宁、精神涣散,依赖于自然的偶然性,忧心忡忡地倾听着外界的变化;但同时在另一方面,他们以精神的方式拷问着这种外在物,居有着外在物,勇往直前而自强不息地冲向外在物。这就是他们的文化和他们的宗教的简朴的要素。如果我们考察一下他们的神话观念,那么,为这种观念奠定基础的是自然对象,但是,不是在数量庞大的自然对象中,而是在它们的个别化中。以弗所的戴安娜(她就是作为普遍的母亲的自然),叙利亚的库柏勒和阿斯塔尔塔,以及诸如此类的普遍的观念都还保留着它们的亚洲特性,还没有转化为希腊的观念。因为希腊人只是**倾听**自然对象,用他们内在的问题去**猜测**它们的意谓。正如亚里士多德所说,哲学起源于惊讶,希腊人的自然观念也起源于这种惊讶。这并不是说,精神遭遇了某种异乎寻常的东西,它把这种异乎寻常的东西与习以为常的东西进行比较;因为那个时候尚不存在关于一种合乎规律的自然运行的知性见解和对此所作的反思性的比较;相反,这种激动的希腊精神毋宁说是因为自然的**自然状态**而感到惊讶;它不是无动于衷地把自然当作某种给定物来对待,而是首先把它当作某种对于精神来说陌生的东西,然而,它预感到对于这种陌生的东西有一种信心,而且相信,自然在自身之中承载着某种对于精神来说友好的东西,精神能够和它建立起一种肯定性的关系。这种**惊讶**和这种**预感**在这里是基

[288]

[289] 本范畴;然而,希腊人并没有停留在这种方式之中,相反,他们要从预感所追问的那个内在的东西中产生出作为意识对象的确定观念。自然状态只有被精神穿透了才是有价值的,精神以自然为中介,而不是直接地穿透自然。人只是把自然状态当作刺激物,只有他从它之中能够产生出精神的那个东西才对精神是有价值的。这种精神性的开端不仅仅被把握为只有**我们**才会做出的一种解释,而且它也存在于大量的希腊人的观念自身之中。这种充满预感的、倾听的、追求意义的行为被我们表象为"大全"(Pan,潘神)的总体画像。在希腊,Pan(大全)并不是一个客观的全体,而是不确定的全体,它同时和主观的因素结合在一起:它是在寂静的山林之中普遍的惊恐;因此,潘神在树木茂盛的阿尔卡迪亚地区受到特别的崇拜(一种恐惧性的惊吓习惯上用来表达一种毫无来由的惊吓)。潘神,①这位惊恐唤醒者,被伪装成了笛子演奏者:他不仅保持在内部的预感之中,潘也可以在七弦的琴上被觉知到。在上面的陈述中,我们一方面拥有了让自己能够被听见的那种不确定的东西,另一方面,被听到的东西是自己对于觉知者的主观的想象和解释。同样,希腊人仔细聆听泉水的喃喃低语,并且追问这到底意味着什么;但是,这个意谓并不是泉水的客观意义,而是主体自身的主观的东西,湖中的仙女进而把它献给缪斯。湖中水仙或者泉水就是缪斯的外在开端。但是缪斯不朽的歌唱并不是人们在听泉水叮咚时所听到的东西,相反,它们是深思熟虑的倾听着的精神的产物,精神在听出来什么(Hinauslauschen)时在自身之中生产自我。对于自然和自然变化的解释和阐释,对于自然之中的意义和意谓的证明,是主观的精神的行为,希腊人把它与 manteia② 这个名字联系在一起。我们可以一般地把它把握为人和自然之间的关联方式。质料和弄清楚其丰富含义的

---

① 关于潘神和大全之间的关系,罗素的说法也可以参考,他在《西方哲学史》中说:"潘原来的名字是'潘昂',意思是饲养人或牧人;在公元前5世纪波斯战争之后,雅典人也采用了对潘的崇拜,于是他便获得了这个更为人所熟悉的名字,而这个名字的意义翻译出来就是'全神'。"而罗素采用的是哈里森在《希腊宗教研究导论》中的研究。参看[英]罗素:《西方哲学史》(上),商务印书馆2013年版,第15页。——译者注

② 它的字面意思是"占卜"。——译者注

解释者都属于 manteia。柏拉图曾在与梦境和精神错乱的关联中讨论过 [290]
它,人在生病时会陷入这种精神错乱之中。为了解释梦境和神志不清,就
需要有一个阐释者。自然已经回答了希腊人提出的问题:这在下面这种
意义上是真的,即人已经从他自己的精神中得到了自然问题的回答。因
此,直观是纯粹诗意的,因为精神在其中所产生的意义就是自然的形象所
要表达的意义。希腊人在任何地方都要求对于自然的东西做出一种解释
和说明。荷马在《奥德修纪》最后一卷中说,在希腊人完全沉浸在对阿喀
琉斯的哀悼之时,大海中突然掀起巨大的波涛;在希腊人正想要四处逃散
之时,经验丰富的涅斯托尔突然站了起来,向他们解释这种现象。他说,
(这是)特提斯和他的侄子一道前来为他的儿子之死而感到悲痛。有一
次希腊军营之中爆发了瘟疫,祭司卡尔卡斯向希腊人解释说,阿波罗愤怒
了,因为人们收到了祭司克律塞斯的赎金却没有归还他的女儿。神谕原
本全部都有这种形式的解释。最古老的神谕是在(位于今天的雅尼那境
内)多多那。希罗多德说,那个神庙的第一批女祭司来自埃及,然而,这
座神庙却被认为是一座最古老的希腊神庙。那里的神圣橡树树叶发出的
沙沙声是一种预言。橡树林中还悬挂着许多金属铙钹,但是相互击打的
铙钹所发出的声音是完全不确定的,没有任何客观的意义,但是它的意
义、意谓是被领会着的人放进去的。因此,德尔菲神庙里的女祭司,在失
去知觉和丧失理智的状态下,在欢呼鼓舞的心醉神迷(mania)之中,发出
一种压根儿就无法听清的声音,而 mantis(解释者)却在其中注入了一种
确定的意义。人们在特罗丰尼乌斯的山洞里听到了地下水流的嘈杂声,
看到了各种幽灵;但是,这种不确定的东西也通过解释着的、领会着的精 [291]
神而获得了某种意义。还需要注意的是,精神的启发(Anregungen)首先
是外在的自然的勃勃生机(Regsamkeiten),然后才是在人身上发生的内
在的变化,就好像德尔菲神庙中那些女祭司的梦境或者精神错乱,要通过
mantis(解释者)才会得到意味深长的解释。在《伊利亚特》的开篇,阿喀
琉斯对于阿伽门农大发雷霆,正想要提着剑去找阿伽门农算账,但是很快
他阻止了他的手臂的运动,在怒不可遏之际抑制住自己,因为他考虑了一

229

下他和阿伽门农之间的关系。诗人解释了这个场景,他说:这是因为帕拉斯·雅典娜(智慧,沉思)①在场了,她制止住了他。当奥德修斯在法奥肯人中间把铁饼扔得比任何人都要更远时,其中一个法奥肯人显示出对他的态度倾向于友好,于是诗人在这个法奥肯人身上认出了帕拉斯—雅典娜。这种意谓是内在的东西,意义,真实的东西,被意识到的东西,诗人就是以这种方式成为希腊人的导师,但是,首先,这位导师是荷马。一般地说,manteia 就是诗作,但是它不是任性的狂想,而是这样一种幻想,它把精神性的东西融入自然的东西之中,是充满感性的知识。因此,在希腊的精神中完全没有迷信存在的余地,因为它把感性的东西转变成了意味深长的东西(das Sinnliche in Sinniges verwandeln),以至于诸种规定都来自精神;就像我们将会注意到的那样,迷信会从其他方面卷土重来,如果意见和行动的诸种规定是从与精神不同的另外一个源泉获得的话。

[292]　　对于希腊精神的推动不仅仅限制于外在的和内在的刺激,而且必须把从外国来的传统的东西和已经传播给他们的文化、诸神与诸神崇拜等都包括在内。希腊的艺术与宗教到底是独立发展的呢,还是有来自外在的推动,长期以来人们对于这个问题聚讼纷纭,莫衷一是。如果说主宰这种争论的是片面的知性,那么,这一争论就不可能得到解决;因为它同样也是一个历史问题,希腊人从印度、叙利亚和埃及辗转获得各种观念,同时,希腊人的观念是他们所特有的,对于那些国家来说是陌生的。希罗多德同样说过(第二卷,第 53 节),"**荷马和赫西俄德共同为希腊人创造了他们的诸神的谱系**,并给诸神起了别名。"——这是一句伟大的格言,尤其是克洛伊策②在这句话上用了很大的功夫。他在另一个地方再次强调,希腊从埃及获得了它的诸神的名字,但是希腊人在多多那询问,他们

---

① 帕拉斯·雅典娜一般认为是雅典娜的全称,荷马史诗中经常以帕拉斯称呼雅典娜,而根据苏伊达斯的观点,帕拉斯是"一个伟大的少女"的意思,用来称呼雅典娜。——译者注

② 弗里德里希·克洛伊策:《古代民族,尤其是希腊人的象征与神话》,四卷本,1810—1812 年。——原编者注

是否应该采纳这些名字。这种做法似乎显得自相矛盾,但是这完全是协调一致的,因为希腊人从他们所接受的东西中发展出了精神。经过众人的**解释**的自然的东西、内在的东西、自然的本质就是一般地说的神圣的东西的开端。正如希腊人可能在艺术中尤其是从埃及获得了技术性的技巧,可能希腊人从其他地方获得了他们的宗教的开端,但是,凭借他们的自立的精神,他们把所有这些都转化成了他们自己的东西。

人们可以在所有地方都发现,他们的宗教有外来的开端的种种迹象(在他的大作《象征》中,克洛伊策尤其致力于此)。宙斯的各种风流韵事看起来是各自独立的、外来的、偶然的事件,但是可以证明,这些是以外来的神学观念作为基础的。赫拉克勒斯在希腊人当中是精神性的人,他通过自己的能力,通过12件工作,终于跻身于奥林匹斯山上诸神的行列;但是外来的、作为基础的理念是太阳,太阳经历了黄道12宫之后完成了一次历程。这些神秘仪式只是这种古老的开端,但是,它肯定不包含比已经存在于希腊人之中的智慧更伟大的智慧。所有雅典人都被透露了这些神秘仪式,而只有苏格拉底没有被他们引进门,因为他深深知道,科学和艺术不是从这些神秘仪式中产生的,智慧从来就不存在于这些秘密之中。毋宁说,真正的科学建立在公开的意识领域之中。

如果我们现在概括一下被认为是希腊精神的东西,那么,它构成了这样的基本规定,即精神的自由决定了某种自然的激动,而且与这种自然的激动处于某种本质的关联之中。希腊的自由是被其他东西所激发的,它之所以是自由的,是由于它自身改变并生产了这种刺激。这种规定是在人的无我状态(就像我们在亚洲的原则中看见的那样,精神的东西和神圣的东西都只是以自然的方式持存着)和作为它自身的纯粹确定性的无限主体性之间的中道(Mitte),而后者是这样一种思想,即我是一切应该有价值的事物的地基。希腊的精神(Geist)作为中道从自然出发,又把自然转变为它自身的被设定状态;因此,精神性(Geistigkeit)还不是绝对自由的,还不是完全从它自身中产生的,还不是它自身的刺激。希腊的精神从预感和惊讶出发,然后进而继续走向(对自然的)意义的设定。这种统一性在主体自身之中被产生出来了。在人身上，自然的方面是心，是秉性，热情，各种气质；这些东西现在发展成了自由的个体性，以至于个性（Charakter）与作为义务的那种普遍的伦理力量之间没有关系，相反，伦理的东西是感官和特殊的主体性所固有的存在与意愿。这就造成希腊的个性发展成为**美的个体性**（schoenen Individualitaet），这种美的个体性被精神生产出来了，因为精神把自然的东西改造成为它的表达。精神的活动在这里还没有在它自身之中找到表达的材料与工具，相反，它还需要自然的刺激和自然的质料；它不是自由的、自己规定自己的精神性，而是被塑造成走向精神性的自然状态——精神性的个体性。希腊的精神就是造型艺术家，它把石头制作成一件艺术作品。通过这种制作过程，石头不再单纯是石头，形式被从外部带给了它，而且，它与它的本性相对立并变成了精神性的东西的表达，并且**因此**而发生了变形。毋宁说，艺术家为了他的精神性的观念，需要石头、颜料、感性的形式以表达他的理念。如果没有这些要素，他自身就不能意识到这个理念，他也不能为了他人而把他的理念对象化，因为理念对他来说不能成为思维中的对象。——埃及的精神也是这种质料的制作者，但是自然的东西还没有屈服于精神性的对象；它还停留在与精神性的东西纠缠不清的状态；自然的东西保持着独立的状态，形成了这幅图像的一个方面，就像斯芬克斯的躯干一样。在希腊的美之中，感性的对象变成了精神在其中显示自身的符号、表达、外壳。

必须加以补充的是，因为希腊精神就是这种变化形象的雕塑家，它知道它自己在它的产品之中是自由的；因为精神是它们的创造者，而它们是所谓的人的作品。但是，它们不仅仅是人的作品，而且也是自在自为的永恒的真理和精神的力量，它们既是人创造的，又不是人所创造的。他尊重并且崇敬这些观点和图像，尊重和崇敬奥林匹斯山上的宙斯和城堡里的帕拉斯，同时也尊重和崇敬国家的法律与习俗；但是他，作为人，是孕育这些作品的子宫。他是给它们哺乳的乳房，他是使它们伟大而纯净的精神性的东西。因此，他在它们身上感受到生气勃勃，他不仅自在地是自由的，而且意识到了他的自由；因此，对人的崇拜被吞噬在对神圣的东西的崇拜之中。

众人崇拜那种自在自为地神圣的东西,但是同时把它当作**他们的**行动、**他们的**生产和**他们的**定在:因此,神圣的东西通过崇拜属人的东西而维持对它的崇拜,通过对神圣的东西的崇拜而维持对属人的东西的崇拜。

于是,这就是构成了希腊个性之中点的**美的个体性**的规定。现在我们必须进一步考察这个概念实现自身时所放射出的特殊光芒。一切都构成了艺术作品;我们可以把它们把握为一种三重的形象:作为主观的艺术作品,也就是说,作为人自身的文化;作为客观的艺术作品,也就是说,作为诸神世界的形象化;最后,作为政治的艺术作品,宪法和在其中存在的个体的存在方式。[295]

第二篇　美的个体性的诸形态

第一章　主观的艺术作品

人由于他的需要而以实践的方式和外在的自然打交道,而在他靠自然满足自己和消耗自然之时,他必须谨慎地借助于工具进行工作。也就是说,自然对象强大有力,会以多种方式进行反抗。为了能够征服自然,人引入了一些其他的自然物,借此让自然调转矛头反对自然,而且还为了这个目的而发明了**劳动工具**。人的这种发明属于精神,而这样的工具应该比自然物得到更高的尊重。我们也看到,希腊人尤其知道器重这种工具,因为在荷马那里,人因工具而生的喜悦显得特别引人注目。在谈到阿伽门农的权杖时,它的形成过程就叙述得特别详细。在提到在枢轴上转动的门、甲胄和各种器械之时,可以看得出作者心情非常愉快。对于人为了征服自然而做出的各种发明的崇拜最终归之于诸神。

但是,另一方面,人会为了**装饰**而需要自然,装饰的意义只是在于成为财富的符号和人从他自身之中制造出来的东西的一个符号。我们在荷马时代的希腊人那里看到这种装饰的兴趣已经得到了高度的发展。无论是野蛮人还是开化了的民族都会打扮自己;但是野蛮人满足于打扮自己[296]

而已，也就是说，他们希望他们的身体通过一种外在的装扮而变得讨人喜欢。但是，装饰的唯一规定是成为一个他者的装饰，这个他者是人的身体，而人就直接处于这个身体之中，他要像改造自然一样改造这个身体。因此，精神的首要兴趣在于要把身体造就为意志的完美的工具，一方面，身体的灵巧性可以再次成为其他目的的手段；另一方面，它自身就显现为目的。我们现在在希腊人那里发现了个体有展示自身并且从中获得享受的无限冲动。感官的享受并不是他们太平无事的状况的基础，与此联系在一起的依赖性和迷信的愚蠢也不是。他们所获得的刺激太强大有力了，太全神贯注于他们的个体性之上了，以至于无法绝对地崇拜自然，就像它在它的力量和善之中显示自身一样。在劫掠的生活宣告结束，而在慷慨的自然那里安全与闲暇可以得到保证之后，承平日久的状况就会使他们注意到尊重自身的自我情感。因此，就像他们一方面发展出了一种太独立自主的个体性，以至于不会被迷信所奴役，他们也不会自命不凡。毋宁说，在他们变得自命不凡之前，本质的东西已经被生产出来了。首先是与感性的自然状态相对立的快乐的自我感觉，其次是娱乐自我和展示自我的需要，以及因此而首先被认为有价值和必须获得满足的需要，这二者现在构成了希腊人的基本规定和主要事务。就像小鸟自由地在天空中鸣啭，人在这里只需要表达出在不受限制的人的天性之中存在着的东西，通过这种表达来证明自己和获得承认。

[297]　　这就是希腊艺术的**主观的**开端，在这种艺术中，人把能够做出自由而优美的运动、既有力度又不失灵巧的身体精心修整为一件艺术作品。在希腊人在大理石和雕像之中客观地表达这样一种形态之前，他们先把他们自身变成优美的形态。在那种以游戏方式进行的无害竞赛中，每一个人都显示出他是什么，这种竞赛是非常古老的事情了。荷马曾经以高贵的方式描述过阿喀琉斯为了表彰帕特洛克罗斯而举行的游戏，但是我们在他的全部诗行中没有发现一次提到诸神的雕像，虽然他提到过多多那的圣殿和德尔菲的阿波罗宝库。荷马所描述的游戏主要有摔跤和拳击、赛跑、骑马和赛车、掷铁饼或者掷标枪和射箭等。——这些锻炼又和为了

表达和享受兴高采烈与心情愉快的跳舞和唱歌联系在一起,而这样的艺术同时茁壮成长为了美。赫淮斯托斯在阿喀琉斯的盾牌上描绘出了,那些美貌的少男少女是如何轻快地运动他们那双训练有素的双脚,就像陶匠转动他的车轮一样。许多人在那里围聚在一起,感觉这一切赏心悦目,而那神一样的歌手拿着竖琴边弹边唱,两位主要的舞者在舞台的中央旋转着跳舞。

这种游戏和艺术以及他们的享受和荣誉一开始只是私人的事情,只会在某些特殊的场合才会举办;后来,它们变成了一种全国性的事件,会定期在特定的地方举办。除了在圣地厄利斯举办的奥林匹亚运动会,还有在其他地方举办的伊斯米亚竞技会、皮提亚运动会和内梅斯运动会。

如果我们现在来考察这种游戏的内在本性,那么,首先,这种游戏和一本正经、仰人鼻息和身处困境截然对立。在这样的摔跤、赛跑和竞争中没有什么严肃可言;在其中也不存在自我保护的困境,也没有战争的需要。严肃是和需要相关联的劳动:要么我要么自然必须屈服;如果一方要继续存在,另一方就必须倒下。但是游戏和这种严肃正好对立,而游戏是一种更高级的严肃,因为自然在游戏中被想象为精神,即使在这种竞赛之中,主体不会向前推进到成为最高级的思想之严肃的地步,然而,人在这种身体的锻炼之中显示了他的自由,也就是说,他把身体改造成为精神的工具。

[298]

人在他的一个工具、声音之中有一个直接的要素,这个要素容许并要求一种比单纯的感官的当前更广泛的内容。我们已经看到唱歌怎样和跳舞联系在一起,并且有利于跳舞。虽然唱歌后来独立出去了,但是仍需要乐器为它伴奏;后来,唱歌不再是没有内容的唱歌,就像小鸟的鸣啭,它也许能够表达情感,但是并没有客观的内容。相反,歌唱要求有一种内容,这种内容出自观念和精神的创造,并且会在后来进一步形成客观的艺术作品。

第二章 客观的艺术作品

如果要追问歌唱的内容,那么,可以回答说,歌唱的本质的和绝对的

235

内容是宗教的内容。我们已经看到了希腊精神的概念；现在宗教不是别的东西，而无非就是这种概念作为本质的东西成为对象。根据这种概念，神圣的对象把自然力量仅仅作为一个要素包含在自身之中，而这个要素可以被转变为精神的力量。关于作为开端的这种自然要素，在精神力量的表象中只还有一种类似的回响在继续保存着，因为希腊人把神祇当作精神性的东西来崇拜。因此，我们不能像理解印度的神祇一样理解希腊的神祇，以至于任何一个神的内容都是自然力量，人的形象只是表达他们的外在形式，相反，在希腊，内容就是精神性的对象自身，而自然的东西只是出发点。但是，另一方面，我们必须说，希腊的神祇还不是绝对的自由的精神，而是以某种特殊的方式存在的精神，带有人的限制的精神，还只是依赖于外在的条件的某种被规定的个体性。客观的美的个体性就是希腊的诸神。在这里，神祇的精神特性是，它自身还不是自为的精神，相反，在那里，它以感性的方式显现自身，但是，这种感性的对象还不是它的实体，而只是它的显现的要素。在我们考察希腊神话时，这个概念对我们来说是引导性的，我们必须紧紧地抓住这个概念而心无旁骛，因为一方面，博学多识的学者所搜集的材料已经堆积成山，另一方面，由于消解性的抽象知性，这种神话，和更古老的希腊历史一样，变成了错谬百出的领域。

　　我们发现，在希腊精神的概念之中的两个要素——自然和精神——之间有**这样一种**关系，即自然只是构成了出发点。希腊神话中对于自然的贬低是全部神话的转折点，它被表述为诸神之间的战争，泰坦家族的一蹶不振和宙斯家族的兴起。从东方精神向西方精神的过渡在这个地方得到了表达，因为泰坦家族是自然性的，是自然存在，统治被从他们那里夺走了。虽然他们从那以后仍然受到尊敬，但不是作为统治者，因为他们被驱逐到了大地的边缘。泰坦家族是各种自然力量，其中包括乌拉诺斯（天），盖娅（地），奥克阿诺斯（海），塞勒涅（月），赫利俄斯（日）等等。克洛诺斯是抽象时间的统治，他吃掉了自己的孩子。那种不受约束的生育能力受到了阻碍，宙斯作为新的诸神的首领登上了舞台，他们具有精神的含义,而且他们自身就是精神。* 要比这里所做的这样更加确定、更加质朴地表达这种过渡是不可能的。新的诸神帝国宣告的是,他们所特有的本性是精神性的方式。

第二点是,新的诸神是自然的因素,而且因此在自身之中保存了与自然力量之间的一种特定的关系,就像前面已经略微提示过的那样。宙斯拥有闪电和乌云,赫拉是自然的东西的生育者,变化无定的生机的产妇;但是宙斯也是政治的神,是伦理的东西和殷勤好客的保护神。奥克阿诺斯自身只是自然的力量;但是波塞冬身上还具有那个元素的狂放不羁,还是一个伦理的形象:他建筑了城墙,创造了马。赫利俄斯作为自然的要素是太阳。在和精神的类比中,这种光明转变成了自我意识,而阿波罗就是从赫利俄斯当中形成的。吕基俄斯(Lykeios)①这个名字就暗示了它和光(Licht)之间的联系;阿波罗是阿德墨托斯手下的放牧者,但是自由的牛马在赫利俄斯看来是神圣的;他的光线就像利箭杀死了蟒蛇。人们不能把作为奠基性的自然力量的光的理念和这种神性相脱离,尤其是因为它的其他述谓很容易就和它联系在一起,而缪勒②和其他人的解释因为否认了这一基础而显得主观臆断和离题万里。因为阿波罗是预言者和灵知者,照亮一切的光明;此外,他是治疗者和巩固者,同时也是破坏者,因为他杀死了很多人。他是赎罪者和净化者,例如,他反对复仇女神,这群最古老的地下女神,她们追求僵硬的、严格的正义;他本人是纯洁的,他没有妻子,只有一个妹妹,而且他没有像宙斯一样卷入许多下流的故事中;此外,他还是灵知者和宣告者,歌唱者和缪斯的领袖,就像太阳指挥天体跳着和谐的圆圈舞。——同样,湖中仙女变成了缪斯。诸神的母亲库柏勒,在以弗所仍然被当作阿特弥斯来崇拜,但是在希腊人那里几乎不能被

[301]

---

* 参见黑格尔的《宗教哲学演讲录》第二版第二卷,第102页以下(第17卷第102页以下)。——黑格尔原注

① 吕基俄斯(Lykeios)是阿波罗的别名,大多数学者认为它来自于"狼"这个词,也有学者认为它来自"光明"这个词。——译者注

② 参见322页(按指本书边页)脚注。——译者注

识别为阿特弥斯,这个贞洁的女猎人和猛兽的捕杀者。如果有人说,这种自然的东西向精神性的东西转变属于我们的或者后来的希腊的寓意化,那么,与此相反,应该提到的是,自然的东西转到精神的东西这边来正好是希腊的精神。希腊人的箴言诗包含了从感性到精神的这种进步。只有抽象的知性不知道如何把握自然物和精神物的这种统一性。

进而言之,作为个体的诸神不能被把握为抽象物,比如,知识、一、时间、天、必然性。这种抽象不是这些神祇的内容;它们也绝不是什么寓意,不是抽象的、挂满各种属性的本质,就像贺拉斯所说的 necessitas clavis trabalibus(带有梁上自动敲钉机的必然性)①。诸神同样也不是象征,因为象征只是一种符号,另外某种东西的一种意谓。希腊的诸神就在自己身上表达出他们之所是。阿波罗头脑中永恒的宁静和沉思的清晰性不是一种象征,而是表达,精神出现在这种表达中,并且显示自身存在于这种表达中。诸神是主体、具体的个体性;一种寓意的存在没有任何特性,它自身只不过是一种特性而已。此外,诸神是特殊的个性,因为在每一位神祇身上,某一种规定作为典型特征具有压倒性的优势;但是,想要把这些特征的范围形成一个体系是白费力气。宙斯统治着所有其他的神祇,但是并不是凭借真正的力量,所以,诸神都可以自由自在地保持着他们的特殊性。因为一切精神性的和伦理的内容都属于诸神,所以,被放置于他们身上的那种统一性必然保持为抽象;因此,它是无形象的、无内容的事实、必然性,它的悲哀的根据在于它是无精神的东西,但是同时,诸神处于与人的一种友善的关联之中,因为他们就是精神性的自然。那种更高的东西,即被认作神、这样一种精神的统一性,希腊人还是茫然不识的。

鉴于黏附于希腊诸神之上的**偶然性**和特殊性,于是就产生了一个问题,这些偶然性的外在起源要到哪里去寻找呢?一方面,它来自地方的特征,来自希腊生活开端时那种七零八落的状况,他们的生活呈点状分布,

[302]

---

① "die Notwendigkeit mit den Balkennägeln",参见贺拉斯:《歌集》第一部,第35首,第18行。——原编者注

并因此而立即形成了当地的观念。各个地方的神祇是孤立存在的,他们比后来拥有更大的势力范围,但是后来,他们迈进了诸神的圈子,被削减到一个有限的范围之内;他们根据他们出现的那个地方的特殊意识和具体的环境而得到规定。曾经有很多赫拉克勒斯和宙斯,他们各有他们地方的历史,就像印度的神祇一样,他们也在不同的地方占据带有一段独特的历史的庙宇。这同样适用于天主教的圣徒和他们的传说,但是天主教的圣徒和他们的传说不是地方性的,而是例如来自唯一的圣母,后来才进一步发展成为形形色色的地方性。希腊人讲述过他们的神祇的各种生龙活虎、超逸洒脱的故事,完全不能给他们的故事划定界限,因为希腊人的生机勃勃的精神中会不断地喷涌出新的想法。

这种特殊性之本源的第二个源头是自然宗教,它的各种观念同样在希腊神话之中占有一席之地,但是它们也是以转生的和颠倒的方式出现的。保持下来的各种起源神话把我们引向我们上面已经提到过的《神秘仪式》(Mysterien)一书中最著名的章节。希腊的神秘仪式是这样的东西,它作为未知的东西,用具有深刻智慧的先入之见,把所有时代的好奇心都转移到自己身上。首先必须注意的是,古老的东西和开端性的东西正因为它们是开端才不是卓越的,而是次要的,在这些秘密中的更加纯粹的真理是不能说出的,也不是像很多人所认为的那样,其中所教导的东西是与诸神的多元性相对立的诸神的统一性。毋宁说,神秘仪式是古老的神祇崇拜,想要在其中发现深刻的哲学命题,既是非历史的,也是不理智的,因为正好相反,它的内容只是自然理念,关于自然中的普遍转化和它的普遍生机的更加粗糙的观念。如果我们把与此相关的一切历史的东西编排在一起,那么,结果必然是,神秘仪式不会构成一个学说的体系,相反,它是一些感性的风俗习惯和表演,而这些风俗与表演仅仅存在于自然的普遍性的操作的象征之中,例如作为大地与天上的现象之间的关系。谷神星和普罗塞庇娜的观念、酒神巴库斯和他的队伍,主要是以自然的普遍物为基础的,而相关的细节则是一些模糊不清的故事和叙述,对于这些故事的兴趣主要在于生命力及其变化。精神也不得不经历一个与自然相

[303]

类似的过程;因为它必须被再次诞生出来,也就是说,它要在自身之中否定自己;因此,神秘仪式之中的这些叙述令人回忆起了,虽然只是使人微弱地回忆起了,精神的本性。对于希腊人来说,神秘仪式就是某种唤起敬畏的东西;因为人会有一种天生的恐惧,如果他看见一种意谓以某种形式出现的话,而这种形式作为感性现象并没有表达出这种意谓,它因此而既排斥又吸引,通过流露出来的意义唤醒预感,但是同时又通过吓人的形式令人颤抖。有人曾经控告埃斯库罗斯在他的悲剧之中亵渎了神秘仪式。在神秘仪式的不确定的观念和象征中,充满意谓的东西只是被预感到的,这种观念和象征与清晰而纯净的形象是异质的,而且威胁着要毁灭这些形象,因此,艺术的神祇和神秘仪式的神祇是互相分离的,两个领域必须严格地保持着区分。

大部分神祇是希腊人从外国取得的,希罗多德曾经明确地提到过埃及;但是,这些外来的神话经过了希腊人的改造,被精神化了。那些从外国的神谱中一起输入的东西,在希腊人的口中被整理成了一种历史,而这种历史又往往表现为对于诸神的恶意中伤。因此,在埃及人那里仍然被认为是神祇的动物,到了希腊人这里就被贬低为出现在精神的神祇旁边的外在的符号了。因为有这些特殊的个性,希腊的神祇同时被设想为富于人性,而这种人神同形论因为它的不足而受到了指责。与此相反,现在马上可以说,人,作为精神性的东西,构成了希腊神祇身上真实的东西,因此,希腊的神祇超越于一切自然神祇和一切对于一个最高的存在者的抽象之上。另一方面,也可以被当作希腊神祇的一个优点标举出来的是,他们被设想为人,而据说这正是基督教的上帝所缺乏的。席勒说:

如果神祇越是富有人性,
　那么,人就越是具有神性。①

但是希腊的神祇不能看作是比基督教的上帝更富有人性。基督毋宁说就是人:他活着,他死去,他忍受死于十字架上的痛苦,这比希腊的美的

---

① 《希腊诸神》第一稿,第 191 行以下。——原编者注

理念中的人是更无限地富有人性的。如果说到希腊宗教和基督宗教共同的东西,那么,关于这二者可以说,如果神可以显现的话,神的自然形式必须是它的精神的形式,对于感性的表象来说,这种精神的形式本质上就是人,因为神作为精神性的东西不可能以任何其他的形象出场。虽然神出现在太阳、高山、树木、一切有生命的事物之中,但是,这些自然的现象并不是精神的形象,毋宁说,神是被主体的内在的东西觉知到的。如果说神本身应该在出现时造成一种与之相称的印象,那么,只有人的形象才能造成这种结果,因为有精神性的东西从这种形象中散发出来。但是,如果有人想要问,**神必须显现吗?** 那么,对此必须做出肯定的回答,因为不显现的东西是无足轻重的。如果和基督宗教进行比较,那么,希腊宗教的真正不足在于,在希腊宗教之中,显现(Erscheinung)构成了神圣的东西的最高本质,构成了一般来说的神圣的东西的全体,而在基督宗教之中,显现只是作为神圣的东西的一个因素(Moment)被纳入其中。在基督教中,显现的上帝已经死了,他被设定为自我扬弃的东西;正因为死了,基督才被描述为坐在上帝的右边。与此相反,希腊的神祇对希腊人而言常年存在于现象中,只是存在于大理石、青铜或者木料之中,或者以幻想的形象存在于观念之中。但是,为什么对他们来说神不能存在于肉身之中呢?因为直到人在获得隐含在美的现象中的自由时更加充分地突出和发展自己,人才能获得荣耀与自由,只有这样,人才是有价值的;因此,神圣性的形式与形象继续保持为一种特殊的主体所生产出来的东西。精神中的一个因素是,它生产自身,它把自身**制作**成它之所是;而另一个因素是,它原本是自由的,这种自由就是它的**本性**和它的概念。但是因为希腊人尚没有以思维的方式理解自己,所以他们尚不能在精神的普遍性中理解精神,尚不能根据基督教的理念来理解人的概念和神的本性与人的本性自在存在着的统一性。只有在自身之中确定的、内在的精神才能够忍受与现象的方面相脱离,并且有把握把神圣的自然委托给这样一种精神。它所需要的不再是为了坚持神圣的东西和使统一性变成从外部可以直观的东西,而把自然状态想象为精神性的东西,相反,因为自由的思想思维了外在的东西,所以,它能够让外在的东西像它之所是那样存在;因为他思维着有限物和无限物的这种统一性,知道它不是偶然的统一,而是绝对的统一,永恒的理念自身。因为希腊精神的主体性没有在它的深度上得到理解,所以,在它那里还没有出现真正的和解,人的精神尚未具有绝对的合法性。这种不足已经显示在以下这一点之中,即命运处于比作为纯粹的主体性的诸神更高的位置上,它还显示这样一个事实中,即人还不能从他们自身之中,而必须从他们的神谕之中获得他们的决定。人的主体性和神的主体性都还没有被当作单凭自身就可以做出绝对决断的无限的主体性。

第三章　政治的艺术作品

国家统一了主观的艺术作品和客观的艺术作品这两个我们已经考察过的方面。在国家中,精神不仅是像神圣的东西一样的对象,不仅主观地发展成了美的身体性,而且,它是活生生的普遍的精神,它同时是个别的个体的自觉的精神。

只有**民主制的**宪法才与这种精神和这种国家相匹配。我们把在东方得到辉煌发展的专制主义看作是与东方国家(Morgenland,黎明之国)相匹配的形态;同样地,希腊的民主制的形式是世界历史的规定。也就是说,个体的自由是在希腊出现的,但是它还没有发展到那种抽象的地步,即主体绝对地依赖于实体性的东西,依赖于国家自身,相反,在希腊人那里,个体的意志在他的全部生机之中是自由的,根据他的特殊性而从事实体性的活动。与此相反,我们在罗马将会看到那种对于个体的野蛮的统治,在日耳曼帝国将会看到君主制,在君主制中,个体不仅依附于君主和为他做事,而且也依附于整个的君主制组织和为它做事。

民主制的国家不是父权制的,它不是建立在还没有发展起来的信任的基础之上,相反,它与法律以及对于法权和伦理的基础的意识有关,而且这些法律被意识到是实定的。在历代国王的时代,希腊还没有政治生活,因此立法的迹象也极为罕见。但是在特洛伊战争和居鲁士战争之间的时期里,立法的需要已经出现了。第一批立法者以"七贤"(sieben Weise)之名而为世人所知,但是,决不能把他们理解为有意识地阐明何谓正确与真理的智者或者智慧(Weisheit)的教导者,他们只是指那样一批思维着的人,但是他们的思维还没有发展成为真正的科学。他们在实践上是政治的人,关于七贤中的两位,米利都的泰勒斯和普南城的比阿斯给伊奥尼亚城邦提过很好的建议的事情,老早就已经有人说过了。雅典人委托梭伦为他们立法,因为他们已有的法律不能满足他们。梭伦为雅典人制定了一部国家宪法,通过这部宪法,所有人都获得了平等的法权,然而,这种民主制还没有变成一种完全抽象的民主制。

民主制的主要因素是伦理的考虑。孟德斯鸠说过,"德性是民主制的基础";如果把它和人们习惯上对民主制所持的观念联系在一起,那么,这句格言就既重要,又真实。在这里,对于个体来说,法权的实体性的东西、国家的事务、普遍的利益是本质性的;但是,它是作为习俗以客观意志的方式存在着的,结果是,真正意义上的道德、确信和意图的内在性还没有出现。因为法律根据它的内容是自由的法律并且合乎理性,而它之所以有价值,是因为它根据它的直接性是法律。就像在美之中,自然要素仍然是以感性的美的方式存在着,法律在伦理中也是以自然必然性的方式存在着。希腊人停留在**美**的中心,还没有抵达比美更高的真理的问题。因为习俗和习惯是法权被意愿和被行使的形式,所以,这个形式是稳固的,而且它在自身之中还不包含直接性的敌人,即反思和意志的主观性。因此,共同体的利益就可以继续托付给公民的意志与决定——而这种做法必须成为希腊宪法的基础,——因为这里根本没有出现和意愿的伦理相抵触并且阻碍这种伦理实现的原则。民主制的宪法在这里是唯一可能的宪法:公民还没有出于恶而意识到自己的特殊利益;客观的意志在他们身上还没有减弱。女神雅典娜就是雅典自身,也就是说,公民的现实而具体的精神。如果潜在的意志回溯到它的知识和良知的密室(Adyton),设定主观和客观的无限分离的话,神祇就再也不会出现在公民中间了。这就是民主制宪法的真实情况:它的合理性和绝对的必要性建立在这种仍

[308]

[309] 然内在的客观伦理的基础之上。这种合理性并不存在于现代的民主制的观念中:共同体的利益、公众的事件要经过人民的讨论和决议;诸多个别的人应该在这些事务上深谋远虑,提出自己的意见,投出他们的一票,因为国家的利益和公众的事务就是他们自己的。所有这一切都是正确的,但是根本的情况和区别在于,**谁**是这些个别的人。他们具有绝对的合理性,只是因为他们的意志仍是**客观的**意志,而不是意愿这一点或者那一点,不是单纯的**善良**意志。因为善良意志是某种特殊的东西,建立在个体的道德的基础之上,他们的确信和内在性的基础之上。构成了我们这个世界中的自由原则及其特有的形态的那种主观的自由,构成了我们的国家和我们的宗教的绝对基础的那种主观的自由,对希腊来说恰好是作为**毁灭**而出现的。内在性接近了希腊的精神,希腊精神很快就会发展成为内在性;但是,它把它的世界推向了毁灭,因为宪法没有考虑到这个方面,它不认识这个规定,因为这种规定还没有出现在宪法之中。关于处在自由的第一种和真正形态中的希腊人,我们能够断言说,他们没有良知;在他们那里居于主宰地位的是为祖国而生的习惯,而没有对之做进一步的反思。对于我们的知性来说是处于本质地位的对于一个国家的抽象,他们根本就不知道,相反,对他们来说,一个生机盎然的祖国就是目的:这个雅典,这个斯巴达,这个神庙,这种共同生活的方式,这个市民共同组成的圈子,这种风俗和习惯。对希腊人而言,祖国是必然性,没有它,他就不能生活。智者,智慧的教导者,才是传播主观的反思和下面这种新学说的人,即每一个人必须根据他们自己的确信行动。一旦反思登上历史舞台,那么,每一个人都有他自己的意见,人们会探究法权是否可能得到改善,人们不是盲从一直存在着的东西,而是发现了对于自身的确信,于是,一种主观的、无所倚赖的自由开始了,在这种自由之中,个体有能力做到反

[310] 对一切既定的宪法而把一切放到他的良知之上。每一个人都有他自己的原则,就像他认为的那样,他也确信,这是最好的,这必须在现实中得到实现。修昔底德已经谈论过这种衰落,他说,如果不是他在负责,每一个人都认为事情进展糟糕至极。

每一个人都不自量力地做出一种判断这种情形是与信任伟大的人物背道而驰的。如果说雅典人在以前的时代曾经委托梭伦为他们立法,如果说莱喀古曾以立法者和执政者的形象出现在斯巴达的话,那么,这显然不是因为人民认为他们精通法权方面的知识。即使后来也还出现过一些伟大的创造性人物,他们实在是众望之所归:克莱斯特涅斯,他制订了更加民主的宪法;米太亚得、特米斯托克勒、阿里斯提戴斯、客蒙,他们在梅迪安战争中都做过雅典人的统帅;还有伯里克利,雅典的伟大的顶点;但是只要这些伟大的人物完成了亟须他们去做的事情,妒忌,亦即鉴于特殊的天才而渴望平等的需要,立即接踵而至,伟大人物要么身陷囹圄,要么被驱逐出境。最后,那些诬告者从人民中飞黄腾达,他们诽谤一切握有最高行政权力的伟大个体和人物。

但是,在希腊的各个共和国当中有三种情形值得特别突出出来。

第一,**神谕**和只在希腊存在过的那种民主制是联系在一起的。一种逐渐固化的意志的主观性属于这种出于自身的决定,而那些占优势地位的理由规定了意志;但是希腊人还没有这种意志的力量和实力。在建立一个殖民地的时候,在接纳一个外来的神祇的时候,在一位统帅想要参加一次战役的时候,人们都会去征询神谕的意见。在普拉提亚战役之前,泡桑尼亚献上动物作为牺牲以占卜吉凶,他从预言者提撒梅诺斯那里得到的答复是,如果希腊人留在阿索波斯河这边的话,祭品对希腊人是有利的;但是,如果他们跨过河流开始发动战争的话,对他们是不利的。因此,泡桑尼亚等待对方发动进攻。在他们的私人事务中,希腊人也同样地与其说是由他们自己做决定,还不如说是由外来的其他的东西做决定。不过,我们还看到,随着民主制的向前发展,在很多重要的事务中,他们已经不再征询神谕的意见了,相反,他们认为有价值的和具有决定意义的是群众集会上演说者的特殊意图。正如在这期间苏格拉底从精灵那里获得指导,人民领袖和人民依赖他们自己做出决定。但是同时,与这种情形一起登上历史舞台的是腐败、分裂和宪法的持续不断的变更。

第二,在这里要强调的另外一种状况是**奴隶制**。这是一种优美的

[311]

民主制的必要条件,在这种制度中,每一个人都有法权和义务在公共场合就国家行政发表演说并听取他人的演说,参加体育运动,共同庆祝各种节日等。这些职责的条件是不可或缺的,即公民应该从手工劳动中摆脱出来,而且因此,在我们这里由自由的公民所承担的事务,日常生活中的各种工作,由奴隶来完成。与公民之间的平等相伴偕行的是把奴隶排除在外。在意志在它自身之中得到无限反思的时候,在法权被认为是属于每一个自由人的时候,在人根据他自己的本性和由于天赋的理性就是自由的人的时候,奴隶制才会寿终正寝。但是,在这里我们还处于伦理的立场,而伦理只是习惯和风俗,而且因此还只是定在中的特殊性。

[312]　　第三,必须注意的第三点是,这样的民主制的宪法只有在小型的国家才是可能的。在这样的国家中,国家没有超越城邦的规模。整个国家的雅典公民汇聚在一个城邦之中:据特修斯说,他把那些七零八落的村镇连接为一个整体;在伯里克利时期,在伯罗奔尼撒战争的初期,在斯巴达发动战争之时,全部雅典地区的人口都逃进了这座城市。只有在这样的城邦中,全部公民的兴趣才可能是相同的,而与之相反,在巨大的帝国之中,我们会发现存在着不同的利益,它们甚至相互冲突。共同生活在一个城邦里,亦即人们朝夕相处这种情形,使一种共同的文化和一种有生命力的民主制得以可能。这种民主制的要点在于,公民的个性从整体上说是具有可塑性的。在发生重大事件时,他一定会在场;他必须参加决定这样的事件,不仅仅是通过他所投的那一票,而且是因为他要说服别人或者被别人说服的冲动;因为所有男人的激情和利益镶嵌在这些事件中,而且在事情过程之中,他们做出决定时会体现出一种激情。所有人都应该转而同意的那个洞见必须是借助于**演说**(Rede)而且通过个体的热情参与才说出来的。如果这种情况是通过**书面文字**以一种抽象的、毫无生机的方式发生的,那么,那些个体就不会受到激励而导致普遍的热情。大众的数量越是庞大,个别人的声音所占有的分量就越小。人民在一个庞大的帝国中,人们可以四处打听,收集所有区域的选票,和计算结果,就像法国国民

议会所做的那样;但是这是一种僵死的存在,这样的世界已经碎裂并分离为一个纸上的世界了。因此,在法国大革命期间,共和国的宪法从来没有成为一种民主制,而在自由和平等的面具之下,暴政、专制主义抬高了它们的声音。

现在我们来到了希腊历史的第二个时期。第一个时期使希腊精神获得了它的艺术和成熟——它就这样存在着;第二个时期包含了它怎样显示自己,显示在它的进程之中,把自己生产为就世界而言的一件作品,并且在战争中表明它的原则是正确的,在抵御外侮时胜利地维护了它的原则。

[313]

与波斯之间的战争

总的说来,与走在前面的世界历史性民族相接触的这个时期可以看作是这个国家历史上的第二个时期。希腊人的世界历史性的接触是与波斯人的接触;在这次接触中,希腊人以最高贵的方式表现了自己。梅迪安战争的诱因是伊奥尼亚诸城邦发生的反对波斯人的起义,因为雅典人和埃雷特利亚人为他们提供了帮助。尤其决定雅典人参与这次事件的事态是,庇西特拉图的儿子在希腊企图再次夺取对于雅典的统治,在他的尝试受到挫败以后,转而求助于波斯国王。关于这次梅迪安战争,"历史之父"(希罗多德)为我们做了精彩绝伦的描述,为我们眼下要追求的目的计,我们不需要在这次战争上停留太久。

在梅迪安战争开始的时候,拉客戴蒙人①正掌握着霸权,尤其在伯罗奔尼撒赢得了巨大的尊敬,一部分是因为它征服了麦西尼亚人这个自由的民族,并且把他们变成了奴隶,一部分是因为它曾经帮助许多希腊国家驱逐了他们的僭主。因为希腊人帮助伊奥尼亚人反对波斯国王,波斯国王因此而被激怒,派遣使者去那些希腊城邦,要求他们给使者水和土,也就是说,要求他们承认他的宗主权。许多波斯使者受到了轻蔑的拒绝,而

---

① 指斯巴达人。拉客戴蒙(Lakedämon)是古代斯巴达的别称。——译者注

[314] 拉客戴蒙人甚至把他们扔进了井里,但是后来拉客戴蒙人为此非常后悔,以至于他们派遣了两个拉客戴蒙人到苏撒去赔罪。波斯国王因此而派遣了一支军队进犯希腊。面对波斯人巨大的优势,在米尔提亚德(Miltiades)的单独率领之下,雅典人和普拉提亚人在马拉松参加了战斗并且取得了胜利。后来,薛西斯率领多个民族组成的数量庞大的军队压向希腊的边境(希罗多德委曲详尽地描述了这场战争);伴随着这些可怕的陆军的,还有同样可观的海上舰队。色雷斯、马其顿、色萨利很快就被征服了,但是希腊本土的入口,温泉关的隘口,由 300 个斯巴达人和 700 个瑟斯比尔人守卫着,而他们的命运已经彪炳千古了。被自愿放弃的雅典遭到了蹂躏,诸神的雕像在波斯人看来是一种令人憎恶的东西,因为他们崇拜的是无形无相的神。尽管希腊人没有结成钢板一块,但是波斯的舰队在萨拉米海被打败了;这个光荣的胜利纪念日以一种奇怪的方式和希腊三大悲剧家联系在了一起:因为埃斯库罗斯参加了战斗,于获得胜利一事与有力焉;索福克勒斯在庆祝胜利时翩翩起舞,而欧里庇得斯就在交战那天诞生。玛多尼斯率领的留在希腊的军队在普拉提亚被泡桑尼亚所击败,而且因此很多地方的波斯政权都垮台了。

就这样,希腊从面临着被压垮的压力之中解放了出来。毋庸置疑,更大的战役已经打过了,但是这些战役不仅在这些民族的历史纪录中流芳百世、永垂不朽,也在他们的科学和艺术的记录中、一般地说的高贵的和伦理的东西的记录中永垂不朽。因为这些都是世界历史性的胜利:它们拯救了文化和精神性的力量,使亚洲的原则丧失了一切力量。多少次人们不是为了一个目标而不惜孤注一掷吗,而又有多少次战士们不是为了义务和祖国而舍生取义呢? 在这里值得赞叹的不仅仅是勇敢、天才和勇气,而是它的内容、影响、后果,它们是独一无二、绝无仅有的。一切其他[315] 的战役只会导致某种极为特殊的利益;但是,希腊人的不朽的名声因为他们所拯救的那个高贵的事业而是公正的。在世界历史中,不是形式的勇敢,也不是所谓的丰功伟绩,而是事情的价值决定了它的声望。在这里,世界历史的兴趣把这件事情的价值放在秤盘上。相互对立的双方,一方是东方的专制主义,因此是一个统一在一个主人之下的世界,而另一方是各霸一方的、在规模和物力方面都极为有限的许多城邦,但是这些城邦因为自由的个体性而生机勃勃。在历史上,精神的力量相对于大众,确切地说,相对于一种不可小觑的大众的优势,从来没有表现得如此璀璨夺目。——这次战争以及在战后处于领导地位的城邦的发展是希腊最光彩夺目的时期:包含在希腊原则里的一切东西现在都完全展开了,而且是有目共睹的。

雅典人仍然在很长的时间里继续这种侵占的战争,并且因此而达到了高度的富庶状态,而同时,拉客戴蒙人由于没有海军而保持着平静的状态。雅典和斯巴达的这种对峙从此开始了,这是历史研究中一个最受欢迎的题目。人们可能会说,对这两个国家哪个更占有优势下一个判断是无益的,但是人们必须要指出,为什么每一个城邦自身都是一种必要的有价值的形态。例如,人们可以就斯巴达举出许多范畴,人们可以谈论严格的风俗、服从命令等等,但是这个城邦中的主要理念是政治的德性,虽然说这一点是雅典和斯巴达共同拥有的,但是在一个国家中,政治的德性发展成为自由的个体的艺术作品,而在另一个国家,政治的德性保存在实体性之中。在我们谈论伯罗奔尼撒战争之前,我们必须进一步地指出两个国家的基本个性,以及从政治的伦理的角度来看,它们是如何相互区别开来的。

雅典

[316]

我们已经很熟悉雅典了,它是希腊其他地区居民的避难之所,聚集在这里的是一群鱼龙混杂的人们。从事各种不同种类活动的人,从事农业、手工业和贸易,尤其是海上贸易的人都汇集在雅典,这种状况也造成了许多纷争。古老而富庶的家族与穷困潦倒的家族之间的对立老早就形成了。三个建立在不同地区差异以及因此而导致的不同生活方式的基础之上的党派已经确定了:(1)佩蒂亚派,平原上的居民,富人和贵族;(2)戴安克利尔派,山地居民,葡萄和橄榄种植者,牧人,——他们是人数最多的党派;(3)介于前面两派之间的帕拉勒人,沿海居民,最稳健的一批人。政治局势摇摆于贵族制和民主制之间。通过把全体国民划分为四个阶级,梭伦曾经一度缓和了这些阶级之间的对立。他们所有人一起组成国民议会,共同为公共事务做决议。但是,政府部门的职位都为三个上层阶级保留着。值得注意的是,在梭伦生前,甚至在他在场的情况下,尽管他极力反对,庇西特拉图还是攫取了领导权;宪法似乎还没有逐渐融进人民的鲜血和生命之中,还没有变成伦理生活和公民生活的习惯。但是,值得注意的是,庇西特拉图并没有改变立法,他在受到控告时,亲自到亚略巴古为自己辩护。为了镇压某些家族和集团的力量,为了使他们遵守古老的秩序与和平,而且使公民们习惯于梭伦的立法,庇西特拉图和他儿子的统治似乎是必要的。在这个目的已经达到了的时候,这种统治必须被认

[317] 为是多余的,自由的法律必然会与庇西特拉图家族的权力发生矛盾。庇西特拉图家族被驱逐,希帕克被杀死,西庇阿斯被放逐。于是,不同的党派卷土重来了:领导这次起义的阿尔克蒙尼德派偏爱民主制;与此相反,斯巴达人支持伊萨格拉斯的反对派,他们遵循一种贵族制的方向。阿尔克蒙尼德派的领袖是克莱斯特涅斯,他们这一派保持着优势地位。这就造成了宪法比以前更多民主制的味道了;迄今为止只有四个的阶级(phylai)增加到了十个,这一做法造成的影响是,大家族的影响减弱了。最后,伯里克利使国家宪法的民主制的色彩更浓了。因为他降低了亚略巴古的重要意义,而把到那时为止还是专属于亚略巴古的国家大事交给了人民和法庭。伯里克利作为一位政治家具有可塑性这种古代的个性。① 在他献身于政治生活的时候,他放弃了他的私人

---

① 黑格尔在本书中好几次把希腊或雅典与"可塑的"(plastischen)这个词联系在一起。《历史哲学》英译者西布里认为,"可塑的"这个词暗示了伯里克利全身心地投入一种政治家才能之中,这种才能不是一种单纯的机械附加物,而是渗透到一个人的全部身心之中的激发力量和塑造力量。在下文中,这同一个词又被用来区分弥漫于埃斯库罗斯和索福克勒斯的喜剧之中的那种激发性的道德和欧里庇得斯戏剧中抽象的情感。——译者注

生活,他谢绝了一切庆祝活动和大型宴会,乐此不疲地追求他为国尽力的目标;他因此而赢得了巨大的声望,以至于阿里斯托芬称他为"雅典的宙斯"。我们不得不对他赞叹不已:他站在一个不乏轻浮但却具有最高程度的文雅与高度的教养的民族的顶端。对这个民族进行统治的唯一手段、力量和权威是他的人格和他本人让大家抱有的一种信念,即他是一个高贵的、只以国家福祉为己念的人,同时,他在精神和知识方面也超过所有其他人。在个人的魅力方面,我们不能把任何其他政治家与他相提并论。

总的来说,民主制的宪法给伟大的政治人物的发展留下了最大的空间。因为它首先不仅允许个体,而且要求个体使他的天才发生作用;但是同时,任何个体只有在懂得如何既能满足一个民族的精神与观念,又能满足它的激情与轻浮的条件下,才能使自己的才华有用武之地。[318]

在雅典存在着一种活泼泼的自由,和风俗与精神文化方面的一种活泼泼的平等。如果说财产方面的不平等是不可能消失的,那么,这种不平等也没有走向极端。除了这种不平等,在这种自由的范围之内,一切个性和天赋的不平等、一切个体性的差异都可以发挥到淋漓尽致,都可以在这种环境中在最丰富的刺激之下获得发展;因为总体上,雅典人生活的各种因素是被美的精神所激活的个体的独立自主和文化。在伯里克利的主持下,各种具有永久意义的纪念碑和雕塑被生产制造出来了,如今它们所剩无几的废墟也让后世赞叹不已。埃斯库罗斯和索福克勒斯的戏剧也在这个民族的眼前上演,后来还上演了欧里庇得斯的戏剧,但是欧里庇得斯的戏剧不再承担这种可塑的(plastischen)伦理个性,而且在它们之中,腐败的原则已经表现得极为明显,可以识别了。伯里克利对这个民族做了许多演讲,从这个民族中涌现出了一大批人物,他们是世世代代奉为经典的人物,因为除了上面提到的人物,修昔底德、苏格拉底、柏拉图以及阿里斯托芬等人都侧身其列,阿里斯托芬在这个民族腐败的时期,把它的全部政治的严肃保存了下来,并且完全以这种严肃的方式为了祖国的福祉而写作和创作。我们在雅典认识到了一种伦理精神范围内诸个体的兢兢业业、易于激动和自我完善。我们在克塞诺芬和柏拉图那里发现的对于雅典人的指责更多的是针对雅典民主制的后期,那时候已经出现了诸种灾祸和民主制的腐败。但是,如果我们想要获得古人对于雅典政治生活的判断,那么,我们决不能向克塞诺芬,尤其不能向柏拉图求教,而应该向那些人求教,也就是说,向政治家们求教,他们对于这个现存的城邦非常熟悉,他们主持过许多城邦事务,并且作为城邦的伟大领袖而名副其实。在这样的政治家中,伯里克利就是由雅典个体所组成的万神殿中的宙斯。修昔底德曾借伯里克利之口,在伯罗奔尼撒战争第二年牺牲的战士的葬礼演说的场合,对于雅典做过最深刻的描述。他说,他想要指出,他们是为了多么伟大的城邦和多么伟大的利益而死的(在这个意义上,演讲者立即转向了本质的东西)。他描绘了雅典的个性,他所说的话既具有最深刻的意义,又是最正确的和最真实的。他说,我们爱美,但是不爱富丽堂皇,不爱铺张浪费,我们进行哲学思考,但是没有因此而被引向胆小怕事和无所事事(因为如果人们沉湎于他们的思想,那么他就会远离实践,远离为了公众、为了普遍物的行动)。我们果断而勇敢,虽然我们勇气可嘉,但是我们仍然会给我们的所作所为一个解释(我们对此有一种意识);其他国家的人就不一样了,他们之所以有勇气,是因为他们缺乏教养;我们深知如何判断,什么是令人愉快的东西和什么是困难重重的东西,尽管如此,我们从来不在危险面前退缩。——所以,雅典上演了一出这样一个国家的舞台剧,这个国家本质上是为了美的目的而生活,它对于公众事务的严肃和人的精神与生活的利益有着一种精心培育起来的意识,并且把它和独具一格的勇敢与实践上的老练通达联系在一起。

斯巴达

在这里,相反,我们看到一种僵硬的、抽象的德性,为了国家而生活,以至于个体性的那种活泼生动、自由都被取消了。斯巴达的城邦文化建立在这样的机构的基础之上,它们完全是为了国家的利益而存在,只拥有没有精神的平等,而不把自由的运动作为目标。斯巴达的开端完全不同于雅典的开端。斯巴达人是多利亚人,而雅典人是伊奥尼亚人,这种民族差异也在宪法方面造成了影响。至于斯巴达的形成方式,多利亚人和赫拉克勒斯家族一起侵入伯罗奔尼撒地区,他们征服了本地的各个部落并且把他们降为奴隶,因为希洛人(奴隶)毫无疑问就是当地的土著。发生在希洛人身上的事情后来又降临在美塞尼亚人身上,因为这种毫无人性的严酷无情正属于斯巴达人的特性。在雅典人还过着大家族的生活的时候,奴隶在他们那里是家族成员,然而,斯巴达人和被征服者之间的关系比土耳其人对待希腊人还要残酷无情;在拉克戴蒙境内,兵燹频仍。在官员就职之时,五督政官都会向希洛人正式宣战,而希洛人持续不断地被献出,以供年轻的斯巴达人练习战争的本领。在他们被编入斯巴达的队伍之中时,他们会表现得异乎寻常的勇敢;但是,在他们回来之后,他们会以最卑鄙无耻和最阴险狡诈的方式遭到屠杀。就好像在运载奴隶的船只中全体船员必须时时负坚执锐,并且小心翼翼、临深履薄以阻碍他们的反抗一样,斯巴达人也时时提防希洛人,总是处在大敌当前的战争状态。

　　正如普鲁塔克所说的,莱喀古已经把不动产做了平均分配,其中只有9000 份分配给了斯巴达人,他们是城市的公民,30000 份分配给了拉客戴蒙人或者说农民。在同一个时期中,为了维护这种平等,又做出规定说,不允许把土地卖出去。但是,拉客戴蒙后来尤其是因为财产的不平等而走向衰败的,这个状况证明了,这样一种安排所取得的效果是何其之少!因为女子要继承财产,大量的地产因为联姻而落入为数不多的大家族的手中,最终,几乎所有的不动产都落到了屈指可数的几个家族手中,这仿佛是为了指出,想要用一种强制的方式促进平等是一件多么愚蠢的事情!这种方式同样没有产生什么效果,它还消灭了最根本的自由,也就是说,消灭了对于财产的处置权。莱喀古立法的另一个值得注意的因素是,他禁止一切其他不是铁铸的货币,这必然导致取消了一切国内的和国外的经营和贸易。同时,斯巴达人没有海上力量,而只有海军力量才能支持和

[321]

253

促进贸易,一旦他们需要海军,他们只能向波斯人求援。

对于促进风俗的一致和公民相互之间更加熟悉做出贡献的做法是,斯巴达人采取公共用餐制度,通过这种制度,团体生活把家庭生活置于一旁不加理会;因为饮食是私人的事情,因此属于家庭内部。雅典人也曾经有过类似的事情:但是在雅典人那里,交往不是物质的,而是精神的,即使是宴饮宾客也属于精神的类型,就像我们在克塞诺芬和柏拉图①那里看到的一样。与此相反,在斯巴达人那里,公共用餐的费用是由个人提供的费用抵补的,如果一个人过于贫困而出不起这一笔费用,他就会因此而被拒之门外。

说到斯巴达的政治宪法,它的基础也可以说是民主制的,但是做了重大的调整,这使得它几乎快要变成贵族制和寡头制了。处在国家权力顶峰的是两个国王,除了他们之外还有一个元老院(gerousia),元老院由从最优秀的人中挑选出来的人士组成,它还行使法院的各种职能,在行使这些职能时,它更多地依据风俗和法律的习惯而不是根据成文的法律作出判决。* 除此之外,元老院(gerousia)也是最高的政府行政机关,国王的顾问,它处理最重要的事务。最后,最高的行政长官之一是五督政官,关于他们是如何选出来的,我们现在得不到任何确定的报道;亚里士多德说,选举的方法几乎形同儿戏。我们通过亚里士多德而得知,即使并非出身高贵、拥有大量财富的人也能够担任这种行政长官。五督政官拥有召集国民会议、投票表决议案,提出法律议案等最高权力,大致相当于罗马的平民保民官(tribuni plebis)。他们的权力逐渐变得专横无忌,就像罗伯斯庇尔和他的追随者有一段时期在法国所行使的权力那样。

[322]

---

* **奥特弗里德·缪勒**在他关于多利亚人的历史著作中高度赞扬了这一点。他说,法权是铭刻在内在的东西之中的。尽管这种铭刻总是某种不确定的东西;法律被书写出来,这是必然的,禁止什么和允许什么都因此而被明确地意识到。[卡尔·奥特弗里德·缪勒:《希腊种族与城邦的历史》,两卷本,布里斯劳,1820—1824年;第二卷:《多利亚人》]——黑格尔原注

① 指的是他们的同名作品《会饮》。——译者注

因为拉客戴蒙人把他们的精神集中于国家之上,所以,他们那里的精神文化、艺术与科学不是本土的。在其他的希腊人看来,斯巴达人是不知变通的、笨手笨脚的和心拙口夯的人,他们几乎不能完成一件哪怕不太复杂的事务,或者至少也是极为笨拙地完成的。修昔底德借雅典人之口向斯巴达人说:"你们有法律和风俗,但是,它们和其他城邦毫无共同之处;如果你们去到其他的国家,你们行为处世的方式既不遵照你们自己的风俗和法律,又不遵照来自希腊的风俗和法律。"他们在国内交往的时候,大体上是公正的,但是,关于他们对待外国的民族的做法,他们曾经直言不讳地宣称,他们认为他们的肆无忌惮是值得赞美的,凡是对他们有用的东西都是合乎道义的。众所周知,在斯巴达(类似于在埃及),在某些情况下出于生活所需而明抢暗偷是允许的,只要盗贼可以做到不被人发现。[323]因此,雅典和斯巴达这两个城邦对峙而立。其中一个城邦的伦理不知变通地以国家为中心,而在另一个城邦中也发现了这样的伦理的关联,但是他们具有高度发展了的意识和在生产美和真方面的无限的活动。

这种希腊的伦理,尽管如此美不胜收、魅力四射、妙趣横生,然而,它在它的现象之中却还没有达到精神的自觉的最高立场;它缺乏精神的自觉的无限的形式,缺乏思想在本身之中的那种反思,还没有从存在于美和神圣性之中的那种自然的因素、感性的因素中解放出来,而且还没有从伦理存在于其中的那种直接性中解放出来;它缺乏思想的自己把握自身,自我意识的无限性,即,在我看来应该作为法权和伦理而有价值的东西,在我之中并且从我的精神的证据中得到证实,而美,只存在于感性直观或感性表象中的理念,也应该变成真,变成一种内在的、超感性的世界。正如我们刚好描述过的那样,目前精神只能保持在美的精神的统一性的立场上,而进一步向前发展及其腐败的源泉是主体性、道德、自己的反思和内在性的因素。希腊生活的最美丽的花朵大概延续了60年左右,从基督纪元前492年的梅迪安战争到基督纪元前431年的伯罗奔尼撒战争。必定会出现的道德的原则变成了腐败的开端;但是它在雅典和斯巴达是以不同的方式显示出来的:在雅典,它显示为一种公共的轻浮,而在斯巴达,它则显示为私人的堕落。雅典人在他们的灭亡中不仅显示了他们的魅力四射,也显示了他们的伟大、高贵,以至于我们在某种方式上必须为之扼腕叹息,而在斯巴达那里则相反,主观性的原则发展成为一种普遍存在的贪婪和一种普遍存在的堕落。

[324]　　伯罗奔尼撒战争

腐败的原则首先表现在外在的政治发展之中,也表现在希腊城邦相互之间进行的战争之中,以及城邦内部不同集团之间的战争之中。希腊的伦理使得希腊没有能力建立起一个共同的国家;因为这些小小的城邦各自为阵,它们集中于城市之中,而只有在城市里,他们的利益、精神的发展才可能在总体上是相同的,所有这些都是自由的必不可少的条件。他们只有在特洛伊战争之时曾经有过一次短暂的联合,甚至在梅迪安战争中,他们也没有能够形成这种统一性。尽管必须走向统一的倾向已经被认识到,但是一方面联合的纽带过于虚弱,另一方面联合因为嫉妒而被迫中断,而为了宗主权而进行的斗争又使所有城邦变成一盘散沙。这种敌意的普遍爆发最终出现在伯罗奔尼撒战争中。在战争之前和战争初期,伯里克利还是雅典人——它的自由遭到最大的妒忌的人民——的领袖;只有他的高尚的人格和他的伟大的天才才能使他保持他的位置。自从梅迪安战争以来,雅典就拥有宗主权;大量的盟友,部分是岛屿,部分是城市,必须为继续进行反对波斯人的战争提供支持,但是他们支付的那些资助不是以军舰或者军队的形式,而是以货币的形式。因此,雅典集中了巨大的权力;一部分货币投入建造伟大的建筑作品之中,那些同盟国家也能够从那些作为精神的作品的建筑作品中获得享受。但是人们可以从伯里克利死后为雅典人留下的大量储备物品——在大量的储藏室,尤其是海军武器库里,这些物品堆积如山——中可以注意到,他并不只是把钱花在艺术作品之中,他还设法用钱为人民置办了很多东西。——克塞诺芬曾

[325]　经说,谁不需要雅典呢?一切富产谷物和畜群、橄榄油和葡萄酒的国度,一切盛产黄金或者盛产理智的国度,哪个不需要雅典呢?手艺人、智者、

希腊的世界

哲学家、诗人和所有渴望从神圣的东西和公众的东西中找到他们的看与听的价值的人,谁不需要雅典呢?

伯罗奔尼撒战争时期的战斗主要发生在雅典和斯巴达之间。修昔底德为我们留下了这次战争的历史的大部分,而这部彪炳千古的著作就是人类从这次战争中所得到的最大收获。雅典不由自主地被阿尔卡比亚德带有欺骗性的事业吸引住了,因此而被大大地削弱了,最终败在斯巴达人的手下,而斯巴达人为了能够从波斯国王那里获得金钱和海军的帮助,不惜成为叛徒,向波斯求助。此外,后来,斯巴达人还让自己犯下了更严重的背叛的罪行,因为他们在雅典和希腊的其他城邦废除了民主制,而扶植那些渴望实行寡头制的集团,但是那些集团如果只靠自己维持下去的话,实力明显不足。最后,在签订安塔西德和平条约时,斯巴达人又开始了大肆背叛,他们把小亚细亚的希腊城邦割让给了波斯统治。

现在,拉客戴蒙既通过在一些国家扶植寡头制,又通过维持它对另一些城邦比如底比斯的占领,而达到了一种绝对的优势。但是,希腊诸城邦因为斯巴达的压迫而引起的愤怒,要远远大于他们以前因为雅典的统治而引起的愤怒,于是他们推翻了这种奴役。底比斯人成为诸城邦的领袖,在某一段时间里成为希腊最光彩夺目的民族。斯巴达的统治被解除了,拉客戴蒙和重新恢复的麦西尼亚诸城邦在很长的一段时间里变成了势不两立的对头。底比斯获得它的全部力量尤其要感谢两个人,佩罗比达斯和埃帕美农达;同时,总的来说,在这个城邦中,主观的东西占据着优势地位。因此,在这个城邦,抒情诗、主观的艺术创作极为繁荣;一种主观的心境愉快表现在,构成了底比斯军队之核心的所谓的"神圣联盟"(Heilige Schar)可以被看作是由一群恋人和情人(Liebhabern und Lieblingen)①组成的。这种主观性的力量尤其可以通过以下事实得到证明,即在埃帕美农达死后,底比斯又退回到了它以前的位置上。走向衰弱并且遭到极大

[326]

---

① 请注意这两个词当中所包含的主动的爱欲和被动的爱欲之间的关系,同性爱盛行于古希腊的各个城邦,关于这种爱欲或者友爱对于古希腊城邦凝结为一个整体所起的作用,可以参考柏拉图的《会饮篇》和亚里士多德的《尼各马可伦理学》。——译者注

破坏的希腊现在再也不能在它的内部找到拯救的力量了,它现在需要一个权威。城邦之间发生了无休无止的争斗,公民们也分成不同的派别,就像中世纪意大利的城市一样。胜利的一派禁止被驱逐的另一方回到祖国,而被放逐的一方通常会求助于他的母邦的敌人向自己的母邦开战。再也不可能出现各个城邦之间和平共处的状态了,他们既准备着毁灭与之对立的城邦,也准备着毁灭自己的母邦。

我们现在必须在它的更深的意义上把握希腊世界的**衰败**,并且把希腊世界的原则表述为**为自身而变得自由的内在性**。我们看到,内在性是以多重的方式形成的;思想,也就是内在的普遍物威胁了希腊的美的宗教,个体的激情和任性威胁了国家宪法,在一切事物当中把握到并且显示自身的主观性威胁了全部的直接的持存物。因此,思维在这里显现为衰败的原则,确切地说,是实体性的伦理衰败的原则;因为它表达了一种对立,并且使得本质性的理性原则开始发生作用。在东方国家中不存在任何对立,他们还没有达到某种道德的自由,因为最高的原则是抽象。但是,就像在希腊,因为思维知道肯定自身,所以它建立起了各种原则,这种原则和现存的现实性之间存在着一种本质性的关系。因为在希腊人那里,具体的生机就是伦理,就是为了宗教、国家而生活,而没有对之做进一步的反思(Nachdenken),没有普遍的规定,因为这些规定必定远离任何具体的形象,必定同这种具体的形象相对立。法律是存在的,而精神就在法律之中。但是,很快思想就兴起了,它研究了各种宪法:它提出来更好的东西,它要求它所认为的更好的宪法代替现存的宪法。

在希腊的自由的原则中,因为原则就是自由,所以,自由的原则包含了思想必须成为自为地自由的这一点。我们首先在七贤的圈子中看到这种自由的涌现,这一点我们已经提过了。七贤最早开始说出了普遍的命题,然而,在那个时代,智慧仍然被设定在具体的真知灼见之中。和宗教艺术与政治状况的进一步发展齐头并进的是思想的强壮,思想的敌人与破坏者的强壮也得到了进一步发展,而到了伯罗奔尼撒战争时期,科学已经发展到了一定的水平。随着智者的出现,对于存在的事物的反思和推理也开始崭露头角了。我们在希腊人的实践生活和艺术实践之中所看到的这种勤勉和活动也出现在希腊人的观念的徘徊与转向之中,结果是,就像感性的事物通过人的活动而被改变,被加工和被改头换面,同样,精神的内容,所认为的东西,所意识到的东西,也来回地运动,这些工作的客体和工作变成了一种自为的兴趣。思想的运动及其内部的境况,这种不含任何利益的(interesselose)游戏自身,现在变成了兴趣(Interesse)。具有高度修养的智者,不是博学之士或者科学之人,而是操弄思想的大师,他们让希腊人瞠目结舌。针对所有的问题,他们都有一种回答,针对所有政治和宗教内容的兴趣,他们都会有许多普遍的观点,而更进一步的发展在于,他们能够证明一切,能够在一切事务中发现可以得到辩护的一面。在民主制中,在民众面前发表演讲,力劝民众相信他的意见,这具有特殊的重要性,而把那些被认为具有根本重要性的观点以恰如其分的方式呈现在民众眼前,这也是民主制题中应有之义。在这里精神的发展是必然的,而这种思想的体操(Gymnastik),希腊人是从智者那里学会的。但是现在,这种思想教育在这个民族那里变成掺杂了他们的意图和利益的手段;训练有素的智者知道如何向这边或那边翻转他的对象,而这就为激情大开方便之门。智者的一个主要原则是:"人是万物的尺度";在这里,就像在一切类似的格言中,包含着一种模棱两可:人可能是深刻而真实的精神,也可能是个人喜好和特殊兴趣中的精神。智者指的是那些纯粹主观的人,他们借这个命题说明个人喜好是正当的东西的原则,对主体有用的东西就是最后的规定根据。这种诡辩术会在所有时代改头换面重新出现;因此,在我们这个时代,它把关于什么是正当的东西的主观信念,也就是情感,当作规定的根据。

[328]

在作为希腊原则的美中,精神的具体统一性与实在性、祖国和家庭等联系在一起。但是在这种统一性之中,还没有在精神内部把握到坚实的立足点,而把自身提升为统一性的思想仍然把喜好当作它的决定性因素。但是,阿那克萨戈拉已经教导我们说,思想自身就是世界的绝对本质。后来,在**苏格拉底**那里,在伯罗奔尼撒战争开始的时候,内在性的原则、思想

259

[329] 的绝对独立性的原则在自身之中已经获得了自由的表达。他教导说,人在自身之中发现了和认识了什么是正义和善,正义和善从它们的本质上说是普遍的。苏格拉底以道德的教导者而知名;但是毋宁说,他是道德的**发现者**。希腊人已经有了伦理;但是苏格拉底想要教导的是什么是道德的德性、义务等等。道德的人不是那种只是意愿和做正义的事情的人,不是无辜的人,而是对他的行为有自觉意识的人。

因为苏格拉底听任识见、确信来决定人的行动,所以,他把主体与祖国和习俗放在对立的位置,把它当作道德行动的决定性因素,并因此而把他自身当作希腊意义上的神谕宣示所。他说,他自身之中有一个精灵（daimonion）,这个精灵向他建议他应该做什么,并向他启示什么对他的朋友有用。由于主体性的内在世界的涌现,出现了和现实的断裂。如果说苏格拉底本人还充满了公民的各种义务的话,那么,对他来说,真正的家乡还不是这个一直存在着的国家及其宗教,而是思想世界。现在提出来的问题是,是否存在神祇,或者说神祇是什么？苏格拉底的学生,柏拉图把荷马和赫西俄德——希腊类型的宗教观念的提出者——驱逐出他的国家,因为他渴望对于被作为神而被崇拜的东西而言有一个更高的、更中思想的意的观念。现在许多公民为了生活在理念世界而远离了实践生活、远离了国家事务。苏格拉底的原则证明是反对雅典国家的革命性原则,因为这种国家的固有本性是,风俗是这种国家存在的形式,也就是说,思想和现实生活不可分离。如果苏格拉底想要使他的朋友学会反思,那么,交谈就总是否定性的,也就是说,把他们带到他们不知道何谓正义这样一种意识上来。但是,如果他因为说出了必定会迎面走向他的那个原

[330] 则而被判处死刑,那么,雅典人民判处他们的绝对的敌人死刑这一事件所显示出来的高度的正义性,和以下这件事情显示出来的高度悲剧性是处在同等程度的,即雅典人必定知道,他们谴责苏格拉底的东西已经牢牢地在他们自己身上扎下了根;要么他们是共同犯罪人,要么他们和苏格拉底一起同样被宣判无罪了。怀着这种情感,他们谴责了控诉苏格拉底的人,并且宣告苏格拉底是清白无辜的。从现在起,这个更高的原则在雅典得

到了发展,而这个原则腐蚀了雅典城邦的实体性的持存,持续不断,愈演愈烈。精神已经获得了自己满足自己、思考自己的倾向。雅典的精神在毁灭之时也显得庄严壮丽,因为它显示自身为自由的精神(der freie),以及爱自由的精神(der liberale),这种精神在它自己纯洁的特性中、在它的形态之中如其所是地表达了它的诸要素。快乐与轻浮即使在悲剧之中也那么可爱和明朗,而雅典人为他们的伦理掘墓之时也带着那种快乐与轻浮。我们在以下事实中认识到了对于新的文化的更高的兴趣,这个民族拿他们自己的愚蠢开心,在阿里斯托芬的喜剧之中发现了巨大的消遣,而这些喜剧把最苦涩的嘲讽当作它们的内容,同时又在自己身上承载着最放纵的诙谐的印记。[1]

斯巴达出现了同样的衰败,为了反对普遍的伦理生活,主体企图使自身自为地具有价值:但是,在这里显示给我们的却是这个特殊的主体性的个别方面,腐败自身,赤裸裸的无道德,十足的自私自利,贪婪,贪污受贿。所有这一切激情都出现在斯巴达内部,尤其是出现在他们的统帅身上。他们由于大部分时间远离他们的祖国,所以抓住所有机会,以他们自己的城邦以及他们被派去支援的城邦为代价,谋取各种利益。

马其顿帝国

[331]

在雅典之后,斯巴达接管了希腊世界的霸权,但是,就像已经说过的那样,它以如此自私自利的方式滥用了这种霸权,以至于它遭到了普遍的怨恨。底比斯并没有能够坚持太久羞辱斯巴达的角色,最终在与佛西斯人的战争中把自己折腾到山穷水尽的地步。因为斯巴达人和佛西斯人袭击了底比斯的城堡,因为他们耕作了一块属于德尔菲阿波罗神庙的土地,他们被判处要缴纳一笔可观的罚金。但是,这两个城邦都拒绝支付这一笔钱,因为近邻同盟法院所具有的权威与古老的德意志帝国议会相差无

---

[1] 关于苏格拉底和苏格拉底之死在世界历史中和哲学史中所具有的意义的精彩讨论,还可以参看黑格尔《哲学史讲演录》第一部"希腊哲学"第一篇第二章中"苏格拉底的命运"一节。——译者注

几,而对于后者来说,德意志各王侯对他们服从到什么程度,要看他们愿意服从到什么程度。现在,佛西斯人应该由忒拜人对他们执行惩罚,而忒拜人想通过他们特有的暴力行为,也就是说,通过亵渎和掠夺德尔菲神庙的方式,来获得一种暂时的优势力量。这一行动完成了希腊的没落,神庙惨遭亵渎,神祇可以说是被杀死了;希腊联合的支点因此而被消灭了,对于在希腊似乎一直被当作最后的意志的君主制原则的敬畏之心被推翻了,受尽了冷嘲热讽,并被践踏在脚下。

  这件事情的进一步发展完全是愚蠢的,也就是说,由于神谕的作用受到了轻视,那么,另一种起决定作用的意志,即一个**现实地**拥有权力的**王权**,取而代之了。外来的马其顿国王菲利普接受了为侵犯神谕复仇的任务。他现在取神谕之位而代之,因为他已经使自己成为希腊的主人。菲利普把所有的希腊城邦都征服了,而且让他们意识到,他们的独立自主已经结束了,他们再也不能保持独立地位了。心胸狭小,待人苛刻,冷酷无情,政治欺骗——这些可憎的品性常常成为指责菲利普的口实——但是它们却不能加在那位自居为整个希腊的领袖的年轻的**亚历山大**身上。亚历山大使自己没有必要接受这样的指责;他不需要让自己从事于建立一支军队的工作,因为他有一支现成的军队。就好像他只需要骑上那匹叫作布赛飞勒斯的战马,用缰绳勒住这匹马,让它服从自己的意志,他就已经有一支马其顿的精锐部队,一支训练有素、纪律严明的铁军,它的战斗力已经在菲利普的率领下得到证明,而菲利普又是以埃帕美农达为榜样的。

  亚历山大是在古代最深刻而又最博学的思想家亚里士多德手下接受教育的,而接受了这一教育的人对于他所受的教育是当之无愧的。亚历山大曾经被引入到最深刻的形而上学之中;因此,他的天性得到了充分的净化,从那些意见、粗鲁行为、空洞的观念等的惯常的束缚下摆脱了出来。亚里士多德使这一伟大的天性一如既往地不受任何羁绊,但是使他铭记关于什么是真实的深刻意识,把这个天生的旷世奇才的精神培育成一种可塑的精神,就像是一个在苍穹自由漂浮的天体。

希腊的世界

　　这样成长起来的亚历山大成了希腊的领袖,率领希腊前往亚洲。虽然只是一个20岁的青年,他统领着一支身经百战的军队,而军队的将帅都是久经沙场、深谙用兵之道的人。亚历山大的目标是为希腊长期以来遭受的亚洲对它所进行的攻击而报仇,并且最终以斗争的方式解决东西方之间古老的冲突和斗争。如果说他以眼还眼,因为希腊人曾经承受的东方国家的恶而在这次斗争中报复了东方国家,那么,他也因为希腊从东方接受了文化的开端而回馈了东方,因为他把成熟和达到顶点的西方文化传播到了东方,而且在他所占据的亚洲盖上了深深的印记,仿佛它成了一个希腊的国家。这一事业的伟大和兴趣可以和他的天才、他那青年人特有的个体性等量齐观,我们再也没有看见过类似的天才与个体以这种美的形式领导这样一个事业。因为在亚历山大身上不仅仅存在着把最高程度的无所畏惧和最高程度的浩气英风联合在一起的将帅的天赋,而且这一切属性都因为美的人性和个体性而得到提升。尽管他的将领们都听命于他,但是他们都是他父亲的老部下,这就使得他处境维艰;因为他的英伟不凡和他只是后生小子给他们造成一种屈辱之感,因为他们认为自己年富力强,功成名就。一旦他们的妒忌像在克莱托斯那里一样转变成盲目的愤怒,那么,亚历山大也会被逼得暴跳如雷。

[333]

　　亚历山大远征亚洲同时也是一次别开生面的旅行,因为他首先为欧洲人打开了东方的世界,挺进了诸如大夏、粟特、北印度等国度,从那以后,欧洲人再也没有接触过这些地方。他行军部署的方式,以及在排兵布阵、决策帷幄等方面表现出来的军事天才,永远是一个令人叹为观止的对象。他作为指挥战斗的将领是伟大的,在行军和布阵方面充满智慧,在冲锋陷阵时又是一个所向披靡的战士。亚历山大33岁时在巴比伦结束了他的生命,亚历山大之死给我们留下了显示他的伟大的一道美丽的风景线以及他和军队之间关系的证明,因为在和他的军队诀别之时,他对于自己的尊严有着完全的自觉。

　　亚历山大非常幸运的是,他死得其时;人们可以称之为一种幸运,但是毋宁说,这是一种必然性。因为如果他要以一个青年的形象留在身后

263

[334] 的千秋万代,他就必须在年纪轻轻就被死神夺去生命。我们在前面已经注意到,就像阿喀琉斯开始了希腊世界,亚历山大结束了希腊世界;这两个年轻人不仅留下了他们自己最美的身影,而且还在同一个时代提供了关于希腊本质的一个完成了的、完整的图像。亚历山大完成了他的功业,实现了他的想法,以至于他留给这世界一个最伟大、最美好的形象,可是我们却只能用我们糟糕透顶的反思使这个形象黯然失色。如果人们想要像历史学家中那些凡夫俗子一样根据现代的尺度,也就是说德性或者道德的尺度,对他进行评判,那么,这当然是够不着亚历山大这样一个世界历史性的伟大形象的。如果有人为了贬低他的丰功伟绩,提出他没有任何继承人,没有留下任何朝代,那么,在他身后在亚洲建立起来的那些希腊帝国就是他的朝代。他有两年征战于大夏,他在那里和马萨格泰人与斯基泰人进行了接触;在那里形成了希腊—安息帝国,它存在了达两百年之久。以此为据点,希腊人又接触到了印度人和中国人。希腊的统治扩展到了印度的北方,而最早从这种统治下解放出来的那个人被称为月护王(旃陀罗笈多,Tschandragupta)。同样的名字在印度的确常常出现,但是,基于我们已经提到过的理由,我们绝不能太把它当回事。在小亚细亚、亚美尼亚、叙利亚和巴比伦也形成过希腊帝国。尤其是在亚历山大的继承人的统治下,埃及成了一个伟大的科学和艺术的中心,因为正如人们从释读出来的铭文中知道的,在托勒密时代出现了大量的建筑作品。亚历山大里亚成为主要的贸易中心,东方国家的习俗与传统和西方文化的汇合地。

[335] 除此以外,马其顿帝国、延伸到多瑙河畔的色雷斯帝国、伊利里亚帝国和阿必鲁斯帝国在希腊王子的统治之下都呈现出欣欣向荣之势。

还有,亚历山大对于科学情有独钟,他在这方面的名声仅次于作为艺术的慷慨资助者的伯里克利。梅耶尔在他的艺术史[①]中说过,亚历山大对于艺术的领会与钟爱为他所赢得的永远的纪念丝毫不逊色于他的攻城

---

① 约翰·亨利希·梅耶尔:《希腊造型艺术史》(由 Fr.W.里梅尔补充完成),三卷本,德莱斯顿,1824—1826 年。——原编者注

略地为他所赢得的。

第三篇　希腊精神的没落

希腊世界历史的第三个时期包含着希腊不幸的详细展开,这个时期令人兴味索然。亚历山大先前的将帅,从现在起作为国王而独立地出现在历史舞台上,他们长时间里相互混战,几乎都经历了无常命运的天翻地覆的变化。从这个角度来看,德米特里一世的生平显得尤其突出和引人注目。

希腊的各个城邦依然继续存在着:菲利普和亚历山大已经让他们意识到他们已经一蹶不振了,但是他们仍然苦苦支撑着一种表面上的生活,并为他们那虚假的独立自主而自鸣得意。他们不可能具有独立自主给予他们的那种自我感觉,国家的外交人员成了国家的首领,而像伯里克利那样的演说家再也不能同时担任统帅了。从现在起,希腊的各个国家就和不同的国王处于多重的关系之中,这些国王总是要谋求在这些希腊国家获得统治,部分地是为了得到它们的偏爱,尤其是为了雅典的偏爱;因为雅典仍然令人赞叹不已,即使不是由于它的力量,而是作为得到高度发展的科学与艺术的中心,尤其是哲学和雄辩术的中心。雅典使自己远离纵情声色、横僿不文、激情洋溢,而这些东西在其他城邦极为盛行,导致它们令人生厌。叙利亚和埃及的国王把向雅典输送大量的谷物和其他的库存看作是一件荣誉。一定程度上,那些国王都认为造成和维持这些城邦独立自主的状态是他们最大的荣誉。希腊的解放仿佛变成了一个普遍的口号,而被称为希腊的**拯救者**被认为是一个具有更高荣誉的称呼。如果人们想深入这个词的内在政治含义,那么,这个词的意思是,没有一个希腊本土的城邦能够达到一种卓越的统治,人们应该通过分离和瓦解使所有城邦保持软弱无能的状态。

把希腊的各个城邦相互区别开来的那些特殊的气质各各不同,就像美丽的神祇的气质也各各不同,他们中的每一个都有他们的特殊个性和

[336]

特殊的定在,然而,这些特殊性对于他们共同的神性没有产生任何妨碍。现在,这种神性逐渐走向衰弱并且在某些城邦中已经销声匿迹了,留下来的只是干巴巴的特殊性,令人生厌的特殊性,它冥顽不化、固执己见地坚持它自己,它因此而处于绝对的独立性之中,并与其他特殊性发生冲突。然而,这种软弱与愁闷的情感导致结成了个别的联盟。**埃托利亚人**和与它结盟的那些海盗民族,把对待其他民族的不公正、暴力行为、欺骗和无理要求当作他们的国家法权。斯巴达盛行的是厚颜无耻的僭主和卑鄙无耻的激情,并且因此而仰仗马其顿的国王。彼奥提亚的主观性在忒拜的光辉暗淡之后便陷入了惰性之中,而且普遍地耽溺于对于粗糙的感官享受的追求之中。亚该亚同盟因为他们结盟的目的(驱逐僭主)和他们齐心协力的合法性与意义而出类拔萃。但是,即使这个同盟也不得不逃避到最苛烦缭绕的政治之中去。我们在这里看到的东西总体上是一种外交的状况,一种与形形色色、错综复杂的外国利益的无限纠葛的状况,一种精心编造的谎言和游戏,它们的线索永远会翻个新花样重新组合在一起。

在这些被自私自利和声色犬马弄得虚弱不堪的国家的内部,党派林立,各自为阵,它们当中的每一个都把求援之手伸向外面,它们背叛自己的国家只是为了恳求那些国家的国王的恩惠,所以,这些国家的命运已经让人兴味索然,真正让人感兴趣的是伟大的**个体**,他们在城邦普遍腐败之时巍然兀立,高风亮节,献身祖国。他们看起来像伟大的悲剧人物,即使才华横溢与鞠躬尽瘁仍然不能将恶斩草除根,即使在斗争中杀身成仁,也还是不能满足他们还祖国以安宁、秩序与自由的要求,甚至不能使他们自己不受玷污地流芳后世。李维在他的"序言"中说:"在我们的时代,我们既不能忍受我们的错误,也不能忍受反对错误的手段。"这句话也同样适用于希腊的最后一个时期,这个时期开始了一件光荣而高贵的事业,但是它在自身之中就包含了失败的确定性。亚基斯和克里昂米尼,阿拉图斯和菲洛皮门,都是在为了他们国家的利益而奋斗时舍生取义的。当普鲁塔克在这幅图画中给了我们一种关于个体的意义的观念的时候,他为我们勾勒了一幅最有这个时代特色的图画。

希腊历史的第三个时期还包含了和这样的民族之间的接触,这个民族在希腊人之后成为世界历史性的民族,而这种接触的借口和以前一样是解放希腊。在柏修斯,马其顿的最后一个国王,在基督纪元前168年被罗马人战胜之后,而且在罗马人凯旋时被掳掠到罗马之后,亚该亚同盟也受到了进攻并被消灭;科林多斯在基督纪元前146年也被毁灭了。就像波利比阿斯所描述的那样,如果亲临希腊,那么,我们就会知道,一个高贵的人面对着希腊的状况会是多么地绝望,他只能要么退隐到哲学中去,要么如果他想做点什么,就只能为之死而后已。与这种特殊的激情、给善与恶以重大打击的分裂状态相对立的,是一种盲目的命运,一种钢铁般的力量,准备在它的软弱无力之中揭露它的鲜廉寡耻的状况,在悲叹中将它毁灭,因为康复、改善和慰藉都是不可能的。这种摧枯拉朽的命运就是罗马人。

[338]

第 三 部

罗马的世界

在一次和歌德讨论悲剧的本性的时候,**拿破仑**说,现代悲剧在本质上之有别于古代悲剧的地方在于,我们现代人再也没有人为其所支配的命运了,政治已经取古代的命运的位置而代之了。① 因此,政治必须被看作是近代悲剧中的命运,它是个体性不得不屈服于它的、各种环境中不可阻挡的暴力。这样的一种暴力就是**罗马的世界**,这个世界之被选中是为了把伦理的个体束缚在某种联系之中,并且把一切神祇和精灵汇集在世界统治的万神殿中,由此而形成一种抽象的普遍物。罗马的原则和波斯的原则之间的区别就在于,罗马的原则窒息了一切生机,而波斯的原则放任一切生机以完全合乎它自己的尺度的方式发展。国家的目标是,国家可以牺牲所有处于它的伦理生活中的个体,因为这个原因,世界沉入悲哀之中,世界的心被揉碎了,精神的自然状态已经**结束了**,它已经获得了不幸的情感。然而,基督教中那种超感性的精神、自由的精神只能从这种情感中形成。

在希腊的原则中,我们看见精神处于它的欢乐之中,它的明朗之中和它的享受之中:精神没有退缩到它的抽象之中,它还附着于自然的要素之上,附着于个体的特殊性之上,因此,个体的德性自身变成了伦理的艺术作品。抽象而普遍的人格还没有出现,因为精神必须首先将它自身塑造成这种形式的抽象的普遍性,而这种形式对人性实施着一种冷酷无情的

---

① 参看歌德"1808 年 10 日 2 日与拿破仑的谈话",见弗·冯·比德尔曼(F.von.Bildermann)编:《歌德谈话录选辑》,第 224 页。——译者注

[340] 管教。从此以后，我们在罗马这里就发现了自由的普遍性，这种抽象的自由一方面把抽象的国家、政治和权力放置于具体的个体性之上，使后者彻底从属于前者；另一方面，它创造了与人格相对立的个体性——我在我自身之中的自由，这种自由必须和个体性区别开来。因为人格构成了法权的基本规定：它主要在财产中进入定在，但是对于活生生的精神的具体规定表现得无动于衷，而活生生的精神的具体规定是和个体性联系在一起的。罗马形成的这两种因素，自为的政治普遍性和在个体自身之中的抽象的自由，首先以内在性的形式显示自身。这种内在性，这种退回到自身之中，我们曾经把它看作是希腊精神的腐败，但是在这里，它变成了世界历史的一个新的方面在其上生长的地基。在考察罗马的世界之时，不仅要去关注某种具体的精神性的、自身丰富的生活，而且，这种生活中的世界历史性因素是普遍性的抽象，它凭借那种无精神的和无心灵的残酷无情去追求的目标是为了使那种抽象发生作用的单纯的**统治**。

在希腊，**民主制**是政治生活的基本规定，就像在东方是**专制主义**；在罗马是**贵族制**，确切地说，是一种僵硬的贵族制，它和人民处于对立状态。在希腊，民主制也发生了分裂，但只是以不同集团的方式；在罗马，存在着使整体处于分裂状态的各种原则，它们处于相互敌对的状态，而且相互斗争：开始是贵族制与国王，然后是平民与贵族制，直到最后民主制占据了上风；最早形成的是不同的集团，从这些集团中产生了罗马后期那种由伟大的个体所组成的贵族制，而这些伟大的个体征服了世界。这种二元论就是意味着真正的罗马所具有的最内在的本质。

[341] 饱学之士曾经从许多观点出发考察罗马的世界，提出了五花八门乃至于互相对立的看法，这一说法尤其适用于上古的罗马史研究，因为有三类不同的学者对之进行过研究，他们分别是历史著作家、语文学家 (Philologen)和法学家。历史著作家注重伟大的人物，尊重这类的历史，以至于我们最好是在他们的指导下理清头绪，因为他们使得那些重大事件都有效。在语文学家这里情况有所不同，他们不太重视普遍的传统，而更加注重可以以多重方式组合在一起的个别性。这种组合最初作为历史的

假设发生作用,而且很快就会被当作既定的事实。法学家在罗马法权方面所研究的东西之琐屑的程度与把它们和假说相混淆的程度,决不会次于语文学家。这种研究的结果是,人们把最古老的罗马历史完全解释为寓言,因此,这个领域现在彻底地掌握在那些饱学之士的手中了,他们越是学识渊博,无所不知,他们的学问之中可观之处就越是少得可怜。如果说一方面,希腊的诗作和神话据说包含着深刻的历史的真理并且被翻译为历史,那么,另一方面,与此相反,人们迫使罗马人接受神话、诗作的观念,以至于罗马人认为,史诗为迄今为止被当作散文和历史的东西奠定了基础。

在做完这些初步评论之后,我们过渡到对这个**地方**的描述。

罗马世界的中心在意大利,意大利与希腊极为相似,像它一样形成了一个半岛,只是不像它那样呈现出锯齿状。罗马城建立在这片土地的中心之中心(den Mittelpunkt des Mittelpunkts)上。拿破仑在他的回忆录中提出过一个问题,在意大利独立地构成一个整体的时候,哪座城市最适合成为它的首都?罗马、威尼斯和米兰都能够提出这个要求;但是有一点立即显示出来了,即任何一个城市都不能提供一个中心。意大利北部形成了一个波河流域,迥然有别于半岛的本土;威尼斯只是嵌接上意大利,而不嵌接南意大利;而另一方面,罗马对于中意大利和下意大利来说都能够是一个中心,但是对从属于上意大利的那些邦国来说,它只是人造的和强制性的。罗马城无论从历史的角度还是从地理的角度都是建立在强制的基础之上。[342]

意大利这个地方没有像尼罗河河谷那样展示出自然的统一性;意大利的统一是这样一种统一,就像马其顿通过它的统治而给予希腊的统一,然而,意大利缺乏希腊由于文化的平等而拥有的那种精神的渗透,因为在这里居住的是许多差异很大的民族。尼布尔在他的《罗马史》(1811—1832年)一书最前面收入了一篇学识渊博的、论述意大利民族问题的论文,但是这些民族和罗马历史之间的关联却不是一目了然的。总体上,尼布尔的历史著作只能被看作是对于罗马历史的一种批判,因为它由一系列绝对没有历史的统一性的论文组成。

我们把主观的内在性看作是罗马世界的普遍原则。因此,罗马历史的进程是,内在的沉默、它在自身之中的确定性,逐渐发展成为实在性的外在性。主观的内在性的原则只能从外部,通过统治、政府等的特殊意志而获得充实和内容。它的发展存在于从内在性走向抽象的人格的净化过程中,这种抽象的人格在财产之中给予自己实在性,这种冷漠的个人只能通过专横的暴力而被团结在一起。这就是罗马世界的普遍进程:从神圣的内在过渡到直接的对立。在罗马,发展的方式不同于在希腊的方式,即原则只是展开和全面铺开它的内容,相反,罗马的原则是过渡到对立之中,这种对立不是作为毁灭走上历史舞台,而是通过原则自身而被要求和设定的。——至于说到罗马历史中包含的特定的差异,人们通常把它划分为王国、共和国和帝国,就好像那些不同的原则以这些形式依次出现。但是,发展的这些形式是以罗马精神的同一个原则作为基础的。毋宁说,我们在做这种划分时必须把世界历史的进程牢记在心。我们在前面已经把每一个世界历史性民族的历史都划分为三个阶段,而这个说法在这里也必须得到证实。**第一个时期**被认为是罗马的开端,在这个时期,本质上相互对立的各种规定还在安静的统一性中酣睡,直到自身之中的对立变得强壮,由于自身之中的对立已经产生了并且持续存在,这种统一性变成了强有力的统一性。在**第二个时期**,随着这种力的出现,国家开始转向外部,并且登上了世界历史的舞台;罗马最美丽的时代——布匿战争和与以前的世界历史性民族相接触——就存在于这个时期。一个更为广阔的舞台向东方开启了;高贵的波利比乌斯描述过这段接触的历史。从现在起,罗马帝国开始了征服世界的扩张之路,而这种扩张也酝酿了它的衰亡。内部的分裂出现了,因为这种对立发展成了自身之中的矛盾和完全的不可调和。它终止于专制主义,而专制主义刻画了**第三个时期**的基本特征。在这里,罗马的力量看起来宏伟壮丽、炫人耳目,但同时它已经深深地陷入分裂之中,和帝国一起开始的基督宗教维持着一种伟大的扩张。最后,在这第三个时期,出现了与北方民族和日耳曼民族的接触,现在,后者要变成世界历史性的民族了。

罗马的世界

第一篇　到第二次布匿战争为止时的罗马

[344]

第一章　罗马精神的要素

在我们进入罗马的历史之前,我们必须从总体上考察一下罗马精神的要素,而且首先在这种关联中讨论和研究罗马的形成。罗马之形成是**在国家之外**,也就是说,形成于一个冷僻的角落,这是三个不同的区域——亦即拉丁人的区域、萨宾人的区域和伊特鲁里亚人的区域——互相毗邻的地方;它并不是从一个古老的部族、一个在血缘和家长制的意义上共属的部族发展而来的,他们的起源也不能追溯到远古时代(这种情况和波斯人的情况差不多,但是那时波斯人已经统治着一个伟大的帝国了);相反,罗马从一开始就是一个人为的、强行聚合在一起的、没有源头的民族。据说,埃涅阿斯①率领的特洛伊人来到了意大利,这些特洛伊人的子孙后裔建立了罗马城,因此,和亚洲的联系是他们津津乐道的东西,在意大利、法国和德国本部(克桑滕市),有许多城市都把它们的起源或者名字追溯到那些落荒而逃的特洛伊人。李维谈到过罗马一些古老的部落,例如 Ramnenses(阿尔班人的部族)、Titienses(萨宾人的部族)和 Luceres(异邦人的部族);如果现在人们把他们看作是不同的民族,并且想要断言他们本来就是构成罗马的要素,——晚近时期常常有人煞费苦心想要证明这个观点,——那么,人们就正好彻底推翻了历史流传下来的东西。所有的历史著作家在这一点上是一致的,即放牧者很早就在首领的带领下在罗马的山丘上漫步,罗马最早的共同生活使他们成立了一个强盗国家,周围地区七零八落的居民费了很大的力气才被联合起来过一种共同的生活。所有这一切环境的细节都被描述出来了。那些掠夺成性

[345]

---

① 根据维吉尔的《埃涅阿斯纪》,埃涅阿斯是特洛伊英雄,凡人安喀塞斯一世和女神阿佛洛狄忒的儿子。特洛伊城陷落后,埃涅阿斯携家出走,漂泊数年后抵达意大利半岛。——译者注

275

的放牧者接受了所有想要加入他们的人（李维称之为一个**垃圾堆**〔colluvies〕）；来自罗马城位于它们之间的那三个地域的地痞无赖汇集在这座新的城市之中。许多历史著作家都指出，河边沙丘上的这个点选择得非常好，非常适合充当犯罪分子的收容所。同样具有历史意义的是，这个新建立的国家中居然没有女性，而与之毗邻的那些国家都不愿意和它**联姻**：这两种情形刻画出了它作为一个强盗联盟的基本特征，其他国家不想和它发生任何联系。在罗马人邀请他们参加崇拜神祇的节日时，他们也拒绝了，只有萨宾人部分地出于迷信部分地出于害怕来到了现场。萨宾人是一个极为单纯的、以耕作为主的民族，在他们中间盛行着一种可悲的和可怕的迷信（tristis atque tetrica superstitio）。然后，哄抢萨宾女人是一个广为人知的历史事实。这个故事涉及罗马人一个独一无二的特征，即宗教可以用来当作达到这个年轻国家的某种目的的手段。罗马扩张的另一种方式是，把与之毗邻的城市和被占领的城市中的居民强行迁移到罗马去。后来也有外国人心甘情愿地来到罗马，比如后来名垂青史的克劳迪家族以及他们所有的被保护者。出身于一个名门望族的柯林斯人狄马拉图斯也安家于伊特鲁里亚，但是，他在那里被当作遭驱逐者和外国人而很少得到尊重；他的儿子鲁库莫再也不能忍受这种不受尊重的状态，他迁居到了罗马，据李维说，因为那里有一个**全新的**民族和一种**突然出现的高贵的德性**（repentina atque ex virtute nobilitas）。鲁库莫也很快就赢得了这样的尊敬，他后来成了国王。

[346] 　　国家的建立必须被看作是罗马特性的本质性的基础。因为这件事情直接涉及最残酷无情的纪律和为了同盟的目的而做出自我牺牲。一个刚刚建立起来并且建立在暴力基础之上的国家，必须依靠暴力来同心协力，和衷共济。所以，这不是一种伦理的、自由的联系，而是一种衍生于这种起源的、强行造成的服从状态。罗马的德性（virtue）是勇敢，但不仅是个人的勇敢，相反，勇敢主要体现在同伴的联系之中，而同伴的关联被认为是最高的关联，而且和一切暴力行为关系密切。如果现在罗马人建立了一个这样封闭的同盟，那么，他们事实上不会，像拉客戴蒙人一样，和被征

服被压迫的民族之间处于一种内在的对立之中；相反，在他们那里显露出来的差异和斗争存在于贵族阶级（Patrizier）和平民阶级（Plebejer）之间。这种对立已经在罗慕路斯和雷慕斯这对反目成仇的兄弟中以神话的形式预示了。雷慕斯被埋葬在阿文提诺山上；这座山被奉献给了邪恶的神，从平民阶级脱离出来的人走向这个地方。那么现在的问题是，这种差异是如何造成的？前面已经说过，罗马是由抢劫成性的牧人和地痞无赖组成的乌合之众建立起来的；后来，那些被占领和被毁灭的城市的居民被强行迁居于此。那些弱势群体、饥寒交迫者和后来新来的人必定会被那些最初建立国家的人和那些英勇善战并且因此而富埒王侯、出类拔萃的人视如草芥，并对后者产生依赖。因此，人们并不必然要躲进近代以来一个极受欢迎的假说之中，即贵族阶级曾经是一个独特的种族。

平民阶级对于贵族阶级的依赖经常被表述为一种完全法律意义上的依赖，甚至是一种神圣的依赖，因为贵族阶级手中把持着圣事（die sacra），而平民似乎是不敬神的。平民阶级把这种虚伪的玩意儿让给贵族阶级（西塞罗，《论欺骗人民》[ad decipiendam plebem, Cicero]），对于他们的祭祀和占卜毫不关心；但是，如果他们把政治的法权和这些事务分开，要求拥有这些法权，那么，和清教徒一样，他们这样做并没有对于神圣的事物犯下亵渎神灵的罪过，因为他们解放了国家的政治权力和主张了良知自由。人们必须，像已经说过的那样，这样看待贵族阶级和平民阶级之间的关系，以至于饥寒交迫者和呼号无助者不得不依附于那些富埒王侯者和位高权重者，不得不寻求他们的庇护；在这种与富人之间的关系中，被保护者称为属民（Klienten）。但是，人们很快再次发现平民和属民还是有区别的。在贵族阶级和平民阶级之间发生冲突之时，属民站在他们的保护者一边，尽管他们同样地属于平民。属民的这种关系是一种没有任何正当性和合法性的关系，这可以从以下事实中看得出来，即随着法律引入各个阶层和为他们所认识，属民关系便逐渐销声匿迹了，因为一旦个体可以在法律中寻求保护，这种暂时的困境一定会很快就中止的。

在这个国家最初抢劫的时期，必然会导致全民皆兵的局面，因为国家

[347]

是建立在战争的基础之上的；这种负担太重了，因为战争发生时，每一个公民必须自己维持生活。这种状况现在导致平民背负了沉重的债务，而贵族阶级是他们的债主。由于引入了法律，这种任性的关系也逐渐地取消了，因为贵族阶级怎么也不会爽快地同意解除平民对他们的依附关系，他们更愿意这种依赖性为了他们的利益而永世长存。《十二表法》①包含了太多不确定的东西，还有太多的东西听任法官的擅权专断；而法官又只能由贵族阶级充任。因此，贵族阶级和平民阶级之间的对立拖延了很长一段时间。平民慢慢地才使所有人都提高了地位，获得了以前只有贵族阶级才能担任的职务。

[348]　虽然希腊人的生活也不是从家长制的关系中形成的，但是，在它最初的起源中存在着家庭之爱和家庭的纽带，共同生活的和平目标以根除海上与陆地的强盗为前提条件。与此相反，罗马的建立者，罗慕路斯和雷慕斯，根据传说，他们本人都是强盗，他们一出生就被家庭抛弃了，长大成人的过程中也缺乏家庭之爱。同样，最早的一批罗马人也不是通过自由的追求和同意而娶回妻子，而是通过暴力抢得。罗马的生活从一开始就处于这种粗野和暴行之中，再加上把自然伦理的情感排除在外，这就使它自身携带了一种要素，即对于家庭关系的冷酷无情、一种自私自利的冷酷无情结果构成了罗马风俗和法律的基本规定。因此，我们还在罗马人那里发现，家庭关系并不是一种出自爱和感情的优美的、自由的关系，相反，残酷无情、依赖和从属的原则占据了信任的位置。婚姻在它的严格和正式的形态中实际上完全是以不同形式和方式显示出来的一种物的关系；妻子属于丈夫的财产（in manum conventio，归顺夫权），婚礼所采取的那种形式（coemtio，买卖婚），和他们在做其他任何一桩买卖时可能采取的形式别无二致。丈夫对于他的妻子以及他的女儿所拥有的法权绝不会少于他对他的财产所拥有的法权，而妻子所获得的一切都是为了她的丈夫而

---

①　"十二铜表法"也叫"十二表法"，是公元前450年左右罗马的平民逼迫贵族制定的罗马第一部成文法，也是最早的罗马法文献，体现了古代罗马人的法治精神，也被认为是西方民主法治的源头。——译者注

获得的。在共和国兴盛的时期,婚姻还可以通过宗教仪式(confarreatio)来缔结,但是后来,这种仪式被放弃了。如果丈夫通过 usus(习俗、惯例)的方式结婚,也就是说,如果妻子一直待在丈夫的家中,一年之内不能有三个晚上(trinoctum)不在家,那么,丈夫所获得的权力一点也不比通过 coemtio(买卖婚)的方式小。如果丈夫没有采取任何一种归顺夫权的方式结婚,那么,妻子要么留在他的父亲的权力之下,要么留在父系亲属的监护权下,而她对于她丈夫来说是自由的。所以,罗马的已婚妇女只能通过独立于她们的丈夫才能获得荣誉与尊严,而妻子绝无可能通过她的丈夫或者婚姻本身获得荣誉。如果丈夫是根据自由的法权结婚的,也就是说,一桩婚姻没有通过 confarreatio(祭祀婚)而被奉为神圣的婚姻,那么,在他想要和妻子离婚时,他可以随时把她打发走。——儿子和父亲的关系完全一样:一方面,他们就像婚姻中的妻子服从丈夫一样几乎完全服从于父亲的权力;他们不能有任何财产,无论他们是否在国家中担任一个比较高的职务,完全没有任何区别(在罗马,只有在军营中以及在国外的私产[peculia castrensia und adventitia]可以成为区别的理由);另一方面,如果他们获得了解放,那么,他们就可以和他们的父亲与家庭割断一切联系。儿童的地位和奴隶的地位在这里在多大程度上可以等量齐观,可以充当这种状况的一个证据是想象的奴隶状态(imaginaria servitus [mancipium]),儿童必须通过这样一种状态才能获得解放。——在财产方面,真正合乎伦理的做法是,各个子女应该平均分配遗产。但是,与此相反,在罗马人这里显示出来的是以最粗暴的方式出现的立遗嘱方面的专横独断。①

[349]

因此,我们在这里在各种伦理的基本关系上看到的是腐化堕落、道德败坏。罗马人在他们的私人的方面显示出来的违反伦常的、主动的冷酷无情必然相应于他们为了国家的目标而结成联盟时的被动的冷酷无情。

---

① 黑格尔在《法权哲学纲要》第三部分"伦理"的第一部分"家庭"中也对罗马式家庭进行了批判,可参看。——译者注

罗马人对于他在国家中所遭受的那种冷酷无情，必定会通过他在他的家庭方面所享受到的同样的冷酷无情而得到补偿——他在前一方面是奴隶，而在后一方面是暴君。这种冷酷无情造就了罗马的伟大，这种伟大的固有特征是个体与国家、与国家法律和国家命令之间的统一性之中的冷酷无情、毫不变通。为了获得对于这种精神的更进一步的直观，人们不仅必须考察罗马英雄的行动，无论是在他们作为战士或者作为将领与敌人对阵之时，还是作为大使出现之时，看他们这时候如何全心全意地服从国家的命令，而没有犹豫不决或者畏葸不前，而且还要首先考察平民在发起反对贵族的暴动之时的行为举止。平民在发起暴动和瓦解法律秩序之时被纯粹的套话带回到安宁之中，被欺骗说会满足他们合理的和不合理的要求，这种事情发生得多么频繁啊！在既没有战争又没有外患的时候，为了从平民中招募士兵，通过军事的誓约使他们承诺绝对地服从，元老院选举出了一个独裁者，这种事情发生得多么频繁啊！李锡尼花了10年时间来实施对平民有利的法律；另外一些护民官用尽各种自相矛盾的陈词滥调阻碍这些法律得以通过，而他却更有耐心地等待这些一再被拖延的法律付诸实施。人们可能会问，这样一种感受力和个性是怎样培养出来的呢？其实，它不是培养出来的，相反，根据它的基本因素，它就存在于最初的强盗社会的那个形成过程之中，然后存在于在其中统一起来的那些民族的与生俱来的本性之中，最终存在于那个时代的世界精神的规定性之中。罗马民族的要素是伊特鲁里亚人、拉丁人和萨宾人；这些民族必定包含着将会成为罗马精神的那种内在而自然的能力。至于古老的意大利诸民族的精神、个性和生活，我们知之甚少——这得感谢罗马历史著作家的无精神性，——而那些少得可怜的资料主要是论述罗马历史的希腊人写的。但是，关于罗马人的普遍个性，我们可以说，不同于东方那种最早的怪诞的诗歌和把一切有限的东西都颠倒过来的做法，不同于希腊的优美而和谐的诗歌和希腊精神的保持良好平衡的自由，在罗马人这里出现了生活的**散文**（die Prosa des Leben）、对于自为的有限性的意识、抽象的知性和冷酷无情的人格，这些东西没有把家庭之中难以处理的东西发展成为自然的伦理,而是保持为无感情的、无精神的一,并把这些一的统一性放入抽象的普遍性之中。

我们在伊特鲁里亚人的艺术作品中可以发现以这种最极端的散文表现出来的精神,这种艺术作品由于精益求精的技术和忠实于原貌的制造方式而缺乏一切希腊的理想性和美;我们接下来会在罗马的法权和罗马的宗教的形成与发展中继续看到它。

我们要把**实证法权**的起源与发展归功于罗马世界的这种不自由的、无精神的和无感情的知性。我们在前面已经看见,在东方,本来应该是伦理的和道德的关系是如何被规定为法权的命令的;即使在希腊人那里,习俗同时也是法定的法权,则此之故,宪法是完全依赖于风俗与信念的,在自身之中还不具有反对不稳定的内在和特殊的主体性的那种坚固性。现在,罗马人完成了这个伟大的分离,发现了法权原则,这个原则是外在的,也就是说,是与信念和情感没有关系的。如果说他们因此而在**形式**方面给我们留下一个伟大的赠礼,那么,我们能够使用和享受这份赠礼,不成为这种干瘪的知性的牺牲品,不把它看作最高的智慧和理性。罗马人是他们依赖它生活的那种知性的牺牲品,但是,他们因此而为其他人赢得了精神的自由,也就是说,内在的自由借此而摆脱了那个有限物和外在物的领域。精神、心情、信念、宗教现在再也不会担心与那种抽象的、法定的知性难解难分地纠缠在一起了。艺术也有它的外在的方面;如果在艺术中机械的手艺完全是自动完成的,那么,自由的艺术就会产生并自己产生自己了。对于那些除了手艺就一无所知而且不想进一步知道一点什么的人,我们只能感到痛惜;对于那些在艺术产生之时仍然只把手艺看作是最高的东西的人,我们同样为他感到痛惜。

[352]

我们看到罗马人被紧紧地和有限性的抽象的知性联系在一起。这是他们在**宗教方面**最高的规定,也因此是最高的意识。实际上,限制就是罗马人的宗教,而与此相反,在希腊人那里,宗教是自由的想象的明朗。我们习惯于把希腊的宗教和罗马的宗教看作是同一个东西,我们在使用朱庇特、密涅瓦等名字时常常没有区分希腊的神祇和罗马的神祇。如果仅就罗马的神祇多多少少是从希腊的神祇那里输入的而言,这是说得过去的;但是,决不能因为希罗多德和希腊人采用了勒托、帕拉斯等名字辨识埃及的神祇,埃及的宗教就是希腊的宗教;同理可得,罗马的宗教也绝不是希腊的宗教。我们可以说的是,在希腊的宗教中,对于自然的敬畏逐渐变成了一种精神性的东西,一种自由的直观和一种精神性的想象的形象,希腊的精神没有停留在内在的恐惧上,而是把自然的关系转变成了一种自由而明朗的关系。与此相反,罗马人一直停留在沉默的、迟钝的内在性之中,而且因此,外在的东西就是一个客体,一个他者,一个秘密的东西。这样停留在内在性之中的罗马精神便进入了限制与依赖,而宗教(religio,lig-are)这个词的起源已经预示了这一点。① 罗马人一直总是和**某种秘密**发生关系,他们相信一切事物中都有某种**被遮蔽了的东西**,并且寻找这个东西,而在希腊人的宗教中,对于感官和直观来说,一切都是敞开的、清晰的和在场的,存在着的东西不是某种彼岸的东西,而是一种友好的东西,一种此岸的东西;在罗马人那里,一切都显示为某种神秘的东西和双重的东西:他们在对象之中首先看到的是他们自身,然后也是隐藏在他们自身之中的东西;他们的全部历史不会摆脱这种双重的事物。罗马的城市除了它们的本名之外,还有一个只有极少数人知道的秘密名字。人们相信,有些人认为它叫 Valentia(瓦伦提亚),这是罗马一词的拉丁文翻译,而另一些人认为,它叫 Amor(阿莫尔,把罗马[Roma]这个词倒过来念)。罗慕路斯,罗马城的建立者,也有一个神圣的名字:Quirinus,人们祭祀他时就用这个名字。因此罗马人也叫作 Quiriten(奎力提人)(这个名字和 curia 这个词有一定的联系;人们甚至可以把这个词的起源追溯到萨宾人的城市库勒斯[Cures])。

在罗马人那里,宗教的敬畏始终处于未发展状态,被锁闭在对于自身的主观的确定性之中。因此,意识没有提供任何精神性的对象,也没有在

---

① 根据拉克坦提乌斯(Lactantius)的说法,religio 源自动词 re-ligare,ligare 一词意为关联、连接,在这里,前缀 re-表强义化,即是某种强化了的连接,而宗教(religio)则意味着人与超越自身的神圣存在之间的特定连接。——译者注

对象之中把自身提升为对于永恒而又神圣的自然的理论直观和提升为自由;它也没有为自己从精神中赢得任何宗教的内容。罗马人把他们的良知的空洞的主体性放置到他们所做的和决心要做的一切事情之中,放置在他们的契约、国家关系、义务和家庭关系等等之中;因此,这些关系不仅获得了法律的承认,而且似乎也获得了盟誓的庄严。在召开公民议会、公职人员入职等时的无以数计的仪式就是这种牢固的纽带的表达和解释。圣事(sacra)在所有地方都扮演了极其重要的角色。最不受约束的事情很快就变成了一种圣事,而且仿佛僵化成了同样的圣事。例如,在最严格的婚姻中的confarreatio(祭祀婚)也属于圣事,此外还包括预言和占卜。关于圣事的认识令人乏味,平淡无趣,只会给那些饱学之士的探究提供新的材料,它到底是否起源于伊特鲁里亚人,还是萨宾人,还是有其他的起源。人们因为考虑到这一点而把罗马民族看作无论在积极有为还是在承受负担时都充满最高程度的虔诚;然而,如果现代人津津有味和毕恭毕敬地谈论这些圣事,总是有些可笑。贵族阶级对这些事情尤为精通,人们因此而把他们提升为祭司家族,把他们看作是神圣的家族,宗教的持有者和维护者,然后,平民阶级变成了无神的要素。关于这一点,必要的东西我们前面已经说过了。古代的国王同时是神圣的国王(reges sacrorum)。在国王的尊严被取消之后,还保留着神圣的国王(rex sacrorum);但是,和一切其他祭司一样,他也隶属于大祭司(pontifex maximus),大祭司总领一切圣事,给予这些圣事以坚硬性和稳固性。结果,贵族阶级才有可能在如此长的时间里保持这种宗教的权力。

[354]

但是,这种虔诚本质上端赖于它的那种东西是虔诚的内容,虽然时至今日仍有人在不断地声称,只要虔诚的情感还在,那么,充实这种情感的是什么样的内容是无所谓的。罗马人已经注意到,他们的宗教内在性并不能从自身之中产生出自由的精神性的和伦理性的内容。人们可能会说,他们的虔诚自身并不能形成宗教,因为它本质上保持为礼节性的东西,而这种形式主义设法从其他某个地方搞来它的内容。从已经提到的那些规定中可以推断出,它只能是一种有限的、非神圣的类型,因为它是在宗教的神秘地点以外形成的。罗马宗教的主要特性因此就是特定的意志目标的稳固性,罗马人把这种目标看作是他们的神祇中绝对的东西,他们可以要求从它身上获得绝对的力量。这个目标也就是这样的东西,他们为了这个目标起见才会崇拜他们的神祇,他们通过这个目标以受限制的方式和这些神祇联系在一起。因此,罗马的宗教就是一种完全**散文式的宗教**,受到限制的宗教,合乎目的的宗教,有用的宗教。他们那些独具特色的神祇都是散文式的;他们是诸状况、各种情感、各种有用的技艺,他们把干枯的想象提升为独立的力量,然后相互之间进行对比;他们一部分是抽象物,他们只能成为冰冷的寓言,一部分显现为要么带来好处要么带来伤害的状况,他们以完全狭隘的形式成了崇拜的对象。我们简明扼要地列举其中的几个例子。罗马人把 Pax(和平),Tranquillitas(平静),Vacuna(安宁),Angeronia(操心和忧虑)当作神祇;他们在祭坛上供奉瘟疫、饥饿、黑穗病(Robigo)、发热和阴沟女神(Dea Cloacina)等。在罗马人看来,朱诺不仅是接生婆(Lucina),而且是 Iuno Ossipagina(朱诺·奥斯帕基娜),这位女神构成了儿童的骨骼,还是 Iuno Unxia(朱诺·翁克霞),这位女神在有人成婚时在门枢上涂油(这也属于圣事)。这种散文式的观念和希腊的精神力量与女神的优美之间几乎没有什么共同的东西!与此相反,朱庇特作为 Iupiter Capitolinus(朱庇特·卡皮托利努斯)是罗马帝国的普遍本质,但是,这个本质又化身为 Roma(罗马女神)和 Fortuna publica(公众的幸运女神)这两位神祇。

[355]

罗马人最早开始一种做法,即处在困境中时不仅举行神宴(Lektisternia)祈求神的帮助,而且向神许下各种诺言和誓言。为了在困境中得到帮助,他们还去往国外把外国的神祇和诸神崇拜引入本国。神祇的引入和大部分罗马的神庙都是由于一种困境、由于一句誓言和一种义务性的但却并非没有利害关系的感谢而产生的。与此相反,希腊人出于对美和神圣性的爱才建立和编排他们美丽的神庙、雕像和拜神仪式。

罗马宗教只有一个方面包含着引人入胜的东西,确切地说,那就是节日,这些节日和这个国家的生活联系在一起,而且是从远古时期一直保存下来的。它们部分地是以**黄金时代**的观念为基础的,而这种观念是对于市民社会和政治格局以前和以外的某种状况的观念,这种状况一部分是一般意义上的自然内容,例如太阳、年、一年四季、月等以及各种天文学的暗示,部分是指与动物饲养和农业耕种相关的自然进程的特殊因素,——［356］其中包括播种、收获、四季的节日,主要的节日农神节等。在这个方面,传统中有很多朴素的东西和意味深长的东西。然而,这个圈子总体上有一个目光极其短浅的和散文式的外观;对于伟大的自然力量及其普遍的过程的更深刻的观点还没有从它们当中产生出来。因为在这方面处处都以外在的普通的用处作为目的,而且它们的欢乐因为没有包含丰富的精神而流于滑稽。如果说在希腊人那里希腊悲剧的艺术是从相似的开端中发展起来的,那么,与此相反,值得注意的是,在罗马人这里,国家节日中那些怪诞的舞蹈和歌唱居然能够维持到它最后的阶段,却没有从那种朴素但却粗糙的形式向前发展为真正的艺术形式。

我们已经说过,罗马人接受了希腊的神祇(罗马诗人的神话完全因袭了希腊神话);但是,在罗马人这里,对于想象出来的这些美丽神祇的崇拜似乎是一件极其冷淡的事情和外在的事情。他们在谈论朱庇特、朱诺、密涅瓦时给我们的感觉,就好像我们在戏院里听到他们的名字一样。希腊人用深刻和充满精神的内容来充实他们神祇的世界,用各种欢乐的念头装饰神祇的世界;对希腊人来说,神祇的世界是乐此不疲的发明和思想丰富的意识的对象,因此,在神话中为情感、心灵和感官创造出了一个广阔无边、取之不尽用之不竭的宝藏。罗马的精神没有和自己的灵魂一起运动在一种意义丰富的想象游戏之中不能自拔,相反,希腊的神话在他们这里是死气沉沉的、格格不入的。在罗马的诗人,尤其是维吉尔[①]这

---

① 普布留斯·维吉留斯·马罗(Publius Vergilius Maro),是奥古斯都时代的古罗马诗人。其作品有《牧歌集》(Eclogues)、《农事诗》(Georgics)、史诗《埃涅阿斯纪》(Aeneid)三部杰作。其中的《埃涅阿斯纪》篇幅长达 12 册,是代表着罗马帝国文学最高成就的巨著。因此,他也被罗马人奉为国民诗人,被当代及后世广泛认为是古罗马最伟大的诗人,乃至世界文学史上最伟大的诗人之一。——译者注

[357] 里,诸神的引入只是冰冷的知性和亦步亦趋地模仿的结果。诸神在诗歌中似乎变成了机械装置,完全是在外在的方式上使用的。正如在我们的美的科学的教科书中,我们可以在很多规定中发现其中的一条是,这些机械装置之有必要出现在史诗中,是为了令人产生惊奇。

同样重要的是,罗马人在游戏方面也和希腊人大不相同。在游戏时,罗马人本质上是一个旁观者。他们让释放了的奴隶、角斗士、被判处死刑的罪犯去从事模仿的和戏剧性的表演、跳舞、竞走、竞赛。尼禄做过的最为人不齿的事情是,他在公共剧场以唱歌者、琴师和角斗士的身份登上舞台。因为罗马人只是旁观者,所以游戏对他们来说是一种陌生的事物,他们决不能为此耗费精神。随着生活越来越穷奢极侈,人们对于动物和人互相追猎的游戏的兴致越来越浓。成百上千只的熊、狮子、老虎、大象、鳄鱼和鸵鸟被带到一起惨遭屠戮,只是为了取悦观看者。数百和数千的角斗士,在一个节日里表演参加一场海战的情景,他们冲着皇帝高喊:"一群面临死亡的人恭祝陛下!"希望能够打动他。但是枉然!他们所有人都必须相互杀戮。罗马人在心灵和精神的深处没有任何这样的痛苦,这种痛苦是生活中的矛盾所导致的,它可以在命运之中找到解决,相反,他们部署了一种残酷的、身体痛苦的现实,鲜血涌流、临死前的苟延残喘和奄奄一息都是能让他们兴致盎然的景象。——纯粹谋杀的这种冷酷的否定性同时表达出了对于精神性的客观目标的内在谋杀。我只需要提及关于占卜、法术、神谕方面的书籍,就可以让大家回忆起,罗马人是如何深陷于各种类型的迷信不能自拔的,以及他们之所以做这一切事情不过是为[358] 了他们自己的目的。动物的内脏、闪电、飞鸟、神秘的箴言规定了国家的行政和事业。这一切都掌握在贵族阶级的手中,他们有意识地把这一切当作为了实现他们的目的和反对人民而采用的外在束缚。

根据前面已经说过的那些东西,罗马宗教的区别性要素是:内在的宗教性和一种完全外在的合目的性。世界的目标已经获得了完全的自由,它们非但没有受到宗教的限制,毋宁说宗教反而为它们进行辩护。只要罗马人行动的内容是他们所意愿的东西,他们在所有地方都是虔诚的。

因为在这里神圣的东西只是一种没有内容的形式,所以神圣的东西是那种能够被权力玩弄于股掌之间的东西。它被那个有着特殊的目的和利益的主体占为己有,然而,真正的神圣的东西在他自身之中就有具体的力量。但是主体站在这个软弱无力的纯粹的形式之上,这个自为的具体的意志能够占有这种形式,而且把他的特殊的目的设置为精通形式的大师。这就是在罗马的贵族那里发生的事情。贵族所掌握的统治通过这种方式变得更加稳固、更加神圣、更加直接和更加缺乏协作性;政府和政治的法权维持了一种被神圣化了的私人所有物的特征。因此,它既没有民族的一种实体性的统一性,也没有城邦之中的共同生活对于美和伦理的需要;相反,每一个族(gens)都是一个自为的稳固的部族,都有他们自己的家神和自为的圣事(sacra),每一个族都有他们一直保持着的、自己的政治特性。例如,克劳狄乌斯家族以严格的贵族制的冷酷无情而著称,瓦莱丽家族以对待人民友好亲善而著称,科内利乌斯家族以精神高贵而著称。这种差异和限制甚至延伸到婚姻的领域,因为贵族阶级和平民阶级的联姻被认为是亵渎神圣。但是,任性的原则甚至同时出现在那种宗教的内在性之中;反对神圣的东西的任性奋起反抗把财产神圣化的那种任性。因为一方面,同一种内容是从宗教的形式中获得它的特权的,而另一方面,[359]只有总体上被意愿的形态才可以成为人的任性的内容。一旦神圣的东西被贬低为形式的时代已经到来,它也就被意识到只是形式,被当作形式对待,并被踩在脚下——被表现为形式主义。——在神圣的东西中出现的这种不平等造成了宗教向国家生活的现实性的过渡。意志的不平等和私人财产的不平等的神圣化构成了这种现实的基本规定。罗马的原则只会容忍**贵族制**成为它的特有的宪法,但是贵族制宪法立即造成了自身之中的对立、不平等。只有出现了困境和不幸,这种对立才会暂时得到协调;因为对立在自身之中包含了双重的权力,这种权力的冷酷无情和恶意的孤立只能通过一种程度更甚的冷酷无情才能被制服并且被粘合为一种残暴的统一性。

第二章　到第二次布匿战争为止时的罗马历史

在第一个时期,许多因素已经相互区别开来了。罗马国家在它的国王的领导下获得它的第一次发展,后来,它采用了一种共和制的宪法,执政官成为他们的首领。这个时候出现了贵族阶级和平民阶级之间的斗争,在通过满足平民阶级的要求而使这场斗争平息之后,罗马内部呈现出太平无事的状态。罗马的实力得到了提升,它在和以前的世界历史性民族进行斗争时大获全胜。

[360]

说到关于最早的罗马国王事迹的记载,没有哪一份资料不是在经过批判之后而相互抵牾、漏洞百出的。但是,如果人们想要否认一切资料的可信度,那么也未免疑古太勇,矫枉过正。据说总共有 7 个国王,而哪怕是吹毛求疵的批判也不得不承认,其中总有些东西完全具有历史的意义。罗慕路斯被称为这群强盗联盟的建立者,他把这个联盟组织成为一个军事国家。如果说关于他的各种传说都带有神话的色彩,那么,它们也包含了与前面勾画出来的罗马精神相符合的东西。关于罗马的第二位国王努玛,据说他引入了许多宗教的仪式。这一特征非常值得注意,因为后来宗教的出现要落后于国家的联系,而在其他民族中,宗教的传统在最古老的时期就出现了,要先于一切公民的制度。国王同时也是祭司(从字源学的角度说,国王[rex]来源于奉献牺牲[rhezein]这个词)。和在所有国家的开端一样,政治的职务和教士的职务总是联系在一起的,这种状况是一种神权政制。国王在这里也是那些在圣事方面拥有特权的人的领袖。

在最初的几个国王统治期间,声名卓著且有权有势的公民就从全体公民中分离出来而成为元老和贵族阶级了。据说罗慕路斯任命了 100 位族长,但是那些高等批判对此深表怀疑。在宗教中,那些偶然的仪式,圣事(sacra),变成了区分贵贱、划分阶层的稳固的标志和特征。李维说,国家的内部组织逐渐完善,比如,努玛确定了一切神圣的事务,塞尔维乌斯·图利乌斯引入了不同的阶级,并且进行了人口普查,根据人口普查来决定参与公共事务的人数的比重。这种做法引起了贵族阶级的不满,尤其是因为塞尔维乌斯·图利乌斯免除了平民阶级的一部分债务,并且把大片的国家田地送给穷人,因此,这些田地变成了穷人的不动产。他把人民划分为六个阶级,第一个阶级和骑士团骑士一起组成了98个百人团,地位较低的阶级所组成的百人团依照比例逐级递减。投票表决时以百人团为单位,所以,第一阶级获得了巨大的优势。看起来,在较早的时期,贵族阶级独自把持着权力,但是在塞尔维乌斯划分阶级以后,他们只是获得了优势,这可以解释为什么他们对于塞尔维乌斯的制度愤愤不平。从塞尔维乌斯开始,历史变得更加确定了,在他和他的先驱老塔克文的统治下,罗马呈现出欣欣向荣的迹象。令尼布尔惊诧不已的是,根据狄奥尼索斯和李维的说法,最古老的宪法是民主制的,因为每个公民在国民大会上的投票都是同等有效的。但是李维只是说,塞尔维乌斯废除了碎片选举法(suffragium viritim)。在国民议会(comitis curiatis)中,由于把平民吸引进去的那种庇护关系的普遍化,只有贵族阶级才参加投票,那个时候人民(popolus)这个词就只是指贵族。所以,当狄奥尼索斯说根据罗慕路斯的法律,宪法是严格地民主制的,他并没有自相矛盾。

[361]

几乎所有的国王都是外国人,这是罗马的起源中最有特色的地方。继承罗马的创立者的王位的努玛据说是一个萨宾人,这个民族在罗慕路斯执政期间在塔修斯的率领下在一个罗马的山丘上定居下来。然而,后来,萨宾人的土地成了一个和罗马人的国家彻底分离开的区域。在塔修斯之后继承王位的是图鲁斯·荷提里乌斯(Tullus Hostilius),这个国王的名字证实了他的祖上来自外国。第四位国王,安古斯·马奇路斯,是努玛的外孙;塔克文·普里斯库斯出身于科林斯的望族,这一点我们此前在一个别的场合已经说过了。塞尔维乌斯·图利乌斯来自科尼库鲁木,一个被占领的拉丁城市;塔克文·苏培布斯出身于老塔克文的家族。在这最后一位国王的统治下,罗马已经蓬勃发展为一个繁荣的国度了。据说当时已经和迦太基签订了一个关于贸易的条约,而如果人们把这个说法当作神话而弃置不顾的话,那么,他们可能是忘记了在那个时代罗马和伊特鲁里亚与其他毗邻的民族之间建立的联系了,而这些民族由于贸易和航

[362]

289

海已经达到了高度的繁荣。罗马人在那个时候已经很好地掌握了书写技术，他们所掌握的那种理智的把握方式已经使他们出类拔萃，并且导致出现了那些明白晓畅、让罗马人名垂青史的历史著作。

在国家内部的生活得到发展之时，贵族阶级的地位大大降低了。就像欧洲中世纪的历史中频频出现的状况一样，国王们常常为了压倒贵族阶级而向人民请求帮助。我们已经说过和塞尔维乌斯·图利乌斯相关的事情了。最后一位国王塔克文·苏培布斯在发生国家大事时很少向元老院提出咨询，在元老院成员去世的情况下，他也不对之进行补充；他的所作所为，就好像他希望它完全解散一样。于是就出现了一种紧张关系，这种紧张关系只需要一种刺激就会造成暴乱。侮辱一位妇女的荣誉，强行闯入最内部的圣地，这些都是一位国王的儿子犯下的罪过，而它们就成了这种刺激。于是，在罗马建城后 244 年和基督纪元前 510 年（也就是说，罗马建城发生在基督纪元前 753 年），诸位国王被驱逐出境，而王权的尊严被永远地废除了。

国王是被贵族而不是被平民驱逐的；如果人们想要宣布贵族作为神圣家族合法的话，那么，他们的所作所为恰好违背了法律，因为国王就是他们的大祭司。我们看到，在这种场合下，罗马人把婚姻的神圣性看作是一件崇高的事情。内在性和虔诚（pudor）的原则是宗教的原则和不可侵犯的原则；侮辱这个原则导致了国王被放逐，以及后来的十大臣被放逐。因此，我们立即也发现，在罗马人这里，一夫一妻制是不言自明的原则。

[363] 这条原则不是通过成文的法律规定而被采用的；关于它的规定只是在法典中顺便提及，它的意思是，某些种类的亲属之间的婚姻是不允许的，因为一个男人不能有两位妻子。早在戴克里先的一条法律中就明确地规定说，任何属于罗马子民的人都不可以有两位妻子，因为根据一条执政官的法令，这种做法是卑鄙的（cum etiam in edicto praetoris huiusmodi viri infami notati sunt）。因此，一夫一妻制被看作是自在自为地合法的，而且原则上植根于内在性之中。——最后，仍然值得注意的是，王权在这里的消失并不是因为像在希腊那样，国王的家族自己消灭自己而断

子绝孙,而是因为公民们满腔愤怒地把他们放逐。国王,同时也是大祭司,做了最大程度亵渎神圣的事情,而内在性的原则反对这种做法,贵族阶级通过内在性的原则而蓬勃生长出一种独立自主的感觉,从而摆脱了王权的羁绊。后来,由于这同一种感觉,平民奋起反抗贵族阶级,拉丁人和联盟的同志奋起反抗罗马人,直到私人人格的平等在整个罗马地区都确立起来了(无以数计的奴隶也被释放了),而且由于单纯的专制主义的统治而齐心协力、和衷共济。

李维①注意到,布鲁图斯发现了驱逐国王的最佳时刻,因为如果他们行动的时间早了一点,那么国家就会发生分裂。他问,如果这群无家可归的群众太早地被释放了出来,而共同生活还没有使这群性情各异的人相互习惯,那么,可能会发生什么样的后果呢?国家宪法根据它的名称变成了共和制的。如果我们更详细地考察这件事情,那么就会显示出(李维,《罗马史》第二卷,第一章)基本上没有发生任何变化,除了权力以前是长期保存在国王的手中,而现在转移到了两位一年一任的执政官手中。两位执政官拥有同等的权利,既要操心兵戎之事,又要操心法权事务和行政事务,因为作为最高法官的裁判官是后来才产生的。

最初,一切权力仍然掌握在执政官的手中;在共和国的开始,无论对内对外,国家形势都比较糟糕。也就是说,罗马的历史进入了一个令人沮丧的时期,这和希腊历史在那些国王的家族衰落之后如出一辙。罗马人首先和他们的被驱逐的国王之间进行了艰苦卓绝的斗争,他们向伊特鲁里亚人寻求帮助并且得逞。在反对波西纳的战争中,罗马人失去了他们所有占领的土地,甚至失去了它的独立:它被征服了,被迫放下武器,奉上抵押品;根据塔西佗②的表述(《历史》,第三卷,第72页),看起来波西那

[364]

---

① 提图斯·李维(Titus Livius,前59—17),古罗马著名的历史学家。他写过多部哲学和诗歌著作,但最出名的是巨著《罗马史》(原名为 Ab urbe condita libri,意为"从罗马建城开始"或"建城以来罗马史")。——译者注

② 塔西佗(约55—120),罗马最伟大的史学家,他在罗马史学上的地位可与修昔底德在希腊史学上的地位相媲美。他著述丰富,而且是客观主义历史书写原则的提出者。——译者注

人已经攻克了罗马。在驱逐国王之后,不久,贵族阶级和平民阶级之间的斗争又开始了;因为废除王权这件事情之发生,完全只是为了达到贵族的利益,国王的权力转移到了贵族身上,而平民失去了他们过去可以,从国王那里获得的保护。一切政府的和法官的权力和国家的一切不动产这个时候都掌握在贵族阶级的手中,但是,无休无止地被抓去投入到战争之中的人民却不能从事和平的事务,贸易也不能兴旺发达,而平民的唯一收入是他们在战争中获得的战利品。贵族阶级把他们的土地让给奴隶耕种,并且把一部分田地租给他们庇护下的农民,这些人必须缴纳各种租税,所以,作为佃农,他们只是拥有那些田地的使用权。由于租户缴纳捐税的方式,这种关系和附庸关系极其类似:在保护人的女人出嫁时他们必须有所捐助,在保护人或者他的儿子被俘虏时必须把他们赎回,必须帮助他们获得行政部门的职位,或者弥补他们在打官司时所遭受的损失。司法权也掌握在贵族阶级的手中,确切地说,没有特定的和成文的法律,这一缺失还是后来由十大臣来消除的。一切政府权力都属于贵族阶级,因为他们占有了一切职位,执政官的职位,后来还占据了军事法官席位和监察官的职位(设立于罗马建城纪元 311 年),因此,实际的治理以及监督的权力完全委托给贵族了。最后,贵族阶级还建立了元老院。这个机构的成员以什么方式聘用这个问题非常重要。但是,其中存在着一个极大的不确定性。关于罗慕路斯,据说,他建立了由一百位成员组成的元老院。后来的国王增加了成员的数量。但是塔克文·普里斯库斯把它固定在 300 之数。马尔库斯·布鲁图斯重新恢复了大大失势的元老院。似乎从此以后,监察官,有时候还有独裁官,也会充任元老院的成员。在第二次布匿战争期间,也就是罗马建城纪元 538 年,选举出来了一位独裁官,他任命了 177 名新的元老院成员。他增加的那些人都是曾经担任过最高职位的人,如平民阶级的市政官、护民官、裁判官,曾经获得过军功(要么是丰富的战利品,要么是公民的王冠[die spolia opima oder die corona civica])的公民。在恺撒统治期间,元老院数量增加到了 800 人,奥古斯都又把它减少到 600 人。人们认为,罗马历史著作家的一个最大的疏忽是,他们对于

[365]

元老院的构成及其补充居然只留下这么少的记载；但是，这一点对于我们来说虽然无限重要，但是对于罗马人来说根本没有那么重要。他们总的来说并不是特别重视这种形式的规定，相反，在他们看来，这主要取决于如何进行统治。我们怎么可能假定古老的罗马人的宪法法律已经如此明确了，要知道这些事发生在把一个历史当作神话和把它的传统当作史诗的时代啊？

人民处在一种受压迫的状态中，就像例如几年前大不列颠王国中的爱尔兰人那样，但是他们同时又被完全从政府之中排除出去了。他们多次发起暴动，而且从城市中迁移出去了。有时候他们也会拒绝服兵役。然而，一件一直格外引人注目的事件是，元老院能够在这么长的时间里对抗那些被压迫所激怒、并且在战场上经历过大风大浪的人数众多的民众，因为主要的斗争持续了100多年。人民在这么长的时间里被装上了马笼头，在这种状况中，人民对于法律秩序和圣事的尊重才开始显露出来。但是，最后出现的情形是，平民阶级的合法要求终于得到了承认，他们的债务也频频被免除。因为平民阶级必须通过奴隶般的劳动偿还他们的债务，所以，贵族阶级（平民阶级的债主）的冷酷无情逼迫他们奋起反抗。他们最初要求和获得的，只不过是他们在国王的统治下曾经拥有过的东西，亦即，基本的财富和反对豪强时的庇护权。他们获得了分配给他们的土地并且可以担任护民官，也就是说，有权力阻止所有元老院的命令的官职。护民官的数额最初限制在两位，后来是十位。这种做法毋宁说对于平民是有害的，因为重要的是，元老院可以收买其中任何一位护民官，通过这唯一一位护民官制造矛盾从而推翻所有其他人做出的决议。同时，平民（der Plebs）又取得了向人民（Volk）申诉的权利：也就是说，但凡遇见行政官员有胁迫行为，被判刑者都可以请求人民作出决议。这对平民来说是一项无限重要的特权，这项特权激怒了贵族阶级。由于取消了护民官，在人民屡次三番的要求之下，为了补充某种特定的立法的缺憾，设置了**十大臣**（Dezemvirm）；众所周知，他们滥用不受限制的权力，几乎成了暴君，他们最终出于一个和国王类似的不体面的理由而被放逐。那些佃

[366]

293

[367] 户的依赖性这个时期也减弱了;在十大臣时期以后,受庇护的人民越来越少,他们和平民已经完全融合在一起了;平民在护民官领导下的人民会议上就国家大事(plebiscita)做出决议;元老院自身只能颁布元老院决议(senatus consulta),而护民官现在也能够像元老院一样有效地阻止开会和选举。一步一步地,平民阶级到达了这种状况,通往一切声望与官职的道路终于为他们打开了,但是最开始,一个平民的执政官、市政官、监察官等等并不能和贵族阶级的相应官员平起平坐,因为圣事掌握在后者的手中;但是在贵族阶级做出让步后还经历了很长一段时间,平民阶级中的一员才确确实实地成为执政官。关于人民执政官的这些总体的规定,是利钦纳斯确定的,确切地说,是在第4世纪后半叶(罗马建城纪元387年)。利钦纳斯还带头倡议建立土地法(lex agraria),关于这个问题,许多饱学之士写了很多论著,但是聚讼纷纭,莫衷一是。提出这项法律的人在每一个时期都能够造成声势浩大的运动。平民阶级事实上几乎被从一切不动产中排除了出去,而土地法的目的在于同意给予平民土地,一部分在罗马的近郊,一部分在那些被征服的地域,派平民前往该地进行殖民。在共和国时期,我们常常见到的情形是,将领们把土地分配给人民,但是每一次他们都因此而被指责为在追求王权,因为以前许多国王都提高了平民的地位。土地法规定,任何公民都不得拥有500摩尔根的土地:根据这个规定,贵族阶级必须出让他的财产中的很大一部分。**尼布尔**曾经对农业法进行了极为广泛的考察,而且认为他自己已经做出了重大而又重要的发现。他说,人们从来没有想过要侵犯神圣财产的法权,但是国家只是把为贵族阶级所强占的国家的公共田产分配给平民,供他们使用,国家能够随

[368] 时处置这些分配给平民的田产,就好像处置它自己的田产。我只是想顺便提及,海格维希早已经在尼布尔之前就发现这一点了,尼布尔只不过是从希腊的历史著作家例如阿庇安和普鲁塔克等人那里借来了更广泛的材料来支持他的主张,而关于这些希腊作家,他本人曾经承认说,我们只有在极其特殊的情况下才可以把他们当作最后的避难所。李维多么频繁地提到农业法,西塞罗和其他作家也多么频繁地提到农业法,但是我们根本

无法从他们的著作中推断出任何确定的结论来！当然，这是罗马作家粗枝大叶的又一个明证！全部的事实最终得出的是一个毫无用处的法律问题。那些贵族占有的土地，或者殖民所开辟的土地，原本都是国家的土地。但是它们却必定也属于所有者，如果人们宣称它永远归国家所有，这就没有说出更多的东西。尼布尔的这个发现只是围绕着一个极端无足轻重的差别，而这个差别只存在于他的观念中，而根本就不存在于现实中。——利钦纳斯的法律曾经实行过，但是很快就被逾越了，完全没有得到尊重。利钦纳斯·斯托洛本人，这个倡议建立这项法律的人，受到了惩处，因为他所占有的不动产超过了允许的限度，而贵族阶级又毫不妥协地反对这项法律的实施。我们在这里必须提请大家注意到在罗马的情况、希腊的情况和我们自己的情况之间存在着的差别。我们的市民社会建立在不同的基本原则的基础之上，所以这样的规章在他们那里是不必要的。对于斯巴达人和雅典人来说，抽象还没有像在罗马人那里一样确立起来，所以他们并不关心诸如权利之类的东西，他们要求的是，公民拥有生存手段，他们要求国家必须为此操心。

罗马历史第一个阶段的主要因素是，平民成功地获得了能够担任国家高级官员的法权，由于他们取得了一定份额的土地和田产，他们作为公民的生存条件得到了保障。由于贵族阶级和平民联合起来了，罗马现在才成功地达到了真正的内部一致性，从现在开始，罗马的力量能够向外发展了。接着出现了这样一个时间点，在这个点上，内部的共同利益得到了满足，而内部的斗争令人厌倦。一旦人民把这种公民的骚乱转向外部世界，他们就表现出了最强大的力量。因为以前出现的激动还保留着，但是现在它在内部再也没有了对象，于是这同一种激动就寻求向外的发展。罗马人的这种冲动在短时间内能够掩盖在[贵族和平民的]联合中存在的不足；虽然已经确立了他们之间的平衡，但是没有一个本质性的中点和支撑点。后来这种对立又以令人恐惧的方式爆发了；但是，他们必须在战争和征服世界中展示罗马人的伟大。从战争而来的力量、财富和荣誉以及战争所导致的困境，使罗马人在内部紧紧地凝聚在一起。他们的勇敢

[369]

和战争风纪让他们所向披靡,战无不胜。与古希腊和马其顿相比,罗马的战争艺术有它的独到之处。古希腊作战时密集队形的特长在于人数众多和规模庞大。罗马军团也自成一体,但是同时又分成不同环节,节节相扣:他们把大部队的两翼连接在一起,又把他们分成一些轻装上阵的小部队,并且把他们的两翼也连接在一起,这样,军队就既能牢牢地聚结在一起,同时又能够轻易地散开。罗马军队在发动攻击之时,由弓箭保护和投石人员作为先导,而后面又有持刀剑者做最后的决战。

追踪罗马人在意大利的历次战争是一件很无聊的事情;这部分地是因为,分开来看,每一场战争都无足轻重——即使是李维关于那些将帅的空洞的修辞也常常提不起我们的兴致——,部分地是因为罗马历史学家的无精神性,在他们笔下,人们只看见罗马人和敌人进行战争,但是我们对于他们的敌人,例如伊特鲁里亚人、萨莫奈人、利古里亚人的个性一无所知,要知道,罗马人与他们之间进行了长达数百年的战争啊!这件事上极为独特的地方在于,罗马人本来可以用世界历史的伟大正当性为自己辩护,但是他们却使用他们在宣言、条约方面所受的小小侵犯这样很小的理由来为自己进行辩护,就像一个律师一样为这种正当性进行辩护。在这种类型的政治纠纷中,任何一方都可以指责对方,如果他们愿意的话,如果他们把指责对方当作有用的对象。罗马人和萨莫奈人、伊特鲁里亚人、高卢人、马尔斯人、安布里亚人和布鲁提人进行了旷日持久而艰苦卓绝的斗争,最后,他终于成为整个意大利的主人。从那以后,它的统治开始转向南方:它在西西里站稳了脚跟,迦太基在那里已经进行了很久的战争;然后,它又向西拓展,从萨丁岛和科西嘉推进到了西班牙。然后,它又频频地和迦太基人接触,被迫成立了一支海军以反对迦太基人。这个过渡在远古时代应该比它那个时代要容易得多,因为在这个时代,海军服役之前必须经过多年的训练和拥有高等的知识。但是,远古时代,海上作战的方式和陆地作战的方式并没有太大的不同。

在这里,罗马历史的第一个阶段就要告一段落了,在这段时期里,罗马人通过多次小规模的战争变成了实力强大的资本主义者,它凭借着这一实力登上了世界舞台。罗马的统治总体上还没有怎么向外扩张：在波河的彼岸只开辟了很少的殖民地，而在南方有一个强大的政权和罗马人相对峙。接下来发生了第二次布匿战争，这次战争鼓励了罗马和当时最为强大的那些国家进行了可怕的接触；由于这次战争，罗马人才接触到了马其顿、亚洲、叙利亚，后来又接触到了埃及。这个伟大的、无远弗届的帝国的中心仍旧在意大利和罗马，但是，就像前面已经说过的那样，这个中心仍旧是强制性、强迫的。高贵的阿奇安人波利比阿斯叙述了罗马和其他国家进行接触并且因为接触而产生形形色色的纠纷的伟大时期，他注定要看到，他的祖国是如何由于希腊人的卑鄙无耻的激情和罗马人的卑劣行径与不可阻挠的坚定性而走向毁灭的。

第二篇　从第二次布匿战争到帝制的罗马

根据我们的划分，第二个时期始于第二次布匿战争，始于决定和规定了罗马统治的这个时间点。在第一次布匿战争期间，罗马人已经显示出，罗马已经长成为可以和强大的迦太基相匹敌的国家了，迦太基占据了非洲沿海很大的一部分和西班牙的南部，而且在西西里和撒丁岛都建有巩固的根据地。第二次布匿战争给迦太基的政权以沉重打击。这个国家的要素是海；但是它没有任何本源的地域，没有形成为国家，也没有国家的军队，而它的军队是由被它占领和与它结成联盟的那些国家的部队拼凑而成的。尽管如此，伟大的汉尼拔凭借这样一支由不同的国家混合而成的军队让罗马差点大厦倾颓。没有任何别的支撑，他独自一人只凭自己的天赋在意大利抵抗罗马的坚韧不拔和不屈不挠达16年之久，而在同一时期，西庇阿家族征服了西班牙，而且和非洲的许多王侯建立了同盟。最后，因为汉尼拔被逼无奈，匆匆忙忙赶去援助他那已经被逼入绝境的祖国，所以，在罗马建城纪元552年，他在萨玛战争中失利，时隔36年之后他才重新回到他的故里，而现在他不得不建议和平。所以，第二次布匿战争所造成的结果是罗马人对于迦太基人的无可争议的优势。通过迦太基,罗马人以和平的方式接触了马其顿的国王,5年后,马其顿国王被打败了。接下来上场的是叙利亚的国王安条克。这位国王率领了一支庞大的军队来进犯罗马人,但是在温泉关和在马革尼西亚被打得落花流水,被迫把从小亚细亚到托鲁斯的土地都割让给罗马人。在征服马其顿以后,罗马人宣称这个地方和希腊是自由的,我们已经在上一个世界历史性民族那里讨论过这一宣告的含义。这时候发生了第三次布匿战争,因为迦太基人已经重整旗鼓,而这引起了罗马人的妒忌之心。经历了长时期的抵抗之后,迦太基终于被占领而且化为废墟。亚该亚同盟在罗马的统治野心面前没有能够坚持多久;罗马人嗜好战争,在毁灭迦太基的同一年又毁灭了科林斯,把希腊变成了它的一个行省。迦太基的灭亡和希腊的归顺是罗马人扩张势力的两个决定性的因素。

现在看起来绝对可以肯定的是,没有任何力量可以和罗马相抗衡。它现在变成了地中海的主人,也就是说,一切文化的中心地带的主人。在这个战无不胜的时期,那些伦理上伟大而幸运的人物,尤其是西庇阿家族,吸引了我们的目光。他们在伦理上是幸运的,即使西庇阿家族中最伟大的人物从外表上看以不幸而告终,因为他们在他的祖国健康而完整的状况下为祖国鞠躬尽瘁,死而后已。但是在爱国的情感——罗马人中占主导地位的冲动——获得了满足之后,罗马人把国家看作集体的观念立即遭到毁灭性的打击;伟大的个体由于相反的环境而变得更加强大了,无论是在强度上还是在采取的手段上。从现在开始,我们看到罗马自身的对立又以另一种形式出现了,而这个使第二个阶段告一段落的时期后来又是这种对立的第二种调解。我们早先在贵族阶级和平民阶级的斗争中看到过对立,现在它显示为反对爱国主义情操的个人利益的形式,而对国家的情感不再使这种对立保持着必要的平衡。毋宁说,除了为了征服、战利品和荣誉而进行的战争,现在在罗马还出现了公民的骚乱和国内的战争这样可怕的景象。随之而来的不是像在梅迪安战争之后,在希腊出现的文化、艺术和科学等方面辉煌壮丽的美,精神内在地和以观念的形式享受着它之前在实践上所达到的成就。如果说在一段外在的军事上的幸运

[373]

时期之后会紧接着出现一种内在的满足的话,那么,罗马人的生活原则必定是更加具体的。但是,那个能够通过想象和思维而把它从内部产生出来并带到意识面前的具体的东西是什么呢？罗马人的主要生活场景是凯旋、大量的战利品和来自一切民族的俘虏,这些民族被毫不留情地逼迫接受这种抽象统治的桎梏。罗马人置身其中的具体的东西只是这种无精神的统一性,而它的确定的内容只是存在于个体的特殊性之中。德性的紧张已经减轻了,因为危险已经结束了。在第一次布匿战争时期,困境把一切人的心思都联合在一起,以拯救罗马。在后来和马其顿、叙利亚和在上意大利与高卢人之间的战争中,战争仍然关系到全体罗马人的生死存亡。但是,在迦太基和马其顿的危险过去之后,接下来的战争都变成了胜利的后果,被认为不过是去采摘胜利的果实罢了。军队被用作政治的事业和特殊的个体的投机的工具,为了获得财富、荣誉和抽象的**统治**。罗马同其他国家的关系纯粹是权力的关系。罗马人不尊重诸民族的民族个体性,这和今天的情况大不相同。诸民族还没有被认为是合法的,各个国家相互之间也没有承认对方是本质地实存着的。同等的持续存在的法权会导致一种国家同盟,就像现代欧洲的情况一样,或者导致像在希腊那样的状况,各个国家在德尔菲的神祇面前都有着平等地继续存在的法权。罗马人没有和其他民族之间建立起这样一种关系,因为他们的神只是卡皮多利尼山上的朱庇特(Iupiter Capitolinus),他们不尊重其他民族的圣事(sacra)(就像平民阶级不尊重贵族阶级的圣事),相反,他们作为原本意义上的征服者把那些国家的神像洗劫一空。——罗马在那些被占领的外省驻扎常备军,并且派遣资深执政官和地方长官到那里担任总督。骑士团成员收缴各种为国家所独享的捐税和贡品。这种专门收税的人(publicani)组成的网络以这种方式遍布整个罗马世界。——加图每次在元老院咨议之后总是说,无论如何,迦太基必须毁灭(Ceterum censeo Carthaginem esse delendam),加图是一个如假包换的罗马人。因此,罗马的原则就表现为冰冷的抽象的统治和暴力,反对所有其他意志的纯粹的自私自利的意志,这种自私自利自身之中不包含任何伦理的实现,而只是通过特殊的利益

[374]

[375] 获得它的内容。行省数目的增加转化为内部特殊利益的增长和腐败的滋生。纸醉金迷和纵情声色之风被从亚洲带到了罗马。财富被当作战利品被接收,而非当作勤勉的劳动和诚实的行动的果实采摘;同样地,海军之成立也不是出于商业的需要,而是为了达到战争的目的。罗马这个国家本来就是靠着抢劫的手段奠定国家基础的,又因为战利品的分配问题发生了冲突。导致罗马爆发内讧的第一个诱因是帕加马的国王阿塔鲁斯的遗产问题,他把他所有的财产都遗赠给了罗马国家。提贝里乌斯·格拉古斯提出建议说,把这份财产分给罗马的公民;同时,他还重新提出了利钦纳斯的农业法,而这项法律在个别人拥有占绝对优势的权力时完全遭到了冷落。他主要关注的问题是帮助自由的公民争得一份财产,使居住在意大利的人都是公民而不是奴隶。这个高贵的罗马人却被贪婪的贵族打败了,因为这个时候的罗马宪法再也不可能通过宪法自身得到拯救了。盖乌斯格拉古斯,梯比里乌斯的弟弟,追随着他们兄弟俩都拥有的同样的高贵的目的,但是也得到了相同的命运。现在这种腐化堕落已经形成而且畅通无阻,跟祖国相关的普遍的、自身就具有重大意义的目标再也不存在了,所以,个体性和权力就成了占主导地位的东西。在与朱古达进行战争时,罗马骇人听闻的腐败状态也显示出来了,朱古达通过行贿而收买了元老院,因此,他们被允许无恶不作,无所不为,犯下重重罪行,但是却不会受到惩罚。罗马又因为反抗威胁到罗马国家的西姆布赖人和条顿人的斗争而引起了普遍的恐慌。费了九牛二虎之力,后者终于被消灭在艾克斯附近的普罗旺斯,而另一部分敌人在阿迪杰河附近的隆巴迪被战胜朱古达的将军马吕斯所消灭。后来,意大利的许多同盟发生叛变,因为意大利人没有满足他们的要求给予他们罗马的公民权。在罗马人不得不在意

[376] 大利全力以赴反抗一种巨大的力量之时,他们又得到了消息说,在米特里达梯的命令之下,80000罗马人在小亚细亚被斩首。米特里达梯是彭透斯的国王,统治着柯尔奇斯和远至托立克半岛的黑海周边的许多国家,他通过他的女婿提格兰把高加索人、亚美尼亚人、美索不达米亚人和一部分叙利亚人等不同的部族召集在一起反对罗马。已经在同盟国战争中指挥

过罗马军队的苏拉把他打败了。迄今为止还没有受到任何打扰的雅典被包围住并且被占领了,但是就像苏拉表达的那样,因为他们的祖宗的缘故,雅典没有遭受灭顶之灾。后来苏拉回到了罗马,制服了马吕斯和辛那领导的人民党,占领了城市,开始对德高望重的罗马人实施有计划的谋杀。他为了他的野心和控制欲而牺牲了40位元老院成员和1600名骑士的生命。

米特里达梯虽然被击败了,但是没有被彻底铲除,他能够东山再起,卷土重来。同时,一位被驱逐的罗马人赛多留也在西班牙起义,经过8年艰苦卓绝的战斗,他最终因叛徒出卖而不幸罹难。反抗米特里达梯的战争是庞培结束的;彭透斯的国王在山穷水尽、援助耗尽的情形下,只好自杀身亡。同时,在意大利发生了奴隶战争。大量的角斗士和山区居民在斯巴达克斯的领导下聚集在一起,但是被克拉苏打败。在罗马陷入一片混乱之际,又到处出现了海盗的行为,但是庞培依靠强大的军队很快把他们镇压下去了。

我们看到了反抗罗马的各种最令人害怕和最危险的力量,但是这个国家的军事力量战胜了所有这些反抗。现在,伟大的个体登上历史舞台了,就像在希腊衰落时期那样。普鲁塔克的名人传记在这里又一次引起人的极大的兴趣。由于国家在自身之中再也找不到立足点以及支撑力量而陷入了分裂之中,这种气吞山河的个体就顺势而生了,这些人物需要把在人的信念中已经荡然无存的国家的统一的观念恢复起来。他们的不幸是,他们不能保持住纯粹伦理的东西,因为他们所做的事情都是针对现存的事物,都是应受谴责的行为。即使最高贵的人,格拉古兄弟,也不仅受到外在的不公正和暴力的对待,而且他们自己也不由自主地卷入那种普遍的腐败和不公正之中。但是,个体所意愿的东西和所做的事情,自为地具有世界精神的更高的公正,最终必定会赢得胜利。由于完全缺乏一个伟大帝国的组织理念,元老院没有坚持政府的权威性。统治本来应该依赖人民,而现在人民只是暴民(Poebel),他们不得不靠罗马行省运来的粮食供养自己。人们肯定在西塞罗的著作中读到过,一切国家事务都是在

[377]

处于嘈杂混乱之时通过手里的武器做出决定的,一方面是有钱有势的达官贵人,另一方面是下层社会的乌合之众。罗马的公民为了能够夺取罗马的政权,只会赞同那些谄媚迎合他们的人和那些与他们一道结党营私的人。我们在庞培和恺撒的身上可以看到相互对立的罗马派别的两个顶点,一面是庞培和元老院,他们看起来是共和制的捍卫者,另一面是恺撒和他的军团,他们具有天赋的优势。这两个力量最强大的个体之间的这场斗争没有在罗马的广场上决一雌雄。恺撒马不停蹄地征服了意大利、西班牙、希腊,于基督纪元前48年在法尔萨斯击败了他的敌人,在确保亚洲平安无事之后以胜利者的姿态回到罗马。

[378] 罗马的世界统治就这样分配到这唯一的一个人手中。这种至关重要的变化决不能被看作是一件偶然的事情,相反,它是**必然的**,而且是为环境所决定的。民主制的宪法在罗马再也不能维持下去了,而只是看起来还在坚持而已。西塞罗因其伟大的演讲天才获得了崇高的威望,因其学识渊博而受到极大的尊敬,但是他却一直把共和国腐败的状况归咎于某些个人和他们的激情。然而,西塞罗一直想模仿的柏拉图却充分地意识到,雅典城邦,就像它向他所表现出的那个样子一样,是不可能继续存在下去的,所以他根据自己的观点设计了一个完美的国家宪法;与此相反,西塞罗却认为,继续保持罗马的共和制并非没有可能,他必须为它寻求一些暂时的帮助;但是对于国家的本性,尤其是罗马国家的本性,他毫无意识。在说到恺撒时,加图也说,"他的德性真是糟糕透顶,因为他把我的祖国推向了毁灭。"但是把共和国推向毁灭的不是恺撒的偶然性,而是必然性。罗马的原则完全是建立在统治和军事暴力的基础之上的:它自身之中不包含任何通向目的的精神的中心点,通向精神的劳作和精神的享受的精神中心。一旦统治的主观冲动变成了激情,维持国家的存在这个爱国主义的目的就终止了。公民对于国家是陌生的,因为他们在国家中找不到任何客观的满足,而特殊的利益(兴趣)也找不到像在希腊人那里那样的方向,在希腊人那里,相对于现实中开始出现的腐败,特殊利益(兴趣)仍然能够在绘画、造型艺术和诗歌艺术中产生彪炳千古的艺术作

品,尤其是发展出了哲学。罗马人把艺术作品从希腊世界运过来,但是,这些艺术作品不像在雅典一样是他们自己的成果,这些财富不是他们勤勉工作的果实,相反,它们是被罗马人劫掠而来的。对于罗马人来说,优雅、教养是完全陌生的东西。他们企图从希腊人那里获得同样的东西,而为了达到这个目的,他们从希腊运载了大量的奴隶到罗马。提洛岛是奴隶贸易的中心,据说间或一天之中这里可以卖出 10000 个奴隶。希腊的奴隶是罗马的诗人、作家、罗马的工厂的主管和他们的孩子的教育者。[379]

罗马的共和国再也没有可能继续存在下去了。尤其从西塞罗的著作中,我们可以直接看到,一切公众的事务是如何通过达官贵人的私人权威、通过他们的权力、他们的财富而被决定的,一切喧嚷纷扰的事情是如何发生的。因此,共和制中是不会有这样一个立足点的,这个立足点只能在某个唯一的个人的意志之中发现。恺撒这个人可以被看作是罗马的合目的性的典范,他利用最正确的知性做出了他的决定,并且以最有活力的、最合乎实际的方式来执行这个决定,而没有任何多余的激情。从世界历史的角度看,恺撒做了正确的事情,因为他提供了就把不同民族结合在一起而言必不可少的中介和结合的方式。恺撒做了两件事情:他使国内的对立缓和下来了,同时打开了一条新的向外发展的道路。因为迄今为止,世界统治仍然局限于阿尔卑斯山周围,但是,恺撒开辟了一个新的历史舞台,他创立了现在已经成为世界历史中心的那个舞台。然后,他通过一次战争使自己成为世界的主人,但是,这不是在罗马境内决定要进行的战争,相反,他要通过这场战争征服整个罗马的世界。诚然,他站在与共和国相对立的立场上,但是,确切地说,他只是与共和国的影子对立,因为共和国身上残存的一切都已经软弱无力了。庞培和所有站在元老院一方的人,都把尊严、权威、特殊的统治表彰为共和国的力量,而一切需要保护的庸人都逃避到这样的名目之下。恺撒彻底终结了这些名目的空洞的形式主义,把自己立为罗马的主人,并通过武力把罗马的世界集合在一起,[380]以反对那些各自为营的小集团。尽管如此,我们看到,即使是最高贵的罗马人也居然认为,恺撒的统治不过是一个偶然事件,这件事情的全部过程只是和他这个个体相关:西塞罗这样认为,布鲁图斯和卡西乌斯也这样认为。他们相信,如果**这一个**个体被清除掉了,那么,共和国就会再次自动地出现在那里。由于抱有这种奇怪而错误的观念,布鲁图斯,一个具有最高贵的德性的人,和卡西乌斯,一个比西塞罗更有行动力的人,合力杀死了恺撒,而他们实际上非常敬重恺撒这个人的德性。但是,很快就显示出,只有独一的一个人能够领导罗马的国家,而现在罗马人必须相信这一点了。如果国家变革重复发生,那么,总的来说,人们在观念中似乎能够接受这种变革的发生。拿破仑失败了两次,波旁王朝也被驱逐了两次。由于事情反复发生,最开始只是被看作偶然和可能的事情,现在被看作是一种现实的和得到证实的事情了。

第 三 篇

第一章 皇帝时期的罗马

在这个时期里,罗马人接触到了那些注定要在他们之后成为世界历史性民族的民族。我们要从两个方面来考察这一段时期:世俗的方面和精神的方面。在世俗的方面又要突出两个主要因素:首先是**统治者**的因素,其次,个体自身的规定变成了**人格**,亦即法权的世界。

[381] 在涉及帝制(Kaisertum)的时候,我们首先注意到的是,罗马的统治是如此令人兴味索然,在向帝制过渡的伟大转变中,宪法居然几乎什么都没有改变。只是国民会议再也不合时宜并逐渐消失了。皇帝就是首席执政官(princeps senatus)、监察官、执政官、护民官:他把这些名义上都还保留着的官职都统一在自己身上了,罗马命运主要系于其上的军事权力也由他一人所独揽。宪法成了一个完全没有实质的形式。一切生机以及因此力量与权力都从宪法中消失了。罗马军团是维持宪法自身的简单手段,皇帝时常把他们驻扎在罗马的近处。罗马的国是固然也会提交给元老院,皇帝出席时看起来只像一个普通的成员;但是元老院必须服从

他,谁要是违背了他就会被判处死刑,而且财产充公。因此,会发生这样的事情,那些已经预料到自己必有一死的人会自杀了事,这样至少还可以把他们的财产留给家里。提贝里乌斯皇帝尤其令罗马人深恶痛绝,因为他揣奸把猾,表里不一。他深谙利用元老院的卑劣行径之道,以便从内部去腐蚀他所惧怕的这些元老院成员。皇帝权力的基础在于军队和围绕在他身边的普拉托里的贴身侍卫。不需要太长的时间,军团尤其是普拉托里的侍卫就意识到他们的重要性,开始妄自尊大,甚至想要登上龙庭。一开始,他们对于皇帝奥古斯都的家族还有几分忌惮,但是后来那些军团拥戴他们自己的统帅,确切地说,是这样的统帅,他们一方面通过他们的勇敢与理智,另一方面利用小恩小惠和在军纪方面的放任自流来获得他们的好感和厚爱。

皇帝们在使用权力时完全是任性而为,而不是以东方的方式裹上权力和荣耀的光环。我们发现他们那些愚蠢的行为简直让人瞠目结舌。例如,奥古斯都曾经写了一封信给贺拉斯,他在信里指责他还没有专门为他写过诗,并且质问贺拉斯,他是否认为那样做将会让他在后世留下骂名。好多次,元老院想要通过任命皇帝的方式,重新获得它的地位。但是这些被任命的皇帝要么完全不能坚持住,要么只是因为他们贿赂了普拉托里的侍卫才获得胜利。元老院的人选和元老院的组成反正都是听任皇帝任性而为。所有的政治机构都集中在皇帝一人身上,再也不存在任何伦理的凝聚力了,皇帝的意志高于一切,皇帝面前一切平等。围绕在皇帝身边的那些被释放的奴隶常常成为帝国最有权力的人,因为任性让任何差别都不起作用。因为在那些皇帝个体当中,特殊的主观性变成了完全没有任何尺度的现实性。精神完全处在它自身之外,因为存在和意愿的有限性也被弄成了某种不受任何限制的德性。这种任性只有一种界限,一切人的界限,那就是死亡。甚至死亡也变成了一出戏剧。尼禄所经历的死亡,无论是对于最高贵的英雄来说还是对于最听天由命的人来说,都可以作为一个范例。特殊的主观性在它完全不受任何约束的状态中没有任何内在性,没有瞻前顾后,没有悔恨,也没有希望,没有恐惧,没有思想,——

[382]

因为所有这一切包含了稳固的规定和目的;但是在这里,一切规定完全是偶然的。它是欲望,是好色,是激情,是奇思怪想,简而言之,是完全不受限制的任性。它几乎完全不受任何他人的意志的限制,以至于,意志和意志之间的关系是不受任何限制的主人和奴隶之间的关系。已经被认识的世界上的人都知道,在皇帝的意志之外不存在任何意志。但是,在这样的一的统治之下,一切都处于**秩序**之中,因为如果它**存在着**,它就是存在于秩序之中,而统治就在于,一切都与这个一和谐相处。皇帝的个性中具体的德性因此令人完全提不起兴趣,因为它不是那种具有重要意义的具体的东西。所以,出现过几位有着高尚的品格和高贵的性情的皇帝,他们都因为他们的教养而出类拔萃。提图斯、图拉真、安东尼家族都是这样的人,他们以其最高程度的严于律己的个性而著称于世;但是他们并没有造成国家的任何变化。也没有任何人提到过他们为罗马人民建立了一种自由的共同生活的组织。他们只是一个偶然的幸运儿,消逝后没有留下任何痕迹,任罗马的世界保持它们原来的样子。因为个体在这里处于这样一种立场之中,他们仿佛无法有所作为,因为没有任何对象会作为阻力挡住他们的道路。他们只需要表达想要什么,而不管要的东西好还是坏,事情就是这样。在值得颂扬的皇帝维斯帕西亚努斯和提图斯之后继承皇位的是最粗俗、最令人恶心的暴君图密善。然而,据罗马的历史学家记载,他统治期间的罗马世界太平无事,安居乐业。这些星星点点的光明并不能改变什么;整个帝国都处于苛捐杂税和搜刮掳掠的压迫之下。意大利的人口大量减少,千里沃野因无人耕种而被荒废。这种状况就像命运一般笼罩着罗马的世界。

[383]

我们要加以强调的第二个因素是把个体规定为人格(Personen)。个体是完全平等的(奴隶制度只是造成了很小的差别),但是没有任何政治的法权。早在同盟国战争结束后,全部意大利的居民就和罗马的公民具有同等的地位,在卡拉卡拉的统治下,整个罗马帝国的臣民之间的一切差异都被取消了。私人的法权获得了发展,并且完全达到了这种平等。财产的法权原来受到多重差别的限制,现在这些差别消失了。我们看到罗马人从抽象的内在性这个原则出发,而现在这种内在性把自身实在化为私人法权中的人格性。也就是说,私人法权是这样一种东西,即人格自身在它给予自身的实在性——财产之中有效。活生生的国家身体和作为灵魂活在这个身体中的罗马的信念现在退步为个别化的、僵死的私人法权了。就像如果物质的身体腐烂了,那么,一个真正的生命的每一个点就都获得了它自己的生命,尽管这种生命只是可怜的蛆虫的生命,同样,在这里,国家有机体也分解为一个个具有私人人格的原子。这种状况就是现在的罗马的生活:一方面是命运和抽象的统治的普遍性,另一方面是个体的抽象、人格,人格包含着这样的规定,即自在的个体之所以是某种东西,不是根据它的生机,也不是根据某种得到充实的个体性,而是作为抽象的个体。

[384]

被绝对地认作是私人人格,这是个人的骄傲;因为我包含了无限的合法性;但是这种合法性的内容和我的东西(Meinige)都只是外在的事情;这种更高的原则所引进的私人法权的发展是和政治生活的腐烂联系在一起的。——皇帝只是统治,但是不治理;因为在统治者和被统治者之间缺少一个合乎法权的和伦理的中心,缺少宪法和国家组织之间的纽带,在各团体和行省中的各个自为地合法的生活圈子所需要的一种秩序就存在于这种纽带之中,而那些圈子在为了普遍的利益而行动时对普遍的国家行政产生了影响。许多城市固然存在着地区元老院(Kurien),但是它们要么是无足轻重的,要么只是被用作压制个别人和有条不紊地把个别人洗劫一空的手段而已。因此,呈现在人们的意识面前的,就不是祖国或者一种这样的伦理统一性,而是,他们是独一无二的,只应该服从命运的安排,从而达到对于生命完全无动于衷的状态,因为他们要么在思想的自由中要么在直接的感官享受之中寻求这种无动于衷的状态。于是,人要么和他的定在决裂,要么完全沉醉在他的感性的定在之中。他要么在蝇营狗苟中达到他的规定,通过获得皇帝的恩宠,或者通过行凶作恶、骗取遗产和阴谋诡计,绞尽脑汁获得享受的手段;要么在哲学中寻找他的安宁,而只有哲学才能提供某种坚固的东西和自在自为的东西:因为那个时代的

[385]

哲学体系,斯多葛学派、伊壁鸠鲁主义和怀疑论,无论他们相互之间如何对立,但是他们都朝向同一个东西,亦即,使精神在自身之中对于现实所显示出来的一切都无动于衷。因此,这种哲学在那些有教养的人中间极为流行;它通过思维、通过产生普遍性的活动而导致人在自身之中的不可动摇性。但是通过哲学达到的这种内在的和解自身还只是在纯粹的人格性原则上的一种抽象的和解;因为思维只是作为纯粹的思维而把自身弄成了对象并与自身达到和解,这种思想完全是无对象的;怀疑主义的不可动摇就把无目的性自身当作意志的目的。哲学只是意识到了一切内容的否定性,它对于没有任何坚固的东西的世界而言是一种绝望的忠告。它不能满足活生生的精神,精神渴望达成更高的和解。

第二章 基督教

[386] 值得注意的是,恺撒朝着它的真实的一面开启了现代世界;现代世界在奥古斯都时代朝着它的精神性的和内在的实存打开了。我们已经认识到帝制的原则是被提高到无限性的有限性和特殊的主体性,而在帝制的开端,对世界的拯救在这种主体性的原则中诞生的。也就是说,拯救世界在这种抽象的主体性中作为一个**这样的**人诞生了,但是,反过来,有限性成了他出现的形式,而他的本质和内容毋宁说构成了无限性、绝对的自为存在。罗马的世界,就像已经描述的那样,在被上帝遗弃之后处在一种束手无策和痛苦不堪之中,造成了和现实之间的断裂和对于一种只有在精神之中内在地得到的满足的共同渴望,并且已经为一个更高的精神世界准备好了基础。罗马的世界是让诸神和明朗的生活为它服务时把它们压得喘不过气来的命运,以及清除了人的心灵中的一切特殊性的力量。因此它的整体状况等同于一个出生地,而它的痛苦等同于另外一种更高的精神分娩时的阵痛,这种精神由于基督宗教的出现而被显示了出来。这种更高的精神包含着精神的和解与解放,因为人获得了对于精神的普遍性和无限性的意识。绝对的客体、真理就是精神,而因为人本身就是精

神,所以他存在于这种对象之中,并在它的绝对的对象之中发现了本质和他的本质。① 但是,如果本质的对象性以这样的方式被扬弃了,而精神存在于它自身之中,那么,精神的自然状态——而在这种状态中,人是一种特殊的和经验性的存在——就被否定了,外在的因素也通过这种方式被清除了,精神的和解达到完成。

上帝只有在被认识到是三位一体之后,才被承认是**精神**。这个新的原则是世界历史围着它旋转的枢轴。历史既**向着它**(Bis hierher)运动,又**从它这里出发**(Von daher)开始运动。《圣经》中说,"及至时候满足,上帝差遣祂的儿子"。② 它的意思无非是说:自我意识已经把自身提升为这样的因素,它们属于精神的概念,而且需要以绝对的方式把握这些因素。现在我们来更详细地考察这一点。[387]

我们谈到希腊人时说,希腊人的精神的法律是"人啊,认识你自己"。希腊的精神就是精神的意识,但是受到限制的精神,这种精神把自然要素当作本质的成分。在这里精神固然占据统治地位,但是统治者和被统治者的统一性自身还是自然性的;精神只是明确地出现在这个民族一批伟大人物和神祇的个体性之中,而且是通过艺术表现出来,而在艺术之中,感性的东西只是被提升为美的形式与形象的中心,还没有被提升为纯粹的思维。

希腊人所缺乏的内在性的要素,我们在罗马人这里发现了:但是,因为它自身还是形式的和不确定的,所以它从激情和任性之中获得它的内容,最卑鄙可耻的东西和神圣的恐惧在这里联系在了一起(人们可以参

---

① 依照《历史哲学》英译者西布里的说法,这一段的意思是,一种异常残酷的暴政下的各种严苛的要求最终会导致人类最高程度的自我牺牲的力量;人类因此而了解了他自己的道德容受力;因此,他就会对于任何不能达到完美的东西感到不满足,而这种不满足导致他产生了罪的意识;当这种罪的情感达到最高强度时,就产生了和上帝的结合。——译者注

② 这个说法来自《新约全书》"马可福音"第 1 章第 14—15 节;约翰被抓进监狱以后,耶稣来到加利利,宣传上帝的福音,他说:"日期已经满了,上帝的国近了,你们应该悔改,应该相信福音。"——译者注

看李维的书《罗马史》第39卷第13节希斯帕拉关于酒神节的论述)。内在性的要素后来进一步实在化为个体的人格性,这种实在化是和原则相适应的,所以和这种原则一样是抽象的和形式的。这个"自我是自我"对我而言是无限的,我的定在就是我的财产和承认我是人格。这种内在性不会继续往前走了,一切更多的内容在这里都消失了。诸个体就这样被设定为原子;同时,他们又处于一的严厉的统治之下,一的统治作为众单子之上的单子(monas monadum)是凌驾于私人人格之上的力量。因此,这种私人法权就是一种没有定在的人格,不受承认的人格;而法权的这种状况是一种完全没有法权的状态。这种矛盾就是罗马世界的不幸。主体根据他的人格性的原则只能有资格获得财产,而那个人格中的人格却有资格获得一切财产,结果是,个别的法权被扬弃了,成了无法权的了。但是,这种矛盾的不幸就是世界的规训(die Zucht der Welt)。规训这个词来自朝向某个东西拉拽(ziehen),这个东西是背景中的某种坚固的统一性,某物被拉向这种统一性,为了达到这种统一性,就需要接受教育,这样,人们就能够适应这个目标了。为了被引向一个绝对的基础,必须把废除某种东西、戒除某种东西作为手段。罗马世界的矛盾就是这样规训的关系;这种矛盾是文化的规训,通过这种规训,人格同时显示出他的虚无状态(Nichtigkeit)。

[388]

但是,它首先只是向我们显现为规训,而对于被拉拽的古人来说,规训乃是一种盲目的命运,他们听天由命,麻木不仁地忍受着痛苦;它仍然缺乏那种更高的规定,即内在的自我感受到了痛苦,感受到了渴望,人不仅是被拉拽着,而且这种拉拽显示为一种向自身之内的拉拽。我们所做的一切反思都必须只从主体自身之中涌现出来,它在自身之中知道自己是可怜的和虚无的。就像已经说过的那样,这种外在的不幸必须变成人自身之中的痛苦;他必须把自身感觉为它自身的否定,他必须洞见到,他的不幸也是他的本性的不幸,他在自身之中就是自我分离的和自我分裂的。在自身之中的规训,它自己的虚无状态,自己的可怜,对于超出这种内在状态的渴望等,这些规定在真正的罗马世界是找不到的,而要去别的

罗马的世界

地方寻找。它赋予**犹太民族**以它的世界历史性的意义和重要性,因为从这个民族中涌现出了更高的东西,精神达到了绝对的自我意识,其方式是,精神从作为分裂状态和痛苦的他者状态中出来,在自身之中反思自己。我们在大卫的《赞美诗》和《先知书》中发现犹太民族的上述规定以最纯粹和最美丽的方式表达出来,灵魂对于上帝的渴慕,灵魂对于它的错误的最深刻的痛苦,对于正义和虔诚的渴望构成这两个地方的内容。对于精神的神话性质的描绘,我们在犹太经书的一开始、在**原罪**的故事中就发现了。据说,人在根据上帝的肖像被创造出来以后,因为他吃了善恶知识树上的果子而失去了他的绝对的满足状态。在这里,罪只是存在于认识之中:认识是罪恶的东西,人因为有了认识而丧失了他的自然的幸福。这是一个深刻的真理,恶存在于意识之中,因为动物既不善也不恶,纯粹的自然人也一样。[①] 根据他的作为任性的无限自由,意识才造成了我和意志的纯粹内容、善之间的分离。认识作为对于自然统一性的扬弃就是原罪,原罪绝非偶然的东西,而是精神的永恒历史。因为无辜的状态,这种天堂的状态,是动物性的状态。天堂是一座公园,里面只允许有动物,而不允许有人。因为动物是和上帝合一的,只能自在地存在着。只有人是精神,也就是说可以自为地存在着。但是,这种自为存在、这种意识同时也就是和普遍的、神圣的精神的分离。如果我停留在与善相对立的我的抽象的自由中,那么,这也就是恶的立场。因此,原罪就是人的永恒的神话,人通过这个神话而成为人。然而,停留在这个立场上就是恶,当大卫说,"主啊,为我创造一颗纯洁的心吧,一种新的确定的精神"时,我们在大卫身上发现了对于自身的痛苦和渴慕的感觉。我们已经在原罪中发现这种感觉了,但是在那里表达出来的不仅是和解,而且还有残余的不幸。然而,在里面同时包含了和解的预兆,尤其是在这样的句子中:"蛇将会被从蛇头上踩死。"但是更深刻的地方在于,上帝在看见亚当吃了那

[389]

[①] 参看《新约·罗马书》第7章第9节:"以前我生活在世上,没有法律。"——译者注

[390] 棵树上的果子之时,说:"看啊,亚当变得和我们一模一样,懂得善恶了。"上帝证实了蛇的话。所以,这个真理是自在自为地存在着的,即通过精神,通过对于普遍的和个别的神的认识,人把握到了自身。但是最早说出这个真理的是上帝,而不是人,人毋宁处于一种分裂状态之中。对于人来说还不存在着和解的满足,人的全部本质的绝对的、最终的满足还没有被发现,这种满足最初只是对上帝才存在。目前,对于自身的痛苦的感觉仍然还是人的最终的感觉。人的满足首先是在家庭中和在拥有迦南的应许之地时的有限的满足。人还没有在上帝中获得满足。上帝在神庙中受着牺牲的供奉,人只能通过外在的牺牲和内在的忏悔而接受惩罚、获得满足。但是,这种在家庭和拥有应许之地中的外在的满足被从犹太民族手中取走而纳入罗马帝国的规训之中。虽然叙利亚的国王已经压迫了犹太民族,但是,是罗马人第一次否定了他们的个体性。锡安的神庙被破坏了,侍奉上帝的民族被迫四散飘零。在这里,每一种满足都被剥夺了,这个民族被迫退回到最初的神话的立场上,退回到犹太民族中人的本性的痛苦的立场上。在这里和这种罗马世界的普遍命运相对立的是对于恶的意识和一心朝向上帝。这只取决于,这种基本理念延伸为一种客观的普遍的意义,并被当作是人的具体本质、他的本性的完成。以前,犹太人只认为迦南这片土地是具体的,他自己是上帝的选民。但是现在这种内容丧失了,从中形成了不幸的情感和对上帝失望的情感,而那种实在性过去是本质上和上帝联系在一起的。因此,在这里,不幸不是在盲目的命运之

[391] 中的麻木不仁,而是无限的渴慕的精力。斯多葛派教导的只是:否定物是不存在的,没有任何痛苦;但是,毋宁说犹太人的感觉停留在实在性之中,并且希望在实在之中达成和解。因为他们建立在东方人的自然的统一性之上,也就是说,建立在一的实在性、一的主观性和实体之上。由于丧失了纯粹外在的实在性,精神退回到自身之中;通过与一之间的关联,实在性的一面被净化为普遍物。光明与黑暗之间东方式的对立在这里搬到了精神之中,在这里黑暗就是罪。对于被否定的实在性来说,除了主观性自身,作为普遍意志的在自身之中的人的意志,任何其他东西都没有留下。

只有这样,和解才是可能的。罪就是认识到善与恶的分离;但是认识同时治愈了古老的创伤,而且是无限的和解的源泉。也就是说,认识消灭了外在物、对于意识而言的外来的东西,因此,也就是回到主体之中。现在,这种认识被设置入世界的真正的自我意识之中时就是**世界的和解**。在这种无限痛苦的不安宁之中,对立的双方相互关联在一起,而上帝和否定地设置起来的实在性,亦即和它分离开的主观性之间的统一性,就是从这种不安宁之中产生的。无限的丧失只有通过它的无限性才能得到补偿,并且因此而成为无限的获得。

在时间到了的时候,主体和上帝的同一性出现在世界上:对于这种同一性的意识就是在他的真理之中认识上帝。真理的内容就是精神本身,在自身之中的活生生的运动。上帝的本性就是成为纯粹的精神,它**在基督宗教之中启示给**人。但是,什么是精神?它是一,是自我等同的无限物,是纯粹的同一性,其次,它会和自身相分离,作为它自身的对方,作为与普遍相对立的自为存在和在自身之中存在。但是,这种分离通过以下这种方式被扬弃了,即原子主义的主体性,作为与自身的单纯联系,作为自身普遍物,与自身是等同的。所以我们可以说,精神就是通过这种绝对的区分而导致的在自身之中的绝对反思,作为感觉的爱,作为精神的知识,因此,精神被把握为三位一体:圣父和圣子,以及作为圣灵(der Geist)的在它的统一性之中的差异。现在,更加值得注意的是,人和这种真理之间的关联就被设置在这种真理中。因为精神把自身设置为它自己的他者,它从这种差异之中回到了它自身之中。在纯粹的理念之中把握到的他者就是圣子,但是,在它的特殊性之中的这个他者就是世界、自然和有限的精神:有限的精神因此而被设定为上帝的一个因素。因此,人自身就被包含在上帝的概念之中,这种被包含的状态可以表达为,在基督宗教中设定了人与上帝的统一性。这种统一性不可以被简单地理解为,似乎上帝只是人,或者人也是上帝,而应该理解为,人只有在扬弃了他的精神的自然性与有限性并且把自己提升为上帝之时,才是上帝。也就是说,对于分有了真理并且认识到他自身是神圣的理念的因素的人来说,他自身的

[392]

自然性也同时被放弃了，因为自然的东西是不自由的和非精神性的。人自身之中的痛苦与不幸的**和解**就包含在上帝的理念之中。因为从现在起就意识到，不幸自身是为了达到人与上帝的统一性的一个必不可少的因素。这种自在存在着的统一性首先是为了思维着的、思辨的意识而存在的；但是，它也必须是为了感性的表象着的意识而存在的，它必须成为世界的对象，它必须显现，确切地说，是必须显现在精神的感性形象中，这些形象是属人的。**基督已经现身了**，他是世上的人，是人的上帝；世界因此而变成了和平与和解。这里会让人想起希腊的人神同形论，关于人神同形论，我们说过，它还没有走得太远。因为希腊的自然的明朗还没有向前推进到自我—自身的主观自由，还没有发展成为内在性，还没有把精神规定为一个这一个（eines Diesen）。

[393]

此外，他是唯一一个以这种方式存在的，这也属于基督教的上帝的现身。他只能出现一次，因为上帝是主体，而且作为现身的主体性，他独一无二地只是一个个体。喇嘛可以不断地重新选举，因为东方的神只是作为被认识到的实体，而实体的无限形式在大量的特殊化之中只是外在的。但是主体性作为与自身的无限联系在他自身之中就有形式，而且显现为排斥一切其他形式的唯一的形式。——但是，精神在其中存在的那种感性的定在只是一个暂时的因素。基督死了；他只有作为死去的人才能上升到天堂，坐在上帝的右边，只有这样，他才是精神。他本人说：**在我不再和你们在一起的时候，精神才会引导你们走向一切真理。直到圣灵降临日，神圣的使徒才充满了圣灵（精神）**。直到五旬节的时候，使徒才充满了圣灵。对于使徒来说，活着的基督并不是那个后来作为团契的精神的基督，在团契精神中，基督才对他们来说是真正的精神性的意识。在我们想起基督时仅仅把他当作一个曾经存在过的历史人物，这种做法同样是不正确的。人们接下来会问：我们怎么看待他的出生，他的父亲和母亲，他的家庭教育，他的奇迹等等的性质呢，也就是说，如果从无精神的角度来看，他是什么样的人？如果我们仅仅从他的天赋、个性和道德等方面把他看作教师的话，那么，人们就会把他放在和苏格拉底与其他人同等的层面上,虽然人们会把他的道德放在更高的水平上。但是在性格、道德等方面胜人一筹,这不是精神的最终需要,精神的最终需要是,人在他的观念之中获得思辨的精神概念。如果基督仅仅是一个胜人一筹的、甚至是没有罪的个体而且仅此而已,那么,他就否认了思辨的理念的观念、绝对真理的观念。但是,我们关心的是绝对真理,我们必须从这一点出发。从解经学的、批判的和历史学的角度把基督弄成你们想要的样子,以及同样,随你们的意愿去证明,教会的各种学说是在许多宗教会议上,由于某些主教的这种或那种利益与激情所达到的结果,或者起源于这里或者那里,——所有这些情况都可能存在,就像他们想要的那样;但是,唯一要问的是,理念或者自在自为的真理是什么?[394]

此外,基督的神性的证明是他自己的精神的见证,而非奇迹;因为只有精神才能认识精神。奇迹可以成为通往认识的道路。奇迹的意思是,事物的自然进程被打断了;但是人们称为自然进程的东西是相对的,例如,磁石的反应就是一个奇迹。所谓神圣的使命的奇迹什么也不能证明;因为苏格拉底也同样带来了一种新的精神的自我意识,而反对大家习以为常的观念过程。主要的问题不是神圣的使命,而是启示和这种使命的内容。基督本人就斥责法利赛人向他要求奇迹,也斥责过那些行奇迹的假先知。

我们现在要进一步考察的是**基督的观念如何形成了教会**。从基督教的概念出发阐明这个发展过程,会把我们带得太远,我们在这里只能提及几个普遍的因素。基督宗教的**建立**是第一个因素,基督教的原则在这个因素中以无限的能量被表达出来了,尽管最初只是抽象地表达出来。我们在《福音书》中可以看到这一点,《福音书》的基本主题是精神的无限性、它把自己提升到作为唯一真实世界的精神的世界,以及摆脱世界的一切束缚。带着无限的说真话的原则(Parrhesie),基督教从犹太民族之中崛起。"那些心灵纯洁的人有福了,因为他们会看见上帝。"他在登山训众时这么说,这一段具有最高的单纯性和伸缩性的箴言反对人的心灵从外在的事物中承受的一切负担。纯洁的心就是上帝出现在人当中的地[395]

基:凡是被这句格言渗透了的人,就会全身武装起来反对一切外来的束缚和迷信。接下来出现的是另外一些箴言:"**爱好和平的人有福了,因为他们叫作上帝的孩子**。"还有,"**那些为了正义的缘故而受到迫害的人有福了,因为天国是他们的**。"还有,"**你应该做到尽善尽美,就像你们在天国的父也是尽善尽美的**。"基督这里提了一个完全确定的要求。把精神无限地提高为单纯的纯洁性,这被当作基础放置到首要的位置上。中介的形式还没有被给出,但是目标被显示为一个绝对的命令。至于精神的这种立场和世俗性的定在之间的联系,这种纯洁性又被阐述为实质性的基础。"**如果你最先寻求上帝的王国和他的正义,那么,一切就会归你所有**";以及"**这个时代的苦难并不值得那份荣耀**。"基督在这里说,外在的苦难自身不值得害怕,也不值得逃避,因为和那份荣耀相比,它们简直什么都不是。正是因为这些学说看起来是抽象的,所以它们其实是**论战性的**。"若是你的右眼冒犯你,就把它剜出来,丢掉。若是你的右手冒犯你,把它砍下来,扔掉。宁可失去身体中的一部分,也不让整个身体被扔进地狱。"凡是损害了灵魂的纯洁性的东西,都要被消灭。涉及财产与收入的时候,圣经说,"不要为了你的生命操心要吃什么和喝什么,也不要为了你的生命而操心穿戴什么。生命难道不是要比食物和身体要更多一些吗,不是比穿戴更多一些吗?仰望一下在天空飞翔的鸟儿吧,它们不播种,不收获,不在粮仓里积攒东西,然而你们的天父饲养着它们。你们不是远胜过它们吗?"可见为了生存的劳动是要受到斥责的。"如果你们想变得尽善尽美,那么把你们有的东西都卖掉,施舍给穷人,那样,你就会在天堂有一个宝藏。来吧,跟着我走!"如果这些话有人遵从,那么一定会产生一次变革:穷人就会变成富人。也就是说,基督的教导是如此的崇高,以至于跟它相比,一切义务和伦理的束缚都变得无关紧要了。对于一位想要先埋葬了他的父亲的青年,基督说,"让死人去埋葬他的尸体吧,请跟我来。""谁爱他的父母亲胜过爱我,谁就不配得到我的爱。"他说:"谁是我的母亲?谁又是我的兄弟?"他伸出手招呼他的门徒说:"看啊,这是我的母亲和兄弟。因为谁遵从我天上的父亲的意志行事,谁就是我

[396]

的兄弟、姐妹和母亲。"是的,《圣经》上甚至说:"你们不要以为,我来到这世界上,是为了送来和平。我不是来送和平的,而是来送刀剑的。因为我来世间是为了鼓动人反对他们的父亲,鼓动女儿反对她们的母亲,鼓动媳妇反对他们的公婆。"这里包含着一种对于一切属于现实的东西的舍弃,甚至舍弃伦理的纽带。人们可以说,没有任何人说过和《福音书》中这些话一样革命的话了,因为通常被当作至关重要的东西在这里显得无足轻重,被当作不屑一顾的东西。

其次,这个原则已经发展起来了,接下来的全部历史都是它的发展的历史。它最初的实在性是,基督的朋友组成了一个社会,一个社团。我们已经注意到,直到基督死了以后,圣灵(Geist)才降临到他的朋友身上,他们才能够把握真正的上帝的理念,也就是说,人在基督中得到拯救和获得和解。因为永恒真理的概念在上帝之中得到认识,精神就是人的本质,精神只有通过将自身外化为它的有限性并且把自己献给纯粹的自我意识,才能抵达真理。上帝和人的统一性显现在基督这个作为人的人之中,基督在他的死、他的历史一般之中,显示了精神的永恒的历史——每一个人为了作为精神而存在,或者为了成为上帝的孩子、上帝之国的公民,都必须在自己身上完成这种历史。基督的信徒在这种意义上联合起来,活在作为他们的目的的精神生活之中,于是他们建立了**社团**,而社团也就是上帝的王国。基督说:"有两到三个人以我的名义聚集在一起的地方(也就是说,在我是什么的规定之中),我也在他们中间。"社团是基督精神中的一种现实的、在场的生命。

[397]

基督宗教决不能仅仅追溯到基督本人的教诲:成熟的、发展了的真理首先是使徒表达出来的。这种内容在基督教的**社团**中得到了发展。现在社团首先存在于双重关系之中:首先是和罗马世界之间的关系,其次是和真理之间的关系,而真理的发展是它的目的。我想分别简单讨论一下这两种不同的关系。

社团处于罗马的世界之中,基督宗教的传播是在这样一个世界进行的。社团首先必须远离这个国家的一切所作所为,为自己形成一个与世

[398] 隔绝的社会,而且不对国家各种决议、看法和行动做出反应。但是因为它相对于国家自成一体,同时又不把皇帝看作是他们的不受任何限制的元首,所以它变成了迫害和仇恨的对象。教徒为了最高真理的缘故凭借伟大的坚定性坚韧不拔地忍受着各种苦难和痛楚,现在这种无限的内在的自由通过伟大的坚定性而揭示了出来。使得基督教既能够这样广泛传播又获得了内在的力量的,与其说是使徒的奇迹,不如说是基督教的内容,基督教学说自身的真理。基督本人说过:"有一天,很多人对我说:主啊,主啊!难道我们没有以你的名义预言过?难道我们没有以你的名义放逐过魔鬼?难道我们没有以你的名字行使奇迹?于是我向他们坦白:我从来就不认识你们,你们所有为非作歹的人,都离开我。"

至于另外一种和真理之间的关系,特别重要的是要记住,基督教教义、理论的东西已经在罗马的世界中产生了,而与之相比,从这个原则发展出来的国家是非常晚的事情了。早期基督教教父和各次会议确立了教义,但是对于教义的制定而言,在这之前的**哲学**的发展是主要的因素。我们可以更详细地考察,这个时代的哲学是如何与宗教发生关系的。我们已经注意到,罗马的内在性和主观性只把自己抽象地显示为难以塑造的自我中的无精神的人格性,它通过斯多葛派和怀疑论的哲学而净化为普遍性的形式。它就这样赢得了思想的地基,而上帝也被认识为思想中的唯一者、无限者。在这里,普遍只是无足轻重的谓词,因此它还不是自在的主体,而是需要具体的、特殊的内容才能成为主体。但是,一和普遍,作为想象的视野(Weite),一般地说是东方的;因为这种使一切有限的事物[399] 超越自己的限制、没有尺度的直观属于东方。在思想的地基上来设想时,东方的一就是以色列民族的看不见和感觉不到的上帝,但是它对于观念来说同时又是主体。这个原则从现在起变成世界历史性的了。

在罗马的世界中,东方和西方暂时通过占领而以一种外在的方式统一在了一起。现在这种统一也以内在的方式发生,因为东方的精神迁移到了西方。对于伊西斯和密特拉神的崇拜在整个罗马的世界得到了传播;在外在的事物中和在有限的目的中已经丧失了的精神渴望一种无限的东西。但是西方渴望一种更深刻的、纯粹内在的普遍性,渴望一种无限的东西,这种无限的东西同时在自身之中有它的规定性。这又是发生在埃及,确切地说,在亚历山大里亚,东西方交流的中心,在这里,这个时代的问题已经对思想提出来了,而现在答案是——精神。这两个原则在那里以科学的方式相遇了,而且以科学的方式得到了传播。特别值得注意的是,要看到,那里有很多学识渊博的犹太人,比如菲洛,他们把从柏拉图和亚里士多德那里继承而来的具体的东西的抽象形式和他们自己关于无限物的观念联系在一起,而且根据精神的概念,使用逻各斯(logos)的规定来认识上帝。亚历山大里亚深刻的思想家也是这样把握了柏拉图和亚里士多德的统一性,而他们的思辨的思想又形成了同样是基督教的基本内容的抽象理念。哲学在异教徒那里已经采取了这样一种方向,即人们曾经认作是真实的东西的理念现在被提出来当作对于异教的宗教的挑战。柏拉图完全拒绝了神话,而且由于他是无神论的追随者而受到控告。与此相反,亚历山大里亚的学者试图在希腊诸神的群像中揭示一种思辨的真理,背教者朱利安皇帝后来再次拾起这一方面,他宣称,异教的神祇崇拜与合理性有着紧密的联系。异教徒仿佛被逼无奈,才不把他们的神祇仅仅看作是感性的表象,他们也尝试着把他们的神祇精神化。可以在很大程度上断定的是,希腊的宗教包含着一种理性,因为精神的实体是理性,所以精神的产品一定是一种合乎理性的产品。只是它们之间还是存在着一种差异,要么,宗教中的理性是明确表达出来的,要么它还是晦暗不明的,只是作为基础存在于神话之中。如果说现在希腊人把他们的感性的神祇精神化了,那么,基督徒也试图在他们的宗教的历史中寻找一种更深的意义。正如菲洛在摩西的原始记录中发现潜藏着一种更深刻的东西,并且把那种外在的叙事理念化了,基督徒也在做同样的事情,一方面是出于论战的考虑,另一方面更多的是为了事情本身的缘故。但是,因为教义是通过哲学进入基督宗教之中的,所以人们不能断言说,对于基督教来说,哲学是外来的,与基督教毫不相干。某物是从哪里来的,这完全是无所谓的;问题只是:它是真实的和自为的吗?很多人相信,如果他们说某些东

[400]

西是新柏拉图主义的,就事实上已经把它逐出基督教之外了。一种基督教的学说是否恰好存在于《圣经》之中,近代许多释经学的学者把注意力集中于此,但是并不能完全依赖这一点。文字会杀人,但是精神却使人活着,这句话他们自己也会说,但是他们却把这句话颠倒过来了,因为他们把知性认作是精神。认识到并且强调指出那些学说的是教会,而教会就是社团的精神,而它本身就是一条教义:"我信仰一个神圣的教会";这就像基督本人说的那样:"精神引导你们走向真理。"在尼西亚宗教会议上,最终(在基督纪元 325 年)订立了一套固定的信仰声明,时至今日我们仍在坚持遵守它。这个声明虽然没有任何思辨的形态,深刻的思辨以最内在的方式和基督的现身交织在一起。在约翰所说的话(太初有道,道与上帝同在,道就是上帝。Ἐν ἀρχῇ ἦν ὁ λόγος, καὶ ὁ λόγος ἦν πρὸς τὸν θεόν, καὶ θεὸς ἦν ὁ λόγος. [1:1])中,我们看到了一种得到深刻理解的开端:最深刻的思想是和基督的形象、和历史的东西与外在的东西结合在一起的,而基督宗教的伟大之处在于,在它的一切深刻之处,我们都可以容易地从外在方面来把握,而同时它又要求做更深的钻研。所以,它适合于所有阶段的文化,同时又能满足最高的要求。

[401]

如果说我们一方面已经讨论了社团和罗马世界的关系,另一方面也讨论了它和教义中包含的真理的关系,那么,我们接下来讨论它同第三者——也就是说**教会**(Kirche)——之间的关系,而它既涉及学说,又涉及外在的世界。社团是基督的王国,它那发生作用的在场的精神就是基督,因为这个帝国有一个现实的在场,而绝非只是将来的在场。因此,不仅与异教相比,而且与一般意义上的世俗的实存相比,这种精神的在场还有一种外在的实存。因为教会作为外在的定在不仅仅是和一种其他宗教相比较而言的宗教,而且同时也是和世俗的定在相比较而言的世俗的定在。这种宗教的定在是由基督统治的,而世俗的王国是由个体自身的任性统治的。现在在这种上帝的王国之中,必定会出现一种组织。首先,一切个体都知道自己充满了精神;整个社团认识了真理并且说出了真理;然而,在这些共同性之外,出现了有一个专门主持引导和教导事务的机构的必要性,它和社团的集合不是一回事。被选为主持者的人必须总的来说在天赋、个性、虔诚度、神圣的生活作风、学识渊博和修养等方面出类拔萃。这些主持者,这些认识了普遍的实体性生活的人,这种生活的教导者,真理之所是的确定者以及真理之享受的捐赠者,他们和社团自身之间是有区别的,就好像有知识的统治者和被统治者之间是有区别的。精神应该归有知识的主持者所有,而在社团中精神只是作为自在存在(als Ansichsein)而存在着。因为现在精神是自为地和自觉地存在于主持者身上的,所以,他们对于精神性的东西和世俗性的东西同样具有权威,对于真理和对于与真理联系在一起的主体都具有权威,也就是说,他们作为个体遵照真理而立身行事。由于这种差异,在上帝的王国之中存在着一个**精神的王国**。这个精神的王国是极为重要的;但是,对于精神的王国也存在着一种权威的统治,更详细地说,这种现象的根据在于,人的主体性自身还没有发展起来。虽然恶的意志已经在心中被放弃了,但是意志还没有作为人的意志得到神圣性的精心培养,人的意志只是抽象地而不是在具体的现实中获得了解放;因为接下来的全部历史才是这种具体的自由的实现过程。迄今为止,有限的自由之被扬弃,只是为了抵达无限的自由,而无限自由的光明还没有照亮世俗的存在。主观的自由还没有如其本然地发生作用,识见还没有站稳脚跟,而只是存在于一种外来的权威的精神之中。因此,**精神的**(geistige)王国接下来把自身规定为**教会的**(geistlichen)王国,①作为精神的实体和人的自由之间的关联。除了这种内部的组织,社团还保持着一种特定的外在性和获得一份自己的世俗的**财产**。这份财产作为精神世界(教会世界)的财产处于特殊的保护之下,它的最直接的后果是,教会不必向国家缴纳捐税,教会的个体不会受到世俗的法庭的管辖。和这一点联系在一起的是,教会自己执行对于它的财产和它的个体的管理。于是在教会之中形成了相互对立的现象,在世俗的一面存在着私人的人

---

① 请注意精神的(geistige)王国和教会的(geistlichen)王国字面上的关联。——译者注

格和皇帝的权力,而在另一方面则是社团的完全的民主制,社团自己选举他们的主持者。然而不久,由于神甫授职仪式,这种民主制就转变为了贵族制;这里还不是讨论教会的进一步发展的地方,它属于后来的世界。

因此,由于基督宗教,上帝的理念在真理中达到了意识,同时,人发现他自身根据他的真正的本性而得到了理解,而他的本性是在关于圣子的特定观念中获得的。被认为自身是有限的东西的人同时也是上帝的肖像和他身上的无限性的源泉;他以自身为目的,在自身之中就有无限的价值以及达到永恒的规定。他因此而在超感性的世界中、在一种无限的内在性之中有他的家园,他只有通过与自然的定在与意愿的决裂和通过他的劳动克服他的自然的定在和意愿才能获得这个家园。这就是宗教的自我意识。但是为了走进宗教生活的圈子和进入它的运动,人的本性必须有能力过上这种生活。这种能力就是为了那种实现(energeia)的潜能(dunamis)。因此我们现在要考察的就是这些规定,人的规定从这一方面显示为,就人的精神的本性是出发点和前提而言,人就是一般意义上的自我意识。这些规定自身还不是具体的方式,而只是最初的**抽象的原则**,是基督宗教为**世俗的王国**赢得了这些原则。第一:在基督教中是不可能存在奴隶制的,因为现在人是根据他在上帝中的普遍本性而被看作人的;每一个个人都是上帝的恩典和神圣的终极目的的对象:上帝想要的是,**所有人都变得幸福**。自在自为的人,作为整体而不管他的全部特殊性,作为人都具有无限的价值,而正是这种无限的价值扬弃了他们的出身或者祖国等等一切特殊性。——其次,第二个原则是与偶然处在关联之中的人的内在性。人性自在自为地具有这种自由的精神性的地基,一切其他的东西都从这个地基中形成。神圣的精神在其中居留和出场的那个地方、这个地基,就是精神的内在性,并且成为决定一切偶然性的地方。由此可以得出,我们以前在希腊人那里当作伦理形式的东西,在基督教的世界之中在这种规定之中再也没有它的立足点了,因为那种伦理是未加反思的习惯。但是,基督教的原则是自为地存在着的内在性,真实的东西在这样的地基上生长起来。一种未经反思的伦理从此以后再也不能反抗主观自由的原

[404]

则了。希腊的自由是幸运的自由和天才的自由；它仍然被**奴隶**和**神谕**所决定。但是现在，上帝之中的绝对自由的原则出现了。现在人再也不是在依赖的关系之中，而是在爱之中，意识到了他属于神圣的本质。在各种特殊的目的方面，人自己规定自己，而且知道自己就是一切有限物的普遍的力量。一切特殊的东西跟内在性的精神的地基相比都不重要，而内在性只能向着神圣的精神扬弃自身。因此，一切对于神谕和飞鸟的迷信都失效了，人被承认为做出决断时的无限力量。

刚才精心论述的这两个原则应该归之于精神的自在存在。这个内在的地方一方面具有教化宗教生活中的公民，以使上帝的精神适合于他们的规定；另一方面，这个地方既是世俗的关系的出发点，又是基督教历史的任务。虔诚的皈依不能停留在心灵的内部，相反，它必须成为一个现实的当前的世界，而这个世界根据那个绝对精神的规定而采取行动。内心的虔诚在自身之中并不包含，主观的意志在和外界发生关系之时受制于这种虔诚，相反，我们看到现实中各种激情恣意妄为，肆无忌惮，因为从崇高的可知世界向下俯视，现实世界被规定为不合法的和无价值的。因此，任务就是，把精神的理念想象为精神直接地在场的世界。关于这一点还需要做一个普遍的说明。自古以来，人们就倾向于把**理性**和**宗教**对立起来，同样也把**宗教**和**世界**对立起来；但是如果做更进一步的考察，这种对立只是一种差异而已。理性一般是精神的本质，既是神圣的精神的本质，又是属人的精神的本质。宗教和世界的差异只在于，宗教本身是心灵与心的理性，它是一座神庙，在这座神庙中，上帝之中的真理与自由被表象化了，而与之相比，国家根据同一种理性也是一座神庙，在这座神庙中，自由的人知道着和意愿着现实，而现实的内容被认为是神圣的内容。因此，国家中的自由可以通过宗教而获得保障并且得到确认，因为国家中的伦理法权只是构成了宗教基本原则的那个东西的实施。历史的业务无非是，宗教作为人的理性而出现，人的心灵之中固有的宗教的原则被显示为世俗的自由。因此，在心的内在和定在（Dasein）之间的分裂就被扬弃了。然而，这种扬弃的现实化是另一个民族或者其他民族的使命了，也就是

[405]

[406] 说，是**日耳曼民族**的使命。基督教在古代的罗马没有找到它的现实的地基以形成一个帝国。

第三章　拜占庭帝国

在君士坦丁大帝的统治之下，基督宗教登上了帝国的王位。在他之后登上王位的是一系列基督教的皇帝，只有朱利安皇帝打破了这个系列，但是，他能够为那种日薄西山的古代宗教所做的事情寥寥无几。罗马帝国把全部文明化了的世界都包括在内，从西边的海洋一直到底格里斯河，从非洲腹地一直到多瑙河畔（帕努尼恩、达契亚）。很快，基督教就在这个庞大的帝国普遍地传播开来了。很长时间以来，罗马就不再是皇帝唯一的首都了，在君士坦丁大帝以前，有好几位皇帝定都米兰或者其他地方，君士坦丁本人则在古老的拜占庭建立了又一个首都，拜占庭因此而又得名君士坦丁堡。最开始，这里的居民主要由基督徒组成，而君士坦丁大帝不惜花血本，为了让他的新都城能够和旧都城在富丽堂皇方面相媲美。这个时候帝国依然保持着它的完整性，直到狄奥多西大帝使以前已经发生的分裂一直保持下去，并且分别把它们分封给他的两个儿子。狄奥多西的统治显示出曾经美化罗马世界的那种光辉灿烂只剩下回光返照。在他的统治之下，异教的神庙被关闭了，各种牺牲和仪式被废除了，异教的宗教也被禁止了。慢慢地，这一切完全销声匿迹了。在面对过去的时代和现在的时代之间如此巨大的反差之时，这个时代的异教演说家无法充分地表达自己的那份惊讶与震惊。"我们的神庙已经变成了坟墓。以前

[407] 用神祇的神圣的雕像装饰的地方，现在遍地都是神圣的白骨（殉道者的遗骨），那些因为为非作歹而惨遭横死的人，他们的尸体上遍体鳞伤，他们的脑袋用盐腌渍过，他们都是崇拜的对象。"一切受到鄙视的对象变得崇高了，而一切以前被认为高贵的对象现在被委弃于尘土之中。最后的异教徒以深重的悲鸣表达出这种巨大的反差。

罗马帝国被分给了狄奥多西的两个儿子。大儿子阿卡迪奥斯，分得

了东方的帝国:古老的希腊以及色雷斯、小亚细亚、叙利亚和埃及;小儿子荷诺里,分得了西方的帝国:意大利,非洲,西班牙,高卢,不列颠。狄奥多西尸骨未寒,就发生了战乱,罗马的许多行省都被外来的民族占据了。在瓦伦斯皇帝统治期间,西哥特人在匈奴人的逼迫之下,请求把多瑙河这边的土地作为他们的居住地;那块土地被割让给了他们,但是条件是,他们必须为此而保卫帝国边疆的省份。但是因为受到了虐待,西哥特人又奋起反抗。瓦伦斯被打败了,他本人也战死疆场。后来的皇帝都设法讨好这些哥特人的统领。亚拉里克,骁勇善战的哥特人首领,进犯意大利。荷诺里的将军和大臣,斯提里科,在基督纪元403年通过波伦提亚一战阻挡了亚拉里克的进攻,他后来又击败了阿兰人、苏卫文人和其他民族的统帅拉达盖苏斯。现在,亚拉里克率军进犯高卢和西班牙,后来在斯提里科被打败之后,又领军折回意大利。他在410年攻克了罗马,并把它洗劫一空。后来,阿提拉又率领可怕的匈奴军队逼近了罗马——匈奴的军队是一种纯粹的东方现象,它就像一场突然爆发的纯粹洪流,把一切东西都毁灭掉,但是它又转瞬即逝,无影无踪,以至于人们只能在它所留下的废墟中觅得它的踪迹,但再也看不到它自身的样子。阿提拉挺进高卢,他于公元451年在马恩省的加隆和埃提乌斯率领的部队发生交战,受到了顽强的抵抗。战争没有分出胜负。后来,阿提拉率军前往意大利,并于453年死去。不久,罗马被盖撒里克率领的汪达尔人攻克,并被洗劫一空。最后,西罗马皇帝的尊严成了滑稽可笑的事情,赫鲁利人的国王奥多亚塞最终给这个空洞的头衔画上了一个句号。[408]

东罗马帝国仍然继续存在了很久,而在西方,基督教慢慢从外来的野蛮部族中教化出了一个新的民族。基督教一开始和国家保持着一定的距离,它所获得的发展都是在教义、内在的组织、纪律等等方面。但是现在,它变得极为盛行了:它现在是一股政治的力量,有一种政治的动机。我们现在看到基督教表现为两种形式:一方面,许多野蛮民族,他们的一切文化不得不从头开始,他们还不得不赢获科学、法权状况、国家宪法的最基本的要素;另一方面是文化高度发展的民族,他们占有希腊的科学和更加精致的东方文化。在他们那里,公民的立法已经完成,就像罗马的伟大的法学学者已经把它们发展到了最完善的形式,所以,查士丁尼皇帝主持的法典编纂工作,时至今日仍旧令世界赞叹不已。在这里,基督宗教被放置到一个不是从基督教自身出发的、成熟的文化之中;而在那里,与此相反,教化过程完全是从头开始的,确切地说,从基督教开始的。

[409] 　　这两个帝国形成了极为值得注意的反差,我们可以从中找到一个伟大的例子证明这样一种必然性,即一个民族必须在基督宗教的意义上**产生**它的文化。我们应该相信,在高度发展的东罗马帝国的历史中,基督教的精神可以在它的真理和纯粹性中被把握到,而东罗马帝国的历史向我们展现了一千年间持续不断地发生的犯罪、懦弱、卑劣行径和缺乏品德,这是一幅令人毛骨悚然而因此又令人兴味索然的图画。这就显示出,基督宗教之所以可能是抽象的而又由此是软弱的,正是因为它是过于纯粹的和在自身之中是精神性的。它也可能是和世界完全分离的,例如,就像在起源于埃及的那种寺院制度之中。如果我们谈到可以左右众人的心灵的宗教本身的权力,那么,一种大家习以为常的观念和套话是,如果基督教的爱是普遍的,那么,无论私人生活还是政治生活都一样会是完满的,而这种状况是完全合法的和伦理的。诸如此类的东西是一种虔诚的愿望,但是它不包含真理;因为宗教是一种内在的东西,它仅仅属于良知;它和一切激情与欲望都处于对立状态,正是因为如此,心、意志和理智都是真实的,它们必须**加以精心培养**,法权必须变成风俗、变成习惯,现实的活动必须被提高为一种合乎理性的行动,国家必须有一种合乎理性的组织,而这就把个体的意志转变成了一个在现实中合乎理性的合法的意志。在黑暗中闪耀着的光也许可以显示出颜色,但不是一幅被精神赋予了生命的绘画。拜占庭帝国就是一个伟大的例子,就像基督宗教在一个有文化的民族中可能保持为抽象的东西,如果国家和法律的全部组织没有根据这个宗教的原则重建的话。拜占庭的基督教掌握在那些社会渣滓和不受控制的暴民的手中。一方面是暴民的无法无天,另一方面是宫廷的鲜廉寡耻,它们通过宗教而合法化了,而且还亵渎宗教,把它变成一个令人厌

恶的东西。关于宗教,有两种兴趣占主导地位:首先是教义概念的规定,[410]其次是教会职位的分配。教义概念的规定委托给了宗教会议和团体的主持人,但是基督宗教的原则是自由、主观的识见:就此进行的无休止的争吵同样也落到了大众的手中;甚至因此而发生了激烈的内战,到处都出现为了基督教教义而进行的谋杀、纵火和抢劫的场景。例如,关于 trisagion(三圣颂歌)这个教义发生过一次著名的分歧。这句话原文作:"神圣的,神圣的,神圣的,主啊,上帝,天军。"现在有一个派系为了崇敬基督而补充了一句:"他为了我们被钉死在十字架上。"另一个派系认为这句补充毫无价值,于是就出现了流血斗争。在关于基督是 homoousios 还是 homoiousios 的争吵过程中,亦即,关于基督和上帝的性质是相同的还是相似的这个问题的争吵过程中,这一个字母 i 就付出了成千上万条生命的代价。关于圣像的争吵尤其著名,在这次争吵中经常发生这样的事情,要么是皇帝赞成圣像而主教反对,要么是反过来,主教赞成圣像而皇帝反对。结果是伏尸千里,流血漂橹。圣额我略·纳齐安在某处曾经说过:"这座城市(君士坦丁堡)充满了手工艺人和奴隶,他们都是造诣深厚的神学家,常常在作坊里和在大街上布道。如果你想要从某个人那里兑换一两银子,那么,他们就会教导你,圣父和圣子之区别在哪里;如果你询问一块面包的价格,那么,你得到的回答是,圣子要比圣父低微,而如果你问,面包做好了吗,那么,他们会回答你说,圣子是从无中产生的。"教义中所包含的精神的理念,就这样受到了完全无精神的对待。君士坦丁堡、安条克和亚历山大里亚等地主教一职的委任以及这些主教相互之间妒贤嫉能和沽名钓誉,同样都会造成许多内战。除了所有这些宗教争吵之外,[411]还有人对于角斗士和他们的斗争感兴趣,对蓝色派别和绿色派别感兴趣,这些兴趣同样会导致流血斗争,——这些都是最可怕的颓废堕落的象征,因为由此可以证明,一切对于重要的东西和崇高的东西的感受力完全丧失了,宗教激情的疯狂和对于毫无艺术品位而又惨无人道的游戏的嗜好完美地结合在了一起。

基督教的主要教义终于一步一步地通过宗教会议而得到了确立。拜占庭帝国的基督徒一直耽溺于迷信的梦境之中，盲目地服从大主教和神职人员，冥顽不化。上面提到的圣像崇拜促成了极其激烈的斗争和风波。最勇敢的皇帝伊苏里亚人莱奥以最大的固执禁止圣像，在754年举行的一次宗教会议上，圣像崇拜被宣布为魔鬼的捏造。尽管如此，在787年，女皇帝艾琳在尼西亚宗教会议上又重新恢复了圣像崇拜，而女皇帝狄奥多拉在842年决定性地使它得到了普遍的认同，而且用果断的惩罚来处理那些反对圣像的人。一位破坏圣像的主教获得了200下的鞭笞之刑，许多大主教都成了惊弓之鸟，但是僧侣们却眉飞色舞，神采飞扬，他们每年都会举办一次宗教节日纪念这种正统观念。与此相反，直到794年，西方才在法兰克福召开的教会集会上斥责圣像崇拜，人们虽然仍然保留圣像，但是他们以尖锐的声音谴责了希腊的迷信。直到中世纪的后期，圣像崇拜才在悄无声息但却不慌不忙地推进之后得到了普遍的接受。

[412]　　拜占庭帝国在内部因为各种激情而被弄得四分五裂，在外部又受到蛮族的侵压，而皇帝们很少能够抵抗他们的侵压。帝国在长时间里一直处在内忧外患的状态之中，总体上，这显示了一幅令人讨厌的积贫积弱的图像，各种病态的、荒唐的激情使得它没有在思想、行动和个体等方面产生任何伟大的东西。将领们的叛乱，由于皇帝自己或者由于朝廷大臣的阴谋诡计而导致皇帝被废黜，由于皇帝自己的妃子和儿子而导致皇帝被谋杀或者被毒死，妇女们放纵于淫欲和各种卑鄙无耻之事中，——这些就是历史向我们呈现的各种场景，到了最后，在15世纪中叶（1453年），东罗马帝国这座已经腐朽的建筑被来势凶猛的土耳其人摧枯拉朽一般捣毁了。

第 四 部

日耳曼的世界

日耳曼的精神是新世界的精神,它的目的是把绝对真理实现为自由的无限的自我规定,而**这种**自由把它的绝对形式设定为它的内容。日耳曼诸民族的规定是扮演基督教的原则的担纲者。精神自由的基本原则,和解的原则,被放置到这些民族的那些仍然无拘无束的、没有得到教化的心灵之中,而交给他们的任务是,在为世界精神服务的过程中,不仅把真正的自由的概念当作宗教的实体,而且在世界之中从主观的自我意识之中自由地生产出这个自由概念。

如果我们接下来把日耳曼世界划分为它的不同时期,那么,必须随时记住的是,我们不能像在希腊人和罗马人那里一样,根据回溯它和更早的世界历史性民族之间的关系和前瞻它和后来的世界历史性民族之间的关系,做出这种划分。历史表明,这些民族的发展进程是一种完全不同的历程。在希腊人和罗马人转身向外发展的时候,他们已经在内部成熟了。日耳曼人正好相反,他们一开始就涌流出来,洪水般淹没了这个世界,并且征服了那些有教养的民族的内部已经腐朽不堪、大厦中倾的国家。接下来,他们的发展开始了,他们被一种外来的文化、外来的宗教、国家建立和立法所点燃。他们通过在自身之中吸收和消化外来的东西而使自身得到了发展,他们的历史毋宁说是一种从外向内的过程和与自身建立起一种关联的过程。诚然,西方世界在十字军东征、在地理大发现和征服美洲的过程中已经开始向外发展了,但是,他们在那里没有接触到在他们之前出现的世界历史性的民族,他们没有排挤一种迄今为止一直统治着世界的原则。与外部的关联在这里只是**陪伴着**历史,而没有给世界状况的本性造成本质性的改变,相反,毋宁说,它在自身之中承载着内部演化的印记。——现在与外界之间的关联是完全不同于在希腊人和罗马人那里的关联。因为基督教的世界是完美无缺的世界;原则已经实现了,时代的终结因此而变得完满了:理念在基督教中再也看不到任何不能餍足人心的东西。虽然教会一方面对于个体来说是为作为将来的永恒做准备,因为个别的主体仍然处于特殊的状态之中;另一方面,教会也使上帝的精神现身于自身之中,它宽恕了罪行,从而就是当前的天国。因为基督教的世界不再有绝对的外在,而只是有一个相对的外在,这个外在会在自身之中被克服,所以在考虑到外在的时候,唯一需要关心的事情是,把它被克服这件事情带入现象之中。由此可以得出,与外界的关系不再是规定现代世界各时期的主要因素了。因此,必须寻求另一种划分时期的原则。

　　日耳曼的世界把罗马的文化和宗教作为完成了的东西吸收了。他们本来有一种德意志的(deutsche)①和北欧的宗教,但是,这种宗教并没有以任何方式牢牢地扎根于精神之中;因此塔西佗称日耳曼人为摆脱了神的民族(*securi adversus deos*)。他们现在所接受的基督宗教已经由于多次宗教会议和教父——教父拥有全部的文化,尤其是希腊世界和罗马世界的哲学——而变成了一个成熟的、独断论的体系,所以,教会也成了一个完全发展了的僧侣等级制度。教会用一种发展得极为成熟的语言即拉丁语对抗日耳曼人自己的各种民族语言。在艺术和哲学方面,也是这样一种完全外来的类型。仍然保存在波爱修的著作和其他著作中的亚历山大里亚的哲学和正统的亚里士多德哲学,在好几百年的时间里成为西方的坚实基础。同样的关联也出现在世俗统治的形式中:哥特人的和其他人的王侯都用罗马的贵族来称呼自己,后来,连罗马的帝制也恢复了。所以,从外表看,日耳曼的世界只不过是罗马世界的一种延续。但是,在他

[415]

---

① 本书中把 germanische 统一翻译成"日耳曼的",而把 deutsche 统一翻译成"德意志的"。——译者注

们当中活跃着一种完全**新异的精神**,也就是说,他们必须通过它而恢复世界的生机的这种新异的精神是把自己建立在自身的基础之上的自由的精神,主体性的绝对的我执(Eigensinn)。这种内在性和作为绝对的他者相对立。从这个原则中发展而来的差异与对立,就是**教会**和**国家**之间的差异与对立。一方面,教会把自身发展成为一个绝对真理的定在;因为它是对于这种真理的意识,同时又是这样一种后果,即主体与它相适应。另一方面站立着世俗的意识,这种意识携带着它的目的从心情、忠诚、主观性一般出发而站在世界——**国家**——之中。欧洲的历史是这样一种自为的原则在教会和国家之中的发展的表达,它不仅仅是相互处于对立状态的二者之发展的表达,也是它们每一个的发展的表达,因为它们每一个都是一个整体;而且最终这种对立会达成和解。——正是根据这个原则,这个日耳曼的世界可以描述为**三个时期**。

第一个时期始于日耳曼民族出现在罗马帝国的境内,始于这些民族的第一次发展,他们这时把自己看作是占有了西方的基督徒。由于这些民族显示出来的粗野残忍和朴素天真,他们的出现并不能引起我们太大的兴趣。基督教的世界表现为基督国,表现为一个群体,教会的方面和世俗的方面只是它的不同方面而已。这个时期一直到查理曼大帝为止。

在第二个时期,这两个方面顺理成章地发展出了各自的独立性和它们的相互对立——自为的教会作为**神权政体**,和自为的国家作为**封建君主制**。查理曼大帝为了对抗伦巴第人和罗马的贵族党派而与罗马教皇结成同盟,于是教会的力量和世俗的力量就完成了一次结盟。据说在达到这次和解之后,将会在大地上出现一个天国。但是,正是在这个时候,出现在我们面前的不是一个精神性的天国,相反,基督教原则的内在性转向外界,而且超出它自身之外。基督教的自由倒过来变成了它自己的对立面,无论是在宗教的方面还是在世俗的方面都是如此,它一方面变成了最冷酷无情的奴役状态,另一方面变成了最不道德的放纵,一切野蛮、粗俗的激情。在这个时期,有两种观点值得特别指出来:一种观点是国家的形

[416]

成，国家表现为服从者的一种从属状态，于是，一切都变成了一种固定的特殊的法权，而没有普遍性的意义。服从者的这种从属状态出现在**封建制度**之中。第二个观点是**教会**与**国家**之间的对立。这种对立之所以会存在，是因为把神圣的事务纳入自己的管辖范围之中的教会自身耽溺于各种世俗事务之中，看起来世俗性更加令人恶心，因为一切激情都披上了宗教的合法性的外衣。

[417] 查理五世统治的时代，16世纪上半叶，引起了第二个时期的终结，同时也造成了**第三个时期**的开端。现在似乎世俗性在自身之中达到了这样一种意识，它在伦理、道义、诚实和人的活动等方面都有法权。由于基督教的自由的恢复，出现了对于它自身的合法性的意识。现在，基督教的原则经历了文化的可怕的规训，而由于宗教改革，它首次获得了它的真理和现实性。日耳曼世界的这第三个阶段从宗教改革开始直到我们自己的时代。自由精神的原则在这里变成了世界的大纛，理性的一切普遍原则都是从这个原则中发展出来的。流于形式的思维即知性已经发展出来了，但是，思维通过宗教改革，通过自由精神的重现生机的具体意识而获得了它的真正的内容。思想从现在开始获得了它的文化；各种基本原则从思想出发而得以确立，而国家的宪法必须从这些基本原则出发才能得到重建。现在，国家生活应该有意识地根据理性而建立起来。风俗、传统不再有效了；不同的法权只有以合乎理性的基本原则作为基础才能具有合法性。于是，精神的自由第一次成为实在。

我们可以把这些时期区分为圣父的王国、圣子的王国和圣灵的王国。圣父的王国是实体性的、无差异的钢板一块，处于单纯的变化之中，就像吞噬自己的孩子的克洛诺斯的统治。圣子的王国是上帝只显现在和世俗的实存之间的关联之中，上帝照耀着世俗的实存，就像照耀一个外来的东西。精神的（圣灵的）王国是二者之间的和解。

我们也可以把这些时代和以前的世界帝国进行比较：就日耳曼帝国是一个整体性的帝国而言，我们可以在这个王国之中看到**以前的时代的特定的重演**。查理曼大帝的时代可以比作波斯帝国；在这个具有实体性的统一性的时期,这种统一性是以内在的东西,以心灵为基础的,它在精神性的东西和世俗的东西之中仍旧是天真朴素的。

　　希腊的世界和它的观念的统一性相应于查理曼五世的时代,这时真正的统一性还没有出现,因为一切特殊性都被固定在特权和特殊的法权之中。就像在国家内部,不同的阶层被孤立在他们特殊的合法性之中,同样,特殊的国家对外时相互之间也只是处在一种外在的关联之中。于是就出现了一种**外交的政治**,这种政治在欧洲的利益平衡之中把那些相互合作与相互对立的国家联系在了一起。终于到了世界明白自己的时候了(发现美洲)!现在意识在超感性的世界之内变得清楚明白了,它对超感性的世界也很清楚了:实体性的实在的宗教在感性的要素之中把自己变成了感性的清晰性(莱奥教皇时代的基督教艺术),而且在最内在的真理的要素之中也是明白自己的。——我们可以把这个时代比作伯里克利的时代。精神开始走向自身的内部了(苏格拉底——路德)。然而,这个时代却没有伯里克利。查理曼五世在外在的手段方面有着最大的可能性,在权力方面看起来是绝对的,但是他缺乏伯里克利的内在精神,以及因此而缺乏自由统治的绝对手段。这是精神在真实的分离中对自己变得清晰明白的时代。现在,日耳曼世界的差异显露出来了,并且本质性地显示了自身。

[418]

　　我们可以把第三个时期比作罗马的世界。普遍物的统一性出现在这个时期,但是不是作为抽象的世界统治的统一性,而只是作为自觉的思想的霸权。现在理智的目的是有效的,而特权和特殊性在普遍的国家目的面前融合在了一起。诸民族意愿着自在自为的法权;不仅是特殊的条约,而且同时是基本原则构成了外交的内容。同样,如果没有思想,宗教再也不能维持下去,它部分地向前发展为概念,部分地要么由于思想自身的强迫而变成了强烈的信仰,要么出于对思想的绝望而变成了迷信,从而完全逃避思想。

[419]
第一篇　基督教—日耳曼世界的要素

第一章　民族迁徙

关于这第一个时期,总的来说可说的东西寥寥无几,因为它提供给我们对它进行反思(Nachdenken)的材料实在少得可怜。我们不想把日耳曼人的历史追溯到他们林居野处之时,也不想探求这些民族迁徙的起源。那些森林一直被认为是自由的民族的居住地,塔西佗曾经饱含深情而又带着欣羡之情勾勒了一幅日耳曼人的著名的图画,这幅图画和他身处其间这个世界的腐化堕落与矫揉造作适成对照。但是我们千万不能因此而把这样一种鸿蒙未开的状况看成一种高级的状况,从而犯下和卢梭同样的错误[①],卢梭把美洲的那种未开化的状况想象为在其中每个人都拥有真正的自由的状态。野蛮人固然不知道数量庞大的不幸和痛苦,但那只是否定性的,如果自由本质上必须是肯定性的自由的话。肯定性的自由的善才是最高意识的善。

在日耳曼人那里,每一个个体都作为自为地自由的个体而存在,然而,他们当中也存在着一种确定的共通性,即使这还不是一种政治的状况。我们后来看到日耳曼人像洪水一般泛滥于罗马帝国。他们这样做,部分地是由于富饶的地方对他们的诱引,部分是由于他们要寻找另一个居住地的冲动。尽管他们和罗马人之间发生了很多次战争,但是他们当中仍然有个别人甚至整个部族在这些战争中为罗马人服兵役。早在法沙利亚战场上,就有日耳曼的骑兵和恺撒并肩战斗。在参加战争和与其他高度发展的民族交往之时,他们认识到了这些民族的各种财富,这些财富
[420] 不仅可以促进生活的便利和舒适,而且最重要的是促进精神发展。在后

[①] 这里指的是卢梭在《论人和人之间不平等的起源与基础》中论述的自然状态。——译者注

336

来的多次迁徙中,有些民族,或者是全体,或者是一部分,仍在留在他们的本土。

因此,我们必须在这两种不同的日耳曼民族之间做出区分,一种日耳曼民族仍然留在他们古老的居住地,而另一种日耳曼民族则蔓延到整个罗马帝国,并且和被他们征服的那些民族混居在一起。这些日耳曼人在向外远征之时以自由的方式服从他们的领袖,于是一种非常独特的情况显示出来了,即日耳曼人似乎增加了一倍(东哥特人和西哥特人;世界各地的哥特人和留在他们本土的哥特人;斯堪的纳维亚人,在挪威的诺曼人和作为骑兵广泛分布在世界上的诺曼人)。无论这些民族的命运是如何千差万别,然而他们有一个共同的目标,即想方设法获得财产,并且把自己发展成为国家。这种向前发展对他们所有人来说是一样的。苏维人和汪达尔人在西方,在西班牙和葡萄牙居住了下来,但是后来被**西哥特人**征服了,并且被他们所取代。他们在西班牙、葡萄牙和属于南法兰克的一部分,建立起了一个庞大的西哥特人的王国。第二个王国是法兰克人的王国,法兰克成了从 2 世纪末以来在莱茵河和威塞尔河之间的伊斯特沃内人各个部落的统称。他们在摩赛尔河与斯凯尔特河之间定居了下来,但是在他们的统帅克洛维斯的率领下挺近高卢,一直打到了卢瓦尔河边。克洛维斯后来在莱茵河下游还征服了法兰克人,在莱茵河上游征服了阿勒曼尼人,而他的儿子征服了图林根人和勃艮第人。第三个王国是东哥特人在意大利建立的王国,这个王国是狄奥多里克建立的,在他统治之下,达到了高度的繁荣。学识渊博的罗马人卡西奥多罗斯和波爱修是狄奥多里克统治期间级别最高的官员。但是,这个东哥特王国存在的时间并不长,它被贝利萨留和纳尔塞斯率领的拜占庭人毁灭了。在 6 世纪后半叶(568 年),**伦巴德族人**侵占了意大利,统治了两个世纪之久,直到这个王国被查理曼大帝征服,使之听命于法兰克的节杖。后来,**诺曼人**也在下意大利定居了。接下来要提到的是**勃艮第人**,他们被法兰克人征服,这个王国在法兰克和德意志之间形成了某种类型的隔离墙。**盎格鲁和萨克森人**迁到了不列颠,把这个地方征服了。后来诺曼人也来到了这里。

[421]

这些国土原来都构成了罗马帝国的一部分,所以他们都经历了被蛮族征服的命运。起初,在那片土地上已经开化的居住者和战胜者之间表现出了巨大的反差,但是这种反差终结于现在形成的**各种新的民族**的混血本性。这些国家的完全精神性的定在在自身之中包含着一种被分割状态(Geteiltheit),同时在他们的最内在的东西当中包含着一种外在性。从表面上看,这些差异在他们的语言中立刻就引人注目。他们的语言是已经和本地的语言融为一体的古罗马语与日耳曼语言的混合物。我们可以把这些民族放在一起统称为**罗马民族**,其中包括意大利人、西班牙人、葡萄牙人和法兰克人。与这些民族相对立的是另外三个民族,他们或多或少都是说德语的(deutschredende)民族,他们都保持着一种从未中断的忠诚的音调,也就是说,德国本部、斯堪的纳维亚和英国。虽然说英国曾经被罗马帝国吞并过,但是它就像德国本土,只是受到罗马文化蜻蜓点水般的影响,然后又被盎格鲁人和萨克森人重新日耳曼化了。**德意志本土**保持了纯一不杂的状况,只有多瑙河和莱茵河南部和西部边缘曾经被罗马人征服过;在莱茵河和易北河之间的一部分还保持着完全的民族特色。

[422]　德国的这一部分有好几个不同的部落居住过。除了立普阿的法兰克人和被克洛维斯迁移到缅因河流域的法兰克人,还必须提到四个主要部族,阿勒曼尼人、波亚里亚人、图林根人和萨克森人。**斯堪的纳维亚人**在他们的本土仍然保持着纯一不杂的状态;但是,他们因为南征北战而以诺曼人的名字名扬天下。他们的骑兵几乎在欧洲所有的地方都建立过功勋;其中一部分远征过俄罗斯,并且奠定了俄罗斯帝国的基础,一部分定居于北法兰克王国和不列颠;还有一部分在下意大利和西西里建立了一些侯爵领地。因此,有一部分斯堪的纳维亚人在外建立了一些国家,而另一些人则在他们的发源地保持着他们的民族特色。

此外,我们现在还在东欧发现了那个人数众多的**斯拉夫民族**,他们的居住地沿着易北河的西边一直伸展到多瑙河畔;在他们之间驻扎的是马扎尔人(匈牙利人);在摩尔多瓦、弗拉赫和希腊北部之间是有着亚洲起源的保加利亚人、塞尔维亚人和阿尔巴尼亚人,他们都是在不同的部落相互之间进攻和反击时被打败的那些野蛮人的残留。这些部族也建立起过一些王国,而且也和不同的民族之间进行过英勇的斗争;有时候他们会作为先头部队,作为居间民族,插手基督教的欧洲和非基督教的亚洲之间的斗争,波兰人甚至解放过被土耳其人包围的维也纳,而一部分斯拉夫人被西方的理性征服了。但是,这个民族整体仍然被排除在我们的考察之外,因为他们迄今为止还没有作为世界中的一系列理性的独立因素而登上历史舞台。接下来是否会发生这样的事情,和我们现在的问题无关,因为我们在历史中只讨论过去的事情。

日耳曼民族在自身之中具有自然的整体性的感觉,我们可以把它命名为心灵(Gemuet)①。心灵是与意志相关联的、仍然被蒙蔽的不确定的精神整体性,在心灵中,人以同样普遍的和不确定的方式在自身之中获得满足。个性是意志和兴趣的一种特定的形式,它自我肯定,不假外求;但是心灵之为心灵(Gemuetlichkeit)并没有特定的目的,亦即财富、荣誉以及类似的东西的目的,一般地说他不和客观的状况相关,而是牵涉到作为他自身的普遍享受的整体状况。因此,其中只存在着作为形式的意志②的意志一般和作为我执(Eigensinn)的主观自由。对于心灵之为心灵而

[423]

---

① 这里把 Gemuet 译为"心灵"属于无奈之举,英译者西布里也说英文中没有和德文 Gemuet 完全对应的词。黑格尔在这里特别强调心灵所具有的精神整体性,而且它和善意相关。——译者注

② 英译者西布里为形式的自由加了个长长的注释,值得参考,我们迻译如下:形式的意志或者主观的自由是禀赋或者纯粹偶然的喜爱,而与实体性的或者客观的意志相对立,后者也可以称为客观的自由,它意指形成社会之基础并且为特定的民族或者人类一般自发地采纳的那些原则。后者和前者一样都可以主张自己是人的意志的一种表现。因为这些原则加之于个体之上的那些限制无论多么严厉,作为加给共同体之上的东西,它们绝不是从外部强加给它的,而被承认为合情合理,具有权威,即使对于那些物质享受或者相关的情感被这些原则剥夺殆尽的个体来说也是如此。对于毫不合理的专制政体无条件地服从而丝毫不加质疑,以及宗教苦行的森严戒律,不能追溯到自然的必然性或者外来的刺激上。这一切来源于它的那些原则毋宁说可以被称为承认这些原则的那个共同体的稳定而最高的规定。因此,用"客观的意志"这个术语来描述上述现象并不合适。(与"形式的意志"相对立的)实体性的意志这个术语意指同样的现象,无须加以辩护或者解释。由于前面提到的那些原则所行使的无限的统治权,用作前面两个术语同义词的第三个术语,"客观的自由",也已经得到了辩护。——译者注

言,任何一种特殊性都是重要的,因为心灵会将自身放置入一切特殊性之中。但是反之,因为心灵并不关心特殊目的的规定性本身,所以,它不会怀着暴虐的、恶的激情去追求这个孤立的目的,追求一般意义上的恶。在心灵中不存在这种分离,相反,从整体出发来看,它像是一种善意。个性正好与善意相反。

　　这就是日耳曼民族的抽象原则和与基督教中的客观的方面相对立的主观的方面。心灵没有任何特殊的内容;与此相反,基督教所关心的是事情,是作为客观的方面的内容。但是在心灵中也包含着以一种完全普遍的方式想要获得满足的状态,而这种状态也就是在基督教原则中作为内容而产生出来的东西。这个不被规定的东西作为实体,客观地说,就是完全普遍的东西、上帝;但是个别的求恩典的意志被纳入上帝之中,这是基督教的、具体的统一性中其他的因素。绝对的普遍物是这样的东西,它在自身之中包含着一切规定,而且因此是不被规定的;主体是纯粹被规定的东西;这二者是同一的。这一点首先可以显示为基督教中的内容,但是现在以主观的方式显示为心灵。主体必须也要赢得客观的形式,也就是说,

[424]　要把自身展开为对象。这就必然导致,对于心灵的不确定的感觉方式来说,绝对也变成了一个客体,而人因此成功达到了对它和这种客体的统一性的意识。这种状况的前提是主体的净化,即主体变成了现实的、具体的主体,他作为一个世俗的主体赢获了普遍的利益,他依照普遍的目的而行动,认识到了法律,并且在法律中获得满足。——所以,这两种原则相互适应,而就像已经说过的那样,日耳曼民族在自身之中就有能力成为精神的更高原则的担纲者。

　　更进一步,我们现在在它的直接实存之中考察日耳曼的原则,也就是说,考察日耳曼民族最初的历史状况。心灵之为心灵在它最初出现之时是完全抽象的,没有发展,没有特殊的内容;因为心灵之中并不包含实体性的目标。在心灵的东西是这种状况的完整形式之处,它显现为一个没有个性的东西和迟钝的东西。完全抽象的心灵就是麻木不仁,所以,我们在日耳曼人的原始状态中看到它自身之中的某种野蛮的麻木不仁、含混

不清和无规定性。关于日耳曼人的宗教,我们知之甚少。德鲁伊人本来住在高卢,被罗马人赶尽杀绝了。虽然它留下了一种极有特色的北欧神话,但就像我们已经注意到的那样,德鲁伊人的宗教并没有深深地在他们的心灵之中扎根。人们很容易从下面这个事实中看出这一点,即德国人轻而易举地就皈依了基督宗教。虽然萨克森人也曾经艰苦卓绝地抵抗过查理曼大帝,但是这种斗争与其说是针对宗教,不如说是针对一般意义上的压迫。萨克森人的宗教没有什么深中肯綮的东西,他们的**法权概念**同样如此。谋杀并不被认为是犯罪,也不需要受到惩罚;他可以通过罚款抵罪。这显示出,他们缺乏心灵的未分裂状态中的深刻感觉,如果一个人被杀死了,他们只是把它看作一种对社团的损害,除此之外别无其他了。阿拉伯人的血亲复仇建立在这样一种感觉的基础之上,即家庭的荣誉受到了损害。在日耳曼人那里,社团并不是在个体之上的主人;因为在他们联合为一种社会的关系时,自由的要素是第一位的。古老的德国人以热爱自由而著称,罗马人从最开始就立刻完全正确地把握到了它。直到不久以前,自由在德国都是一面旗帜,即使腓特烈二世主持下的君主同盟也是由于热爱自由而产生的。这种自由的元素在转变成了一种社会的关系的时候,只能形成一些民众社团,结果,这些社团并不能构成整体,社团的每一个成员自身都是一个自由的人。杀人致死之所以可以通过罚款而了结,是因为自由的人被认为是神圣不可侵犯的而且一直保持着这个特征,他可以做他想做的任何事情。个体的这种绝对价值构成了一个主要规定,就像塔西佗已经注意到的那样。社团或者它们的领导机构在社团成员的参与下对于与私人法权相关的事务做出判断,以保证人格和财产的安全。对于公共事务、战争以及诸如此类的事情,共同商议和共同决定是必不可少的。另一个因素是,社会的中心是通过自由自愿的合作与自由地服从军事将领和王侯而形成的。这里的关联是一种**忠诚**(Treue)的关联,而忠诚是日耳曼人的第二面旗帜,就像自由是它的第一面旗帜。个体借助于他的自由的任性而同意某一个主体,并且出于自身而把这种关系变成一种牢不可破的关系。无论是在希腊人那里,还是在罗马人那里,我

[425]

[426] 们都没有发现这种关系。阿伽门农和与他一起参战的国王们之间的关系不是一种服务性的侍从关系，而是为了一种特殊的目的、一种霸权而形成的自由的联合。但是日耳曼人的合作和客观的情况没有什么关系，只是和精神性的自我、主观的最内在的人格性有关。心、心灵、完全具体的主观性，它不是从内容中抽象出来的，而是通过使它自身依赖于人格和事情而把内容变成条件，把这种关系变成忠诚和服从的一种混合。

把社团中的个体自由与合作社中的关联这二者联合在一起，这与国家之形成有着重要的关系，在这个过程中，义务和法权不再把自身委托给任性，而是要固定为法律的关系，确切地说，国家就是全体的灵魂，并且一直是全体的主宰，确定的目的和事务与权力的合法性都是以国家为出发点的，因为普遍的规定一直是它的基础。但是现在，日耳曼国家的特殊之处在于，与之相反，社会的关系并没有获得普遍的规定和法律的特征，而是彻底地分裂为各种私人法权和私人义务。虽然这里存在着一种共同的性质与方式，但是并不是普遍的东西；法律是纯粹特殊性的，而合法性变成了特权。因此，国家由于私人法权而构成为一个整体，一种理智的政治生活要历尽千辛万苦在一次又一次斗争以后才成为现实。

[427] 我们已经说过，日耳曼民族的规定是成为基督教原则的担纲者，并且把理念实现为绝对地合乎理性的目标。但是首先存在的是暗淡的意志，在这种意志的背景中包含着真与无限。真只是作为任务而存在，因为心灵还没有被净化。净化心灵以达到具体的精神，完成这项任务可能是一个漫长的过程。宗教的出现给激情的暴力行为提出了一项挑战，而这使激情变成了狂热；激情的暴力因为恶的良知（das boese Gewissen）而生出怨恨，并且暴跳如雷；如果对立不再存在了，也许就不会发展成为这种暴怒的局面。我们在那个时期的所有王室中都可以看到最可怕的毫无约束的激情所产生的骇人听闻的场景。克洛维斯，法兰克君主制的创立者，犯下了惨绝人寰的罪行。冷酷无情和丧心病狂是墨洛温王朝历代君主的典型特征，无一例外。在图林根王室和其他一些王室，同样的事情屡次三番地重演。基督教的原则固然是在心灵之中的任务，但是，这种原则仍然是

直接地粗野的。自在地是真实的东西的意志错认了自己,它由于特殊的、有限的目的而使自己离开了真正的目的;但是正是通过和它自身的斗争以及反对它的意志,它产生了它所意愿的东西;它同它真正想要的东西作斗争,它促成了它,因为它**自在地**获得了和解。上帝的精神活在社团之中;他是内在的驱动的精神。但是,精神应该在世界上还不符合它的要求的某一种物质之中得到实现;但是这种物质自身是主观的意志,这种意志在自身之中就存在着矛盾。从宗教的方面来说,我们经常可以看到这样一种转变,即一个人终其一生都在为衣食而奔波劳累,在世俗的事务上殚精竭力,充满激情,也曾奋力拼搏,也曾甘之如饴,然后突如其来地抛弃人间繁华,遁隐到宗教的孤寂之中。但是在世界之中,这些事务是不可能抛弃的,相反,它想要得到完成;它最终发现,精神正是在被精神将之变成它抵抗的对象的东西之中发现了它斗争的目的和它的满足,以及世俗性的冲动是一种精神性的事业。

我们因此发现,个体和民族把对他们来说不幸的东西看作是他们最大的幸福,反之,他们把对他们来说的幸福看作是最大的不幸,并与之相斗争。人们在拒绝真理以后才能得到真理。(*la vérité, en la repussant, on l'embrasse*.)欧洲要通过拒绝真理而且正是因为拒绝了真理,才能得到真理。在这种运动中,真正意义上的天意(Vorsehung)在统治着,因为它在各民族的不幸、痛苦、特殊的目的和无意识的意志中完成它自己的绝对目的和荣誉。 [428]

如果说这个漫长的世界历史的过程已经在西方开始了,这个过程对于将成为具体精神的净化而言是不可避免的,那么,与此相反,将成为抽象精神的净化会完成得更加迅捷,就像我们同时在东方所看到的那样。净化以达到抽象的精神并不需要这么漫长的过程,我们看见这种净化在7世纪的前半叶在伊斯兰教中突然以迅雷不及掩耳之势重演了一遍。

第二章　伊斯兰教

一方面,欧洲的世界正在重新塑形,欧洲的各个民族开始在这里定居,以形成一个在所有方面都得到发展的、实现了自由的新世界。他们的事业始于以一种特殊的方式规定一切关系,他们用暗淡的和受到束缚的知觉,把依照它们的本性是普遍的和有规律的东西变成了大量的偶然的依赖性,把本应该是简单的规则和法律的东西变成了一种错综复杂的联系。简言之,在西方开始栖身于偶然性、复杂性和特殊性的时候,世界上必定会出现方向相反的事物,以达到整体的融合,而那方向相反的东西发生在**东方的革命**中。这一革命击溃了一切特殊性和依赖性,完全澄清和净化了心灵,其方式只是,它把抽象的一(Einen)变成了绝对的对象和纯粹的主观意识,把对这个一的知识变成了现实的唯一目的——把没有关系变成了实存的关系。

[429]

  我们在前面已经熟悉了东方原则的本性,而且看到最高的东方原则只是否定性的,它的肯定性原则意味着陷入自然状态之中,是精神的真正的束缚。只有在犹太人那里,我们才注意到,单纯的统一性的原则把自身提升到了思想之中,因为只有在犹太人这里,为思想而存在的一才受到尊崇。这种统一性现在停留在净化为抽象的精神的阶段,但是它已经从和耶和华崇拜绑定在一起的特殊性中解放出来了。耶和华只是这个独一民族的上帝,亚伯拉罕的上帝、以撒的上帝和雅各的上帝,这个上帝只和犹太人订立了盟约,只向这个民族启示了自己。这种特殊的关系在伊斯兰教中被抛弃了。在这种精神的普遍性中,在这种不受限制和没有规定的纯净中,主体除了实现这种普遍性和纯净,没有任何别的目的。**安拉**(Allah)不再具有犹太人的上帝的那种肯定性的、受到限制的目的。对于一的崇拜是伊斯兰教唯一的终极目标,主体性只把这种崇拜和使世俗性服从一的意图当作行动的内容。虽然现在这个一是精神的规定,然而因为主观性允许自己完全献身于对象,一切具体的规定都由于这个一而失效了,所以,不但主观性自身没有成为精神性的,而且它的对象自身也不是具体的。但是伊斯兰教不是印度的宗教,不像僧侣一样专心致志于绝对,相反,这里的主观性是活泼泼的和无限的,它作为一种行动在进入世俗的领域中时又否定了世俗的领域,而且是以下列方式发生作用和进行调停的,即对于一的纯粹的崇拜应该成为实存。伊斯兰教的对象是纯粹理智上的,任何安拉的图像、表象都不可容忍:穆罕默德是先知,但是他仍然是人,并没有超越于人的那些缺点之上。伊斯兰教的基本特征是,现实中没有任何东西是固定不变的,相反,一切事物都只能在无限广阔的世界之中活动、生活,因此,对于一的崇拜保持为把一切事物联系在一起的唯一的纽带。一切限制,一切民族差异和等级差异,都消失在这种广阔之中,这种力量之中。任何种族,出身和财富所带来的任何政治法权,都没有价值,相反,人只是作为信仰者才有价值。崇拜这个一,信仰这个一,斋戒,摆脱任何特殊的身体感觉,布施,放弃一切可以算作特殊财富的对象:这一切就是单纯的信条。但是,最高的功绩是为了信仰而死,凡是在战争中为了信仰而捐躯的人都肯定要进天堂。[430]

穆罕默德的宗教起源于阿拉伯人:精神在这里是一种完全单纯的精神,这里流行着对于没有形式的对象的感受力,因为在这种沙漠之中,不能形成任何固定的东西。穆罕默德宗教的纪年是从 622 年穆罕默德逃出麦加的时候开始计算的。在穆罕默德生前,阿拉伯人就在他本人的亲自率领下开始了震古烁今的征服事业,而在他去世之后,在他的继承人的领导之下,征服事业愈演愈烈,有加无已。他们最初发兵叙利亚,在 634 年占领了它的首都大马士革;接下来,他们渡过幼发拉底河和底格里斯河,挥兵攻打波斯,旋即把波斯拿下。他们向西征服了埃及、北非和西班牙,然后向法国南部挺进,一直到了卢瓦尔河畔,但是他们于 702 年在杜尔被卡尔·马泰尔击败。因此,阿拉伯人的统治在西部得到了扩张,而在东部,正如已经说过的,他们依次征服了波斯、撒马尔罕以及小亚细亚的西南部。这些征服和宗教的传播都是以非同寻常的速度发生的。凡是皈依了伊斯兰教的人,都可以获得和一切伊斯兰教徒完全平等的法权。凡是不皈依伊斯兰教的人,在最初的时间里,都要遭受屠戮;后来,阿拉伯人对待被他们打败的人要温和得多,如果后者不愿意转而信奉伊斯兰教,他们只需要每年缴纳一次人头税即可。那些立即投降的城市,必须把他们全部财富的十分之一上交给战胜者;而那些被攻克的城市则必须上交他们[431]

全部财富的五分之一。

抽象主宰着伊斯兰教教徒:他们的目标是使这种抽象的崇拜发生作用,而且他们以最大的热忱来追求实现这个目标。这种热忱便是狂热(Fanatismus),也就是说,为了一种抽象的崇拜、一种以否定的方式对待现实的抽象思想而满腔热血。但是,伊斯兰教徒的狂热有能力同时达到最高程度的崇高,这种崇高摆脱了一切蝇头小利,和宽宏大量与奋不顾身的德性紧紧联系在一起。宗教和恐怖(La religion et la terreur)是这里的原则,就像自由与恐怖(La liberte et la terreur)是罗伯斯庇尔的原则。但是现实的生命仍然是具体的,会带来具体的目标;随着占领而来的是统治和财富,是统治者家庭的法权,是诸个体之间的纽带。但是所有这一切都只是偶然的,建筑在沙滩之上,它今天是这样,明天就不这样了。伊斯兰教徒的一切激情对于这些东西都是无所谓的,他们在福祸之间的剧烈轮替之中来回波动。伊斯兰教在它所传播的地方建立了许多王国和王朝。在茫茫无涯的大海上,这种做法一直在向外扩展,但是没有任何东西是稳固的;泛起涟漪而成为一种形态的东西是清澈透明的,但是很快就消失得无影无踪。每一个朝代都没有一种有机的稳固性所具有的纽带,这些王国因此只会不断退化,其中的个体也只会消失得无影无踪。但是如果有一个高贵的灵魂能够固定住自己,就像大海的涟漪中的波涛,那么,他就会在行为举止中表现出一种自由,再也没有比他更高贵的、更慷慨、更勇敢和更顺从命运的人了。个体所把握到的那种特殊物、被规定的东西,完全被他把握住了。在欧洲人拥有大量的关系而且处于各种关系的束缚之中时,伊斯兰教中的个体却只有这一种关系,确切地说,是一种无与伦比的关系,在残酷无情、诡计多端、勇往直前和宽宏大量等方面都达到了最高程度。在存在着爱的感觉的地方,这种感觉同样毫无顾忌、肆无忌惮,而爱也最为深切、真挚。爱上了奴隶的统治者,会为了赞美他所爱的对象而把他自己的一切荣华、权力和名誉放在对方的脚下,并且忘记自己的权杖和皇冠;但是,反之,他也会同样冷酷无情地把爱的对象牺牲掉。这种肆无忌惮的热情也体现在阿拉伯人和萨拉森人的诗歌中体现出来的热烈的情感中。这种热烈的情感是摆脱了一切东西的想象的完满自由,以至于它完全只是爱的对象和这种感觉的生命,它没有为自己留下一点自私自利和个人特征。

热忱从来没有完成过比这些更伟大的事业。个体可以倾心于任何形态的崇高的东西;一个民族为了它的独立的热忱仍然可以有一个确定的目标;但是,伊斯兰教的东方式的热忱是这样一种热忱,它抽象,无所不包,任何东西都无法把它阻挡,任何地方也不能把它限制住,它压根儿不需要任何东西。

阿拉伯人以多快的速度实现了攻城略地,他们也就以多快的速度在艺术与科学的领域达到最高度的繁荣。我们首先看到的是这些征服者毁灭了一切与艺术和科学有关的东西:据说奥玛毁灭了富丽堂皇的亚历山大里亚图书馆。他说,要么这些书籍包含了《古兰经》(Koran)中已有的东西,要么,它的内容完全是另外一种东西:在这两种情况下,它都是多余的。但是,很快,阿拉伯人就投身于提倡艺术与科学的事业并且在所有地方传播它们。帝国在哈里发阿尔曼索和哈伦·拉西德的统治时期达到了最高程度的繁荣。帝国所有的地方都兴起了大城市,在大城市中,商业和手工业达到了很高的水平,建造了富丽堂皇的宫殿,设立了学校,帝国的学者汇聚在哈里发的宫廷之中,宫廷显得熠熠生辉,不仅是因为最昂贵的珠宝、用具和宫殿所显示出来的外表上的奢华,而首先是因为诗歌艺术和一切科学的繁荣。一开始,哈里发们仍然完全保持着沙漠里的阿拉伯人所特有的那种因陋就简与朴实无华(哈里发艾布·巴克尔尤其在这个方面声名卓著),不承认阶层和教养的差别。即使是最普通的萨拉森人和最出身卑微的妇女也可以像对待与他们平起平坐的人一样对待哈里发。这种肆无忌惮的天真不需要什么文化;每一个人都可以因为他的精神的自由而像对待与他同一俦类的人一样对待统治者。

[433]

哈里发的大帝国没有存在很长的时间,因为他们在普遍性的地基上没有建立任何坚固的东西。伟大的阿拉伯帝国几乎是和法兰克王国同时土崩瓦解的:各位王位继承人分别被奴隶和新近袭来的民族,塞尔柱人和蒙古人所推翻,新的王国建立了,新的朝代登上了宝座。最后,奥斯曼人成功地建立起了一支稳固的统治,确切地说,是因为他们在土耳其的禁卫军中建立了一个稳固的中心。在狂热逐渐冷却下来之后,他们的心灵中没有留下任何伦理的原则。在同萨拉森人斗争的过程中,欧洲人的勇敢已经被理想化为优美的、高贵的骑士风度;科学和知识,尤其是哲学知识,经过阿拉伯人传到了西方;一种高贵的诗学和自由的想象也在东部的日耳曼人心中点燃了,因此,甚至歌德也转而注意到东方,在他的《西东合集》中创作了一系列珍珠般的抒情诗,它在想象的真挚与幸福方面超越了一切作品。——但是,在热忱逐渐消失之后,东方本身堕落到无以复加的品行不端之中,最令人憎恶的激情居于主宰地位;因为感官的享受已经包含在伊斯兰教教义的最初形态之中,而且被表达为天堂中的奖赏,所以它现在取代了狂热的位置。现在,伊斯兰教被迫退回到亚洲和非洲,而在欧洲只有一个小小的角落由于基督教国家的互相猜忌,还在容忍着它,所以,伊斯兰教已经在世界历史的地基之中消失很久了,已经退回到东方的悠闲与平静之中了。

[434]

第三章　卡尔大帝的帝国

　　就像前面已经说过的那样,法兰克王国是克洛维斯建立的。在他去世之后,他的儿子们便各据帝国之一方,后来,在进行多次斗争之后,通过诡计、谋杀和暴行,这个王国分分合合,反反复复。这些国王在国内的权力大大地增加了,因为他们变成了那些被征服的土地的君主。虽然这些土地都分配给了法兰克的自由人,但是,除了以前皇帝们的财产和被充公的财产,这些国王还会获得相当可观的固定收入。现在国王把这些土地当作个人的封地——也就是说,不可继承的封地——赏赐给他的武士们,他们因此而接受了个人的义务,成为国王的藩属,成了国王的封臣。那些富有的大主教和武士们联合在一起,和他们一起构成了国王的顾问,然而这个机构并不能限制国王。封建家臣中等级最高的是宫廷长(maior domus)。这些宫廷长很快就掌握了一切权力，使国王的权力都被架空了，国王们坠入到一种模糊的状态中，变成了傀儡。卡洛林王朝就是从这些宫廷长之中产生的。矮子皮平，查理·马泰尔的儿子，在752年升为法兰克的国王。教皇扎哈利亚斯解除了法兰克人对于还活着的最后一位墨洛温王朝国王希尔德里克三世的效忠誓词，这位王接受了剃度，也就是说，他做了僧侣，所以，长长的头发这个国王的醒目标志也被剥夺了。墨洛温王朝的末代君主一个个都懦弱无能，他们满足于拥有国王这一尊贵的头衔，几乎都只知道纵情声色，这种现象在东方的王室是再平常不过的事情了，也在卡洛林王朝的末代君主那里一再重演。相反，那些宫廷长却精力旺盛，节节上升，他们和那些封臣紧密地勾结在一起，所以，最后他们轻而易举地就篡夺了王位。

[435]

　　许多教皇都被隆巴迪国王逼迫到极其糟糕的境地，他们只好向法兰克人寻求庇护。皮平出于感激的原因而承担起了保护教皇斯特凡二世的任务，他两次领兵越过阿尔卑斯山，两次打败了隆巴迪人。他的赫赫战功使新的王位熠熠生辉，并且给"圣彼得的座椅"（教皇的位子）留下了一份可观的遗产。在基督纪元800年，皮平的儿子，查理曼大帝由教皇加冕成为皇帝，从此以后，在卡洛林王朝的皇帝和罗马教皇的职位之间建立起了一种稳固的联系。也就是说，在那些蛮族看来，罗马帝国一直享有国力强盛的声望，他们一直把罗马帝国看作是中心，人的一切尊严、宗教、法律和所有知识自书面文字出现以来都是从罗马帝国传到他们那里的。在他把欧洲从萨拉森人的统治下解放以后，卡尔·马泰尔本人和他的子嗣就被罗马人民和元老院授予贵族的称号；但是查理曼大帝却是由教皇加冕而成为罗马的皇帝的。

　　从此以后，有两个帝国，基督宗教在这个帝国之中也逐渐分裂为两个教会：希腊教会和罗马教会。罗马皇帝是罗马教会天生的保护人，而且皇帝的职位和教皇的关系仿佛是在宣告，法兰克的统治只是罗马帝国的延续而已。

[436]

　　查理曼大帝的帝国幅员极其广阔。法兰克本土从莱茵河一直伸展到

349

了卢瓦尔河。位于卢瓦尔河南部的阿基坦,于768年,也就是皮平去世的那一年,被完全占领了。属于法兰克王国的还有:勃艮第,阿勒曼尼亚(在莱希河、缅因河与莱茵河之间的德国南部),一直延伸到萨勒河的图林根,以及巴伐利亚。除此以外,查理曼大帝还击败了居住在莱茵河与威悉河之间的萨克森人,彻底消灭了隆巴迪人的王国,由此,他又成为上意大利和中意大利的主人。

　　查理曼大帝把这个伟大的帝国发展成一个井井有条、组织严明的国家,并且为法兰克王国设立了许多把这个国家紧紧凝聚在一起的稳固的制度。然而,这不是说似乎他首次在一切领域为他的帝国创立了宪法,而是说,以前已经存在的制度的一部分在他的统治期间得到了发展,而且取得了更加确定的、不受阻碍的效果。国王高居于帝国官员之首,王位继承的原则也已经出现了。国王同时既是武装力量的统帅,也是富甲天下的土地和良田的占有者,最高的司法权也不折不扣地掌握在他的手中。**战争宪法**(Kriegsverfassung)以招募入伍令为基础。每一个自由人都有义务拿起武器保卫帝国,而且,在战争期间,每一个自由人在一定的时间里自筹生活费用。这种战时后备军,我们今天仍然这样称呼他们,由伯爵和侯爵进行指挥,侯爵主管帝国边界上的广大区域,也就是边疆。根据一般的划分方法,整个国家分为许多行政区,每一个行政区都由一位伯爵主持事务。在卡洛琳王朝的后期,在伯爵之上还有公爵,他们的所在地是像科隆、雷根斯堡以及同类的大城市。在设立公爵以后,全国就划分为若干公爵领地(大公国):在阿尔萨斯、洛林、弗里斯兰、图林根、雷蒂亚等地都有大公国。这些公爵是由皇帝直接任命的。那些在被征服之后依然保留着他们自己部族王侯的部落,如果他们反叛的话,就会失去这种特权,并且迎来公爵。阿勒曼尼亚、图林根、巴伐利亚和萨克森都发生过这样的事情。但是还有另一种可以快速支援的常备军。皇帝的藩属,只要他们服从命令,他们就可以获得各种物资以供使用,同时有义务提供军事服务。为了维持这些规章制度,皇帝会向各地派遣钦差大臣(missi),他们在巡视之后要向皇帝作书面报告,他们还要检查司法机构和皇帝的资产。

[437]

同样值得注意的是国家收入的管理。国家没有直接的税收,也只在很少的河流和街道征收关税,其中大多数关税责成帝国的高级官员来处理。流入国库的一部分是法院判处的罚款,一部分是对于那些不遵从皇帝的号召从军的人的罚金。那些享受了世袭封地的人,只要他们拒不履行参军的义务,就会立刻丧失封地。国家的主要收入来自王室的田庄,皇帝拥有很多这样的田庄,上面往往建有皇帝的行宫。国王到各个风景点周游,会在每一个行宫逗留一段时间。为皇室出游准备衣食住行,这很早就是内廷大臣、司库大臣的事情了。

关于**法院的规程**,凡是和身体与生命相关的案件和与不动产相关的案件,都掌握在乡镇居民大会的手中,而居民大会由一位伯爵主持;遇上不太重要的案件,由不少于7个自由人——他们都是选举出来的陪审员——在里长的主持下作出判决。最高法院是皇家法院,国王本人亲自在行宫主持审判:所有的封臣,无论是教会的封臣还是世俗的封臣,都在这里受到审判。我们前面提到过的国王派出的钦差大臣在他们视察旅行过程中要特别审查司法部门,倾听一切申诉,处罚一切不公正的行为。教会和政府必须每年派遣四次钦差大臣前往所属的教区或者行政区进行巡视。[438]

到了查理曼大帝统治时期,教会的重要性已经非常之大。主教们管辖着巨大的教堂,教堂同时还附设了神学院和教育机构。也就是说,查理曼大帝试图恢复几乎完全式微的科学研究,于是,他要求在城镇和乡村都设立学校。那些虔诚的心灵相信,如果他们向教会捐赠,那么他们就做了一件善事,就会获得天堂的幸福。那些最野蛮和最粗俗的国王也想以同样的方式为他们的罪恶行为赎罪。私人捐赠他们的财产的方式是,他们立下遗嘱把他们的财产捐赠给修道院,他们规定自己生前或者某一段时期只拥有这些财产的收益权。但是,在大主教或者修道院院长去世之后,经常会发生这样的事情,即世俗的大人物和他们的封臣会抢夺这些教会的财产,赖之以为生,肆意糟蹋它们,直到那些财产消耗殆尽;因为那个时候,宗教还没有管辖心灵的权力以制止那些有权有势者的贪得无厌。为

[439] 了管理他们的财产,教会必须雇佣管家和管理人。除此以外,地方长官管理所有的世俗事务,统领军队征战沙场,并逐渐从国王手里获得了地方的司法权,同时,教会也从国王任命的官员(伯爵)手中获得了他们自己的司法权和**豁免权**。就这样,为改变各种关系而向前迈出了一大步,现在,教会的财产以某种方式越来越变成了完全独立的领地,就好像它和世俗的领域毫不相干。除此以外,教会后来从国家的累赘中解放了出来,而且使教会和修道院变成了犯罪分子的收容所,也就是说,变成了犯罪分子的不可侵犯的自由王国。这种制度诚然一方面是行善的,它反对皇帝和大人物施加的各种暴力行为和压迫,但是另一方面,它因为保护那些罪大恶极的犯罪分子免受法律的惩罚而腐化堕落了。在查理曼大帝时期,修道院仍然必须交出每一个犯罪分子。主教们依旧会受到一个由主教们组成的行政机关的审判;作为封臣,大主教们必须听命于皇家法院。后来,修道院试图摆脱大主教的司法机关,使自己完全独立于教会。大主教是由教会和社团选举出来的,只是因为他们又是国王的封臣,所以他们才会被授予那个官职。等到出现了那样一个状况,这种争执才得到了调节,即被选举出来的大主教必须得到国王的认可。

[440] 帝国的法院设立在皇帝会在那里逗留的行宫之中。国王本人亲自主持审判,帝国朝廷的大臣和他一起组成审判大人物的最高法庭。审议国家大事的帝国枢密院并不总是定期举行会议,而只是在春天检阅军队,在教会举行会议和进行审判时随机举行。尤其是在进行审判的时候,封臣们都会应邀参加(在国王在某个地方,主要是在莱茵河,法兰克王国的中心,逗留时),这就给了一个商讨国是的机会。依照惯例,国王每年召集两次由高级国家官员和教会官员组成的委员会,但是,即使在这样的会议上,一切事情的最终决定权仍然保留在国王的手中。因此,这种会议不同于后来的帝国议会,在帝国议会中,大人物以更加独立的面貌出现。

这就是法兰克王国的基本情况,法兰克王国第一次把基督教并入自身之中而成为一种国家形式,这种国家形式从基督教发展而来,而同时基督教又把罗马帝国消耗得山穷水尽。刚才所描述过的宪法给人一种极为出色的印象,它建立了一种稳固的军事组织,关心国家内部的正义;尽管如此,在查理曼大帝去世后,这种宪法就显示出了完全的软弱无能,无论是在对外,在面对诺曼人、匈奴人、阿拉伯人的入侵时,它无力保护自己;还是在对内,在反对形形色色的不法行为、强取豪夺和独断专行时,它毫无助益。除了这样一种出类拔萃的宪法,我们看到的是各种最恶劣的状况,以及因此而导致的各方面的矛盾。由于这种文化是骤然兴起的,所以,它还需要在自身之中的否定性的力量;它需要在接下来的时期中出现的各种形式的反作用。

第二篇　中世纪

如果说日耳曼世界的第一个时期以一个光辉灿烂、繁荣富强的帝国而告结束,那么,第二个时期始于无穷无尽的谎言之间的矛盾所造成的反动,这些谎言是**中世纪**的基本特征,并构成了这个时期的生命与精神。这种反动**首先**是特殊的民族对于法兰克王国的普遍统治的反动,这表现为这个伟大的王国分崩离析了。**第二种反动**是个体对于法律的力量和国家权力的反动,对于从属关系、招募入伍令、法院规程的反动。这种反动产生了孤立的个体和因此而导致个体的毫无保障。国家权力的普遍物因为这种反动而消失了;个体寻求获得强者的保护,而强者变成了压迫者。于是慢慢出现了一种普遍的依赖性的状况,这种保护关系后来系统化为封建制度的宪法。**第三种反动**是作为精神物的反动的教会的反动,教会或者精神反对现存的现实。世俗的野性受到了教会的镇压和驯养,但是教会却因此而将自身世俗化了,并且抛弃了理应归于它的立场,而世俗原则的内在化就是从这种立场开始的。所有这一切关系和反动构成了中世纪的历史,而这个时期的高潮是**十字军东征**,因为由于十字军东征而出现了一种普遍的摇摆不定,但是,正是因为这一摇摆不定,国家才无论从内部还是从外部都获得了独立自主。

[441]

第一章　封建制和等级制

[442] 　　第一个反动是特殊的民族对于法兰克王国普遍的统治的反动。虽然看起来，首先，法兰克王国由于国王的任性而被分割成几个部分，但是另一个因素是，这种分割受到了民众的欢迎，并且同样得到了民众的维护。所以，这种分割不仅仅是一个看起来不够明智的家庭行为，因为君主们这样做会削弱他们自己的权力，而且恢复了各具特色的民族性，这些各具特色的民族是由于一种过于强大的权力和一个伟大人物的天才凑巧结合在一起而被强行拧在一起的。虔诚者路德维希，查理曼大帝的儿子，把帝国分给了他的3个儿子。但是后来，他的第二段婚姻又给他带来一个儿子，秃头查理。因为他又想给这个儿子一份遗产，于是就产生了他和他想剥夺已经继承了他的遗产的其他3个儿子之间的纠纷与战争。这场战争最初只是涉及一种个人的利益，但这些民族由于战争和自己的利益相关而参与到战争中来。西部的法兰克人已经自认为是高卢人，于是他们发动了一场反对日耳曼的法兰克人的斗争，正如后来意大利人也起来反抗日耳曼人一样。虽然根据843年订立的《凡尔登条约》，查理曼大帝的后裔又做了一次分割，但是，后来，除了几个行省之外，整个法兰克王国又在短时间内被大胡子查理曼重新统一起来了。但这位懦弱的君主只有能力在很短的时间里把它们黏合在一起；法兰克王国分裂为许多的小国家，这些国家各自独立发展而且一直维持下去。在这个王国中有意大利，它自身也被分割成几个部分；两个勃艮第王国，上勃艮第王国，它的中心是日内瓦和瓦利斯的圣莫里斯修道院，和位于汝拉、地中海和罗纳河之间的下勃艮第王国；此外还有在莱茵河和马斯之间的洛林，诺曼底和布列塔尼等。法兰克王国的本土被包围在这些王国之间，在雨果·卡佩登上皇位之时，他发现自己处处受到限制。东法兰克、萨克森、图林根、巴伐利亚、施瓦布等仍然属于日耳曼帝国。法兰克的君主国就这样分崩离析了。

　　法兰克帝国内部的制度也日复一日地完全消逝了，尤其是军事力量的组织。我们看到，在查理曼帝国之后不久，诺曼人从四面八方侵入了英格兰、法兰西和德意志。原来统治英格兰的是7个不同王朝的盎格鲁萨克森国王,但是埃格伯特在827年把所有的统治统一在唯一的一个王国中。在他的继任者统治的时候,丹麦人频频侵入英格兰,并且把整个国家洗劫一空。他们最初在阿尔弗雷德大帝统治期间遭到了英勇的抵抗,但是丹麦国王克努特大帝后来征服了整个英格兰。同时,诺曼人也多次入侵到法兰西。他们驾驶着轻便的小船向上行驶到塞纳河和卢瓦尔河,洗劫了许多城市,踩躏了许多修道院,满载着缴获的战利品离开了。他们围困住了巴黎,卡洛琳王朝的国王们只好可耻地通过贿赂换来和平。他们还使易北河畔的很多城市沦为废墟。他们从莱茵河出发洗劫了亚琛和科隆,并且使洛林成为他们的纳贡者。虽然在沃尔姆斯的德意志帝国议会曾经在882年给所有的下属发出过一个通告,但是他们最后被迫同意达成一种屈辱性的调节。这些暴风雨都是从北方和西方过来的。从东方入侵的是匈牙利人。这些野蛮的民族用车载着他们的女人和孩子四处游荡,并且把南德意志化为一片废墟。他们穿过了巴伐利亚、施瓦布、瑞士,抵达了法兰西王国的内部,并且向意大利挺进。萨拉森人从南方向这里逼近。西西里已经落在他们手中很久了。他们从那里出发,在意大利建立了巩固的根据地,从而威胁到罗马,罗马通过求和使自己避开了他们,他们还使皮埃蒙特和普罗旺斯惶惶不可终日。[443]

这三个民族就是这样从四面八方一下子蜂拥而进入这个帝国之中,差一点就在他们的破坏性远征中不期而遇。从诺曼人到汝拉人一再踩躏法兰西;匈牙利人一直进攻到了瑞士,萨拉森人一直进攻到了瓦利斯。如果我们回想一下发布招募令的组织,如果我们把它和这种令人悲痛不已的状况做个比较,那么,我们必定会对于这一切曾经声名远播的制度的完全不起作用而惊诧不已,因为它们在这样的关键时刻应该显示出它们最大的作用。人们会倾向于认为,对于查理曼大帝统治下的法兰克王国君主制的最优美、最合乎理性的宪法的描绘只是一个空洞的梦幻,这一宪法无论对内还是对外都把自己显示为实力雄厚、地大物博、井井有条。然而,这种宪法的确存在过。但是,这整个的国家制度只是由于查理曼大帝[444]

个人的力量、伟大和高贵的性情才得以维系,而不是奠基于民族的精神之中,没有活泼泼地进入这个民族之中,而只是一种外在地强加给这个民族的东西,一种先天的宪法,就像拿破仑强加给西班牙的宪法,只要维持它的权力不再存在了,这种宪法本身也就难以为继了。毋宁说,构成宪法的现实性的东西是,它作为客观的自由、作为意愿的实体性方式、作为主体之中的义务与责任而实存着。但是,对于只是作为心灵和主观意志而存在着的日耳曼精神而言,还不存在任何义务,不存在任何统一性的内在性,毋宁说,只存在着无所谓的、不深入的自为存在一般的一种内在性。那一宪法以这种方式没有一个固定的纽带,没有在主观性之中的客观内容;因为一般地说,宪法还是不可能的。

这就把我们引向了第二个反动,这一反动是个体对于法律力量的反动。对于法制和普遍性的理解力完全还没有出现,还没有活在这些民族自身之中。一旦查理曼大帝那只强有力的手不再紧紧地拉住缰绳,每个公民的自由的义务、法官谈论法权的职权、大区伯爵判案的职权、对于法律本身的兴趣等等就显示为不堪一击的东西。查理曼大帝那彪炳日月的国家管理消失得无影无踪,而它的直接后果是个体普遍感觉到需要寻求保护。一种特定的保护需求肯定存在于每一个组织良好的国家中:每一个公民都认识到了他的法权,而且也知道,总的来说,社会的状况对于他的财产安全是必不可少的。野蛮人尚未认识到需要另一个人来保护自己;如果他的法权需要从另一个人那里得到保障的话,他只是把他人看作是对他的自由的一种限制。因此,在野蛮人那里还不存在建立一个稳定的组织的冲动;人们必须首先被置身于一种没有保护的状态之中,才能感觉到国家这种现象的必要性。国家之形成必须从头开始。普遍物在自身之中和在人民之中彻底没有了生机与稳固性,它的懦弱无能表现在,它没有能力为个体提供保护。就像已经说过的那样,义务的规定并不存在于日耳曼的精神之中;这端赖于把它生产出来。现在意志只能首先维系在财产的外在性之上,在经验到国家保护的重要性之后,意志被从迟钝中有力地拽出来了,而且被困境逼迫着产生了对于一种团结和一种社会性的

[445]

需要。因此,诸个体不得不去其他个体那里寻求帮助,并且被安置在一个独掌大权者的权力之下,这个权力从以前属于普遍物的权威变成了一种私人的财产和个人的统治。那些伯爵作为政府官员时发现他的下级并不对他俯首帖耳,而且他也不要求他们服从,但是他们为了他们自己时却很想得到这种服从。他们以公徇私,拿国家的权力为自己办事,并且把这种国家授予他的权力变成可以世袭的财产。因此,以前是国王或者其他身份高贵的人把采邑当作奖励分封给他的封臣,而现在正好颠倒过来,弱者和穷人把他们的财产送给有权有势者,期望通过这种方式获得他们的强有力的保护。他们把他们的财物转交给一位主人、一家修道院、修道院院长、大主教(feudum oblatum,封地转移),又把它们收回来,于是就负载了为这些主人提供服务的义务。他们从自由人变成了附庸,受采地者,他们的财产变成了被授予他们的财产。这就是封建制度的关系。**封建**(feudum)是和**忠诚**(fides)联系在一起的;忠诚在这里是通过非法(Unrecht)而形成的一种联系,这种关系以合法的东西作为目标,但是又同样地把非法作为它的内容。因为附庸的忠诚并不是一种对于普遍物的义务,而是一种私人的义务,这种私人义务完全听任于偶然性、任性和暴力。普遍的非法、普遍的无法权状态被带进了一个由私人依赖性和私人义务组成的体系之中,结果,只有这种义务状态的外在形式构成了这个体系的合法的一面。——因为人人都必须保护自己,所以,在抵御外侮时最可耻地消失了的武士精神再次被唤醒了;感受力的迟钝部分地因为受到了最明显的虐待,部分地因为私人的贪婪和私人的权势欲而被唤醒了。现在表现出来的勇敢不是对于国家而言,而是对于主观的利益而言是有价值的。在所有的地方都建立了城堡,防御工事也修建起来了,确切地说是为了保护私人财产,为了抢劫和成为暴君。整体以上面提到过的方式消失在这样的点状的个别性之中,而这些点状的个别性中主要的值得提及的是主教和大主教的驻地。主管教区拥有法院和一切政府有效性的豁免权。大主教履行地方长官的职责,而且让皇帝把以前由伯爵执行的司法权委托给他们自己来行使。于是,就有了自成一体的教会的领地、社团,它们隶属于

〔446〕

[447] 神圣的事物(市法院管理区)。后来的世俗统治就是从这里发展而来的。这二者取代了以前的行政区和伯爵领地的位置。只有在很少的城市中,自由人组成的社团自身就有足够的实力提供保护和安全,而不需要皇帝的帮助,在这些城市还保留着古老的宪法的残余。在所有其他地方,这种自由的社团都消失了,都臣属于主教或者伯爵和公爵,也就是现在的诸侯和王侯。

皇帝的权力在整体上被尊奉为至高无上、至尊至贵的权力:皇帝被认为是整个基督教世界世俗的领袖;但是皇帝的观念越是高高在上,皇帝在现实中的权力也就越小。法兰西王国因为和这种空泛的狂妄保持距离而获益良多,但是在德国,文化的进步却因为这种权力假象而受到了阻碍。诸位国王和皇帝不再是国家的元首,那些作为封臣的王侯才拥有真正的统治权力并控制着领土。因为现在一切都基于特殊的个人统治,所以人们认为,特殊的统治进一步发展成为国家的前提是,那些特殊的统治必须退回到一种官方的关系。但是要达到这一点,一种目前还不存在的超权力就是不可或缺的,因为那些王朝自己规定了它们在多大程度上仍旧独立于普遍物。法律和法权再也不起作用了,起作用的只是偶然的权力、特殊法权的顽固的粗野,这种偶然的权力奋力追求和法权与法律的平等。在整个偶然性中存在着一种法权的不平等,从这种不平等中还不能发展出君主制,它的最高元首能够压制住那些特殊的权力;相反,这种偶然的权力逐渐转变为诸侯国,并且和最高元首的诸侯国联合在了一起。这样,国王的权力和国家的权力就成为有效的权力了。在国家之中还不存在统一性的纽带之时,这些特殊的领土已经分别获得了发展。

[448] 在法兰西,查理曼大帝的王室和克洛维斯的王室一样由于摄政者的昏庸无能而渐渐式微。他们的统治最后只局限于对于拉昂这个小地方的统治,而卡洛琳王朝的末代君主,在路德维希五世之后曾经称帝的洛林公爵查理曼,兵败被擒。实力雄厚的法兰西公爵雨果·卡佩被拥戴为国王。但是国王的称号没有给他带来任何现实的权力,因为他的力量只是基于他的财产。后来,历代国王通过购买、联姻、某些家族子嗣灭绝而成为更

多领地的拥有者,这时,人们才开始特别地向他们求助,以保护他们免受王侯们的暴力行为。最初,法兰西的国王的权力是可以世袭的,因为领主统治是可以世袭的,但是,一开始,国王们仍然小心翼翼地让他们的儿子在他们有生之年就继承王位。法兰西分为好几个政权:吉耶那公爵区,弗兰德斯侯爵区,盖斯康公爵区,图卢兹侯爵区,勃艮第公爵区,韦芒杜瓦侯爵区;在一段相当长的时间里,洛林也属于法兰西。诺曼底曾经被法兰西王国割让给了诺曼人,为了在一段时间里与他们相安无事。威廉公爵从诺曼底出发,渡海向英格兰挺近,并于1066年征服了英格兰。他在这里毫无保留地引进了一套发展成熟的采邑制度,时至今日,这个体系的网络仍然在很大程度上还在困扰着英格兰。但是,诺曼底的公爵们费了九牛二虎之力以这种方式与已经式微的法兰西国王相对抗。——德国是由许多大的公爵区——其中包括萨克森、斯瓦布、巴伐利亚、克恩顿、洛林、勃艮第、图林根侯爵区等,以及一些主教管区和大主教管区组成的。每一个公爵区又分裂为许多或多或少独立的主权区域。很多次,从外表上看,皇帝把许多公爵区统一起来置于他自己直接的统治之下。皇帝亨利希三世在登基之时就是好几个大的公爵区的主人,但是他因为又把这些区域分封给其他人,削弱了他自己的力量。德国彻头彻尾是一个自由的民族,它不像法兰西有一个攻城略地的家族的中心;它一直保持为一个选举的帝国。王侯们拒绝放弃他们自己选举元首的法权;在进行每一次新的选举之时,他们都会重新提出新的限制性条件,以至于皇帝的权力被贬低为一个空洞的幻影。——意大利也存在着这种态势;德国皇帝向他们提出要求,但是只有在德国的权力设法变成直接的军事力量的时候,只有在意大利的城市和他们的贵族看到了投降的好处之时,他们的权力才会起作用。和德国一样,意大利也划分为许多大大小小的公爵区、伯爵区、主教区和采邑。无论是在北方还是南方,教皇的实力都是微乎其微,南部很久以前就被分割为隆巴迪人和希腊人的领地,直到后来,他们都被诺曼人征服了。——西班牙在整个中世纪都在和萨拉森人作斗争,有时候苦苦支撑,有时候凯旋,直到最后,它屈服于基督教文明的更加具体的精神。

[449]

一切法权就这样在特殊的权力面前消失了,因为在整体、国家还是一个目的的地方,根本不存在法权的平等、法律的理性。

我们上面提到过的**第三种反动**是从普遍性的要素出发而对分裂为特殊性的现实性做出的反动。这种反动是自下而上地进行的,从特殊的占有自身出发,然后主要是由教会表达出来。仿佛世界渗透了对于世界状况的**虚无状态**的一种普遍的情感。在完美的个别化的状况之中,在只有当权者的权力绝对有效的地方,人们不可能达到太平无事的状态,而一种恶的良知已经使基督教世界瑟瑟发抖。在 11 世纪,整个欧洲都弥漫着一种因为末日审判已经迫在眉睫和相信世界很快就会毁灭而导致的恐惧。内在的阴郁会推动人做出最荒谬悖理的行动。有些人把他的全部财产都捐赠给教会,把他的生命耗费在坚韧不拔的苦修之中;但是大部分人沉湎于纵情声色之中,肆意地挥霍他们的财产。只有教会在这个时候由于捐赠和遗嘱而积累了大量的财富。——差不多同一个时期可怕的饥荒夺走了很多人的生命:市场上甚至有人公开售卖人肉。在这种状况下,我们能够看到的无非是人身上的无法无天、兽性的欲望、最粗野的任性、欺骗和狡诈。最令人毛骨悚然的事情出现在意大利,基督教的中心。这个时代对所有德行都是陌生的,virtus(德性)已经丧失了它本来的含义:人们在使用它时的意义无非是权力、强制,间或甚至有强奸的意思。教会就处于这样一种腐化堕落的局面之中:它自己的主管人员视自己为教会的资产的主人,随心所欲、肆无忌惮地糟蹋它;同时,他们规定那些僧侣和教会人士精打细算,省吃俭用。那些不想招收主管人员的修道院现在也被迫无奈只能招收了;那些邻近的贵族要么亲自担任主管人员,要么让自己的儿子来担任。只有大主教和修道院院长能够保持他们的财产,因为他们一面懂得使用自己的权力,一面也利用自己的追随者来保护自己,因为他们大多数都出身于高贵的门第。

主教区是世俗的封地,因此他们就有义务为帝国和封地提供服务。国王不得不任命主教,而国王的利益则要求教会人员对他们有好感。想要成为一个教区之主的人就不得不求助于国王,因此,一桩和主教与修道院院长的职务相关的正式交易从此就开张了。曾经预借钱给国王的放高利贷的人可以要求国王以这样的方式给他补偿,于是,那些卑鄙无耻的小人可以获得教会的职位。尽管如此,教会的职位还是要通过社团的选举,[451] 享有选举权而有影响力的总是不乏其人,但是国王会迫使这些人承认他的命令。发生在教皇座椅上的事情也并不比上面这些事情更胜一筹:在很长的一段时间里,罗马附近图斯库鲁姆的伯爵们要么把教皇的座椅分配给他的家族成员,要么把它分配给那些向他出巨资购买这个座椅的人。这种状况到最后已经恶劣到了无以复加的地步,以至于无论是世俗中还是教会中积极有为的人物都起来反抗这种状况。皇帝亨利三世通过任命自己为罗马教皇而给不同派系之间的冲突画上了一个句号,尽管他因为此举而招致了罗马贵族的怨恨,但是,他用他的权威来做教皇的坚强的后盾。教皇尼古拉斯二世规定,教皇必须由红衣主教选举产生;但是红衣主教有很大一部分出身于名门望族,所以在选举中还总是会出现同样的不同派系的争吵。教皇格里高利七世(在他还是红衣主教希尔德布兰德时就已经名闻遐迩了)试图尤其想要通过两条规章来在这种令人胆战心惊的局面下保证教会的独立性。首先,他贯彻实施了教会人员的独身生活。从最初的时候起就已经有人提倡,教会人员不结婚是健康的和合适的。据历史学家和编年史告诉我们,这种要求的完成状况令人极不满意。尼古拉斯二世解释说已经结婚的教会人士是一个新的教派;但是,格里高利七世以极其罕见的毅力实行了这个规章,他的方法是把一切已婚的教会人士和一切做弥撒时只在一边旁听的平信徒逐出教会。通过这种方式,教会便局限于自身内部,而把国家的伦理完全排除在外了。——第二条规章是针对买卖圣职(Simonie)的行为而发的,也就是说反对出售或任意指派主教或者教皇的职位。从此以后,教会的职位应该委任给理应得到这个职位的教会人士,这个规定必然会造成教会人士与世俗的统治之间 [452] 的巨大冲突。

格里高利想要通过这两个大规章把教会从依赖和暴力活动的状况中解放出来。但是,格里高利对于世俗的权力还提出了进一步的要求;也就是说,所有有俸神职都必须通过上级教会当局主持的就职仪式才能把新的教职归于他,而且只有教皇才可以处理教会的巨额财产。从神圣的权力高出于世俗的权力这个抽象的原则出发,教会作为神圣的权力应该能够统治世俗的权力。皇帝在加冕的时候——只有教皇才适合给皇帝加冕——必须宣誓,他愿意永远服从教皇和教会。所有的国家和所有的政权,如那不勒斯、葡萄牙、英格兰、爱尔兰等,都和教皇的宝座处于一种正式的仆从关系。

就这样,教会获得了一种独立的位置:大主教在不同的国家召集宗教会议,在这种宗教集会上,教士们发现了一个永久的根据地。教会以这种方式对世俗的事务产生了巨大的影响,狂妄地要求决定王侯的加冕事宜,充当发动战争与缔结和平的不同权力之间的调停人。教会在干预世俗事务时最偏爱的起因是君主的婚姻。也就是说,常常会发生这样的事情,即如果君主想要和他们的配偶离婚的话,那么,他们必须得到教会的允许。教会抓住这个机会向他们提出某些不平常的要求,并且坚持这些要求,有意识地扩大这些要求对于一切事物造成的影响。在发生普遍的混乱之时,教会权威的这种调停大家都认为是必要的。通过引入"**上帝的和平**",各种世仇和私人复仇引起的争斗至少可以一周暂停几天或者暂停一周;教会会使用它的一切宗教的(geistlichen)手段,比如革除教籍、禁令和其他的威胁与惩罚,来维持这种停战状态。然而,由于那些世俗的财产,教会又和其他那些世俗的君主与贵族处于一种真正陌生的关系之中;它形成了一股反对他们的可怕的世俗力量,确切地说,它首先形成了一个和暴力行为与任性相对立的反抗的中心。它尤其反抗反对建立教皇的世俗统治的人的暴力行为;如果封臣以他们的权力来反对君主的任性的权力,那么,他们在这个时候总是能够得到教皇的支持。但是他们所反对的东西是和他们自己一样的权力和任性,他们常常把他们的世俗的利益和作为圣灵的利益——亦即神圣的实体性的权力——的教会的利益混淆在一起。王公和人民当然知道如何区别出来这种利益,而且能够在教会干预之时认出世俗的目的。他们之所以支持教会,是因为这符合他们自己

[453]

的利益，否则，他们一点都不顾忌革出教门和其他教会的惩罚。意大利最不尊重教皇的权威，罗马人以最恶劣的方式和他们打交道。教皇从土地与财富和从直接的统治中赢得了什么，他们也就在声望与尊重方面失去了什么。

我们现在必须从根本上考察教会的**精神的方面**、它的权力的形式。基督教原则的本质很早就已经得到了发展，它就是调和的原则。人只有克服了它的自然状态，才能现实地成为精神的存在。这种克服只有通过这种预设才是可能的，即人的本性和神的本性自在自为地是合而为一的，人就其是精神而言也具有本质性和实体性，而本质性和实体性属于上帝的概念。调和正好是由这种统一性的意识决定的，而这种统一性的观点对人来说是在基督之中被给予的。现在，最重要的事情是，人要把握到这种意识，而且，这种意识要持续不断地在人之中被唤醒。这就是发生在**弥撒**之中的事情：在**圣饼**之中，基督被显示为当前在场；牧师所供奉的那片面包，就是当前在场的上帝，他是为了达到直观，而且被永远地奉献出来。人们在这种直观中正确地认识到，基督的奉献是一个现实的和永恒的事件，因为基督不仅是感性的和唯一的，而且也是完全普遍的个体，也就是说，神圣的个体。但是，相反的一面是，感性的因素被单独地孤立出来了，没有被享用的圣饼仍然受到尊崇，基督的现身在场没有以本质的方式被设定在观念与精神之中。路德的宗教改革合情合理地特别攻击了这个学说。路德所提出来的伟大定律是，圣饼只是某种东西，基督只有在对他的**信仰**中才能被感受到；此外，圣饼只是一种外在的东西，它不比任何其他东西有更大的价值。但是天主教徒跪倒在圣饼的面前，就这样，这个外在的东西被当成了一种神圣的东西。神圣的东西作为物有它的外在性的特征，所以，它能够被别人占为己有，而把我排除在外；它能够出现在别人的手中，因为这个过程并不是发生在精神之中，而是通过它自身的物性（Dingheit）而促成的。人的最高的善掌握在别人的手中。于是在这里立即出现了一种在以下二者之间的分离，一方面是占有这种善的人，另一方面是从其他人那里获得这种善的人，也就是在**教会**和**平信徒**之间的分离。

[454]

平信徒不熟悉神圣的东西。这就是中世纪教会深陷其中的那种绝对的分裂;这一分裂是把神圣的东西认识为外在的东西所产生的后果。教会提出了平信徒能够分享神圣的东西所必需的某些特定条件。**教义**的全部发展、洞见、关于神圣事物的科学已经完全被教会占有了:教会不得不做出规定,而平信徒只能毫不犹豫地信仰;服从就是他们的义务,这种服从是信仰的服从,而不能有自己的判断能力。这种关系把信仰变成了一个关系到外在的法权的事情,而且最终必然会发展为强制和火刑。

[455]

普通人已经被切断了和教会的联系,于是,他们和神圣的东西之间的联系也被切断了。因为教士总的来说就是人与人之间和基督与上帝之间的调停者,所以,平信徒在做祷告时不能直接向上帝求助,而是必须通过这些中介人物,通过那些使双方和好的人、那些已经死去的人、那些完美无瑕的人——**圣徒**(Heiligen)。于是,对于圣徒的崇拜应运而生了,同时又出现了和圣徒及其生平相关的无以数计的胡编乱造和撒诈捣虚。在东方,神像崇拜很早就盛极一时,在经过长时期的争吵以后,一直延续了下来;图像、绘画仍然属于观念,但是,更加粗野的西方的本性渴慕某种可以直接直观到的东西,于是就形成了圣迹崇拜。紧接着在中世纪出现了死人的纯属形式的复活:每一个虔诚的基督徒都想占有这种神圣的尘世残余物。在所有圣徒中最重要的崇拜对象是圣母玛利亚(Mutter Maria)。她固然是表现纯洁的爱、母爱的美丽画像,但是精神和思维是更高的东西,在崇拜画像之时,精神中的上帝崇拜就丢失了,基督本人也被弃置于一旁而不顾。上帝与人之间的中介者因此就被把握为和保持为某种外在的东西:就这样,通过颠倒自由的原则,绝对的不自由变成了法律。更进一步的规定和关系就是一系列的这种原则。关于教义的知识、教义是精神不能认识的东西,它只能为某个阶层所独占,只有这个阶层才能规定什么是真理。因为人是如此的卑下,他不可能与上帝处于一种直接的关系之中;正如前面已经说过的,如果人想要向上帝求助,他必须需要一个中间人,一个圣徒。神圣的东西与属人的东西的自在自为的统一性被否定了,因为人自身被认为没有能力认识神圣的东西与接近神圣的东西。在

[456]

人与善的这种分离状态中,不会强迫心灵自身发生一种变化,因为这种心灵的变化预设了一个前提,即神圣的东西与属人的东西在人之中的统一性;相反,地狱中各种令人毛骨悚然的景象以令人不寒而栗的色彩展示在人的面前,而如果人要逃避这种景象的话,不是通过迁善改过,而是通过一种外在的方式,即恩典的方式。然而,平信徒却不熟悉这种方式,必须要有另外一个人,**听取忏悔的神父**,助他一臂之力。个体必须忏悔,他必须当着听取忏悔的神父的面讲述他的行为的全部细节,并且从他那里获悉他接下来该怎么做。因此,教会接替了良知的位置,它引导个体就像引导懵懂顽童一样,它对他们说,人能够从他罪有应得的痛苦之中解放出来,但是不是通过他的迁善改过,而是通过一种外在的行动,opera operata(人事)——这种行动不是善良意志的行动,而是根据教会牧师的命令而做出的行动,比如做弥撒、苦修、祷告、朝圣等。这些行动是无精神的行动,只会使精神变得愚蠢,它不仅是外在地做出的行动,而且人们可以请其他人为他代劳。人们甚至可以从本来规定圣徒必须完成的善良行为的盈余中为自己贿买若干,由此而获得那些善良行为带来的拯救。被认为是基督教教会中善好的东西和伦理的东西,就这样发生了一种完全的错位;教会对人只做出外在的要求,而且这些要求只以外在的方式得到满足。一种绝对的不自由的关系就这样被楔入自由原则自身之中。

　　精神原则和世俗原则的绝对分离根本上和这种颠倒联系在一起。有两个神圣的王国,一个是心灵和认识之中的理智的王国,一个是伦理的王国,伦理的王国的质料和地基是世俗的实存。只有科学才能够把上帝的王国和伦理的王国把握为**一个**理念,也唯有科学才认识到,时间在为了实现这种统一性而努力工作。但是虔诚自身和这种世俗性的东西没有什么关系;它虽然可以以一种仁慈的方式出现在世界之中,但是这种方式还说不上是合法的伦理方式,更不用说自由了。虔诚处在历史之外,而且是没有历史的,因为历史毋宁说是在它的主观自由中自我当前化的精神的王国,是国家的伦理王国。神圣东西的现实化在中世纪还不存在,相反,它们之间的对立反复出现。伦理的东西被当作某种虚无的东西,确切地说,

[457]

表现在它的**三个**真正的要点上。

一种伦理是爱的伦理,而爱是婚姻关系中的感觉。我们绝不可以说,独身生活违反自然,但是它违反伦理。虽然教会也把婚姻算作一件圣事①,但是,仍然认为婚姻的立场是堕落的,因为不婚状态被认为是更加神圣的。另一种伦理存在于活动之中,存在于人为了他的生活来源而进行的劳动之中。人的荣誉就在于,为了满足他的需要,他完全依赖于他的勤劳、他的款项和他的理智。和这些品质相对立的是贫穷、懒惰和无所事事,但是它们却被认为是更高贵的,这些反伦理的品质被尊奉为神圣的品质。伦理的第三个因素是,服从指向的是伦理的东西和合乎理性的东西,就好像服从我认为是公正的法律一样,而不是盲目和无条件地服从,这种服从不知道要做什么,没有意识,没有认识,盲人瞎马,摸索前行。但是,正是这后一种服从被认为是最讨上帝喜欢的服从,因此,教会的任性强迫人承担起的这种不自由的服从,被认为高于真正的自由的服从。

贞洁、贫穷和服从这三种誓愿正好变成了它们本来应该是的那个样子的反面,而在这些誓愿之中,一切伦理都遭到了贬低。教会再也不是一种精神性的(geistige)权力了,而是一种教会的(geisitliche,灵的)权力,世俗与教会之间的关系是一种没有精神的、没有意志的和没有识见的关系。我们看见它的结果是品行不端、丧尽天良、鲜廉寡耻等肆意流行,而这个时期的全部历史就是这种纷乱状态的一幅详尽无遗的图像。

根据我们刚才所说的,中世纪的教会向我们显示为一种自身之中的**单纯的**矛盾。也就是说,主观精神尽管是从绝对的东西中产生的,但是它同时也是**一种有限的**和实存着的精神,是理智和意志。它的有限性是从出现在这种差异之中开始的,但是在这里,矛盾和异化现象也同时出现了。因为理智和意志并没有渗透在真理之中,对它们来说,真理还只是一个被给予物。就意识而言,绝对内容的这种外在性把自身规定为,内容作

---

① 天主教认为,圣事有七件,分别是圣洗、坚振、圣体、告解、终傅、神品和婚配。——译者注

为感性的外在的物、作为普遍的外在的实存而出现,然而,这也应该被认为是绝对:这种绝对的无理要求是向精神提出的。矛盾的另一种形式涉及教会自身之中的关系。真正的精神实存于人之中,是人的精神,正在做礼拜的个体赋予自身以他和绝对之间的同一性的确定性,而教会只是占有了这种礼拜的指导者和命令者的关系。但是毋宁说,在这里就像印度人中间的婆罗门,是教会的阶级占有了真理,虽然不是通过出身,而是通过认识、教义、静修;但是,只有这些是不够的,相反,只有一种外在的方式,一种没有精神的所有权凭证,才能现实地构成这种占有。这种外在的方式是神甫授职仪式,结果,授予圣职的典礼既本质地又感性地和个人黏附在一起,无论他的内在的情况是怎么样的,——无论他在所有方面是否是反宗教的,不道德的,无知的。第三种类型的矛盾是教会,因为教会作为一种外在的实存,拥有地产和数量庞大的财富,而教会本来应该鄙视财富或者声称鄙视财富,所以,这一切就都是谎言。

[459]

　　中世纪的国家以同样的方式卷入到各种矛盾之中,就像我们已经看到的那样。我们前面谈到过一种帝制(Kaisertum),这种帝制公认为站在教会的一边,是它的世俗的臂膀。但是,这个得到承认的权力自身之中存在着各种矛盾,无论是对于皇帝本人来说,还是对于那些借助皇帝完成他沽名钓誉的目的的人来说,这种帝制是一种空洞的荣誉,形同儿戏,因为激情和权力只是为了自身而实存,绝不会屈从于那种纯粹抽象的徒有虚名的观念。其次是这种提到过的国家的纽带,我们称之为忠诚,这种忠诚完全听从任性的摆布,它不承认任何客观的义务。但是,这种忠诚因此而是一切事物当中最不忠诚的东西。中世纪德意志的荣誉是众所周知的:但是如果我们更细致地考察一下历史中的忠诚,那么,它就可以被称为一种地地道道的虚假的忠诚(punica fides 或者 graeca fides),因为皇帝的这些王侯和封臣只是对于他们的自私自利、利己主义和激情表示忠诚和正直,但是对于帝国和皇帝是完全不忠诚的,因为他们的主观任性在忠诚自身之中是合法的,而国家还没有组织成为一个伦理的整体。第三种矛盾是个体自身之中的矛盾,虔诚的矛盾,一方面是最美丽的和最内在的祈

367

[460] 祷，另一方面是理智和意志的野蛮。这里既存在着对于普遍的真理的认识，又存在着关于世俗的东西与精神的东西的最没有教养、最粗俗的观念：一边是灭绝人性、残酷无情的愤怒的激情，一边是基督教的神圣，而基督教的神圣舍弃了一切世俗的东西，完全奉献给神圣的东西。这个中世纪是如此地自相矛盾，如此地弄虚作假，我们这个时代最无聊透顶的一件事情是居然想要把这个时代的卓尔不群当作一句流行语。不受任何制约的残暴，风俗的粗野，幼稚的想象，这些并不令人反感，而只能令人表示惋惜；但是灵魂的最高的纯洁被那种最骇人听闻的粗野玷污了，最博大精深的真理被谎言和自私贬低为一种手段，最违背理性的、最粗俗的、最肮脏龌龊的东西居然从宗教中找到了根基和获得了力量——这是有史以来人类曾经看过的最令人厌恶和最令人愤慨的一幕戏剧，只有哲学才能把握它，才能为它作出辩解。因为如果人对于神圣的东西的意识仍是一种最初的和直接的意识的话，那么，在这种意识之中必然会出现一种对立；精神**自在地**与之发生关联的那种真理越是深刻，而精神又还没有同时在这种深度上把握住它的当前现身，那么，精神自身就越是会在它的这种当前现身之中外在于它自身，但是，它只能从这种外化中获得它的真正的和解。

我们现在把教会看作是精神性的东西对于现存的世俗性的**反动**，但是，这种反动自身的特征是，它只是把它要对之做出反应的东西变成卑躬屈膝的，但是并不对它进行改良。一方面，精神性的东西，通过一项使它自己的内容发生混乱的原则而获得了权力；而另一方面，世俗的统治也巩固了自身，并且把自身发展成了一个体系，即**封建体系**。如果说人们通过他们自己的孤立而还原为了个体的力量和权力，那么，那些个体在世界之中立足于其上而保存自己的每一个点就都变成了充满精力的点。如果个体还没有通过法律，而只是通过他们自己的穷心竭力而得到保护，那么，

[461] 就会出现一种普遍的生机、活动和激动。一方面，人们确信能够通过教会而获得永恒的幸福，而为了达到这一目的，他们只需要在精神上对教会俯首帖耳就行了；另一方面，他们越是热衷于追求世俗的享受，因此而形成

的对于精神的救赎的伤害也就越小。因为一旦需要赦免罪过,教会会给一切任性、一切亵渎、一切恶习签发赦罪证书。

第 11 世纪到 13 世纪期间,出现了一种冲动,这种冲动以多重方式表达出来。社团开始建造巨大无比的神之居所,教堂,目的是为了容纳社团。建筑艺术永远是构成上帝的无机因素、上帝的居所的第一艺术。后来他们才寻求可以表现上帝本身、社团的客观因素的艺术。意大利、西班牙和佛兰德斯的沿海各城市,都在从事一种繁忙的海上贸易,而海上贸易又反过来导致这些地方内部实业极为活跃。各门科学开始潜滋暗长,有复苏的迹象,经院哲学显示出一派生机,博洛尼亚和其他一些地方建立了研究法权的学院,医学的状况也相差不大。**城市的兴起**和它们的**重要性**与日俱增并作为主要条件为一切创造活动奠定了基础。这已经成了现代研究一个极受欢迎的题目了。当时,对于城市的兴起存在着巨大的需求。这些城市就像教会一样,表现为对于封建制度的暴力行为的反动,首先表现为在自身之中具有合法性的力量。我们前面早就提到过这样的局面,有权有势者逼迫其他人在他们那里寻求保护。这些保护中心包括城堡(Burgen)、教会和修道院,需要保护的人都可以在这里聚集,从现在起,他们就变成了公民(Buerger),城堡的主人与修道院院长对他们有保护义务的人。就这样,在很多地方都形成了一种稳定的共同生活。从古罗马时期以来,在意大利,在法兰西王国南部和在莱茵河畔的德意志,一直保存着很多城市和城堡,它们一开始就享有城市的各种法权,但是后来,它们在总督的统治下失去了这些法权。城市居民和乡下的居民一样都变成了农奴。

[462]

然而,从现在起,从这种保护关系中生长出了一种自由财产的原则,也就是说,从不自由中生长出了自由。那些王公和高贵的领主自己也没有自由的财产;他们拥有凌驾于他们的臣属之上的一切权力,但是同时他们又是更高一等者和更有权有势者的附庸,他们对那些人负有各种义务,不过,他们也只是被逼无奈才去履行这些义务的。古老的日耳曼人只知道自由的财产,但是这些原则已经倒过来成为完全的不自由,而现在,我们终于看见开始出现了一种重新生长起来的自由的感觉,尽管还比较微弱。通过他们自己开垦出来的土地而紧密地联系在一起的诸个体,在他们自己之中建立起了一种团结、联盟或者联合。他们一致同意,要为自己而生活与工作,他们以前只是为了领主而做的事情,现在是为了自己而作。他们第一个共同的行动是,建造一座上面悬挂着一座钟的塔楼。在钟声敲响的时候,他们所有人必须聚集在一起,聚会的目的是以某种方式建立起一种民兵组织。这个组织经过进一步发展,成立了一个由乡代表、陪审团、执政官组成的市政当局,并且还建立了一个公共的财务处,收税处,海关等等。为了保卫公共安全,他们挖壕沟,建城墙,但是禁止个别人只是为了保护自己而做这些事情。在这种共同体的内部,和农业有别的手工业发展起来了。从事手工业的人很快就必然地赢得了相较农业而言的优势,因为农民是在暴力的胁迫之下进行劳动的,而手工艺人因为有报酬而表现出自己的能动性、勤劳肯干和兴趣。以前手工艺人必须从他们的领主那里获得许可,才可以售卖他们的劳动产品,为自己挣得一些钱。他们必须为了市场的自由而向领主缴纳一笔特定的费用,除此以外,领主还一直从他们的收入中提取一部分。那些有自己屋子的人还必须为此缴纳一笔可观的遗产税(Erbzins);领主们对于所有进口和出口的货物都征收重税,他们因为保证了道路的安全而得到护送费。随着后来这些社会团体实力越来越强,他们或者用钱从领主这里把所有法权买断,或者用武力逼迫领主不得不把这些还给他们。各个城市也逐渐买下了自己的管辖权,并且从一切租税、关税和租金中解放出来了。维持时间最久的制度是,在皇帝和他的全部随从逗留期间,所在城市必须负担他们的一切开销,他们也必须以同样的方式对待身份较低的王公。各行各业后来分为许多行会(Zuenfte),每一个行会都有特殊的法权和义务。在选举主教和处理其他事务时会形成许多派系,这些派系极为频繁地协助城市获得这些法权。经常发生这样的事情,即从两位主教中选出一位来,这时,每一位主教为了试图吸引公民对他的兴趣,会承诺给他们以特权并把他们从苛捐杂税中解放出来。后来,他们和教会、主教与修道院院长之间进行了

[463]

很多次的斗争。在有的城市,他们一直维持着领主的身份,但是在另外一些城市,公民翻身做了主人,获得了自由。例如,科隆从他的主教手中获得了解放,但是美因茨却没有。慢慢地,这些城市实力增强,成为共和国:完全特殊的是意大利,后来是尼德兰,再后来是德意志和法兰西。它们很快就和贵族发生了一种独具特色的关联。这些贵族和城市中的同业公会(Korporation)联合在一起,把自身转变成了一个行会,例如在伯尔尼。不久,贵族又在城市的协会中提出了拥有特殊权力的无理要求,并且成功地占有了统治地位。但是,公民们奋起反抗,而且为自身得到了政府。那些富有的市民(populus crassus)现在完全把贵族排挤了出去。但是就像贵族分裂为不同派系,尤其是皇帝派与教皇派,前者支持皇帝,后者支持教皇,市民现在也是四分五裂,势同水火。胜利的一派把失败的一派从政府之中完全排挤出去。城市的显贵和封建的王公贵族势不两立,但是他们却剥夺了普通人民领导国家的可能性,就此而言,他们并不比那些原来的贵族更好。城市的历史就是不同的宪政走马灯式的轮换的历史,这要取决于是市民中的这一部分还是那一部分,是这一个派系还是那一个派系占据了上风。最开始,由市民组成的一个委员会选举出市政管理人员,但是在这种选举中,产生最大影响的总是获得胜利的派系,所以,为了能够得到一个不会党同伐异的官员,唯一剩下的手段是,人们选择外人担任法官和市长。所以,经常发生这样的事情,许多城市选举外来的王侯担任最高长官,并且把统治权(Signoria)转让给他。但是,所有这些制度都只是昙花一现;这些王侯马上就会为了追求他们的勃勃野心和满足他们的激情而滥用他们的领导权,于是,几年之后,他们的统治又会被剥夺了。——一方面,城市的历史由于某些人物最可怕的人格而另外一些人物最优美的人格而提供了许多令人兴味盎然的东西;但是另一方面,依照年代发展顺序根据某种必然性勾勒出这段历史的轮廓一定会令人厌倦。如果说我们注意到了城市内部这些惶悚不安和瞬息万变的冲动,不同派系之间的无休无止的相互倾轧,那么,令我们惊诧不已的是,我们也看到这些城市的工业和无论是水路还是陆路上的贸易达到了高度的繁荣。这

[464]

同一个生机的原则正是在这种内部的刺激的滋养下造成了这种现象。

[465] 我们现在已经将教会和城市看作是两种对于王侯和诸侯做出反应的力量,教会把它的权力扩展到了帝国之上,而一种合乎法权的状况在城市中重新开始了。跟着这两种牢牢确立了的权力之后出现的是王侯的反动;皇帝现在似乎在和教皇与城市作斗争。皇帝被认为是基督教的权力亦即世俗的权力的顶端,而与此相反,教皇被看作是教会的力量,但是它现在也变成了一种世俗的力量。从理论上说,无可争辩的是,罗马的皇帝是基督教的元首,他拥有**世俗的统治**,而因为一切基督教的国家都属于罗马帝国,所以,一切王侯事无巨细都应该隶属于皇帝。尽管皇帝本人很少怀疑这种权威,但是他还是足够理智,而不至于想要切切实实地实现这种权威;但是一个罗马皇帝的空洞的头衔就足以让他倾其全力在意大利赢得这种权威和保持这种权威。奥托王朝尤其接受了要把古罗马的帝制传承下去的想法,而且屡次三番地要求日耳曼诸王侯向罗马进军,但是在这件事情上他们经常被诸王侯抛弃在一旁,不得不一再撤回部队,贻人笑柄。意大利人也经历过同样的幻觉,他们希望日耳曼皇帝来拯救他们以摆脱城市中的暴民统治,或者摆脱贵族的普遍的暴力行为。意大利的君主们请求皇帝前来,并允诺大力襄助他,但是后来又把他抛弃了;而那些从前期待着皇帝拯救他们的祖国的那些人,现在又开始诉苦说,他们美丽的国土遭到了蛮族的蹂躏,他们更有文化的风俗遭到了蛮族的践踏,在皇帝背叛了法权和自由之后,法权和自由已经走向毁灭了。但丁对皇帝所做的抱怨和指责尤其感人至深,鞭辟入里。

[466] 与意大利的第二种关联和第一种关联同时发生,尤其是通过伟大的斯瓦布人、霍亨斯陶芬王室的斗争才建立起来,它是把教会已经独立的世俗权力重新带回到国家的管辖之下的努力。教皇的座椅也是一种世俗的权力和统治,而皇帝认为他有更高的资格选择教皇并且把教皇嵌入世俗的统治。国家的法权就是皇帝为之而进行斗争的东西。但是皇帝与之进行斗争的世俗的权力同时也是隶属于教会的:因此,这场斗争是一个永恒的矛盾。同样矛盾的是作为斗争手段的行动,在行动中,和解与不断翻新

的敌意此起彼伏,连续不断。因为皇帝在和他的敌人进行斗争时所使用的权力,亦即那些君主,对皇帝来说是奴仆和臣属,在自身之中是分裂的,他们同时以最高的盟誓听命于皇帝和皇帝的敌人。那些王侯把国家的独立这种无理要求当作他们的最高利益,但是他们是愿意帮助皇帝的,如果皇帝和他的敌人之间的斗争只是围绕着皇帝的头衔这个空洞的荣誉,或者围绕着完全特殊的事务,例如反对某座城市。但是如果斗争是郑重其事地围绕着反对教会的世俗的权力或者反对其他王侯的皇帝的权威,那么,他们一定会抛弃皇帝。

如果说德意志的皇帝想要在意大利实现他们的称号,那么,意大利反过来在德意志也有他的政治中心。两个国家已经不可分割地联系在了一起,任何一方都不可能在自身之中获得团结。在霍亨斯陶芬王朝辉煌的时期,有着伟大个性的个体登上了王位,例如腓特烈·巴巴罗萨,皇帝的权力在他身上表现出了最大限度的崇高与庄严,他通过他的人格使那些隶属于他的王侯对他保持忠诚。可是,无论霍亨斯陶芬王朝的历史多么光辉夺目,无论它与教会之间的斗争多么惊心动魄,这个王朝总体上只是表现了皇室和德意志的家庭悲剧,这场斗争在精神上并没有产生任何伟大的后果。虽然这些城市被迫承认了皇帝的权威,城市的代表发誓要遵守隆卡格里亚帝国议会的决议,但是他们在多长时间里被逼迫遵守这个决议,他们就遵守了多长时间。这种义务完全取决于他们对于优势权力的直接感受。正如人们所说的,腓特烈一世询问各个城市的代表,他们是否宣誓要遵守和平条件,他们说:"是的,但是我们不想遵守它们。"结果是,腓特烈一世在康斯坦次和平会议(1183 年)上在相当程度上承认了这些城市的独立,只是他补充了一条附加条款:必须在无损于领主对于德意志帝国的效忠义务的情况下。——皇帝和教皇之间关于授职礼的争执终于在 1122 年由亨利希五世和教皇卡里克图斯二世依照以下方式得到调停,即皇帝用权杖(Zepter)授职,教皇用指环和权杖(Stab);教皇应该在皇帝亲临现场时或者在皇帝的特使在场时由牧师会选举出来;然后皇帝把政权授予给了作为世俗的封建领主的大主教,但是教会的授职还是保

[467]

留在教皇的手中。在世俗的王侯和教会的王侯之间的无聊的争吵就这样得到了调停。

第二章　十字军东征

在上面提到的斗争中,教会取得了胜利,它就这样在德国和在上述其他国家以不声不响的方式巩固了它的统治。它使自己成了一切生活关联、科学与艺术的主人,成为精神宝藏的连续不断的展示。尽管如此,在这种充足与完满之中,基督教还存在着某种不足和某种需要,这种不足和需要驱动着它走到自身之外。为了能够把握到这种不足,必须追溯到基督宗教的本性本身之中,确切地说,追溯到基督宗教在它的自我意识的**临在**(Gegenwart)中立足于其上的那个方面。

多次宗教会议已经如此僵化地确定了基督教的客观教义,以至于无论是中世纪的哲学还是其他哲学在这里除了把这教义提升到思想的水平,以便在它之中能够满足思维的形式,就再也没有用武之地了。这种教义自身之中包含一个基本的观念,即神圣的本性不能以任何方式被认作一个彼岸的东西,而是要在和人的本性统一起来的临在中才能得到认识。但是,这种临在同时必须只是作为精神性的东西的临在而存在:基督是**这一个**脱离了世界的人,他的时间性的定在是一个已经过去了的定在,也就是说,是一个只存在于观念之中的定在。因为神圣的此岸世界本质上应该是一种精神性的世界,所以,它不可能以达赖喇嘛的方式显现。教皇虽然被放到基督教的首领和教宗这么高的位置,但是他仍然自称为"仆人的仆人"。然而,教会又是如何把基督当作在自身之中的这一个(Diesen)的呢?正如已经说过的,它的主要形态是作为弥撒的教会的晚餐:真正发生作用的基督的生命、痛苦和死亡作为永恒的和每天都发生的牺牲,存在于弥撒这种方式之中。基督作为感性的临在中的**这一个**(diese)就是教士们奉献出来的**圣饼**。对此,已经无需再说什么了:也就是说,真正获得了直接的确定性的是教会,基督的精神。但是,关键在于,上帝如何出现

[468]

在现象之中被固定为一个**这一个**,圣饼、这个物被当作上帝来崇拜。现在教会本应该满足于上帝的这种感性的临在。但是,如果教会承认上帝也在外在的世界中临在,那么,这种外在的临在也就变成了一种无限的多重性,因为对于临在的需要是无限的。所以在教会中就会有极其丰富的事件,基督显现在这里或者在那里,在这个人面前或者在那个人面前,而且他的圣母出现的场合更多,她作为与人更加接近的人又是在居间者与人之间的居间者(那些创造奇迹的圣母画像也是一种特殊类型的圣饼,因为它们提供了上帝的一种恩典和善意的临在)。所以,天国的东西的临在发生在一切地方,发生在许多特别蒙受恩宠的现象中,例如基督的受难事件之中,神圣的东西以个别化的方式发生在奇迹之中。因此,教会在这段时间中是一个由奇迹组成的世界,对那些笃信的、虔诚的社团来说,自然的定在再也没有最后的确定性了;毋宁说,最后的确定性转而反对它自身,神圣的东西不是以普遍的方式把自身显示为精神的法律与本性,而是以个别的方式启示自身,而在这些个别现象之中,理智的定在被完全颠倒了。

[469]

在教会的这种完成之中,**对我们来说**存在着一种缺陷,但是**对它来说**缺乏的是什么呢?它处在这种完全的满足与享受之中,那么,是什么东西逼迫着它在它自身内部想要一些别的东西而不会背叛自己呢?那些奇迹的图像、奇迹发生的地点和时间都只是相互独立的点和暂时的现象,而绝不属于最高的、绝对的类型的现象。圣饼是最高类型的现象,它出现在无以数计的教会中;在圣饼中,基督以化体在(transsubstantiiert)圣饼中的方式成为临在的个别性,但是这个个别性自身是普遍的,而不是这种最终的**在空间中**特殊化的临在。这种临在在时间上已经过去了,但是作为空间性的东西和**在空间中**的具体的东西,在这个地点,例如在这个教堂中,它是一个可以一直保持下去的尘世现象。这种尘世现象现在正是基督教所缺乏的东西,是它必须赢获的东西。虽然有很多朝圣者曾经享受过这种现象,但是通达这个地方的道路现在掌握在不信教的人手里,基督教认为,神圣的地方和基督的圣寝不为教会所有是一件极不体面的事情。基

[470] 督教在这种情感中是完全意见一致的;因此,基督教发动了**十字军东征**,他们这样做时不是为了或这或那的目的,而是为了这个独一无二的目的——占领圣地。

西方再一次发兵远征东方。和希腊人远征特洛伊一样,这次发动远征东方的军队主要由真正独立的封建诸侯和骑士团成员组成;然而,他们没有像在希腊人团结在阿伽门农或者亚历山大之下一样团结在某一位现实的个体之下,相反,毋宁说,基督教的目的在于获得**这一个东西**,个体性的现实的顶点。这个目标驱动着西方冲向东方,而十字军东征的关键也就是在于这个目的。

十字军东征最初是直接在西方本土开始的,成千上万的犹太人遭到了屠杀和洗劫,——在这种令人发指的开端之后,基督教徒才开始出发远征。亚绵的遁世修行者和尚彼得领着一群由社会垃圾组成的乌合之众走在最前面。这支队伍经过匈牙利时败法乱纪,为所欲为,到处打家劫舍,烧杀掳掠,但是,他们的人数流失极为严重,只有很少的一部分抵达了君士坦丁堡。他们根本谈不上有任何理性的根据。这群人相信,上帝会直接引导他们和保护他们。狂热很快使欧洲各民族产生荒唐的想法,这在很大程度上可以通过这样一个事实来证明,即后来,有一群又一群的儿童逃离自己的父母,到达马赛,为了能够从这里乘船前往应许之地。只有很少人终于如愿到达了目的地,而其他很多人被商人卖给了萨拉森人(Sarazenen)做奴隶。

最后,经过千辛万苦和巨大的损失,终于有一些纪律严明的军队达到了他们的目标:他们终于做到了占据一切著名的圣地,比如伯利恒、客西马尼、各各他等,而且还占据了**圣寝**(Heilige Grabe)。在这整个事件过程中,在基督徒的全部行动之中,显示出了一种大到不可思议的反差,这种反差总的来说是存在的,即由基督徒所组成的军队从开始的极端的放荡

[471] 不羁和滥施暴力过渡到最后最高程度的痛心疾首和跪倒忏悔。在那些被杀害的耶路撒冷的居民身体还在滴血的时候,这些基督徒却匍匐拜倒在救世主的圣寝之前,热情地向救世主祷告。

就这样,基督教占有了最高的财富。一个耶路撒冷王国被建立起来了,一整套的封建制度也被引入了这个地方,在和萨拉森人对立之时建立的这种宪法肯定是人们能够发现的最坏的宪法。另一支十字军军队在1204年攻克了君士坦丁堡,在那里建立了一个拉丁王国。基督教现在已经满足了它的宗教的需要,他们现在实际上不受任何阻碍地踏上了救世主的遗踪。一整船一整船的土地被从应许之地运往了欧洲。人们没有得到基督本人的任何遗物,因为他已经复活了:基督擦汗的手帕,基督的十字架以及基督的坟墓成了最受崇拜的遗物。但是,在坟墓之中存在着发生真正逆转的点:一切感性的东西的浮华都在这坟墓之中消失了。在圣寝中一切意见的浮华都如过往云烟,总的说来,那里的一切都庄严肃穆。在对这一个、对感性的东西的否定中,发生了逆转,这句话很适合用在这里:"你不愿意你的神圣的主腐烂。"[1]基督徒不应该在这个坟墓中找到最终的真理。当他们在这个坟墓中寻找主的肉身时,基督徒在那里再一次得到了基督给他的门徒的回答:"**你们为什么要在死人当中寻找活人呢?他不在这里,他已经复活了。**"[2]你们的宗教的原则决不能在感性的东西中、在死人的坟墓中寻找,而应该到你们自己的活泼泼的精神之中去寻找。我们已经看到,有限的东西与无限的东西的连接这个非凡的理念已经变成了没有精神的东西,无限的东西作为这一个可以在一个完全个别化了的外在的物中寻找到。基督徒只拥有空空荡荡的坟墓,但是没有发现世俗的东西和永恒的东西之间的联系,却因此而失去了神圣的土地。基督徒实际上灰心丧气,这件事情造成的结果是否定性的:也就是说,对于基督徒所寻求的这一个来说,自然的定在只是主观的意识而绝非外在的物,这一个作为世俗的东西和永恒的东西的连接是人的精神性的自为存在。因此,世界获得了这样的意识,即人必须在自身之中寻找属于神圣的东西的这一个;主观性因此而具有了绝对的合法性,它在自身之中就潜

[472]

---

[1] 《赞美诗》,16,10;《使徒列传》,2,27.31;13,35。——原编者注
[2] 《路加福音》,24,5.6。——原编者注

在地具有与神圣的东西之间关系的规定。这就是十字军东征的绝对后果，自我信任、自我能动性的时代从这里开始了。在神圣的坟墓旁边，西方永恒地告别了东方，把握到了主观性的无限自由。基督教再也没有作为一个整体出现在历史舞台上了。

　　另一种类型的十字军东征更多的是一种征服性的战争，这就是西班牙人在自己的半岛上反对萨拉森的斗争，但是它们仍然具有宗教的规定这个要素。基督徒被阿拉伯人困在一个角落之中，但是却因祸得福变得强大起来了，因为在西班牙和非洲的萨拉森人正陷于四面楚歌的境地，而内部又四分五裂，派系林立。西班牙人和法兰西的骑士军团联合在一起，经常对萨拉森人发动攻击；基督徒在和东方的骑士阶层相遇的过程中也遇见了他们的自由和他们的灵魂的完全独立，于是，基督徒也就接受了这种自由。西班牙人描绘出了中世纪的骑士阶层的最优美的图画，而这个阶层的英雄就是**熙德**。其他许多只会引起我们的厌恶的十字军东征也是针对法兰西的南部而做出的。在这个地方已经发展出了一种优美的文化：行吟诗人使一种自由的风俗逐渐兴盛起来，在德国，经过霍亨斯陶芬家族皇帝的提倡也产生了类似的状况，它们的区别在于，前者包含着某种矫揉造作的东西，而后者是那种深切真挚的类型。不过，就像和上意大利一样，法兰西南部接受了许多醉心于纯洁性的观念；所以教皇鼓吹十字军去征讨这些地方。圣多米尼哥统领了一支人数众多的军队向这里挺近，他们以惨无人道的方式烧杀掳掠，而不论对方有辜无辜，他们把这一片美丽的土地蹂躏成一片废墟。

　　教会通过这些十字军东征完成了它的权威性：它已经实现了使宗教和基督教的精神陷入癫狂的目的，把基督教的自由原则颠倒为对于心灵的不合法的和非伦理的奴役，但却没有因此而取消和驱散无法权的任性和暴力行为，毋宁说相反，它把这种无法权的任性和暴力行为交到了教会首领的手中。在这些十字军东征中，教皇一直是世俗力量的领袖，而皇帝和其他的王侯一样，看起来都只是次要的角色，他不得不把发号施令和真抓实干的权力转让给教皇，他才是这项事业的确凿无疑的元首。我们已经看到,高贵的霍亨斯陶芬家族是如何以他们的骑士风度、高贵而有教养的性情与这种权力为敌,但是精神对这种权力却再也没有还手之力了,而这个家族最终被教会战胜了,因为这时的教会充满活力,足以击败所有的抵抗,而且不想与任何力量达成和解。教会的没落不是因为公开使用暴力造成的,毋宁说,是从内部出发,从精神出发而造成的,教会之毁灭自下而上地威胁着教会。高高在上的满足的目标是不可能通过感性的临在而达到的,这必然会导致从一开始就削弱了教皇的声望。同样,诸教皇也没有达到长时间地占据圣地的目的。那些王侯对于神圣的事情的热情不免会发生倦意;教皇带着巨大的痛苦对王侯们提出迫切的要求,因为太多次的基督徒的失败刺痛了他的心;但是,他的大声悲叹徒劳无益,它什么效果也不能达到。由于这种对于最高感性的临在的渴慕没有获得满足,精神回到了自身之中。这就发生了第一次深刻的断裂。从现在开始,我们看到了各种躁动,精神在这种躁动中越过了那种令人厌恶的和不合理性的实存,要么在自身之中溜达并试图从自身之中创造满足,要么着手在现实中追求普遍的与合法的目的,这些目的因此也就是自由的目的。从现在起,我们要说明从这里产生的种种努力;它们是精神为了在更好的纯洁性中和合法性中把握它的自由的目标而做的准备工作。

[474]

属于这些准备工作的首先是建立了许多僧侣团体和骑士团体,这些团体之建立应该是要执行教会明确地规定的东西:财产、财富、享受和自由意志应该是郑重其事地要求放弃的,而这种放弃被教会认为是最高的东西。发誓放弃那些东西的修道院和其他机构完全耽溺于世俗的各种腐败之中。但是现在精神试图在否定性的原则之内纯粹在自身之中实现教会所规定的东西。这种做法的更直接的动因是在法兰西南部和意大利出现了很多异端邪说,它们有一种狂热的倾向,以及出现了一种不断蔓延开来的无信仰,但是教会正确地认为这种无信仰没有那些异端邪说那么危险。为了反对这些现象,新的**僧侣团体**兴起了,其中最重要的是圣方济各会,亦即托钵僧派,他的创始人是阿西西的圣方济各,自从被一种最高程度的狂热和迷狂附体之后,他在持续不断地追求最高的纯洁的奋斗中度

[475] 过了一生。他把同样的志向赋予了他的团体,因此这个团体最独具特色的地方在于那种最高程度的虔诚,对于一切享受的弃绝,坚决反对教会中不断蔓延的世俗性,持之以恒地苦修,最大限度地忍饥挨饿(圣方济会依靠每日的施舍度日)。除了这个团体之外,同时出现的还有多明各团体,它是由圣多明各建立的,它的事务主要集中在宣教上。托钵僧以一种令人无法相信的方式分布在整个基督教的世界;他们一方面是教皇的常备使徒军队,另一方面他们的行为举止强烈地抗议着教皇的世俗性。方济各会修士在反对教皇的妄自尊大时是巴伐利亚王路德维希的强有力的支持者,据说下面这个规定也是他们提出来的,即普遍的教会的宗教会议的权力要高于教皇;但是后来,他们又堕落到那种麻木不仁和无知无识的状态之中了。——教会的**骑士团**有一种相似的追求精神的纯洁的努力。我们已经注意过这种独具特色的骑士精神了,它主要是在西班牙在同萨拉森人的斗争过程中发展起来的。这种骑士精神通过十字军东征传播到了整个欧洲。打家劫舍所必需的粗暴和胆量在占有财物时得到了满足并被固定下来,而又因为互惠主义而受到了限制,现在由于宗教而得到了美化,后来又因为看到东方式勇敢的无限高尚的情操而被点燃了。因为基督教自身之中也有无限的抽象和自由的因素,而东方的骑士精神在西方人的心灵之中发现了共鸣,基督教徒把这种共鸣发展成为更加高贵的德性。教会的骑士团,和僧侣的团体一样,被建立起来了。这个团体的成员要承担起和僧侣团体同样的牺牲,亦即,弃绝一切世俗的东西。但是同时,他们要承担保护朝圣者的任务;由于这个任务,他们的义务首先就是

[476] 要有骑士的勇敢。最后,他们还有义务为那些鳏寡孤独贫病无告者提供膳食和给养。骑士团分为这样三种:医院骑士团、圣庙骑士团和条顿骑士团。这种结社和封建制度的自私自利的原则有着根本的区别。这些骑士以自我牺牲与奋勇向前的气概为公共事业做出牺牲。所以,这些教团溢出了现有东西的圈子,而在整个欧洲建立起了一个亲如兄弟的网络。但是这些骑士们也会堕落到那种大家习以为常的利益之中,在后来的很多时间里,这些团体越来越在总体上变成了一个照顾贵族膳食事务的机构。

人们甚至指责圣庙骑士团说,他们建立了自己的宗教,由于受到东方精神的激励,他们在他们的信仰学说中否认了基督。

但是,另一个方向是**科学**的方向。思维的发展、抽象的普遍物的发展崭露头角。那种为了一个共同的目标——它的所有成员都属于它的目标——而结成的亲如兄弟的团体指出了,一种普遍物已经开始发生作用,它逐渐地对它的力量有了感觉。思维首先向神学求助,神学现在变成了经院神学名义下的哲学。因为哲学和神学把神圣的东西当作它们共同的对象,如果说教会的神学是一套一成不变的教义,那么现在形成了一种用思想证明内容的合法性的运动。著名的经院神学家安瑟尔谟说:"如果人们获得了信仰,那么,不通过思维使人信服信仰的内容就是一种懒惰。"但是这种方式的思维是不自由的,因为内容是一个被给定的东西:哲学的志向就在于证明这种内容。但是思维导致的大量规定是不可能在教义中直接发展出来的,因为教会还没有把相关的一切固定下来,才可能允许就此展开争论。虽然哲学被称作是**一种忠实的工具**(ancilla fidei),［477］因为它隶属于信仰的确定内容。但是,思维和信仰之间的对立一定会出现,这是不可能缺失的现象。就像欧洲普遍地上演了骑士斗争、武力自卫和骑士比武的戏剧,现在它又成了思想的角斗士的舞台。令人难以置信的是,思维的抽象形式发展到了什么样的精妙程度,而个体运用这种思维形式的熟练程度有多么高! 这种为了观赏和游戏而进行的思想体操(因为这些思想的斗争不是为了独断的教条本身,而只是为了形式)在法兰西得到了最大程度的推动,而且也得到了极大的发展。总的来说,法兰西从那时起就开始被看作是基督徒的中心;最早的十字军东征是从那里出发的,而且是由法兰西军队执行的。在和日耳曼的皇帝以及那不勒斯与西西里的诺曼王侯进行斗争时,教皇都会逃到法兰西去避难,而且在很长的一段时间里,他们在那里安了长期居住的家。——我们在十字军东征后的这段时间里还可以看到艺术,例如绘画,的开端。在这段时间里,一种独具特色的诗歌出现了。因为精神没有得到满足,所以它通过想象创造出了许多美丽的形象,以一种更为平和的、更加自由的方式把自身表现为现实。

第三章　从封建统治到君主制的过渡

前面提到的那些以普遍为目标的方向一部分是主观的类型,一部分是理论的类型。但是,我们现在要更加细致地考察国家中的实践运动。进步具有否定的方面,即它存在于对于主观的任性和权力的分立的克服之中;肯定性的东西是产生了一个为大家所共有的最高权力,一个国家权力自身,它的全部臣属拥有同等的法权,而且其中的特殊意志从属于实体性的目标。这就是封建统治向前发展到了君主政体。封建统治的原则是个体、王侯、诸侯的外在的权力,在他们自身之中没有法权原则;他们是一个更高的王侯、领主的附庸,他们对于这些更高的王侯和领主负有各种义务;但是,他们是否能够履行这些义务,端赖于后者是否能够通过他们的权力,通过他们的个性或者通过他们的恩惠做到这一点,——领主的这些法权自身也只是一个通过权力强行取得的结果,它的完成和实现也只有靠不断的暴力才能够维持下去。君主制的原则也是最高权力,但是这种最高权力所管辖的那些人并不是为了他的任性而占有独立的权力,在这种最高权力中,再也不存在任性反对任性的状况。因为君主制的最高权力本质上是国家权力,它在自身之中包含着实体性的合乎法权的目标。封建统治是多元政体:在其中存在着许多真正的主人和奴隶;与此相反,在君主政体中只有一个主人,但是没有奴隶,因为它把奴隶制度战胜了,在它之中起作用的是法权和法律;从它之中产生的是实实在在的自由。在君主政体中,个别人的任性受到了压制,而统治的某种共同本质得到了伸张。在对个别化的压制和对这种压制的抵抗中,它的意图到底是出自法权还是只是出自任性,这是模棱两可的。对于国王的最高权力的抵抗叫作自由,即使人们只是想到任性的观念,这种抵抗也被颂扬为合乎法权的和高贵的。但是,由个别的任性组成的任性的总体权力构成了一个共同体;与每一个个别的点都是任性的暴力行为的处所这种状况相比,现在忍受着任性的暴力的点要少得多了。总体权力的巨大范围必然会导致各种普遍的安排以促进齐心协力,而在这些安排内部的统治者同时本质上又是服从者:封建附庸变成了国家官员,他们不得不贯彻执行国家制度的法律。但是由于君主制度是由封建制度发展而来,所以它最初仍然显示出封建制度的某些特征。诸个体从他们的个人资格转变成了阶级和同业公会的一个成员。封建附庸只有通过团结在一起成为一个阶级才是强大的;与此相反,各个城市在共同生活中形成权力。通过这种方式,统治者的权力再也不是单纯的任性了。它需要各个阶级和同业公会的一致同意,而如果王侯想要获得这种同意,他就必然想要正义与公平。

我们现在看到国家开始形成,而封建统治是不知道有什么国家的。从封建统治向君主制度的过渡以三种方式发生:

1. 封建领主成为他的那些独立的附庸的主人,他镇压他们的特殊的权力,并把自身提升为唯一的权力拥有者;

2. 王侯完全脱离封建的附庸关系,使自己成为几个国家的君主,或者最后

3. 最高的封建领主以一种极为平和的方式把那些特殊的政权和他自己的特殊政权统一在一起,他自己就这样成为管辖全境的统治者。

虽然说历史上的过渡并不像我们这里所想象的那么纯粹,经常同时出现许多种不同的方式,但是,总是这一种或者那一种方式构成了占主导地位的方式。问题的关键是,形成这种国家的根据和前提是特殊的民族。存在着这样一些特殊的民族,他们具有彻底的统一性以及形成一个国家的绝对倾向。并不是所有的民族都成功地达到了这种国家统一性;我们现在就在这种关联之中来逐个地讨论它们。

我们首先来看看罗马的帝国,**德意志**和**意大利**的关联来自帝国的观念;世俗的统治应该和教会的统治联合起来以构成一个整体,但是这个形成过程更多的是斗争的过程,而没有成为现实的状况。在德意志和意大利发生了从封建统治向君主制度的过渡,它的结果是封建关系被完全排挤掉了,附庸变成了独立的王侯。

[480]

在德意志向来存在着大量的不同的部落,其中包括施瓦布人、巴伐利亚人、法兰克人、图林根人、萨克森人、勃艮第人;此外还有波西米亚的斯

拉夫人,在梅克伦堡、勃兰登堡、萨克森和奥地利有一部分已经日耳曼化了的斯拉夫人,所以,像在法兰西的那种团结一致的局面是不可能出现的。在意大利也存在着类似的状况。伦巴第人已经在那里定居了,但是希腊人仍然占据着东罗马帝国总督的管辖区域和下意大利;后来,诺曼人在下意大利形成了一个自己的王国,而萨拉森人在一段时间里仍然据守着西西里。在霍亨斯陶芬家族的统治结束以后,一种普遍的野蛮状态笼罩着德意志,德意志分裂为许多凭靠武力维持的政权。那些选帝侯的原则是只选举那些虚弱的王侯出任皇帝,他们甚至还把皇帝的宝座售卖给外国人。因此,从事情本身来看,国家的统一性消失了。形成了许多的权力中心,其中每一个都是强盗国家;封建的法权完全解体了,转变成了一种肆无忌惮地斗殴和抢劫的状态,那些力量强大的王侯纷纷自立为一方的统治者。在没有皇帝在位的空位时期之后,哈布斯堡的伯爵被选举为皇帝,从此以后,哈布斯堡王朝一直据有皇位,只有很少的几次间断。这些皇帝的权力被压缩到自行决定世袭领地的地步,因为王侯们不愿意把国家的权力让给他们。——但是,那种完全的无政府主义最终被为了普

[481] 遍的目的的联合所克服了。规模更小的联合就是城市本身;但是现在,由于反对抢劫的共同利益而形成了城市之间的联盟:这样的联盟包括北方的**汉森联盟**、莱茵河沿岸的城市所组成的**莱茵河联盟**、**斯瓦布城市联盟**。这些联盟悉数反对各个诸侯,甚至很多王侯为了反对武力自卫的状况和确立普遍的国家和平,也加入了这些城市联盟。处于封建统治下的社会状况从那些臭名昭著的负责刑事犯罪的司法机构就可以看得出来:它是一种私人性质的裁判权,它以秘密法庭(Femgerichts)的名义进行不对外开放的审判;这种法庭主要是存在于德意志的西北部。同时还出现了一种富有特色的**农民合作社**。德意志的农民都是农奴;他们当中许多人都是逃到城市中避难的,或者是作为自由人定居在城市的附近(居住在城堡外的市民);但是在瑞士形成了一种农民兄弟会。乌里、施维茨、翁特瓦尔登等地的农民生活在皇帝派遣的总督的统治下,因为这些总督职务并不是私人财产,而是帝国的官员职位。但是,哈布斯堡王朝试图把它转

变为家庭财产。那些手持棍棒和狼牙棒的农民,在和全副武装、配备了长矛和重剑、在骑术比赛方面训练有素因此而狂妄自大的贵族交战之时,最后获得了胜利。后来,人们发明了一种新的技术手段——**火药**,它使得贵族在武器装备方面的优势荡然无存。人们需要它,然后它就出现在那里了。火药是把人从物质的力量中解放出来和造成不同阶级之间平等的一项主要手段。随着所使用武器的差异的消失,在主人和奴隶之间的差异也消失了。火药已经制服了城堡的坚固性,城堡和宫殿从此以后失去了它们的重要性。虽然人们可能会对个人勇敢价值的没落或者降低表示遗憾(最勇敢、最高贵的人会被一个身处安全地带、躲在角落里的恶棍击毙),但是火药毋宁说使一种合乎理性、深思熟虑的勇敢——精神性的勇气——成为战争中最重要的事情。只有通过这种手段才能产生更高的勇敢,没有个人激情的勇敢。因为在使用步枪的时候,射击乃是针对着一般的人,针对着抽象的敌人,而不是针对特殊的个人。战士们镇定自若地迎着死亡的危险而上,他是为了普遍物而牺牲自己;而一个文明的民族的勇气是这样的,他并不是只把他的实力放在他的胳膊上,而是把实力放在他的理智上、指挥才能上、指挥官的个性上,以及像古代一样,把实力放在全体人员齐心协力和集中所有人的智慧上。

〔482〕

就像已经说过的那样,意大利只是重演了我们在德意志所看到的那种场景,也就是说,每一个个别的中心都取得了独立。指挥战争的艺术在那里被雇佣军看作是一种形式化的手艺。各个城市必须看护它们的各个行业,因此招募了雇佣军为他们服务,而雇佣军的首领通常是各地的王公。弗朗兹·斯福尔扎甚至自立为米兰的公爵。在佛罗伦萨,美第奇家族,一个商人的家族,曾经盛极一时。意大利较大的城市征服了大量的较小的城市和封建诸侯,把它们变为自己的臣属。以同样的方式,一个专属于教皇的地区形成了。以前,这里有无以数计的诸侯都是独立的,但是慢慢地,他们都一起从属于一个教皇的统治。一种伦理意义上的法权是怎么样绝对存在于这种臣属的状态之中的,这一点人们可以从马基雅维利的名著《君主论》中得知。人们常常满怀厌恶地抵制这本充满了残酷无

[483] 情暴君的座右铭的著作,但是马基雅维利深刻地意识到了成立一个国家的必要性,并且揭示了在那样一种状况之中建立国家必须遵循的基本原理。那些个别的统治者和他们的统治必须被彻底地受到压制;如果说,我们不可能使我们的自由概念和马基雅维利让我们认识到的唯一而完全合法的手段相一致,因为它们包含着最肆无忌惮的暴力行为,形形色色、应有尽有的欺骗和谋杀等等,那么,我们必须也要承认,要战胜那些诸侯,只能通过这些方式给他们造成损伤,因为他们处于一种冥顽不化的无良知状态和彻头彻尾的道德败坏状态之中。

在法兰西出现的情况和德意志与意大利出现的情况截然相反。几百年来,法兰西的国王都只占有一块小得可怜的土地,结果隶属于他的那些附庸当中的许多比他自身要强大得多;但是,对于法兰西王国的国王的高贵地位来说,他的一个极大的优势是,这个王位已经被规定为是世袭的。同时,因为各个社团和城市的合法性和特权必须得到国王的认可,而且上诉到最高的封建法庭——亦即由 12 位贵族院议员组成的贵族法庭——的案件也越来越多,所以,国王也赢得了尊重。国王之所以赢得尊重,是因为他们能够在国王那里寻求到保护而不受压迫。但是根本上帮助国王们在那些强大的附庸面前赢得尊重的东西,是国王的与日俱增的个人势力:通过多种不同的方式,包括继承、联姻以及武装力量等等,国王逐渐占据了许多侯爵区和更多的公爵区。然而,诺曼底的公爵却变成了英格兰的国王,于是,一个实力强大的政权就和法兰西王国对峙而立,它可以通过诺曼底打开法兰西的内部。此外,还存在着一些强大的公爵区;但是国王不仅仅是像德意志皇帝那样的封建宗主,而是也变成了土地所有者:他在自己的名下有大量的男爵与城市,他们都服从国王的直接的裁判管辖,

[484] 路易九世提倡普遍地到国王的法庭去打官司。各城市的地位得到了极大的提升。也就是说,如果国王需要钱而一切措施如租税和一切类型的强迫征收的特别税都用尽了的时候,他就会向各个城市求助,分别同他们进行谈判。美人菲利普于 1302 年首次召集各个城市的代表,邀请他们作为第三等级参加教会与贵族的会议。无疑,他们最初只是讨论国王的权威

问题和征税问题,但是,这些等级在国家中获得了一定的地位和力量,而且对立法也产生了一定的影响。尤其令人瞩目的是,法兰西王国的国王宣布,那些在他们的王田之中的农奴化的农民可以以低廉的价格赎取他们的自由。法兰西王国的国王以这种方式很快就获得了巨大的权力,而行吟诗人所造就的诗歌繁荣和经院神学的发展——它的中心是巴黎——也赋予法兰西王国一种文化,这种文化已经位居欧洲其他国家的前面,并使法兰西王国在外国得到了尊重。

就像前面偶尔提到的那样,英格兰被诺曼底公爵征服者威廉所征服。威廉在这个地方实行了采邑制度,把整个王国分为许多采邑,他把它们几乎都分封给他的诺曼人臣属。他本人保留了数量可观的王室庄园;附庸们有义务参与战争和襄助处理法庭事务;在他的附庸还没有成年之时,国王是他们的保护人,他们必须在获得国王的同意之后才能结婚。就这样,各位男爵和各个城市获得了某种重要性。尤其是在王位问题上发生冲突和争执之时,他们扮演了举足轻重的角色。如果来自国王的压力和要求大到难以承受了,就会发生争吵,乃至于发生战争:各位男爵曾经逼迫国王约翰发誓遵守《自由大宪章》(Magna Charta),这是英格兰的自由——也就是说尤其是贵族的特权——的基础。在这些自由之中,司法的自由居于首位:如果没有经过法院的审判,任何一个英格兰人都不得被剥夺他这类人的自由、财产和生命。其次,每一个人都可以自由地处置他自己的财产。再次,如果没有得到大主教、主教、伯爵和男爵的同意,国王不能增加任何租税。由于国王偏爱城市而反对男爵,各个城市的地位被提升为第三等级和下议院的代表。然而国王仍然一直实力雄厚,如果他性格刚强的话;他的皇家庄园仍然可以使他获得一笔可观的财富;但是后来,皇家庄园由于用作赏赐而逐渐转让出去了,结果,国王只能向国会申请补助了。

[485]

各个诸侯国是如何被吞并到国家之中的,而在这吞并过程中又发生了哪些冲突与斗争,所有这些更详细的历史细节,我们在这里不能一一尽述。还值得一提的是,在那些国王通过削弱封建宪法而成功地使自己成为一个更大的权力之时,这些国王为了他们政权的赤裸裸的利益而利用这种权力相互对抗。这些国王总是试图向外进行征服扩张,而那些不得不主要承担各种投诉和税款的城市因为反对这种做法而奋起反抗,国王为了抚慰他们不得不授予他们许多重要的特权。

在出现这一切分歧之时,教皇总是试图使自己的权威发挥作用,但是形成国家的利益已经牢不可拔了,以至于教皇无法力挽狂澜,用绝对的权威实现自己的利益。在教皇敦促王侯和民众进行新的十字军东征之时,他们任教皇声嘶力竭地叫喊而丝毫不加理会。路易皇帝以亚里士多德、《圣经》和罗马法权为基础反对教皇的无理要求,诸位选帝侯在 1338 年伦斯(Rense)举行的会议上就已经宣称,而后来在法兰克福举行的帝国议会上更加明确地宣称,他们想要保护帝国的自由和传统,在选举罗马国王或者皇帝时根本就不需要教皇的坚振礼(Konfirmation)①。同样,在 1302 年,在教皇伯尼法修和皇帝美人菲利普之间发生冲突的时候,皇帝美人菲利普召集的帝国会议已经与教皇进行过斗争。因为国家和共同体都意识到了必须独立自主。——现在多重的原因联合在一起削弱了教皇的权威:教会的大分裂已经让人对教皇的不容争论产生了疑问,它还推动产生了君士坦丁和巴塞尔两次教会会议的决议,这些决议将自己的权威凌驾于教皇之上,并因此而任命或者废黜教皇。许多反对教会体系的尝试已经认可了进行一场宗教改革的需要。安诺德、威克里夫和胡司都卓有成效地反对过以罗马教皇为基督的总督的信条和僧侣统治制度的严重滥用。然而,这些尝试仍然只是局部发生的事情。一方面,时机尚未成熟,另一方面,那些反抗的人还没有抓住问题的要害。相反,尤其是后两位,他们更多的是以渊博的学问批判教义,这还不足以唤醒人民对它的兴趣。

[486]

如上所述,和教会的原则处于更加对立位置上的是崭露头角的国家:

---

① 坚振礼(Confirmation),亦称"坚信礼"。天主教和东正教"圣事"的一种。入教者在领受过洗礼一定阶段后,再接受主教所行按手礼和敷油礼,谓可使"圣灵"降于其身,以坚定信仰,振奋人灵,故名。——译者注

一个普遍的目的,一个在自身之中完全可以得到合法辩护的目的,出现在保卫世俗事务的国家的形成过程中,而意志、欲望、个别人的任性服从于共同体的这种目的。自私自利的、立足于个别性之上的心灵的冷酷无情被中世纪的可怕的规训战胜了和消耗殆尽了。这种规训使用的两根铁棍是教会和农奴制度。教会把心灵带到超出自身之外,使那种最冷酷无情的奴役状态贯穿于精神之中,结果是,灵魂再也不是他自己的了;但是教会并没有把它贬低为印度式的麻木不仁,因为基督教就是在自身之中的精神性的原则,它自身就具有无限的弹性。同样,农奴制度意味着人的身体不再是这个人自己的身体,而是属于另外一个人,这种农奴制度使人经历了奴役状态和毫无节制的欲望的一切野蛮行径,并且在自身之中彻底击溃了这种野蛮行径。这与其说是从奴役状态中解放出来了,不如说是通过奴役状态而获得了解放。因为野蛮行径、欲望和不法都是恶;陷入恶之中的人是没有能力从事伦理与宗教的,而规训已经把人从这种为非作歹的意愿中解放出来了。教会以同样残忍的、恐怖的方式与那种粗野的感性的残忍作斗争,它通过地狱中各种可怕景象的威力把那种残忍摔倒在地上,使它永久地表示屈服,以便使残忍的精神中性化,把它驯服得归于平静。教义学宣称,每一个人都必须必然地经历这番斗争,因为人在本性上是恶的,只有通过内在的撕裂状态,他才可能达到和解的确定性。如果一方面我们承认这一点,那么,另一方面就必须说,如果斗争的基础完全是另一种基础而且它带来了现实中的和解,那么,斗争的形式也就要发生很大的改变。那样的话,痛苦的经历就可以省略了(虽然这条道路后来出现了,但是以一种完全不同的形态出现的),因为在意识觉醒的时候,人就处于一种伦理状况的要素之中。否定的因素固然是人之中一种必不可少的因素,但是它现在采取了教育这种润物细无声的形式,而一切内部斗争的可怕之处都因此而消失了。[487]

人类已经感觉到了精神在它自身之中的现实的和解,并且在他的现实性之中、在世俗性之中获得了一种善的良知(ein gutes Gewissen)。人的精神已经站立在它自己的基础之上了。在这样获得的人的自我感觉之[488]

中,并不包含对于神圣的东西的反抗,相反,其中显示出来的是更好的主体性,这种主体性在自身之中就感受得到神圣的东西,这种神圣的东西渗透了真诚(Echten),并且把它的活动指向合理性和美的普遍目的。

艺术与科学作为中世纪的解体①

精神的天空已经为人而放晴了。随着世界稳定为我们已经看到的国家秩序,经过进一步的、更加具体的发展,精神已经上升为更加高贵的人性。人已经放弃了坟墓、精神的死亡和彼岸世界。那个驱使世界发动十字军东征的**这一个**的原则已经为了自身而在现实中得到了发展:精神向外展开着,在这种外在性中溜达。但是教会仍然继续存在,而且在自身中保持着这一个的原则。然而教会也发生了变化,这个原则不再作为外在性以它的直接性保留在教会之中,相反,它通过**艺术**而被美化了。通过表达灵魂、感觉、精神的形式,艺术赋予外在性、纯粹感性的东西以精神、以灵魂,结果,虔诚不仅面临着一个感性的这一个,它不是对于一个单纯的物的虔诚,而是对于这个物中更高的东西、充满灵魂的形式的虔诚,这种形式中充满着**精神**。——精神面对着一个纯粹的物,比如,面对一个圣饼自身,或者任何一块石头、一根木头,或者一张劣质的画,和精神面对着一幅充满精神的绘画、一件美丽的雕塑作品,在这些艺术作品中,灵魂与灵魂发生关联,精神与精神发生关联,这两种情况是完全不同的。在前一种情况中,精神在自身之外,和一个对它来说绝对外在的东西连接在一起,这个外在的东西是感性的东西,非精神的东西。但是在后一种情况中,感性的东西是一种美的事物,而精神的形式是在它之中赋予灵魂的东西和一个在自身之中真实的东西。但是,一方面,就像它看起来那样,这种真实的东西以某种方式是一种感性的形式,但是却是与它自身不相称的形式;另一方面,如果宗教应该依赖于某种本质上外在的存在者,依赖于某

---

① 我们可以把这一节看作是黑格尔对文艺复兴时期艺术创作和人文主义研究的解读。——译者注

个物,那么,这种类型的宗教就不会在与美的关联之中发现它的满足,相反,对于这样一种宗教来说,那些完全糟糕的、丑陋的、庸俗的表现才是合乎目的的表现,或者甚至是更加合乎目的的表现。就像人们说过的那样,真正的艺术作品,例如拉斐尔的圣母像,并没有获得崇拜,也没有收到大量的礼物,相反,那些糟糕的画像似乎有特别多的人探访,而且是更加顶礼膜拜和更加慷慨施舍的对象。因此,虔诚从那些真正的艺术作品旁边溜走了,因为它感觉到了艺术从内部所激发的要求和所引发的兴趣;但是这样的要求是一种陌生的东西,在这里人们只关心失去自我的束缚和依赖的麻木状态的感觉。——因此,艺术已经从教会的原则中走出来了。但是,它只有感性的表现,因此,它首先被看作是某种不受限制的东西。因此,教会仍然同意它,但是在从艺术中产生出来的自由的精神把它自身提升为思想和科学之后,教会就和这种自由的精神分道扬镳了。

艺术再一次得到支持和提升是因为**对于古代的研究**(人文[humaniora]这个词极为独特,因为在古代的作品中,属人的东西和人的文化受到了尊敬);西方通过这种古代的研究而熟悉了人的活动中真实的东西、永恒的东西。从外部看,这次科学的复兴是由于拜占庭帝国的覆灭而导致的。大量的希腊人逃到西方避难,他们把希腊文学带到了西方;他们不仅带来了希腊语言的知识,而且带来了希腊的作品自身。修道院之中保存了数量少得可怜的希腊文学作品,但是关于希腊语言的知识几乎完全没有。而罗马文学的情况就大不相同了,古老的传统仍然统治着这里:维吉尔被认为是最伟大的魔术师(在但丁那里,维吉尔是地狱和炼狱的向导)。通过希腊人的影响,现在古老的希腊文学再次流行起来了;西方变得有能力享受它和承认它了;希腊文学显示了与迄今为止所有时代所能够拥有的完全不同的形象,完全不同的德性;对于什么值得尊敬,什么值得赞美,什么值得模仿,希腊人持有一种完全不同的标准。希腊人在他们的作品中表达出来的道德信条完全不同于西方人所认识到的道德信条;一种完全不同的内容替代了经院主义的形式主义:柏拉图开始在西方被认识,而一个全新的人的世界在西方出现了。新的观念在刚刚发明

[490]

的书籍印刷术中发现了传播它们的重要手段,印刷术和火药这种手段都和现代的特征相吻合,顺应了以某种观念的方式使人们相互之间联系在一起的需求。就对于古代的研究透露出来的是对于人的行动和德性的爱而言,教会对于这种研究还没有任何恶感,它没有注意到,那些完全外来的作品中的一种完全外来的原则正在向它迎面走来。

值得一提的**第三种**主要现象是精神的这种**走向外面**(hinaus),人要认识**他的**地球的欲望。葡萄牙和西班牙那些具有骑士精神的海上英雄们已经发现了一条通往东方的新的道路,并且发现了美洲。这种进步仍然是在教会之内发生的。哥伦布的目的尤其是一个宗教的目的:根据他的观点,那些富饶的、仍然有待发现的印度土地上的宝藏应该被用于发动一 [491] 次新的十字军东征,那些地方的异教的居民应该皈依基督教。人认识到了,地球是圆的,是一个对他而言自成一体的东西,而指南针这项新发明的技术手段对于航海有好处,有了指南针,他们就不再只是沿着海岸航行;在需要出现的时候,技术的手段也应运而生了。

这三个事件,所谓的各门科学的复兴、美的艺术的繁荣和美洲的发现与通往东印度公司的道路的发现,可以比作**黎明的曙光**,在长时间的暴风骤雨之后,曙光第一次预告了一个美好的日子的再次来临。这个日子是普遍性的日子,在经历了中世纪阴森可怕、多灾多难的漫漫长夜之后,普遍性的日子终于破晓而出了。这个日子以科学、艺术和发现的冲动,也就是说,以最高贵的东西和最高尚的东西而著称;由于基督教而变得自由的人的精神,由于教会而获得解放的人的精神,把这种最高贵和最高尚的东西表达为它的真正的和永恒的精神。

第三篇　近　代

从现在开始,我们已经到达了日耳曼帝国的第三个时期,我们从此进入了精神的时期,精神知道它自己是自由的,因为它欲求着真实的东西、永恒的东西、自在自为地普遍的东西。

这第三个时期又可以划分为三个部分。首先,我们要考察宗教改革自身,它是在中世纪终结之后紧接着曙光而升起的照耀一切的太阳,接下来是宗教改革之后的状况的发展,最后是从上个世纪(18世纪)结束后开始的新时代。

第一章 宗教改革

[492]

宗教改革是由于**教会的腐败**而产生的。教会的腐败不是偶然的,不仅仅表现为权力和统治的**滥用**。滥用是大家习以为常的为某种腐败命名的方式;但是这种命名方式的前提是,基础是好的,事情本身是没有缺点的,但是,各种激情、各种主观的利益——总的说来,人的偶然的意志——把那种善用作为达到自身目的的一种手段,而这里的关注焦点无非是去除这种偶然性。在这种观念中,事物本身得到了拯救,而恶被当作是对它而言纯粹外在的东西。如果一个事物以一种偶然的方式被滥用了,那么,这也只是在个别情况中;但是如果一个如此巨大而又如此普遍的事物——比如一个教会——当中存在着一个普遍的、巨大的恶,那就该另当别论了。——教会的腐败是从它自身之中发展出来的;腐败的原则存在于这样的事实之中,即**这一个**作为感性的事物存在于它之中,而外在的东西作为这样一个东西存在于它自身的内部(通过艺术对它进行的美化是远远不够的)。那个更高的东西、世界精神已经把精神性的东西从教会当中排除出去了;教会不再参与到世界精神之中,不再参与到对世界精神的研究之中;它就这样在它之中保留着这一个;——这是一种感性的主观性、直接的主观性,这种主观性没有被它美化为精神性的东西。——**从现在起**,它退回到了世界精神的背后;而世界精神已经超越它了,因为它已经达到了这样的地步,知道了感性的东西是感性的东西,知道了外在的东西是外在的东西,以有限的方式在有限的事物中实现自身,而且在这种活动之中作为一种漠不关心的(gleichgultige)、合法的主观性存在于自身身边。

[493]　如果这种本来就存在于教会之中的规定没有遭到任何抵抗,如果它变成了僵化的东西,那么,它就必然会把自身展开为教会的腐败。后来,各种要素变得自由了,实现了它的规定。教会自身内部的这种外在性变成了罪恶和腐败,而且作为教会自身内部的否定物得到了发展。——这种腐败的诸种形式是多重的关联,教会就处于这些关联之中,所以腐败这个因素也进入了这些关联之中。

　　在这种虔诚之中存在着一般意义上的迷信,这种迷信以形形色色的形态被束缚在一个感性的事物、一个普通的物之上:——这是对于权威的依赖性,因为当精神在它自身之中超出它自身之外时,它是不自由的,被牢牢地束缚在它之外的东西上了;——那种最荒诞不经和最幼稚可笑的对于奇迹的信仰(Wunderglauben),因为神圣的东西被认为是以一种完全个别化和有限的方式为着完全有限的和特殊的目的存在着的;——然后是权力欲、纵情享乐、各种野蛮和卑鄙的腐败状态、伪善、欺骗,——所有这一切都出现在教会之中;因为总的来说,在教会中,感性的东西并没有被理智所驯服和得到理智的教导;它是自由的,确切地说,只是以一种粗野、残忍的方式是自由的。——在另一方面,教会的德性,作为反对感性的东西的否定物,只是抽象的否定物;它不知道在教会中成为伦理性的东西,因此,它在现实中只是逃避、放弃和无所作为。

　　在教会内部的这种反差——一方面是野蛮的恶习和欲望,而另一方面是灵魂的牺牲一切的崇高状态——由于以下这种精力而变得越来越强烈了,即现在,有了这种精力的人会有意识地以他的**主观力量**去反对自然中的外在的物,他知道自己是自由的,因此现在他为自己赢得了一种绝对的法权。——教会应该把灵魂从腐败之中拯救出来,但是它把这种拯救自身变成了一种外在的手段,而且现在已经堕落到以一种外在的方式维持这种手段的境地。**罪的赦免**,灵魂所追求的最高的满足,亦即确定能够和上帝合而为一的最高满足,最深刻的东西,最内在的东西,却被以一种

[494]　最外在、最轻浮的方式提供给人——也就是说,以**纯粹用金钱购买**的方式——,而且同时,这种事情之所以能够发生只是为了吃喝玩乐这种外在

的目的。虽然其中有一个目的是建造圣彼得大教堂,这个教堂建在基督宗教首都的中心,是基督教建筑中最为富丽堂皇的。但是,正如一切艺术作品中的艺术作品,雅典的雅典娜神庙和神庙堡垒,是用和雅典结盟的城邦的钱建立起来的,这个城邦因此而丧失了它的同盟各帮和它的权力,圣彼得教堂的完成和西斯廷教堂中米开朗基罗的"末日审判"的完成同样也是这座雄伟壮观的建筑的末日审判和崩溃。

那种古老的、彻彻底底地保存着的**德意志民族的真诚**不得不在单纯而质朴的心灵中完成这种革命。在世界上所有其他地方向外去往东印度、美洲的时候,——走向外面是为了赢得财富,建立起一种世俗性的统治,这种统治的国土环绕着整个地球,在这片国土上,太阳永不降落,——有一位**单纯的**僧侣在寻求着这一个(Dieses),而从前基督徒曾经在一个人间的、石头制成的坟墓中寻求这一个,但是毋宁说,他们是在一切感性的东西和外在的东西的绝对的观念性的更深的坟墓中,在精神之中,寻找这一个,并且把它们显示在心(Herzen)中——心因为教会只提供了最外在的手段来满足最内在的需要而受到了无限的打击,所以,它现在认识到了一切个别特征中真理的绝对关系的被歪曲状态,密切注视着这种歪曲并且将它毁灭。路德的简单学说是,这一个,无限的主观性,也就是真正的精神性,基督,绝不会以任何外在的方式现身在场(临在)和成为现实的,相反,它只是作为一般意义上的精神性的东西在与上帝的和解之中被获得——**在信仰之中和在享受之中**。这两个词已经说出了一切东西。这不是对于作为上帝的一个感性的物的意识,也不是对于一个被纯粹地表象出来的东西的意识,而是对于一个绝不是感性的东西的现实的东西的意识。对于外在性的排除重建了一切信条和改革了一切迷信,教会就是因为不懈地坚执这些迷信而走向解体。这种变化主要涉及关于**工作**(Werken)的学说;因为工作以任何方式都不是在信仰中,不是在自己的精神中,而是以权威等为基础在外在的世界之中完成的。但是,信仰并不只是纯粹有限的物的确定性,——这种确定性只属于有限的主体,例如只相信这个人和那个人实存过,他说过这些话和那些话,或者相信以色列的

[495]

儿童曾经蹚过红海而脚都没有打湿,相信鼓角齐鸣可以对耶利哥的城墙产生像我们今天的大炮一样的作用,因为即使没有任何人报道过这一切事情,我们关于上帝的知识也不会有不完整之处,——这种信仰不是对于缺席的东西、发生的东西和消逝的东西的信仰,而是对于永恒的东西、自在自为地存在着的真理、上帝的真理的信仰。关于确定性,路德的教会说,只有神圣的精神才能产生确定性,也就是说,确定性不应该归功于个体的具体的特殊性,而应该归功于个体的本质。——路德的教义在这一点上和天主教的教义别无二致,只是排除了一切源自那种外在性的关系的东西,因为天主教教会坚持那种外在性。因此,路德在一切问题都集中于其上的晚餐的教义上没有做出任何让步。他同样也没有承认改革之后的教会的说法,即基督是一个纯粹的纪念,一种回忆,相反,在这一点上他宁愿和天主教会的说法保持一致,即基督是一个临在,但是在信仰之中,在精神之中。基督的精神现实地充满着人的心灵,因此,不能只把基督看作是历史人物,相反,人在精神之中和他保持着一种直接的关联。

[496] 因为个体现在知道他充满着神圣的精神,所以,一切外在性的关系都因此而被删除了:现在在神职人员和平信徒之间没有任何区别了,没有一个阶级独一无二地占有真理的内容以及教会的一切精神性的和时间性的宝藏。相反,能够占有和应该占有真理的是心(Herz),人的感知性的精神性,这种主体性是**一切人的**主体性。每一个人都不得不在自身之中完成和解的工作。——主观的精神应该把真理的精神纳入自身之中,让它栖身于自身之中。这样的话,属于宗教自身的那个灵魂的绝对内在性和自由就都会在教会中赢得了。主观性把自身变成了客观的内容,也就是说,把教会的教义变成自己的了。在路德的教会中,个体的主观性与确定性和真理的客观性同样是必不可少的。对路德教教徒来说,真理并不是一个已经完成的对象,相反,主体自身应该成为真实的对象,为了实体性的真理而放弃他的特殊的内容,并且把这种真理变成自己的。于是,主观的精神在真理之中是自由的,它否定了它的特殊性,并在它的真理之中回到它本身。基督教的自由就这样变成现实的了。如果人们只是把主体性

设置入感觉之中而没有这种内容,那么人们就停留在单纯自然的意志之中。

最新的、最近的旗帜就以这种方式张开了,各民族聚集在这面旗帜、自由精神的旗帜之下,自由精神存在于自身之中,确切地说,它存在于真理之中和只存在于自身之中。我们仍旧在服务于这面旗帜,扛着这面旗帜。从那时开始到我们现在为止时间没有做任何别的工作,只是在这个世界上实现这个原则,因为在自身之中的和解和真理也根据形式变成客观的了。总的来说,形式属于文化;文化就是普遍物的形式的实现活动,而这就是思维一般。法权、财产、伦理、政府、宪法等等现在必须以普遍的方式得到规定,它们因此而是与自由意志相适应的和合乎理性的。因此,只有真理的精神能够出现在实体性的意志之中,出现在意志的特殊能动性之中;因为主观的自由的精神下定决心要成为普遍性的形式,所以客观的形式能够显现出来了。人们必须在这个意义上理解,国家是建立在宗教的基础之上的。国家和法律无非是宗教显现在现实性的各种关系之中。 [497]

这就是宗教改革的本质内容;人通过自己规定自己而成为自由的。

宗教改革一开始只是涉及天主教教会的腐败的个别方面,路德想要和整个天主教世界共同对付这些方面,并且要求教会召开宗教大会。他的主张在所有国家都获得了赞同。如果人们指责新教徒和路德在描述教会的腐败时夸大其词和造谣中伤,那么,人们必须听听天主教自己,尤其是在教会的宗教大会的官方文件中,是如何描述同一个对象的。路德的口诛笔伐最初只是涉及极其有限的几点,但是很快就扩展到种种教条,它不仅涉及某些个体,而且涉及相互关联在一起的各种制度,例如修道院的生活,主教的世俗统治等等;它不仅涉及教皇和宗教会议的某些个别规定,而且涉及教会做出决议的整个方式和方法,并最终涉及教会的权威性。路德拒绝了这种权威性,而以**《圣经》**和人的精神的证明取而代之。现在,《圣经》自身变成了基督教教会的基础,这具有举足轻重的重要性:每一个人自己都应该从《圣经》中接受教导,每一个人都能够从《圣经》中

[498] 规定他的良知。这是一次原则上的天翻地覆的变化：全部的传统和教会的大厦变成有问题的了，基督教的权威性的原则被推翻了。路德所从事的《圣经》翻译的工作对于德意志民族而言具有不可估量的价值。这个民族因此而拥有了一本民族的经典(Volkbuch)，任何天主教世界的民族从来没有拥有过这样一本经典。天主教民族拥有过数不胜数的祈祷书的小册子，但是没有出现过以教导民族为目的的基本典籍。尽管如此，人们在晚近时期曾经就造成人手一册《圣经》的局面是否能够达到目的这一问题进行过争论；但是，这种做法所带来的一星半点的弊端，跟从长远看它所带来的大得异乎寻常的好处相比，简直不值一提。那些对于心灵和理智看来可能有失体统的外在的故事，宗教感完全可以把它们区别开来，牢牢把握住它们的实体性的方面，这样，宗教感就克服了它们。虽然这些应该算作民族的经典的书籍并不像它们所是的那样肤浅，但是，一本民族的经典必然会有这样一个特征，它拥有绝无仅有的一本书的声望。这并不是一件容易的事情，因为即使一本被认为完美无瑕的书出版之后，每一个乡村牧师仍然会对之吹毛求疵，寻衅索瑕，以期精益求精。在法兰西王国，人们也深切地感受到需要这样一本民族经典，他们曾经设重奖以求这样一本书，但是由于上述原因，他们最终没有能够如愿以偿。一本民族经典的出现，必须要以民众能够阅读为前提条件，但是在天主教的国家中这种状况少之又少。

由于拒不承认教会的权威性，教会的分裂就在所难免。特伦托会议明确规定了天主教教会的基本原理，在这次宗教会议以后，教会的统一已经是不再可能的事情了。莱布尼兹和主教博叙埃交往时曾经讨论过教会统一的问题，但是特伦托会议仍然是不可跨越的障碍。两个教会分裂为两个对立的派别，因为在世俗的外观上，一个引人注目的差异也出现了。
[499] 在不属于天主教的各个国家中，修道院和主教管区被废除了，这些机构的财产也不再得到承认；课程以完全不同的方式进行组织，斋戒、神圣的节日被废除了。所以，这也是一次与外在的状况相关的世俗的改革，因为在很多地方，人们都奋起反抗世俗的统治。在明斯特，再洗礼派教徒驱逐了

主教,建立了一个他们自己的政权,而农民也蜂拥而起发动起义,为了从重重地压在他们身上的压迫下解放出来。然而,当时世界还没有成熟到发生一场政治变革作为教会宗教改革的后果。——宗教改革也对天主教教会产生了极其深远的影响:教会要求更严格地遵守纪律,废除了最足以给教会带来耻辱的事情,各种滥用职权中最遭人斥骂的事情。教会现在摒弃了许多超出教会的原则之外、但是以前不受限制地与教会友好相处的东西,教会现在不再与它们发生关联了:"到此为止,下不为例";教会和逐渐走向繁荣的科学、哲学和人文主义的文学渐行渐远,不久就迎来了一个公开宣告对科学表示敌视的机会。著名的哥白尼发现了地球和行星围绕太阳旋转,但是教会宣布反对这种进步。伽利略在一篇对话中以并置的方式分析了支持和反对哥白尼的发现的各种理由(当然,他表明自己是赞成这一发现的),但是他不得不屈膝跪倒乞求饶恕他的罪过。希腊文学没有成为这种文化的基础;教育转到耶稣会教士的手中了。——于是,天主教世界的精神全面地逆历史之大势而行了。

一个现在必须回答的重要问题是,为什么宗教改革在它四处扩散时只是局限于某几个国家,为什么它没有传遍整个天主教世界?宗教改革出现在德意志,而且也只是席卷纯粹的日耳曼民族,因为在德意志之外,[500]它只在斯堪的纳维亚和英格兰站稳了脚跟。但是,罗马民族和斯拉夫民族却和它保持着比较远的距离。即便是南德意志也只是在一定程度上接受了宗教改革,总的来说,这里的状况是一种混合的状况。在斯瓦布、法兰克和莱茵河畔各个国家有大量的修道院和主教管区,以及许多自由的城市,宗教改革之被接受或者被拒绝,和这些地区的存在有着重要的关系,因为我们早已经注意到,宗教改革同时也是一场深入政治生活之中的变革。此外,权威比人们倾向于相信的要重要得多。有许多确定的前提是在权威的基础上被接受的,所以,对于支持和反对接受宗教改革来说,做出决定的常常纯粹是权威。在奥地利,在巴伐利亚,在波西米亚,宗教改革已经取得了重大的进展,尽管人们常常说:如果真理曾经渗透到心灵之中,那么,它就再也不能被从心灵中被夺走了,但是在这些地方,由于武装暴力、阴谋诡计和巧舌如簧,宗教改革再次被窒息而死。**斯拉夫各民族是农业的民族**。所以,这种关系导致了这些民族中存在着主人和农奴的关系。在农业中,自然的驱动占优势地位;人的活动和主观的积极性总的来说在这种工作中出现得比较少。因此,斯拉夫人要经历一个漫长而艰辛的过程,才能获得对于主观的自我的基本感觉,获得对于普遍物的意识,获得我们前面称之为国家权力的那个东西。而且,他们还是不能分有已经出现的自由。——但是罗马的诸民族,意大利、西班牙、葡萄牙和一部分法兰西王国,并没有实现宗教改革。外部的权力也许对他们有太多的约束,但是人们不能仅仅引用这一点来解释这种状况,因为如果一个国家的精神渴望什么,任何权力都不能抑制住它;关于这些民族,我们不能说,它们在文化方面比较匮乏,相反,他们也许在这个方面走在德意志人的前面。毋宁说,这些民族之所以没有接受宗教改革,其原因在这些民族的基本特征之中。但是有一些民族的基本特征阻碍了精神的自由,这些基本特征中独特的东西是什么呢？日耳曼民族的纯粹内在性是精神解放的真正的地基,与此相反,罗马民族在灵魂的最内在的根据上,在对于精神的意识之中,一直保持着**分裂状态**(Entzweiung):这一分裂状态起源于罗马血统和日耳曼血统的混合,而且一直在自身之中保持着这种异质性。不可否认的是,与法兰西人、意大利人、西班牙人相比,德意志人拥有更加坚决的性格规定性,他们在追求一个稳定的目的时(也许现在,这个目的把一个固定的观念当作对象)对之有着完全的自觉和最大程度的注意力,在执行一个计划时会更加深思熟虑,在完成特定的目的时会显示出最大的决心。法国人称德国人为**刻板的**(entiers),完整的,也就是说,固执己见的;他们也不知道英格兰人那种稀奇古怪的原创性。英格兰人尤其有一种自由的感觉;他们并不操心知性,相反,他们所做的事情或者能够做的事情越是违背知性,也就是说,违背普遍的规定,他们也就越觉得自己是自由的。但是很快在罗马的民族中显示出这种分离,对于一种抽象状态的固执,因此,这就不是我们称之为心灵(Gemuet)的精神、感觉的总体性,不是在自身之中对于精神自身的感觉——相反,他们在最内在的东西之中外在于自身。内在的东西就是一个处所(Ort),他们的感觉并不能把握到处所的深刻,因为感觉迷恋于特定的利益,而精神的无限性不会存在于这种特殊利益之中。最内在的东西不是他们自己的。他们把它放在自身之外,而且很高兴让别人去解决这个问题。他们把最内在的东西托付给它的那个别处就是教会。他们自己固然也和这个最内在的东西打交道,但是因为这种交道不是出自他们自己的,所以,他们是以一种外在的方式解决它的。拿破仑说:"那好吧(Eh bien),我们再去做弥撒吧。我的部下会说:'这是命令!'"这就是这个民族的基本特征,宗教的兴趣和世俗的兴趣完全分离,也就是说,宗教的兴趣和那种特殊的自我感觉完全分离;而这种分裂状态的根据在最内在的东西自身之中,这个最内在的东西已经丧失了那种整体状态,那种最深刻的统一性。天主教没有在根本上干涉世俗生活,相反,宗教一方面保持为一件漠不相关的事情,另一方面却又迥然不同,是自为地存在着的。因此,有教养的法国人都对新教教义抱持着一种反感的态度,因为在他们看来,新教有一种学究气,是一种令人悲伤的东西,在道德上吹毛求疵,因为精神和思维必须和宗教本身有关系;相反,在做弥散或者参加其他仪式时,并不必然要思维参与其中,相反,人们看到的是一种给人印象深刻的、感性的现象,在做这些仪式时,人们可以喋喋不休地说话而无须全神贯注,然而,这样并不是认为那些必要的事情不重要。

[502]

  上面已经谈到了**新的教会和世俗性之间的关系**,我们现在来更加详细地阐述这种关系。自宗教改革以来,精神方面的发展和进步表现为,精神现在通过它在人与上帝之间所承担的调停功能,在作为神圣的存在自身的客观进程的确定性中意识到了它自己的自由,并且把握到了这种客观进程,要在世界进程的进一步发展中彻底完成这一进程。通过已经获得的和解,达到了这样一种意识,即世俗的东西有能力在它之中拥有真正的东西(Wahre),而与此相关,世俗的东西在以前只是被当作恶的东西,没有能力成为善,因为善是一个彼岸的事物。现在人们知道了,国家中的伦理的东西和法权既是神圣的东西,也是上帝的诫命,而从内容上说,不

401

[503] 存在更高的东西,更加神圣的东西。由此可以推断出,婚姻不再认为独身比自身更加神圣。路德娶了一位妻子,他想借此证明,他尊重婚姻,他并不害怕他因为婚姻而给他带来的诽谤。他出于责任而去做这些事情,这和他每周五吃肉一样都是为了证明诸如此类的事情是允许的和合法的,并且反对那种认为禁欲应该获得更大尊重的想法。人通过家庭而进入共同体之中,进入社会中的相互依赖的关系之中,而这种结合是一种伦理性的结合;与此相反,与伦理社会分离开来的僧侣仿佛构成了教皇的常备军,就像土耳其近卫步兵构成了土耳其政权的基础。随着教士可以结婚,现在在平信徒和教会人士之间的外在差异也消失了。——游手好闲,无所事事现在不再被看作是一种神圣的事了,相反,被看作更高的东西的是,处于依赖性之中的人通过活动、知性和勤奋使自己获得了独立。有钱的人即使是购买奢侈品,也比把钱赠送给那些懒惰的人和叫花子更加正派;因为即使他把钱给同等数量的人,条件至少是,那些人在积极工作。从此以后,工业、商业都变成伦理性的了,教会所设置的为了阻碍工业和商业发展的各种障碍都消失了。① 也就是说,教会曾经宣布为了利息而放债是一种罪恶;但是,事情的必然性正好导致它的反面。伦巴第人(法语的表述 lombard 意思就是放债的地方),尤其是美第奇家族,曾经借钱给全欧洲的君主。——天主教会中的神圣性的第三个因素,盲目地**服从**,也同样被取消了。现在,对于政府法律的服从作为意愿和行动的理性被

[504] 转变成了原则。人在这种服从中是自由的,因为特殊性服从普遍物。人自身具有良知,因此就是自由地服从。因此,就设置了理性和自由的发展与把它们引入世俗事务的可能性,凡是理性的东西现在也都是神圣的命令。合乎理性的东西再也不会和从宗教的良知方面而来的东西发生矛盾。合乎理性的东西能够在自己的地基上平静地发展,而不必使用暴力以反对和它相对立的东西。但是,和它相对立的东西在天主教的教会之

---

① 黑格尔此处关于劳动、勤奋和工作的讨论,可以和马克斯·韦伯在《新教伦理与资本主义精神》一书中的考察对勘。——译者注

中有着绝对的合法性。虽然君主可能永远是恶劣的,但是他们的所作所为再也不能从宗教良知的方面得到合法性的证明,也不是在宗教良知的敦促之下而做出的。与此相反,在天主教教会中,良知和国家法律之间几乎势同水火。神职人员常常支持甚至亲自执行谋杀国王、密谋反叛国家以及诸如此类的事情。

国家和教会之间的这种和解是自为地**直接**出现的。现在还没有重建国家、法权体系等等,因为自在地合法的东西,必须首先在思想中被发现。自由的法律必须先从自在自为地合法的东西发展成为一个体系。在宗教改革之后,精神并没有同样地以这种完成的形式出现,因为它首先把自己限制在那些直接的改变之中,比如废除修道院,主教管区等等。上帝与世界之间的和解首先仍然是以抽象的形式出现,还没有发展成为一个伦理世界的体系。

和解首先应该发生在主体自身之中,在他的有意识的感觉之中;主体必须保证获得这种状况,即精神栖身于主体之中,用教会的语言说,精神在主体之中导致了心的断裂(Bruch)和神圣的恩典的突破(Durchbruch)。人依其本性不是像他应该是的那样;他只有通过改造的过程才能达到真理。这才是普遍的东西和思辨的东西,即人心并不是它应该所是的那样。现在要求的是,自在地存在着的那个东西的主体变成了自觉的,也就是说,教义学想要人知道他是恶的。但是,只有在有着感官欲望的自然状态中的个体,不合法的个体的意志以百折不挠的、毫无教养的、强大有力的方式达到实存之时,个体才是恶的;尽管如此,对他所提出的要求是他应该知道他是恶的,而善的精神栖身于他之中;它应该因此而以直接的方式拥有和经受以思辨的方式自在存在的东西。因为和解现在采取的是这种抽象的形式,所以人被移植到强行使自己接受对于他的罪恶的意识并且知道自己是恶的这种折磨之中。这些最无拘无束的心灵和最天真无邪的本性以苦思冥想的方式追随着他们的心的最秘密的躁动,以便能够细致地观察它们。和这种义务联系在一起的是与之完全对立的义务,也就是说,人也应该知道,善的精神栖身于它之中,神圣的恩典已经在他身上取

[505]

得了突破。人们还没有注意到以下二者之间存在着巨大的差别：一方面是认识到自在地存在着的东西，另一方面是认识到实存中的东西。善的精神是否栖身于人之中的这种不确定性的折磨出现了，而改造的全部过程应该在主体自身之中被认识到。我们在那个时代的许多教会歌曲中可以听到这种折磨的回响；大卫的赞美诗在自身之中显示出来一种类似的特征，所以在那个时代被采入到教堂里的圣歌之中。新教把那些目光短浅的苦思冥想转变为主体的灵魂状况，并且因此而强调了职业的重要性，它在很长一段时间里在自身之中具有一种内在的折磨和一种可悲的特征，这种特征直到今天还会推动许多人投向天主教，以便反对这种内在的不确定性，而获得以令人赞叹不已的教会整体为基础的形式的、广阔的确

[506] 定性。在天主教会内部也出现了对于行动的有教养的反思。耶稣会教士同样以沉思的方式反思过意愿(velleitas)的最初状态。但是他们具有一种决疑论，能够为一切事物发现一个善的根据并因此而远离恶。

与此相关，还出现了一个更加令人惊奇的现象，而且这一现象是新教世界和天主教世界共同拥有的现象。人被驱进了内在的东西、抽象的东西之中，而教会的东西被认为迥然有别于世俗的东西。已经出现的对于人的主体性、意愿的内在性的意识同时带来了对于恶的信仰，把它看作是一种无比巨大的世俗性的力量。这种信仰和赦免并行不悖。如果人可以用金钱的价格购买永恒的天堂的幸福，那么，人们就会相信，只要和魔鬼订立一个契约，他们就可以以天堂的幸福的价格购买世界上的财富和满足他们的欲望和激情的权力。那个著名的《浮士德》的故事就是这样形成的，已经厌倦了理论科学的浮士德投身于世界之中，他以丧失天堂的幸福为代价购买了世界上的一切荣华富贵。根据诗人的说法，浮士德因此而享受到了世界的荣华富贵；但是，人们称之为女巫(Hexen)的那些可怜的妇女，据说只是满足于对她们的邻居做一次小小的报复，例如她们使邻居的母牛不产奶或者使他们的孩子生病。但是在人们对她们施加惩罚之时，要加以考虑的不是损失的牛奶到底有多少和孩子生病到什么程度等等，而是抽象地追究她们身上的恶的权力。因此，无论是在天主教国家还

是在新教国家中,由于信仰这种分离的、特殊的世俗性权力,信仰魔鬼和他们的诡计多端,造成了无以数计的**女巫诉讼**(Hexenprozessen)①。人们并不能证明被告的罪过,人们只是**怀疑**她犯了罪:人们对于恶魔的这种义愤填膺,只是奠基于一种直接的知识之中。虽然人们认为必须要提出证据,但是这种诉讼的基础只能是相信(Glaube),相信某些人拥有恶魔的力量。它就像一场巨大的瘟疫,尤其在 16 世纪迅速地传播到所有的民族之中。它的主要根据就是怀疑。这种怀疑的原则,在罗马皇帝统治的时期和在罗伯斯庇尔的恐怖统治时期,曾经以同样可怕的形式出现过,在这种统治中,信念本身也是要受到惩罚的。在天主教中,一般意义上的异端裁判所和女巫诉讼一样都是委托给多米尼各派来处理。一位高贵的耶稣会教士,神父斯佩(一本题为《抵抗的夜莺》的高贵的诗集也可以追溯到他),写了一篇文章②反对女巫诉讼,人们从这篇文章中认识到,在这种情况下刑事司法是多么可怕。本来只应该使用一次的严刑拷打,却被不断地使用,直到屈打成招为止。如果被告人由于遭受严刑拷打而虚弱得陷入昏迷状态,那么,这是魔鬼给他睡眠;如果被告人浑身抽搐,那么人们就会说,他身体中的魔鬼正在嘲笑;如果被告人咬紧牙关,毫不动摇,那么,这是魔鬼给予他以力量。这种迫害像传染病一样传遍意大利、法兰西、西班牙和德意志。像斯佩和其他一些开明人士的严肃抗辩也产生了非常大的作用。但是,最早起来反抗这种具有深刻影响的迷信并且取得了巨大成果的,是哈勒大学的教授托马修斯③。这整个现象是自在自为地最大程度地不可思议的,如果我们注意到我们从这种可怕的野蛮状态走出来并没有多长时间的话(直到 1780 年,在瑞士的格拉鲁斯还有一个女巫被火烧死)。在天主教会统治的地方,受到迫害的不仅仅是巫觋,还有异端

[507]

---

① 女巫诉讼(又称女巫审判)是中世纪末到近代欧洲基督教对其所谓的异端进行迫害的方式之一,受害者多是女性。主要是维护教皇权力与社会安定,铲除异端。——译者注
② 弗里德里希·斯备·冯·朗恩菲尔德:《刑事保释》,1631 年。——原编者注
③ 克里斯蒂安·托马修斯,1655—1728 年,哲学家。——原编者注

[508] 分子;这两种人差不多被归入同一个范畴下,异教徒的不信上帝被同样看作是魔鬼附身。

我们现在要离开这种抽象形式的内在性,考察**世俗性的**一面,国家的形成和普遍性的出现,对于自由的普遍法律的意识之生成。这是第二个也是本质性的因素。

第二章 宗教改革对于国家形成的影响

说到国家的形成,我们首先看到的是君主制得到了巩固和君主拥有了国家权力。我们在前一个阶段就已经看到国王的权力开始出现,国家的统一正在形成。那些从中世纪传承下来的大量的私人义务和法权在这个时期继续存在。具有无限重要性的是这种形式的私人法权,这种法权已经成为国家权力的因素。占据着这些因素的最高点的是肯定性的因素,即一个独一无二的家庭作为统治王朝实存着,国王们继承王位是根据继承法来规定的,确切地说,是根据长子继承权来规定的。就这样,国家有了一个坚如磐石的中心。因为德意志是一个选举制的帝国,因此,它还没有成为一个国家,由于同样的原因,波兰从独立自主的国家系列中消失了。国家必须具有一个最终决定一切的意志;虽然一个个体是最终的决定性的个体,但是它必须根据直接的自然的方式,而不是通过选举、识见等等方式被规定。即使是在自由的希腊人那里,神谕也是一种外在的力量,尽管这种外在的力量在重大事务中可以命令他们。在这里,神谕的诞生是一种完全独立于一切任性的东西。但是,因为一种君主制度的最高

[509] 点属于一个家庭,所以,政权看起来像是这个家族的私人财产。如果是这样,那么政权就像财产一样是可以分割的;但是,可以分割是和国家的概念相矛盾的,因此,君主的法权和君主的家庭的法权必须得到更加细致的规定。领土并不属于个别的元首,而是作为不可分割、不可转让的财产属于元首的家庭,各个阶级必须对此作出保证,因为他们不得不保卫国家的统一性。于是,从现在起,君主的财产不再意味着私人的财产和私人占有

的庄园、领土和司法机关等等,而是转变成了国家财产和国家事务。

同样重要并且与此有关联的是,权力、国是、责任和法权等转变成了国家所有物,这些事物依照它们的概念属于国家,但是过去曾经是私人财产和私人义务。那些诸侯和男爵的法权受到了压制,因为他们满足于担任国家的官员。封建附庸的法权转变成了对于国家的义务,这种转变以不同的方式发生在不同的王国。例如,在法兰克王国,那些大男爵作为各个省的总督,依照法权理应得到这样的位置,像土耳其的帕夏(Paschas)①一样,利用这些省的金钱维持一支军队,他随时可以凭借这支军队起来反对国王,但是现在,他们被贬谪为农庄占有者、朝廷的大臣,而那些总督也变成了由国家所授予的官职;或者,贵族被用作军队的军官、将领,确切地说,就是国家军队的统帅。在这种局势下,常备军(der Stehenden Heere)的出现就极其重要了,因为他们赋予君主制度一种独立的权力,他们不仅对于巩固中心、反对被镇压的个人的起义是必不可少的,而且他们还要抵御外侮保卫国家。虽然税收还不具有任何普遍的特征,但是,除了各个阶级的补助金和分担额以外,收入主要是由多如牛毛的关税、租金和税负组成,这些阶级因此而应当获得抱怨的法权,就像现在的匈牙利的状况那样。——在西班牙,骑士精神曾经具有一种极其优美极其高贵的形象。这种骑士精神、这种骑士的高贵被贬低为一种无所事事的荣誉,以西班牙的风度(spanischen Grandezza)的名义而著称于世。这些大公不可以为了他们自己而维持他们自己的军队,也被取消了军队的指挥权;由于没有了权力,他们作为私人只好满足于拥有一种空洞的名声。但是,西班牙国王的力量借以不断巩固的那些手段是**异端裁判所**。这个本来是为了秘密地迫害犹太人、摩尔人和异教徒而设立的机构很快就获得了一种政治的特征,因为它开始把矛头对准国家的敌人。异端裁判所使得国王的专制政权实力大增:他们凌驾于主教和大主教之上,甚至可以把他们传唤到法庭上。常常把别人的财产充公,这是一种当时大家

[510]

---

① 土耳其、埃及等国的高级军官和官吏。——译者注

早已习以为常的惩罚措施,在这种情况下充实了国库。异端裁判所仍然是一个审判嫌疑犯的法庭,因为它因此而产生了一种可怕的反对教会的权力,所以,它实际上有力地推动了一种民族自豪感。也就是说,每一个西班牙人都希望有基督教的血统,这种自豪感和异端裁判所的意图和趋势若合符节。西班牙君主政体的个别省份,例如阿拉贡自治区,仍然享有许多特殊的法权和特权,但是从菲利普二世以降,西班牙的历代国王就完全压制住了这些特权。

[511] 如果要详细地追踪欧洲各个王国中贵族政体式微的过程,那就实在走得太远了。正如已经说过的那样,我们的主要兴趣在于,这些王公贵族的私人法权受到了限制,他们的统治法权必然会转变为对于国家的职责。这种兴趣是国王和人民共同拥有的。那些强大的男爵似乎成为维护自由的中心,但实际上,他们拥有反对国王的权力和反对他们要保护的市民的特权。英格兰的男爵迫使国王签署了《自由大宪章》,但市民们却没有因此而赢得任何东西,他们宁愿停留在他们以前的状态之中。波兰的自由也同样无非是贵族们反对君主的自由,尽管有了这种自由,这个民族仍然在绝对的奴役状态之中受到羞辱。在谈到自由的时候,人们必须总是要特别留神,他们所谈论的东西是不是真正的私人的利益。因为虽然贵族被剥夺了至高无上的权力,但是人们仍然由于依附关系、农奴制度和管辖权而受到贵族的压迫,一部分完全没有能力拥有财产,一部分仍然负载着臣属的重担,而不能自由地出卖他们的东西。从这种状态之中解放出来的最高利益既牵涉国家权力,又牵涉臣民,他们作为市民现在是真正自由的个体,凡是为普遍物所做的一切应该根据正义而不是根据偶然性来衡量。拥有财产的贵族制在这种拥有中反对这二者,即既反对国家权力,又反对个体。但是贵族制应该履行他们支持王室的职责,投身于并积极从事与国家和公共机构相关的事务,而且同时支持市民的自由。这两个阶级之间的连接点的优点是,它承担了对于自身合乎理性的东西和普遍物的知识与操作;对于普遍物的知识与操作不得不取肯定性的个人法权的位置而代之。这个肯定性的连接点现在开始服从国家的最高元首,但是

它也因此而没有实现从那种从属状态中解放出来。这是在后来,在关于自在自为的法权的思想出现的时候,才发生的事情。接下来,那些得到人民支持的国王战胜了那些不公正的阶层;但是在国王得到男爵支持的地方,或者男爵维持着反对国王的自由的地方,仍然继续保持着积极的法权或者不法。

[512]

现在从根本上出现了一个国家体系和不同国家相互之间的关系。这些国家卷入不同的战争之中:已经扩大了国家权力的国王们转而向外发展,要使各式各样的要求有效。战争的目的和真正的兴趣常常是征服。意大利常常变成一个这样的征服对象,法兰西、西班牙和后来的奥地利都不得不把意大利当作掠夺的对象。总的来说,意大利居民的基本特征一直是绝对的个别化和支离破碎,无论是在古代还是在近代都一样。他们的坚强不屈的个体性曾经在罗马人的统治之下由于暴力的强制而团结在一起;随着这种纽带被剪断,那种原来的特征又出其不意地死灰复燃了。后来,意大利人似乎发现了一种统一性,在克服了那种无以复加的、演变成各种罪恶行径的自私自利之后,他们逐渐获得了对美的艺术的享受:因此,他们的文明消除了他们的自私自利,但还只是成功地达到了美,而不是达到合理性,达到思想的更高的统一性。因此,即使是在诗和歌方面,意大利的本性也和我们的本性不一样。意大利人有即席赋诗的天性,他们把真情倾注在艺术和微醺的享受之中。由于有这样的艺术天性,他们的国家就不得不是偶然的。——但是德国人所从事的战争对于德国人来说却并不是十分光荣的:德国把勃艮第、洛林、阿尔萨斯和其他一些地区都割让出去了。从这些国家权力之间的战争中却形成了共同的利益,这些共同利益的目的在于坚持各个国家的特殊利益,保持各个特殊的国家的独立自主,或者说维持**政治的平衡**。在这里包含着一个极为真实的规定根据,也就是说,保护不同的国家不受侵占。把许多国家联合起来作为手段,以保护个别的国家抵御那些强势国家的暴力行为,这种政治平衡的目的现在已经取以前的普遍的目的、基督教的目的而代之,这种基督教的目的的中心是教皇。伴随着这种新的目的的必然是一种新的外交关系,

[513]

而在这种新的外交关系中,这个国家体系中最遥远的成员都以同样的方式关心任何一个国家中发生的所有事情。这种外交政治在意大利发展到了最为精微的程度,并从那里传播到了整个欧洲。有许多君主前赴后继地似乎想要动摇欧洲的政治平衡。就在欧洲体系刚刚形成之时,查理五世竭尽全力想要建立一种普遍的君主制度;因为他同时兼任德意志皇帝和西班牙国王,尼德兰和意大利也归属于他,而美洲的全部财富也流向他。他拥有如此巨大的权力,就像是偶然获得的私人财产,是由于他的聪明才智极其幸运地组合在一起而积聚起来的,其中之一就是联姻,但是缺乏真正的内在的关联,所以,他还是不能从法兰西得到任何好处,甚至不能从德意志得到任何好处,乃至于被萨克森的莫里茨逼迫着签了一份和平条约。他穷其一生之力都在减轻在他的帝国的各个部分爆发的动乱,并把战争引向外部。——**路易十四**的同样强势也威胁到了欧洲。因为黎塞留和后来的马萨林完成了对于帝国大人物的压制,他就变成了拥有无限权力的统治者;除此之外,由于法兰西在文化方面在欧洲各国中独占鳌头,它拥有一种精神上的优越感。路易十四的自命不凡与其说是像查理五世那样基于他那不断扩张的权力,不如说是基于他的民族的文化教育,法国的文化和法国的语言被普遍地接受了,而且令人赞叹不已:因此,他毋庸置疑比查理五世拥有更高的合法性。但是,正如菲利普二世的强大的武装力量曾经因为荷兰人的抵抗而折戟沉沙,路易十四野心勃勃的计划也因为同一个英勇善战的民族而土崩瓦解。——后来的查理十二世也是一位出类拔萃的而又造成危险的人物;但是他的全部野心更多地带有冒险的性质,而很少有国内的实力作为坚强的后盾。尽管出现了各种暴风骤雨,欧洲各国依旧维持着他们的个体性和独立性。

欧洲各国对外的一个共同利益是反对**土耳其**,反对这股从东方威胁要毁灭欧洲的可怕的力量。那个时候的土耳其还是一个身强体壮、精力充沛的国家,它的力量基于征服,由于四处征服,土耳其长年处于东征西战的状态,很少有停战的时候。那些将士,就像法兰克人一样,把那些被占领的国家当作个人的财产而不是可以继承的财产分发下去。在后来他们采取继承制的时候,这个民族的力量已经一蹶不振了。奥斯曼人武力的全盛时期,土耳其的禁卫军,令欧洲人惶恐不安。土耳其禁卫军中那些长相俊美、体格健壮的基督教青年主要是通过每年一次的征兵工作从希腊臣民中招募而来的,他们接受过严格的伊斯兰教的教育,并从青少年时期开始接受军事训练。他们像僧侣一样没有父母,没有兄弟姐妹,也没有妻子,是一支完全独立和十分可怕的军队。东欧的一些政权,其中包括奥地利、匈牙利、威尼斯和波兰,不得不同舟共济,一起对付土耳其。勒班陀战役拯救了意大利,也许是拯救了整个欧洲不受蛮族的洪水猛兽之害。

紧随宗教改革而来的重大事件是**新教教会**为了政治的实存而作的斗争。新教教会,即使是在它刚刚出现的时候,就和世俗的东西深深地纠缠在一起,以至于它不免造成了错综复杂的世俗关系以及政治财产方面的政治冲突。天主教君主的臣民变成了新教教徒,他们对于教会的田庄提出了要求,改变了财产的本性,拒绝从事他们的薪金要求他们做(iura stolae)的崇拜行为。除此之外,天主教的政府必须是教会的世俗机构(brachium seculare);例如,异端裁判所从来不判处一个人死刑,它只是宣布这个人为异端分子,就像是一个陪审团所作的判决,然后再根据民事法律对他进行惩罚。此外,造成了上千种不满和导致了许多次冲突的是因为发生了游行和庆祝活动、扛着圣体匣在街上游行、退出修道院等等事件,甚或是因为在科隆的大主教想要把他的大主教管区变成他自己和他的家庭的一个世俗的诸侯国。天主教王侯的领忏人把从异端分子手中夺回原本属于教会的庄园看作是一件和良知相关的事情。然而,在德意志,总体态势对于新教是有利的,因为以前专属于帝国的采邑现在变成了诸侯国。但是在像奥地利那样的国家中,新教徒部分地处于没有君主的状态之中,部分地处于和君主进行对抗的状态,而在法兰克王国,新教徒不得不退守在堡垒之内,以保证他们能够安全地从事宗教事务。——如果不进行战争,新教徒的实存就无法获得安全保证,因为这个问题涉及的不是良知本身的问题,而是涉及政治财产和私人财产,凡是因为违反了教会的法权而被没收财产的人现在都可以向教会索赔。现在出现了一种绝对的不信任

[515]

的关系,因为这种不信任是以宗教的良知为基础的。新教的君主和城市建立起一个势单力薄的联盟,而他们所从事的防卫更加虚弱不堪。在他们失败以后,选帝侯萨克森的莫里茨通过一场完全出人意料、铤而走险的战争而迫使对方签订了一个含糊其词的和平条约,这个和平条约让深深潜藏着的仇恨继续存在。这件事情不得不从头到尾都充满着战争。这一切发生在"**三十年战争**"①期间,最初是丹麦,后来是瑞典,他们为了自由都加入了战争。不久,丹麦就被迫从战争中退出来,但是瑞典在值得赞美的北部英雄古斯塔夫·阿道尔夫的率领下扮演了光辉夺目的角色,在没有任何德意志新教国家帮助的条件下,瑞典单凭自己就把与天主教国家的巨大的力量之间的战争进行到底了。一切欧洲的国家,除了很少的例外,都把德意志作为自己的后盾,他们就像回流到源泉一样回流到德意志,又从那里出发,宗教内在性的法权和内在分离状态的法权现在必须在德意志决一雌雄。斗争不得不在没有赢得任何理念、没有赢得任何作为思想的基础的情况下结束,所有参与者都感到疲惫不堪,并造成了"白骨露于野,千里无鸡鸣"的状况,一切力量都精疲力竭,一切派别只能借助于外在的权力来自寻生路和维持自己的存在。这种结局只能关乎**政治**的本性。

在**英国**,新教**教会**的确立也不得不通过战争:斗争旨在反对国王,因为国王悄悄地诽谤天主教,国王发现天主教会认可绝对的任性这一原则。根据绝对统治权的主张,国王只有责任对上帝(也就是说,领忏人)做出解释,而抱有宗教狂热的人民起来反对这一主张,他们在反对天主教的外在性的时候在清教主义中达到了内在性的顶端;而拒绝接受一个客观世界的清教主义一方面是狂热得令人肃然起敬,另一方面显得极其可笑。这些狂热的信仰者,和明斯特的狂热信仰者一样,想要国家直接由敬畏上帝的人

---

① "三十年战争"(1618—1648 年),是由神圣罗马帝国的内战演变而成的全欧洲参与的一次大规模地区战争。它是欧洲国家间争夺领土、王位、霸权以及各种政治矛盾和宗教纠纷尖锐化的产物。德意志新教诸侯和丹麦、瑞典、法国为一方,并得到荷兰、英国、俄国的支持;神圣罗马帝国皇帝、德意志天主教诸侯和西班牙为另一方,并得到教皇和波兰的支持。战争起因表面上是新旧教之争,实际上是皇帝要加强权力,新旧教诸侯要扩充领土。——译者注

来统治,就像那些同样狂热的士兵在为了信仰进行生死决战时一定会在战场上做祷告一样。但是一个军事指挥者现在有了权力,因此也把政府掌握在自己手中;因为国家之中必须要有政府;克伦威尔知道什么是统治。他自立为统治者,并且驱散了那个存在了很久的国会。然而,在他去世之后,他的法权消失了,旧的朝代重新强占了政权。值得注意的是,天主教被颂扬为帮助君主们保证了政府的安全,——特别明显的是,在异端裁判所和政府沆瀣一气的时候,前者就会给后者提供武器。但是,这种安全保证存在于奴性的宗教服从之中,而且只是在国家宪法和一切国家法律建立在积极的占有的基础之上才存在;但是,如果宪法和法律应该建立在真正永恒的法权的基础之上的话,那么,安全保证只会存在于新教的宗教中,而合理性的主观自由也只有在新教的原则中才会得到发展。在西班牙统治下的**荷兰人**也坚决反对天主教的原则。比利时人仍然对天主教有好感,所以仍然处在西班牙的统治之下;与此相反,尼德兰的北部、荷兰一直不屈不挠地勇敢地反抗它的压迫者。荷兰经营工商业的阶级,教徒公会和保护团体形成了许多民兵组织,依靠他们的英雄气概战胜了当时威震四方的西班牙步兵。就像瑞士的农民坚持顶住了骑士兵团一样,这里的经营工商业的城市也经受住了纪律严明、训练有素的军队。与此同时,荷兰的沿海城市也装备了舰队,从西班牙人那里占领了他们一部分殖民地,他们的一切财富都是从这些殖民地滚滚流入的。就像荷兰通过新教原则获得了它的独立,**波兰**却因为想要压制持异见者那里的新教原则而丧失了独立。

[517]

通过《威斯特伐利亚和约》,新教的教会被承认为一个独立的教会,这对天主教会来说是一个无以复加的侮辱与羞辱。这个和平条约常常被看作是德意志的守护神,因为它确立了德意志的政治宪法。但是这个宪法实际上确立的是日耳曼分裂而成的那些国家(Laender)的特殊法权。它对于一个国家(eines Staates)①的目的没有任何思想和观念。人们必须

[518]

---

① Laender(诸国家)和Staat都可以译为"国家",前者注重领土和疆域,后者注重政权和权力。——译者注

读一读依波利特·阿·拉比德(*Hyppolytus a lapide*)的一本书①(这本书写于和平协议签订之前,对于帝国局势之形成产生了重大的影响),才能认识清楚统治着德国人的头脑的德国人的自由。这个和约表达出来的是具有完全特殊性的目的和一切关系的私人法权的规定。这个目的是一种**建构起来的无政府主义**,从来没有谁在这个世界上曾经看见过这个目的,也就是说,它是这样一个论断,即一个帝国是一种统一,是一个整体;在这样一个国家中,一切关系都被规定为私人法权的关系,以至于部分的利益为了自身而反对整体的利益,或者说搁置整体的利益,这种部分的利益是通过法律而被要求和规定下来的,并且以最坚定不渝的方式得到保存和保证。在做出这种约定以后,日耳曼帝国作为一个和其他国家有别的国家到底是什么性质的国家就显示出来了:它对于土耳其发动了多次可耻的战争,维也纳之所以能够从土耳其手中获得解放是因为波兰。更可耻的是它和法兰西王国的关系,法兰西王国在和平期间占有了几个自由的城市,德意志的保护墙和几个繁荣的省份,而且不费吹灰之力地保持着这种占有。

这个宪法彻底导致了日耳曼作为一个帝国的终结。这个宪法首先是**黎塞留**②的杰作,在这个罗马红衣主教的参与之下,德意志的宗教自由获得了拯救。黎塞留为了他所领导的国家的利益,在自己国家的所作所为,和在敌国所做的一切截然相反;因为他在敌国把政治的独立建立在国家分裂的基础之上,他使这个国家土崩瓦解,从而导致政治上的软弱无能,但是,他在自己的王国却镇压新教派别的独立。黎塞留因此和许多伟大

---

① Hyppolytus a lapide 是曾经做过瑞典王室史官的菲利普·且姆尼兹(Philipp Chemnitz)的笔名,这本书当是指《论罗马—日耳曼帝国的合理地位问题》。——译者注
② 阿尔芒-让·迪·普莱西·德·黎塞留(Armand-Jean du Plessis de Richelieu),1585—1642),17世纪初法兰西王国杰出的政治家、外交家,法国波旁王朝第一任黎塞留公爵。黎塞留是法国专制制度的奠基人。在他当政期间,法国王权专制制度得到完全巩固,为路易十四时代的兴盛打下了基础。他在任内筹建了法国海军部,因此被誉为"法国海军之父"。黎塞留奉行"国家至上"的理论,被部分学者认为是现代实用唯利主义外交的开创者,在西方有"现代外交学之父"之称。——译者注

的政治家拥有同样的命运,他受到他的祖国同胞的诅咒,而他的敌人却把 [519]
他因之而毁灭了他们的祖国的事业看作是他们的愿望、他们的法权和他
们的自由的神圣目的。

斗争的结果是通过暴力而强行造成的、奠基于政治之上的不同宗教
派别的同时并存,以及根据实定的国家法权和私人法权而形成的各个政
治国家。

但是,新教教会后来继续在以下这个事实中完成了它的政治承诺,
即一个属于它的国家将自身提升为一个独立的欧洲国家。这个政权随
着清教主义而脱胎换骨了:它就是普鲁士,这个国家出现在 17 世纪末
叶,在腓特烈大帝那里发现了它的即使说不上是奠基性的也可以说得
上是使它变得稳固和变得安全的个体,并且在"三十年战争"中发现为
了它的巩固与安全而进行的斗争。腓特烈二世通过抵抗几乎整个欧洲
的力量、抵抗欧洲主要国家的联合而显示了它的政权的独立自主。他
是作为新教的英雄而登上历史舞台的,但不仅是像古斯塔夫·阿道尔
夫那样的个人英雄,而是作为一个拥有国家权力的国王。虽然七年战
争自身绝不是一场宗教战争,但是,从这场战争确定的结果、从士兵的
信念以及各个参战力量的信念来看,它的确算得上一场宗教战争。罗
马教皇赏赐了陆军大元帅道恩宝剑,而结成同盟的各个国家的主要目
标是镇压作为新教教会守护神的普鲁士国家。但是,腓特烈大帝不仅
使普鲁士作为一个新教国家跻身于最强大的欧洲国家之列,而且他还
是一个哲学王,是近代史上一个独具特色和绝无仅有的现象。英格兰
的国王大多是吹毛求疵的神学家,为了绝对主义的原则而争吵不休;与
之相反,腓特烈从世俗的方面把握住了新教的原则,因为他极其厌恶宗
教争论,也不偏袒争论中这一方或那一方的意见,所以,他具有一种普
遍性的意识,这种普遍性是精神所能达到的最深的地方和它能自觉到的 [520]
自身具有的思维力量。

第三章　启蒙[①]与革命

在抗议宗的宗教中，内在性的原则和宗教的解放与在自身之中的满足一起出现了，同时也出现了对于作为恶的内在性的信仰和对于世俗性的对象的力量的信仰。在天主教会中，耶稣会教士的决疑论引入了关于意志的内在的东西及其缘由的无穷无尽的探究，这种探究的烦琐细致和吹毛求疵绝不次于当年经院神学中的那些探究。一切特殊的东西凭借辩证法都是变动不居的，恶可以转变为善，善也可以转变为恶，在这种辩证法中，最终除了内在性自身的纯粹活动，精神的抽象物——**思维**（Denken）之外，就再也不剩下任何别的东西了。思维在普遍性的形式中考察一切，因此，思维就是普遍物的活动与生产。在以前的经院神学当中，真正的内容，也就是教会的教义，是一个彼岸世界；在新教神学中仍然保留着精神与一个彼岸世界之间的关联；因为一方面仍然有自己的意志、人的精神，我自身，而另一方面仍然有上帝的恩宠，神圣的精神，所以，魔鬼存在于恶之中。但是在思维中，自身（das Selbst）是在场的，他的内容、他的对象对他来说是绝对地当前在场；因为自我（Ich）在思维，自我不得不把对象提高为普遍性。这就是绝对的自由，因为纯粹的自我，就像纯粹的光明，是在自己之中；因此，对他来说，有差异的东西、感性的东西和精神性的对象，不再是可怕的了，因为他在自身之中是自由的，而且自由地和这些东西相对立。实践的兴趣使用对象，并且消灭对象；理论的兴趣观察对象，并且保证它在自身之中不会发生任何变化。——结果是：内在性的最顶峰就是思维。如果人还不会思维，那么，他就不是自由的，因为他自身和一个他者保持着一种关联。这种具有最内在的自我确定性的对于他者的把捉和对于他者的跨越直接包含着和解：思维和他者的统一性是**自在地**存在着的，因为理性既是意识的实体性基础，又是外在事物和自然

[521]

[①] 启蒙既指18世纪前期在法国开始的一场声势浩大而有影响深远的思想运动，也可以指一种思想的原则，所以，为了保持它所包含的丰富含义，此处特意译为"启蒙"而非"启蒙运动"。——译者注

的东西的实体性基础。因此,与之相对而立者不再是一个彼岸世界,不再具有不同的实体性的本性。

思维是精神现在抵达的阶段。它在它的全部纯粹的本质性中包含着和解,因为它对外在的东西提出了这样的要求,即它们在自身之中拥有作为主体的同一个理性。精神认识到,自然、世界必定在它自身之中就有一种理性,因为上帝是理性地创造它们的。现在形成了一种要求考察和了解当前现身的世界的普遍兴趣。自然中的普遍物是种、类、力、重力等,它们都可以还原为它们的现象等等。因此,**经验**变成了关于世界的科学,因为经验一方面是感知觉,另一方面是对于规律、内在物、力等的发现,它把存在着的东西归因于它们的单纯性。——思维的意识首先是通过笛卡尔才摆脱了那种使一切事物变动不居的思维的诡辩论而被突出出来。如果说是在纯粹的日耳曼民族中出现了**精神**的原则,那么,是罗马民族首次把握到了**抽象**,前面提到的罗马民族的那些内在的分裂的特征是和抽象联系在一起的。因此,经验科学很快在这些民族以及信仰了新教的英格兰人当中,尤其在意大利人那里,发现了通达它的道路。对于人来说,上帝刚刚才创造好了太阳、月亮、星辰、草木和禽兽,仿佛它们的规律刚刚才被规定下来,因为人现在第一次对它们发生了兴趣,人们在那种理性当中再次认出了他们自己的理性。人的眼睛变得明亮了,理解力被激发出来了,思维开始运转并且可以做出解释了。由于发现了自然规律,人们开始反抗那个时代荒唐透顶的迷信,反抗一切人们只能依靠魔法才能战胜的陌生而又拥有极其强大的力量的观念。所有地方的人都同样说,天主教徒和新教徒也同样说:"教会将之与更高的东西联系在一起的那个外在的东西,只是外在的,圣饼不过是**面团**,圣人的遗物不过是**死人的骨头**。"为了反对这种对于权威的信仰,主体自身设定了主体的统治,而自然规律被承认为外在的东西和外在的东西之间唯一的关联。于是,一切奇迹变得相互矛盾起来,因为自然现在是由众所周知的和众所公认的规律所组成的一个体系,人在自然之中悠然自得,而且他在自然之中的悠然自得之所以被认为是真实的,只是因为他通过自然的知识而成为自由的了。思维

[522]

也将自身集中于精神的方面:人们认为法权和伦理奠基于人的意志的在场的立足点之中,因为在《旧约》和《新约》中,法权和伦理要么只是被描述为人被迫外在地承担起来的上帝的诫命,要么以特殊法权的形式作为特权而存在于古老的羊皮纸文稿中,或者存在于宗教的契约中。人们从经验出发经验主义地观察到,不同的国家认为作为法权而有效的东西是相互对立的(例如,格劳秀斯①);后来,人们以西塞罗的方式把人的本能——例如社会性本能——当作现存的市民法权和国家法权的源头,而自然已经把人的本能植入人的心灵之中;再接下来是人的安全和市民的财产的原则以及普遍的福利的原则,这些都属于国家理由。从这些原则出发,一方面,人们以专制的方式不尊重私人法权,但是因此在另一方面,实现了反对实定法权的普遍的国家目的。腓特烈二世可以被称作在现实中开创了一个新时代的摄政王(Regent),在这个时代中,现实的**国家利益**获得了它的普遍性和它的最高的合法性。腓特烈二世之所以必须被特别突出出来,是因为他以思维的方式把握住了国家的普遍目的,他是摄政者当中第一个坚持国家中的普遍物的人,第一个认为如果特殊物和国家目的相对立,那么特殊物不再继续具有价值的人。他的不朽的功绩是制定了一部国内的法典,《普鲁士市民法》。作为一个家长,他呕心沥血地操心和管理他的家庭和附属于他的那些人的福利,他在这方面创造出了唯一一个光辉的典范。

[523]

这种奠基于当前在场的意识的普遍规定,自然的规律和合法的东西与善好的东西的内容,人们称之为**理性**。人们称这些规律的有效性为**启蒙**。启蒙运动是从法兰西王国输入德意志国家的,一个新的观念世界从这个运动中升起了。现在有一个反对宗教信仰、实证的法权法律(尤其是实证的国家法权的法律)等一切权威的最终标准,这个标准是,精神的内容本身在自由的当前被当作了识见。路德已经获得了精神的自由和具

---

① 格劳秀斯(1583—1645),荷兰人,近代西方资产阶级思想先驱,国际法学创始人。其名著《战争与和平法》(1625年)不仅是重要的国际法著作,而且是作为西方资产阶级人权学说基础的自然法或自然权利理论方面的开创性著作。——译者注

体的和解,他胜利地确定了,人的永恒规定之所是一定会在他身上发生。但是,在他身上所发生的那个东西的内容和一定会在他身上活生生地发生的真理,被路德规定为一个被给定物,一个已经通过宗教而被启示出来的东西。现在这个原则已经被表达出来了,即这个内容是一种当前在场的内容,我能够在我内心对这个内容确信不疑,而且,一切事物都必须回溯到这个内在的根据。

思维的这个原则最初出现在它的普遍性中时还是抽象的,建立在矛盾律和同一律这样的基本规律的基础之上。内容因此而被设立为有限的内容,而启蒙把一切出自人的和神圣的事物的思辨都驱逐和铲除了。如果说多重性的内容被以普遍性的方式带入它的单纯规定之中是无比重要的,那么,这种仍然抽象的原则已经不能满足活生生的精神、具体的心灵了。

[524]

随着这种形式上绝对原则的出现,我们来到了**历史的最后阶段,来到了我们的世界,我们的时代**。

世俗性是定在中的精神的王国,把自身带向实存的意志的王国。感觉、感性、冲动都是内在的东西实在化的方式,但是它们只是瞬间即逝而且各行其是;因为它们是意志的变化无定的内容。但是,合乎法权的东西和伦理性的东西属于本质性的、自在存在着的意志,属于自身普遍的意志,而为了知道什么是真正的法权,人们必须从禀性、冲动、欲望,从特殊物当中抽离出来;因此,人们必须认识什么是**自在存在着的意志**。好意、援助、社交的冲动都只是冲动而已,它们和其他一些冲动相互敌视。自在存在着的意志之所是必须脱离这些特殊性和对象。因此,作为意志的意志是抽象的。意志是自由的,仅仅是就它并不欲求(will)那些外在的东西、特殊的东西和外来的东西而只是欲求它自身——意志——而言的,因为如果意志意愿外在的东西,意志就是有所依赖的。绝对的意志是意愿成为自由的意志。意愿着自身的意志是一切法权和一切义务的基础,并因此而是一切法权法律、义务诫命和被迫承担起的责任的基础。意志自由本身是一切法权的原则和实体性的基础,它自身就是绝对的、自在自为

419

[525] 地永恒的法权和最高的东西,因为其他的、特殊的法权与之相比都处于次要的地位。它甚至是人必须凭借它才能成为人的那个东西,因此也就是精神的基本原则。——但是,接下来的问题是:意志是如何获得规定性的?因为意志欲求它本身,它只能是与自身的同一关联;但是意志也意愿特殊物;人们知道,它**给出各种**有差异的义务与法权。人们要求一种内容,意志的某种规定性;因为纯粹的意志自身就是它的对象和它自己的内容,而这种对象和内容是没有对象和内容的。因此,一般地说,意志只是**形式的**意志。但是,如何以思辨的方式从这种单纯的意志中获得自由的规定,并且因此而向前推进到法权和义务,我们在这里不能加以讨论。只是在这里,同样值得注意的是,这同一个原则在德国是通过康德的哲学而从理论上得到揭示的。根据**康德的**说法,自我意识的单纯的统一性,自我,就是不可破坏的、绝对独立的自由和一切普遍的规定亦即思维规定的源泉——理论理性,而且同样也是一切实践规定的最高规定——作为自由而纯粹的意志的实践理性。意志的理性就是把自身保持在纯粹的自由之中,在一切特殊物之中意愿着纯粹的自由,只是为了法权而意愿法权,只是为了义务而意愿义务。在德国人那里,这一切保持为一种平静的理论,但是法国人却想要在实践中实现它。——于是就形成了双重的问题:为什么自由的原则只是保持为形式的?为什么只有法国人而不是也有德国人要着手实现这个自由的原则?

这种形式的原则带来了许多内容丰富的范畴:其中最重要的是社会以及什么东西对社会有用。但是社会的目标本身是政治的,是国家的目标(参阅《人权和公民权》,1791年),亦即维持**自然法权**的目的。但是,自然的法权是**自由**,它的进一步规定是在法律面前一切法权的**平等**。与[526] 此直接相关的是,平等是通过把多数放在一起进行比较的结果,而这里所说的多数是指他们的基本规定是同一个东西——即自由——的多数人。这一原则保持为形式的,是因为它源自抽象的思维、知性,而知性首先是纯粹理性的自我意识,作为直接的东西,它是抽象的。它还没有从自身之中发展出任何东西,因为它还和一般意义上的宗教、具体而绝对的内容保持着对立。

第二个问题是,为什么法国人要急不可耐地把理论的东西转变为**实践的东西**,而与此相反,德国人却耽溺于理论的抽象之中呢?有人回答说,这是因为法国人性情急躁(ils ont la tête près du bonnet);但是理由要深刻得多。存在着和德国哲学的形式原则相对立的一个具体的世界和现实,在这个世界中,精神的需要能够获得内在的满足,良知也能够处于安宁之中。因为一方面是新教的世界,这个世界已经在思维中走得很远,达到了对于自我意识的绝对顶峰的意识,而另一方面,新教在信念中获得了超越于伦理和法权的现实之上的安宁,这种信念自身和宗教统一在一起,成为私人法权和国家宪法一切法权内容的源泉。在德国,启蒙表现在它的神学方面;而在法国,启蒙很快就采取了一种反对教会的立场。在德国,世俗性方面的一切事物都已经通过宗教改革而得到了改善,那些败坏道德的制度,例如独身生活、贫穷和懒惰等,都已经被废除了,教会中那些僵死的财富没有了,也没有人被强迫反对伦理生活,而这种强迫是一切不道德行为的源泉和诱因。在德国,不再有由于把教会的权力和世俗的法权混淆在一起而形成的那种不可言喻的不法(Unrecht),也不再有另外一种为国王的合法性傅油的不法,也就是说,也不再有王侯们的任性,因为这种任性是那些被傅油者的任性,所以这种任性应该是神圣的,神性的;相反,只是因为他们的意志凭借智慧欲求法权、正义和全体的福利,他们的意志才被认为值得尊敬。所以,思维的原则已经大大地得到了和解;新教的世界在这里获得了这样的意识,即在以前阐明过的那种和解中,原则已经作为法权的进一步发展而存在了。

［527］

抽象地形成的、知性的意识可能会把宗教弃置于一旁而不顾,但是宗教是普遍的形式,对于那种并不抽象的意识来说,真理就是以这种普遍的形式存在的。新教不容许有两种良知;但是在天主教的世界中,一面是神圣的东西,另一方面是反对宗教的抽象,也就是说,反对它的迷信和它的真理的抽象。这种形式的、本己的意志现在被当作了基础:社会中的法权是法律所欲求的东西,而意志则是**个别的**意志;于是,国家被当作是许多

421

个别意志的集合,而不是一个自在自为地实体性的统一体和自在自为的法权的真理,这个统一体和这种真理是个别的意志如果想要成为真实的意志、想要成为自由的意志就必须遵循的东西;相反,现在意志的原子被当作了出发点,而每一个意志都直接地被当作是绝对的意志。

于是我们在这里发现了一种国家的**思想原则**(Gedankenprinzip),这项原则不再是任意一种意见的原则,例如社交冲动、财产的安全性的需要等等,也不是虔诚的原则,例如君权神授,而是确定性的原则,这种原则是和我的自我意识的同一性,但是,它还不是真理的原则,必须把它同真理的原则区分开来。这是一个关于最内在的东西和自由的最大发现。精神性的东西的意识现在本质上是基础,统治因此而变成了哲学的统治。有人曾经说过,**法国大革命**是从哲学出发的,人们把哲学称作**世界智慧**并不是没有根据的,因为哲学不仅是自在自为的真理,是纯粹的本质性,而且,就哲学在世俗性之中是活生生的东西而言,它也是真理。所以,如果有人说,法国大革命从哲学中获得了它的第一次推动,我们绝不会对此提出异议。但是,这种哲学最初还只是抽象的思维,而不是对于绝对真理的具体把握——这二者之间存在着天壤之别。

[528]

意志自由的原则因此而被认为是反对现存的法权。虽然在法国大革命之前,大人物已经遭到黎塞留的压制,他们的特权也已经被取消,但是他们仍然和教会一样保持着一切相对于下层阶级而言的法权。那个时代的法兰西的整体状况是一种荒谬可笑的状况,各种特权组成了一个反对思想和理性一般的混乱集合体,这种状况是和最高程度的风俗、精神的堕落状态密不可分的,——这样一个不法的王国,由于开始出现了对它的意识而变成鲜廉寡耻的不法了。压在人民身上的可怕的沉重的负担,政府为了朝廷骄奢淫逸和铺张浪费的生活而征收赋税时陷入的尴尬困境,是造成人们不满的最初理由。新的精神变得活跃了;政治压迫推动人们从事研究。人们看到,从人民那里压榨出来的血汗钱没有用在国家的目的上,而是被以最荒唐可笑的方式挥霍一空。整个国家体系看起来是一种不正义的体系。变化必然要借助于暴力,因为并不是政府下定决心要进行一番变革。之所以不是政府要进行变革,是因为朝廷、教士、贵族、议会自身都既不想为了走出困境的缘故也不想为了自在自为地存在着的法权的缘故,而放弃他们占有的那些特权;此外是因为政府作为国家权力的具体的中心,没有把抽象的个别意志当作原则,并从这个原则出发重建国家;最后是因为,法国还是一个天主教的国家,因此,自由的概念,法律的理性没有被看作是最后的绝对的义务,在这里,神圣的东西和宗教的良知是与政府分离开来的。法权的思想、法权的概念**突然地**发生作用了,而与此相反,旧的不法的脚手架再也不能与之相抗衡。因此,现在在法权的思想中建立起了一种宪法,而从现在开始,一切都应该建立在这个基础之上。自从太阳出现在苍穹之中,行星围绕着太阳运行以来,我们还没有看见,人把自己放进头脑中,也就是说,放进思想之中,并且根据思想来建造现实。阿那克萨戈拉第一个说,"努斯统治着世界";但是现在人已经首次获得了这样的认识,即思想应该统治着精神性的现实。这因此而是一次壮丽的日出。一切思维着的存在者共同欢呼这个新纪元的到来。一种崇高的情感在这个时代占据了统治地位,一种精神的热情使这个世界瑟瑟发抖,就好像现在它已经首次达到了神圣的东西与世界之间的真正的和解。

[529]

我们从现在起必须探讨下列两个因素:1,法国革命的进程;2,这次革命如何变成了世界历史性的革命。

1,自由在自身之中有着双重的规定:一个规定涉及自由的内容,自由自身的客观性——事情本身;另一个规定涉及自由的形式,主体认识到自己是能动的;因为自由提出了这样的要求,即主体在行动中认识自己,做他自己的事情,因为他的兴趣就是做成事情。据此,我们要考察一个活生生的国家的三种要素和力量,而对它们的详细考察我们要留待关于法权哲学的讲座。

a)合理性、自在的法权的**规律**或者实在的自由:财产的自由和人格的自由属于这种自由。一切出自附庸关系的非自由状态因此而结束了,而一切源自封建法权的规定,例如什一税和租税等,也因此而废除了。此

[530]

外,从事各种行业的自由和自由地担任一切国家官职属于实在的自由,而前者是指,只要他愿意,人们应该被允许利用他的劳动力。这些就是实在的自由的因素,这些因素并不是基于情感,因为情感会让农奴制度和奴隶制度继续存在,而是基于具有精神性的存在的人的思想和自我意识。

b) 但是法律的现实化的活动是一般意义上的**政府**。政府首先是形式上行使法律和维护法律的权威;其次,它在对外关系方面遵循着国家目的,而国家目的是一个国家作为一个个体相对于另一个个体的独立自主;最后,它在对内方面必须操心国家的福利和一切阶级的福利,而这就是行政。因为行政所关心的不仅是市民能够从事一个职业,他还必须能够通过这个职业而获得收益;一个人被允许利用他的劳动力是不够的,他还必须能够找到利用他的劳动力的机会。因此,在国家中存在着一种普遍物和这种普遍物的实行。这种实行应该归于一个主观的意志,一个下决心和做决断的意志。法律的创制——发现规定并积极地建立起这些规定——就已经是一种实行。更进一步的工作是下决心和执行。在这里现在出现了一个问题:什么是应该在这里做出决断的意志?最终决断应该归之于君主;但是既然国家奠基于自由之中,那么,许多个体的意志也想要参与做出决议。**许多**就是**全体**,而只让**少数人**参与作出决定似乎是一个空洞的解救办法,并且是完全不合乎逻辑的,因为每个人都想要用他自己的意志去参与那对他而言是法律的事务。少数人应该**代表**(vertreten)多数人,但是在大多数情况下他们只是**践踏**(zertreten)多数人。多数人对少数人的统治差不多也是前后完全不一致的。

c) 各个主观意志的这种冲突导向了第三种因素,导向了**信念**的因素;信念就是法律的内在意愿;法律和宪法从根本上变得固若金汤,而个体的最高义务是让他的特殊意志服从法律和宪法,这不是习俗,而是信念。可能存在着很多关于法律、宪法和政府的意见与看法,但是信念必须是这样的,所有这些意见都必须从属于国家的实体性,而且是可以放弃的;此外,信念还必须是这样的,任何更高的东西和更神圣的东西都不会反对国家的信念,或者说,如果宗教是更高的和更神圣的东西,那么,宗教当中就不能包含任何不同于国家宪法或者与国家宪法相对立的东西。虽然把国家法律和宪法与宗教完全分离开来被看作是一种基本的智慧,因为人们害怕一种国家宗教的过于偏执与假仁假义;但是如果说国家和宗教从它们的内容上说大相径庭,那么,它们归根结底其实是同一个东西,法律在宗教中有它的最高的保障。

在这里必须直截了当地说出的是,在天主教的情况下,不可能存在任何合乎理性的宪法;因为政府和人民必须相互为对方提供信念这种最后的保证,而他们只能在一种并不和合乎理性的国家宪法水火不容的宗教中才能获得这种保证。

柏拉图在他的共和国(Republik)中把一切都设定为在政府的基础之上,并且把信念当作原则,则此之故,他把重心放在教育上面。现代理论与此完全南辕北辙,它们把一切都听任个体的意志来决定。但是在这里谁也不能保证,这种意志具有正确的信念,可以使国家的存在建立在这种信念的基础之上。

我们现在不得不根据这些主要规定来跟踪**法国大革命**的进程和从法权的概念出发而对国家所做的变革。首先表达出来的是一种完全抽象的哲学原理,而完全没有把信念和宗教包括在内。法国的第一部宪法是把王权(koenigtums)宪政化了:君主应该站在国家的顶端,应该由他和他的大臣来行使国家的权力;与此相反,立法机关只应该创制法律。但是,这种宪法立即产生了一个内在的矛盾;因为全部的行政权力被放到了立法机关之中:国家财政预算、战争与和平的决定、国家武装力量的招募等都掌握在立法的议会手中。一切事务都委托给了法律。但是,国家的财政预算依照它的本性来说和法律没有什么关系,因为它每年都要重复进行,而不得不承担起这项事务的机构应该是政府机关。与此相关的还有内阁官员和国家官吏的提名等事务。因此,政府也被消融在那个立法的议会之中了,就像在英国,消融在国会之中。——此外,这种宪法必然造成绝对的不信任:王室是不可靠的,因为它失去了先前曾经拥有过的权力,而教士们拒绝宣誓。政府和宪法再也不能维持下去了,它们都被推翻了。

[532]

但是,总是要存在着一个政府的。因此,问题是:政府从哪里来? 从理论上说,政府是从人民中来,但是,从事实来看,它来自国民会议和那些委员会。现在,抽象的自由原则和存在于主观的意志之中的**德性**(Tugend)占据着统治地位。德性现在不得不以对抗多数人的形式进行统治,多数人由于他们的腐化堕落和他们过去的利益,或者由于他们过度的自由和激情而不再忠实于德性。德性在这里是一个很单纯的原则,它把人仅仅区分为有信念的人和没有信念的人。但是只有信念才能认识信念和对信念作出判断。于是**怀疑**就流行起来了。但是,德性一旦受到怀疑,那么,德性就必须受到谴责。怀疑获得了一种可怕的权力,它把君主送上了断头台,而这位君主的主观意志其实是一位天主教徒的宗教良知。罗伯斯庇尔宣布德性的原则是最高的原则,我们可以说,他这个人是郑重其事地对待德性的。现在,德性和恐怖占据了统治地位;因为主观的德性纯粹是从信念出发进行统治,所以,它带来了最令人毛骨悚然的暴政。它不经过任何司法的形式操弄它的权力,而它的惩罚又是那么简单明了——死刑。这种暴政很快就土崩瓦解了;因为一切秉性、一切利益、合理性自身是反对这种令人闻风丧胆而又始终如一的自由的,这种自由把它的全部精力集中于以疯狂的方式登上历史舞台。一个像以前一样的井然有序的政府又出现了,只是现在的领袖兼君主是一个可以变动的五人执政内阁,他们形成了一个道德的、但并非钢板一块的统一体。怀疑仍然在他们中间占据主导地位,政府掌握在立法议会手中,他们因此而重演了那种灭亡的命运,而这已经证明绝对地需要一个政府的**权力**。**拿破仑**把政府的权力重建为军事的权力,然后又把一个个体的意志放置于国家的顶端。他知道如何进行统治,而且很快国内一切就百废俱兴了。那些律师、意识形态家和坚持原则的人都被他驱散了,现在流行的再也不是什么不信任,而变成了尊敬和畏惧。拿破仑把他那无比巨大的个性力量转向了对外关系,他完全征服了欧洲,把他的自由主义制度传播到他的大军所到之处。自古以来,还没有谁曾经打过比他更大的胜仗,没有人在战争中显示出比他更高的军事天才;但是,这种胜利的软弱无能从来没有比现在显示得更加清

[533]

楚明了。这些民族的信念,也就是说,他们的宗教和他们的民族性,最终把这个巨人推翻了,而以1814年的宪章作为基础的君主立宪制又重新在法国建立起来了。但是在这里重新出现了信念和不信任之间的对立。在法国人发表充满了对于君主制的忠诚与热爱、充满了对于君主制度的美好祝愿之时,他们其实是在自欺欺人。这场滑稽戏他们竟然上演了15年之久。也就是说,虽然宪章成了全国人民共同的旗帜,双方都对它宣誓效忠,但是其中一方的信念仍旧是一种天主教的信念,这种信念把消灭现存的各种制度当作只能凭良心处理的事情。于是又发生了一次分裂,政府被推翻了。在发生了40年的战争和不可估量的混乱之后,一颗苍老的心终于可以因为看到战争的结束和某种安居乐业的景象的出现而感到欣慰。即使现在主要的问题已经得到了解决。但是,一方面,天主教的原则所造成的这种分裂继续存在着;另一方面,继续存在着主观意志的分裂。在后面这种情形中,仍然存在着主要的片面性,即普遍的意志也应该是经验性地普遍的意志,也就是说,个别的意志应该进行统治,或者应该参与到统治之中。由于不满意于合乎理性的法权、人格和财产的自由被认为是有价值的,不满意于存在着一种国家的组织,这个国家组织存在于市民生活的范围内,而且不得不从事各种业务;不满意于知识分子对于人民产生重大的影响,并且造成了人们之间的信任,所以,自由主义(Liberalismus)以原子的原则、个别意志的原则来对抗所有这一切:一切都必须通过他们明确的权力和明确的同意才能发生。由于这种形式的自由,由于这种抽象,他们不让任何政治组织获得稳定性。自由还反对任何特殊的政府支配权,因为它们都是特殊的意志,亦即任性。多数人的意志推翻了政府内阁,从此以后出现了迄今为止仍然存在的反对党。但是,就它现在是政府而言,这个反对党又与多数人相对立。于是,动荡与不安一直延续下去。这种冲突,这个纽结,这个问题,是历史正深陷其中而且在将来的时间必须要加以解决的。

2. 我们现在把法国大革命当作世界历史性的革命来加以考察,因为,这次事件从它的内容上说是世界历史性的,而且必须把它和形式主义的斗争区分开来。至于说到它向外的传播,几乎所有的现代国家都通过征服而接受了这项原则,或者明确地向国内引进了这项原则;自由主义尤其控制了罗马民族的国家,也就是说,罗马—天主教的世界,**法国**、**意大利**、**西班牙**等。但是,它却到处宣告破产,首先是在法国的那家巨大的公司,后来是在西班牙、意大利;确切地说,在这些国家中曾经两次引进自由主义。它第一次引进西班牙是通过拿破仑的宪政,后来是通过西班牙国会的宪法;而在皮埃蒙特大区,第一次是在它被法兰西帝国兼并的时候,后来是由于它自己内部发生的暴动;在罗马和在那不勒斯都是推行了两次。自由主义的抽象就这样从法国出发而穿越了整个罗马的世界,但是这个世界仍然由于宗教的奴役状态而被拴在政治的不自由之中。因为以为法权和自由的桎梏可以不经过良知的解放而被解脱,以为不经过宗教改革就可以完成革命,这是一种虚假的原则。——这些国家又沉降到它们古老的状况之中了,虽然意大利外部的政治状况多少有些改善。威尼斯、热那亚的古老的贵族制至少可以肯定是法律认可的,但是都作为腐朽的专制主义而消失了。外在的强势并不会持续得太久:拿破仑不能逼迫西班牙走向自由,正如菲利普二世不能逼迫荷兰处于奴役状态一样。

[536] 其他一些国家尤其是新教国家和罗马国家的情况正好截然相反。奥地利和英格兰没有被卷入内部动荡的圈子,这是它们内部稳如泰山的充分的、非同寻常的证明。奥地利并不是一个王权国家,而是一个帝制国家,也就是说,它是由许多国家组成的一个集合体。它最主要的那些区域并不具有日耳曼人的本性,而且与各种理念保持着绝缘状态。由于既没有经过文化的教化,也没有受过宗教的提升,于是,在有的地方,下层一直束缚在农奴制度之中,而大人物处在萎靡不振之中,就像在波西米亚那样,而有的地方,下层始终如一地保持着一种状况,男爵维持着他们进行暴虐统治的自由,就像在匈牙利那样。奥地利已经放弃了它通过皇帝的头衔而和德意志建立的密切关系,也放弃了它在德意志和尼德兰所拥有的许多领地和法权。它现在在欧洲是一个独立的政治力量。

英格兰费了九牛二虎之力才维持住它旧有的基础;英格兰的**宪法**在

风雨飘摇之中岿然不动,尽管英格兰的宪法比它已经显示出来的更容易受到冲击,因为它有一个公共的议会,因为所有阶级的公共聚会已经成为惯例,因为出版自由更容易出现这种可能性,即使英格兰所有阶级的人民都能够接触到法国自由和平等的基本原理。是因为英格兰民族在文化教育方面过于迟钝而不能把握住这个普遍的原理吗?但是,没有任何别的国家关于自由出现过比它更多的反思和公开的讨论。或者说,英格兰的宪法已经完全是一种自由的宪法了,自由宪法的每一个原理都已经实现了,以至于它再也不能遭到任何反抗,或者再也不能激起对自由的兴趣了吗?英格兰民族在法兰西解放期间曾经给予后者以很大的赞助,但是他们却引以为豪地肯定他们自己的宪法和他们的自由;他们不是盲目地模仿外国人,反而对他们保持着一种习以为常的敌视的态度,而且很快,他们就与法国陷入了一场人民战争之中。

英格兰的宪法是由纯粹特殊的法权和特殊的特权组成的:政府本质上是一个行政机关,也就是说,它只关注一切特殊阶层和阶级的利益;这些特殊的教会、社团、郡县只关注它们自身的利益,以至于真正说来,英格兰政府能够做的事情是一切政府中最少的。这就是英格兰人所说的自由的最大特色,这和法国把行政权力集中化的做法完全相反,在法国,最小的村落的村长也是由内阁或者它的下属机构任命的。很少有地方像法国一样,人们不能忍受别人自行决定做什么:法国的内阁把一切行政权力都集中在自己身上,而众议院也对行政权力提出了要求。在英格兰,则与此相反,每一个社团、每一个附属的圈子和联合会都有它自己的事情要做。普遍的利益以这种方式是具体的,而特殊的利益是在普遍的利益之中被知道的和被意愿的。这些为了特殊利益的机构彻底不容许有任何一种普遍的体系。因此,任何抽象的和普遍的原则在英国人看来不啻废话连篇,提不起他们的任何兴致。——这种特殊的利益有它们的实定法权,它的起源可以追溯到旧时代的封建法权,而在英格兰保持得比所有其他地方都要完好。由于带有最高程度的不一致,它们同时是最高程度的不法(Unrecht),而在实在的自由的机构方面,英格兰比所有其他地方都少。

[537]

在私人法权、财产自由方面,它们是不可思议的落后;我们只需要想一想长子继承权就可以了,根据这种规定,对于较小的儿子来说,军队的职务或者教会的职务必须通过购买或者设法以其他方式取得。

进行统治的是国会,尽管英格兰人不情愿承认这一点。现在值得注意的是,所有时代的人们都认为只有一个共和制的民族才会出现的腐败时期,现在在英国也出现了,也就是说,通过贿赂才能被选入国会。但是,人们可以出卖他的选票和可以购买一个国会的席位,这也是他们那里所谓的自由。——但是这种逻辑完全不一致和腐败的状况也有它的优点,即它奠定了政府产生的可能性的基础,也就是说,议会中的大多数成员都是政治家,他们从小就献身于国家事务,以国家事务为业,以国家事务为生。这个国家有正确的理解力和知性,能够认识到有一个政府的必要性,并且因此而给予一群有着丰富行政经验的人以它的信任;因为对于特殊性的理解力承认了认识、经验和熟练所具有的普遍的特殊性,所以,心无旁骛地献身于这种兴趣的贵族阶级就拥有这种普遍的特殊性。这种理解力和对于原则与抽象的理解力是完全对立的,因为每一个人都可以立即占有这些原则和抽象,它们本来就存在于一切宪法和宪章之中。——于是就出现了这样一个问题,现在正在提出的那些改革,如果能够有始有终地贯彻执行的话,能够在何种程度上容许一个政府的可能性?①

英格兰的物质生活建立在商业和工业的基础之上,英格兰人已经承担起成为整个世界文明(Ziviliation)的传教士的使命;因为他们的商业精神驱使着他们彻底搜查了一切海洋和一切陆地,和蛮族人建立起联系,在他们当中唤醒各种需要和工业,而且首先在他们那里创造了交往的条件,也就是说,使他们放弃暴力行为,尊重财产,并且殷勤好客。

所向披靡的法国军队曾经踏遍了整个**德意志的土地**,但是德意志的民族性已经摆脱了这种压迫。德意志的主要因素是法权的法律,这固然

---

① 这里是指1832年推动通过的议会改革;参见黑格尔的论文《论英格兰的改革法案》(1831年)。[《黑格尔著作集》第2卷]——原编者注

是由于法国的压迫而造成的,但是以前各种制度的诸多缺点也因此而严重暴露出来了。一个帝国的谎言消失得无影无踪。它分裂成了许多主权国家。封建的依附关系被废除了,财产自由和人格自由的原则被当作基本原则。每一个公民都获得了成为国家官员的许可,然而,才能出众与量才授官是必不可少的条件。政府建立在文武百官的基础之上,而君主个人的决断是至高无上的,因为正如前面提起过的,最终的决断是绝对必不可少的。然而,在有了确不可拔的法律和分工明确的国家组织之后,那些唯有君主个人才能做出决断的事务在实质上也就无关大局了。尽管如此,如果一个民族能够分配到一位高尚的君主,此乃该民族之洪福也。然而这对于一个伟大的国家来说无关紧要,因为这个国家的实力体现在它的理性之中。小国家要想存活下去并且安居乐业,多多少少要依赖其他国家的保障,它们因此而不是真正独立的国家,也就不得不经受战争的血与火的考验。——就像已经说过的,任何一个具有认识、熟练和道德意志的人都可以参与到国家政权之中。进行统治的应该是有知识的人(Wissenden),有德性的人,而不是无知和自以为是者的虚荣。——最后涉及的是信念,正如已经说过的那样,通过新教教会已经实现了宗教和法权的和解。任何神圣的东西、宗教的良知都不可以和世俗的法权分离开来,或者说会与世俗的法权完全对立。

到现在为止,意识已经出现了,而这就是形式的主要因素,自由的原则在意识中实现了自身,因为世界历史无非就是自由概念的发展历程。[540]但是,客观的自由、实在的自由的法律要求偶然的意志的服从,因为这种意志总的来说是形式的。如果客观的东西自身是合乎理性的,那么,识见(Einsicht)必定会与这种理性相符合,而主观自由的本质性的因素也就存在了。我们一直在单独地考察这个概念的发展历程,我们不得不拒绝这种诱惑,即更细致地描绘诸多民族的幸运和它们鼎盛的时期,个体的优美与伟大,对于他的痛苦与欢乐之命运的兴趣等等。哲学只关心在世界历史之中反射出来的理念的光辉。由于厌烦了现实中直接的激情所造成的各种动荡不安,哲学使自己专注于沉思;哲学的兴趣在于认识自我实现的理念的发展历程,确切地说,是仅仅作为自由的意识的自由的理念的发展历程。

世界历史就是精神的这个发展历程和精神的现实生成,它的各种历史发生在不断变换的舞台上,——这是真正的神正论(Theodizee),在历史中为上帝所做的辩护。只有**这个**识见才能使精神与世界历史和现实达成和解,已经发生了的事情和每天都在发生的事情,不仅不能没有上帝,而且本质上就是上帝的作品自身。

附　录

导论的第一草稿:历史研究的方式

(1822—1828)

1822 年 10 月 31 日
1828 年 10 月 30 日

我的先生们:

本讲演录的对象是哲学性的世界历史。——它是普遍的世界历史本身,它应该要贯穿于我们的研究之中;它不是关于世界历史本身的普遍反思,我们从世界历史之中得出这些反思,并从它的内容中举例来阐明这些反思,相反,它就是世界历史本身。

我不能为本讲座提供任何讲演课本作为基础;尽管如此,在我的《**法权哲学纲要**》第 341—360 节(结尾)中,我已经为这种世界历史提供了更加详尽的概念,以及这种概念性考察划分而成的各种原则、各个阶段。这些原则至少可以以抽象的形态使我们熟悉它所依赖的那些因素。

我想要这样处理我们的哲学性的世界历史的**导论**,我要就"什么是一种**哲学性的**世界历史"这一问题预先提出一种(普遍的、确定的)**观念**;为了达到这个先行的目的,[我想要]先讨论阐明和研究历史的其他方式,对它们进行审查、描述,并对它们进行比较。

我把历史写作的方式分为以下三种:

α)原始的历史,

β)反思性的历史,

γ)哲学性的历史。

[544] α）我的意思是，就**第一种**历史而言，只要列举几个人名就可以立即给出一幅确定的图像，比如**希罗多德**、**修昔底德**和其他的历史作家，——也就是说，这些历史著作家主要是描述他们亲身经历过的行动、事件和状况，他们经历过这些事件，或者生活在这件事件当中，对这些事件感同身受，他们自身就属于这些事件以及它们的精神，他们撰写了关于这些行动、事件的报道，并且把那些纯粹地发生过的和外在地现成存在的东西转移进了精神观念的王国之中，并且为了后者而对它们进行整理，——以前，它们只是一个存在者，现在它们成了精神性的东西，内在的和外在的心灵中的观念性的东西。例如，诗人也把他在感觉中拥有的素材加工处理为感性的观念。在这些历史著作家看来，其他历史著作家的报道和叙述只是一种配料；但是，它们一般地说只是零散的、零星的、偶然的、主观的材料。就像诗人那样，无论他多么受惠于他所接受的有教养的语言，高度发展的认识，主要的工作还是属于他自己，同样，一个这样的历史作家是这样一种人，他把在现实中已经过去了的东西、在主观的偶然的回忆中七零八落的东西和[只是]以转瞬即逝的方式保存在记忆中的东西连缀成一个整体，把它们存放在记忆女神的神殿（Tempel der Mnemosyne）之中，以使它们永垂不朽。这样的历史著作家把[过去的东西]移植到——给它们一个更好的、更高的地基，把它作为它在其中生长的过去的地基——（死者的）现在要一直延续下去的、永恒的精神的王国之中，就像古人在描述乐土时所说的，英雄们在他们的一生中只做一次的事情，可以永远地继续做下去了。

[545] 我们把各种稗史、民歌、传说以及一般意义上的诗作都排除在这种原始的历史之外，因为这些稗史和传说只是[历史的]各种暗淡的方式，以及因此是他们的意识仍然还是暗淡的那些民族或者他们的一部分的方式。在这里，一个民族的历史和它自身具有什么样的关系，我们后面还会再回到这一点上来。有着暗淡的意识的民族或者他们的暗淡的历史不能成为世界历史的对象，至少不能成为哲学性的世界历史的对象，因为哲学性的世界历史把对于历史中的理念的认识作为自己的目的——这些民族

的精神为了知道这些民族是什么以及这些民族做了什么,而把这些民族的原则带向意识。

以后我们要注意,历史[是]发生了的事情(historia res gestae),一个民族的真正的、客观的历史(Geschichte)最早是从它有一种历史学(Historie)的地方开始的。还没有到达历史的文化就算不上文化过程,[例如]印度就不可能有3500年的文化历程——

这样原始的历史著作家把他们当代的事件、行动和状况转变成了一种为了观念而观念的作品。

从这里我们可以得出:

aa)这种历史的内容因此不可能有广阔的外在的范围。在人们自己的经历和他们当代的兴趣中有生命力的东西,在他们的环境中有生命力并且在场的东西,是他们最重要的素材。

他所记述的或多或少是他参加过的事情,至少是他共同经历过的事情。这种历史发生在很短的时间之内,只是个别的人物形象和个别事件的形象。他们的研究是出自他们的亲身经历和耳闻目睹;它们是单一的、未加反思的资料汇编,他们从它们当中搜集了许多生动的描述,以确定它的样子,就好像他们是从他们的**亲身经历**中或者**身临其境者**的讲述中拥有它们的,并且把它们保留在后世的**观念**之中。

ββ)在这样的历史著作家中,作者的成长经历和他采入作品中的事件,作者的精神和他所叙述的那些行动的精神,同出一辙,别无二致。

[546]

首先,他和反思没有表现出任何关系,因为他生活在实事求是的精神之中,还没有从它之中超越出来,就好像它是反思一样。它在这种统一性之中会被更加细致地把握住,也就是说,在某一个时代,各个阶级之间出现了更大的区别,文化教育和生活准则是和阶级联系在一起的,而每一个个体又属于一个阶级,一个这样的历史著作家必然已经属于**政治家**、**军事统帅**的阶级,那么,他自己的目的、意图和行动就会属于他所描述的政治的世界领域。如果这种实事求是的精神得到了发展,那么,这种精神也就认识了自身;他的生命与行动的一个主要方面是对于他的目的和兴趣的

437

意识,以及对于他的**基本原理**的意识——他的行动的一个方面是向他人**解释**他自己的方式,对他的观念产生影响[也就是说,研究他的观念],以便使他的意志运动起来。*

历史学家借以解释和阐述这种意识的,不是他**自己的**反思,相反,**他不得不让那些人物和民族替他自己代言**,说出他想要什么以及他是如何知道他想要什么的。** 他借他们之口做那些绝不陌生的、他自己创造出来的讲演;如果说他们曾经润色、完善过这些讲演,那么,演讲的内容和它的文化一定是他想让他们**这样做演讲的那些人**的内容和意识。我们在修昔底德那里听到最有修养、最纯正、最高贵的政治家伯里克利的演讲,此外还有其他的一些演讲家和各民族的使者等的演讲。在这样的演讲中,这些人说出了他们民族的格言,他们自己人格的格言,对于他们的政治局势的意识,以及对于他们的伦理和精神局势的意识与对他们的本性的意识,他们的目的、行动方式的基本原理。——但是历史著作家很少或者基本上没有对于他们自身的反思,他让那些人说出的东西不是一种外来的、别人借给他们的意识,而是他们自己的文化和意识。如果我们研究这个民族的实体性的历史、精神,想要和他们一起生活在这种历史、精神之中和已经生活在这种历史之中,那么,人们就必须深入钻研这些原始的历史著作家,必须和他们待在一起,而人们不可能长时间地和他们待在一起;在这里,人们获得的是一个民族或者一个政府的第一手的、刚发生的、有生气的历史。如果一个人不想成为学识渊博的历史学家,而只是想要享受历史的话,那么,他就可以大部分时间只和这样的作家待在一起,除非

[547]

---

* 【边页:】演讲就是在人群之中发生的行动,确切地说,是至关重要的和影响深远的行动。我们固然常常听见那些向人抱怨演讲的人说,它就不只是个坚持什么或者提出什么的演讲嘛。如果他做出了正确的判断,他们的演讲不过是演讲而已,那么,演讲就被看成是无辜的;因为这样的演讲无非就是废话连篇,而废话连篇唯一的优点是成为某种无辜的东西。但是一个民族之中的演讲,一些民族对其他民族所做的演讲,民众或者君王所做的演讲,作为行动,是历史的根本对象,尤其是古代历史的根本对象。——黑格尔原注

** 【边页:】他并不需要以他自己的名义解释带入到他自己的特殊意识之中的动机(和感觉)。——黑格尔原注

导论的第一草稿:历史研究的方式

他出于别的目的——*

顺便提一下,这样的历史著作家并没有人们所以为的那么多。希罗多德,**历史之父**,亦即历史的创立者,和最伟大的历史著作家,我已经这样命名修昔底德了。[这两位历史著作家]都具有令人叹为观止的质朴性。克塞诺芬的《远征记》同样也是一本原始的著作。——波利比乌斯的著作和恺撒的《高卢战记》同样都是一本杰作——一本单纯而朴素的著作——一种伟大精神的杰作。然而,它们并不只是古代特有的。要出现这样一位历史著作家,这就必然要求,**一个民族不仅要有达到很高阶段的文化**,而且,它不能让教士(Geistlichkeit)、饱学之士等等过着孤独寂寥的生活,相反,要让他们和国家领袖与军事统帅联合在一起。在中世纪有太多天真的编年史作家,他们也是僧侣(Moenche),但是并不同时是政治家,也不是既处在国家事务和政治行动中心又是政治家的学识渊博的**主教**;那些编年史作家还没有发展出政治的意识。**在近代,一切关系都发生了变化**。我们的文化已经**把握**住了一切事件,并且**直接把事件转变成了报道中的观念**,我们在近代有许多出类拔萃的、单纯的、才华出众的、确定的关于战争事件和其他事件的报道,它们甚至可以和恺撒的《高卢战记》相提并论,而且由于它们的内容丰赡,也就是说,它们详细而确定地陈述了战争的手段和条件,甚至比恺撒的著作更富于教育意义。

[548]

大量的法国人的回忆录也可以归入这一类历史当中,这些精神丰富的头脑经常去关注不足称道的关联和奇闻轶事,撰写建立在微不足道的地基上的琐屑不足道的内容,但也常常会出现精神丰富而伟大的头脑去把握一个极其伟大而且令人兴趣盎然的领域的状况;**红衣主教雷茨**的《回忆录》就是[一部这样的]巨著。在**德国**,却很少有本人也参与过一些事件的大师写过同一类型的回忆录;一个确定的、著名的例外是**腓特烈二世**的《我的时代的历史》。曾经是那些事件的同时代人是不够的,曾经近

---

* 【边页:】要把这种历史和一个民族的圣书区别开来;每一个民族都有一本基本典籍——《圣经》《荷马史诗》——黑格尔原注

439

距离地观察过这些事件,参与过这些事件,并且对于这些事件做过极佳的报道,也都是不够的;这些作家本人必须对于他所描写的那些行动者的**阶级**、**圈子**、**观点**、思维方式和教养都非常熟悉。只有他们站得高,他们才能高瞻远瞩、总览事态之全局,——而如果他们身为下贱,处江湖之远,那么,他们就只能通过道德酒瓶的瓶口或者其他的智慧去窥测事情的真相了。

[549] 在我们的时代,更有必要[摆脱]不同阶级的受到限制的观念;只有**那些掌握了国家的法权和政府的权力的人才**[知道如何写作历史],而那些被直接的政治效果排除在外的阶级在道德的基础上取暖,因此,他们面对更高的阶级时只能自我安慰,把自己放在那些更高阶级的外面,简言之,只能站在他们自己的圈子之内*。

β)第二种类型的历史,我们可以名之曰**反思性的**历史,这种历史的描述和这个作家本人所处的时代没有什么关系,这种描述不仅在时代上,在活生生的在场上和真正的完整的过去没有关系,也在精神的在场上和真正的、完整的过去没有关系。** 它可以以几种不同的方式被把握到,——总体上说,我们经常把它命名为普遍的**历史著作家**。在这里,主要的事情是历史材料的整理,整理者凭借他自己的精神来做这件事情,而这种精神跟不同的内容的精神相关;因此,这主要是依赖于各种格言、观念和原则,既包括作家在描述行动的内容、目的和事件时所遵循的格言、观念和原则,也包括他们写作历史时的原则。**在我们德国人中间**,著史时的**反思**——和聪明——表现得千差万别;每一个历史著作家都有他自己的方法和方式,——自出机杼。一般来说,**英国人和法国人都知道,人们应该如何著史**;他们更愿意站在一种普遍文化的立场上;而在我们这里,每一位历史学家都要挖空心思表现自己的个性。因此,英国人和法国人中间盛产杰出的历史著作家;但是在我们这里,如果我们审视一下近10年或者20年

[550] 的**对于历史著作家的批判**,那么就会发现,每一份书评都从一种独特的关

---

* 【边页:】政治观察——国家生活。——黑格尔原注
** 【边页:】政治观察——国家生活。——黑格尔原注

于应该如何写作历史的理论开始,这些书评家的理论和历史著作家的理论完全对立。我们站在这样的立场上,我们一直在致力于追求和仍然在尝试应该怎么样写作历史。

αα)人们总体上要求能够获得**关于一个民族或者一个国家的整体历史的概观**,或者一般意义上的**整个世界**的概观;对于制作历史这个目的来说,这是必不可少的。这样的历史学著作必然是从原始的官方的历史著作家们早已经完成了的报道或者唯一的记录中**编辑而成**的。材料的出处不是对于在场状态的直观,或者这种直观的语言。反思性的历史的第一种类型首先接续先前存在的历史,如果它没有表达一个国家的全部历史、世界的全部历史这样一个更高远的目的的话。这样一种类型的历史编辑依赖于这样的目的,即历史是应该更加翔实还是不应该更加翔实。① 这里的情况是,这样的历史著作家下定决心,**要以直观的方式写作历史,以至于读者能够获得这样的观念**,即他在听同时代人和目击者讲述一些事件。这样的开始多多少少总是会发生意外。——完整的作品应该而且必须有**一种声音**;因为这个作品的作者是一种特定的文化中的**一个个体**;但是这样一种历史穿越过的时代有着完全不同的文化,而他能够利用的那些历史著作家也是千差万别的,那些作家通过历史表达出来的精神是一种与他自己的这个时代的精神完全不同的时代精神。如果历史著作家想要描绘这些时代的精神,那么,他就要习惯于成为主人自己的精神。因此,**李维**让古罗马时期的**老国王**、**摄政官**和统帅们发表**演讲**,就好像那些演讲只能归之于李维时代的一个精明能干的律师(强词夺理的演讲家),而与那种真正的、从古代保存下来的讲话,比如梅聂尼乌斯·阿格里帕关于胃和内脏的寓言,形成了最为强烈的对照。李维用一种声音、一种把握细节的规定性,**以无微不至、巨细无遗的方式为我们描述了历次战役和其**

[551]

---

① 这段话被划掉了,但是包含在正文第 15 页的语境中:这样的编辑总的来说只是世界历史的大纲,只是更加翔实些,例如李维、西西里的狄奥多罗斯等的《罗马史》,约翰·冯·米勒的《瑞士史》。如果它们写得好,那么就值得最高程度地表扬,是完全不可或缺的。但是在这里不能提供任何合适的尺度和行动的规定。——原编者注

他一些事件,就好像它们不是发生在它们自己所发生的那个时代,就好像他亲眼目睹过这些战役和事件似的,——人们可以把那些描述应用到所有时代的战役之中,但是这些战争的特征和它们的**规定性**又与这些描述的缺乏联系与前后不一致形成了强烈对照,而这种状况常常充斥于其他一些关于主要事实的段落之中。如果我们比较一下波里比阿斯的著作和李维利用、扩充和删减这个时期的历史的方式,——而保存到我们手中的波里比阿斯的著作就是关于这个时期的,——我们就能够在最大程度上认识到,这样一种历史编纂者和原始的历史学家之间的差别到底是什么。——约翰·冯·米勒苦心极力地要忠实地描绘他所叙述的时代,这使得他的历史呈现出一种**僵硬的**、呆板的和迂腐的外观。我们更愿意阅读老邱迪的同类著作,一切要比这样一种纯粹刻意为之的、矫揉造作的古风亲切得多、朴实得多、自然得多。

[552] 这样一种完全**设身处地地为我们着想的尝试**完全是栩栩如生的和充满生气的,——我们能做的事情和一位作家同样地少;一位作家也和**我们**一样,属于他的时代,尊重他的要求、利益和他珍视的东西。——例如,如果我们想要依照我们的想法探索希腊人的生活,这种生活向我们允诺了那么多最重要的方面,那么,我们并不能同样地对于这些最重要的东西感同身受,和希腊人一样感觉。例如,如果我们对**雅典**城邦表现出了最大的兴趣,我们能够完全分有它的公民的行动、危险——这是所有有教养的民族的祖国,而且是最高尚最高贵的祖国——但是在他们跪在宙斯和密涅瓦等人面前之时,在普拉提亚战争发生之日他们为牺牲者而感到痛苦之时,——奴隶制,我们还是不能做到感同身受,心有戚戚。弊端——声音、气味——就像我们不能像一只狗那样去感受这些,[即使我们]能够很好地设想、认识一只特殊的狗,猜中它的行为方式、忠诚和特殊的方式。

人们可以尝试着**以其他的方式**,至少为我们把历史性的东西,即使不是为了通过声音而达到感同身受,——变成栩栩如生的东西,变成感觉的生命力,这种生命力就是栩栩如生,也就是说,完全深入到事件的细节,——场所——感觉方式——特定的表达。——

一部这种类型的历史出现了,它想要纵览长久的时间段或者全部时间的世界历史,这种历史只能这样,它必须或多或少地放弃以个体的方式表述现实的东西,而且必须在抽象的帮助下,做到提纲挈领,简明扼要。这不仅[是说]要**删除**许多事件和行动,而且,思想和知性是最强大的概括者。例如:**一场战役**打响了,获得了一次**大捷**,一座城市**被围困却久攻不下**等等。——战役,大捷,围困,——所有这一切都是普遍的观念,它把**一个广阔的个别的整体**收缩为了一个**简单的观念的规定**。如果说,在**伯罗奔尼撒战争**的开端中,普拉提亚被斯巴达人围困了很久,后来,一部分居民逃亡了,这座城市被占据了,仍然逗留在城市中的市民被处决了,那么,**修昔底德带着浓厚的兴趣浓墨重彩**、详尽无遗地描绘的东西,是只需要三言两语就可以打发掉的,——或者说,雅典人远征西西里,被当作一个不幸的开端。——但是,正如已经说过的,对于概观来说,以这种**反思性的观念**作为辅助是完全必要的;而且,这样一种概观是同样必不可少的。* 这样的叙述会变得越来越**枯燥乏味**。令我们感兴趣的是,在李维叙述完上百次和沃尔斯克人的战争后,他经常使用这样的表达:这一年同沃尔斯克人或者费得纳人交战了,并取得了胜利。——这样撰写历史的方式是不生动的;这样的形式、各种抽象的观念使得内容干瘪无味。

[553]

和这种普遍的方式相反,某些历史著作家做过各种尝试,即使没有赢得感觉上的生动活泼,最起码也通过下列方式获得了直观、观念的生动活泼,即[他们]合理地、生动地表达了**一切个别的特征**,不是想要通过自己的**整理**复制古老的时代,而是通过**小心翼翼地忠实**原先的状况而给出一幅关于古代的图像。[他们]无处不在收集跟这个时代相关的资料(兰克语)。那些五光十色的细节,**微不足道的利益**,战士的行动,私人的事务,

---

* 【边页:】不仅仅是量的意义上的,亦即,不能通过反思还原为普遍的观念。——黑格尔原注

[554] 这一切对于政治利益不会产生任何影响，——也没有能力认识一个整体、一个普遍的目的。到处收集[一]系列的特征——就像瓦尔特·司各特的一部小说——随时随地收集资料，勤奋而又绞尽脑汁地收集，——诸如此类的特征出现在历史著作家那里，通信中和编年史作家那里，——这样的方式使我们陷入许多偶然的个别性之中。这种个别性从历史的角度来说是**极其正确的**；但是历史的**主要兴趣**[通过这种个别性]绝不会变得更加清晰，恰恰相反，只会更加不知所措，——这些士兵的名字是完全无所谓的，——完全同样的影响。——[人们应该]把它们转让给**瓦尔特·司各特的小说**，这种用时代的无足轻重的特征在细节上生动而形象的描写，在这个时代中，一个个体的行动、命运构成了**无用的**兴趣，也构成了**同样的兴趣的完全特殊的东西**；但是，在**关于国家的伟大的兴趣**的绘画中，个体的那种特殊性都在其中消失了。这些特征应该具有代表性，对于时代精神来说意义重大，——这是以一种更高的、更有尊严的方式完成的，政治的活动、行动和处境自身应该在它的规定性中表达出**普遍**的利益。

ββ)总体上说，第一种类型的历史立即促使产生了**第二种类型的反思性的历史**；* 这种类型是**实用主义的历史**。实际上，它不需要任何名称。它是历史写作普遍地设为前提的东西；对于某种过去及其生活作出一种[有教养的阐述]。如果我们不能获得这种总体性并且活泼泼地浸润于其中，相反，如果我们只是同一个反思性的世界打交道，或者说，同某种**过去了的**精神、利益、文化打交道，那么，很快就会出现了对于**一个当前**的需要。这个当前并不包含在历史中，这样的当前[形成]于知性的识见之中，主观的活动和精神的操劳之中。事件的这种外在的东西是苍白的，[555] 灰色的；目的——国家、祖国——，它的知性，它的**内在的关联**，在它之中的关系的**普遍物**，都是历时弥久的，不仅**现在有效**和存在着，而且先前和

---

* 【边页：】总的来说知性的历史，aa)一种兴趣的整体，作为一个国家的整体，划时代的事件，一场战争，还有个体，——是对象；bb)在这里对象还有一种**当前**的兴趣，但是个别的私人个体自身的细节状况、命运中的**声音**、感觉和外在的形象的**当前状态**被放弃了。——黑格尔原注

永远都有效和存在。任何一个国家都是自为的**目的**,——**对外保护自己**;——它**在内部的发展和提高**以一系列具有必然性的**发展阶段**发生,通过这些发展阶段,合乎理性的东西、**正义和自由的巩固**出现了。*[它是一个]制度的体系,α)作为**宪法的体系**,β)这种体系的内容,通过这个体系,真正的利益被带向了**意识**并且**成功地**获得了现实性。在对象的每一个进步中,不仅[存在着]外在的后果和关系的必然性,而且[存在着]**实事**中的、**概念**中的必然性。例如,[一个]现代国家,神圣罗马帝国的[历史],伟大的个人** 或者[一个]个别的**伟大**的事件——法国大革命,——任何一种伟大的需要,——这些[都是]历史著作家的对象和目的,但是也是民族的目的,时代自身的目的。一切都和它关联在一起。

这种实用主义的**反思**,无论它们多么抽象,都会**在实际中激活当前的东西**和关于过去的叙述,把应然者(Sollende)带向当前的生活。这样的反思实际上是否**令人兴味盎然和精神振奋**,依赖于**作家本人的精神**。

实用主义的历史著作家的最糟糕的方式[是]津津于小事的**心理学的精神**,这种精神不能从任何概念中、[而]是从特殊的禀性和激情之中[赢获]探究主体的动力,而没有把实事本身(die sache selbst)当作驱动者、作用者。那些**以编辑资料的方式**叙述历史的**道德**的实用主义者,不断地用令人振奋的基督教的反思使人从这种令人疲疲塌塌的叙述中醒来,**用道德箴言进攻那些事件和个体的侧翼**,插入一种令人振奋的反思、偏执狂的呼喊和学说以及诸如此类的东西。①

[556]

---

* 【边页:】首先是一个**粗野的**、封闭的**民族**,它自身[还不是对象],而是就它将要发展成为一个国家而言。作为国家、一个在自身之中合乎理性的整体的事业,是一个普遍的理性目的。——黑格尔原注

** 【边页:】其他无法和**拿破仑**相提并论的个体只是过眼云烟。本质上的依赖。——黑格尔原注

① 文本下接第 17—18 页。——原编者注

导论第二草稿的开头：
哲学性的世界历史

（1830）

1830年11月8日

我的先生们：

本讲座的研究对象是世界历史的哲学。

关于历史、世界历史是什么，我不需要多说什么；关于它的普遍的观念是充分的，而我们也差不多在这个观念上意见一致。但是，它是一种世界历史的哲学，我们要考察的是哲学，而且我们想要以哲学的方式讨论历史，这是这个讲座的题目中能够引人注目的东西，也是看起来必须对之做一番澄清的东西，或者甚至必须证明它的合法性的东西。

然而，历史的哲学无非就是对于历史本身的思维着的（denkend）考察；我们在任何地方一次也不能忽视思维。因为人是思维着的；人因此而将自己和禽兽区别开来。一切属人的东西，感觉、认识和知识、冲动和意志——就它们是属人的而不是动物的而言，都在其中包含着一种思维，也正是因为这一点，它存在于每一种对历史的研究之中。关于普遍的思维参与到人的一切行为之中以及参与到历史之中的这种依据看起来可能不够充分，因为我们认为，思维从属于存在者、被给定物，把它们当作自己的基础，受到存在者和被给定物的支配。但是，**真正**的思想被归属于哲学的名下，哲学是从自身之中而不是考虑到存在着的东西才产生思辨的，它是把它在研究历史时所使用的那些东西当作材料来处理的，它不是让那些材料依照它本来的面目存在，相反，而是要根据思想来**安排**它们，**先天地**

导论第二草稿的开头:哲学性的世界历史

建构一种历史。

历史只能纯粹地把握存在着的东西,曾经存在着的东西,事件和行动。它越是真实,它也就越是只能使自己抓住被给定物——因为被给定物不能直接地进行解释,而是需要以多种方式并且和思维紧密联系在一起进行研究——它越是只能在这种研究中把发生事件(Geschehene)当作目的。哲学的冲动看起来和这种目的是相互矛盾的;我在导论中将会解释这种矛盾,解释由于思想而对哲学[所做的]指责,因为是哲学把思想带给了历史,并且根据思想研究历史。也就是说,它首先勾勒出**世界历史之哲学的普遍规定**,并提请大家注意和它联系在一起的下一步的后果。它因此而把思想和自身的发生事件之间的关系放在合适的关系之上;为了使导论变得不过于宽泛,在我们面前拥有一堆关于世界历史的如此丰富的材料之时,我并不需要让自己从事对于无穷无尽、浩如烟海的特殊的、不正确的观念和反思的反驳和校正的工作。这些观念和反思是对就历史的目的、讨论历史的利害,尤其是关于概念与哲学和历史的进程之间的关系等问题所提出的观点、基础和看法而言的,或者说它们是不断地被重新发现的。我要么对它们完全不加考虑,要么只是顺带提及某些相关的东西。[……]①

[558]

---

① 接下来的文本请参见前面正文第20页。——原编者注

《海德堡百科全书纲要》

(1817)

第二部分　客观精神

C.伦理

3. 普遍的世界历史

第 448 节

特定的民族精神,因为它是现实的以及它的自由是自然,所以归根结底也是在**时间**之中,并且具有它的现实性在时间之中为它的**特殊**原则所规定的发展,——具有一种**历史**。但是,作为受到限制的精神,它过渡到了**普遍的世界历史**,而世界历史的事件表现出了特殊的民族精神的辩证法,表现出了**世界法庭**。

第 449 节

这种运动就是伦理实体从它的各种特殊性中获得解放的过程,处于特殊性之中时,它在个别民族中是现实的,——通过这个行动,精神自身变成了**普遍的**精神,变成了**世界精神**。因为这种运动是它的自我意识在时间之中的发展,所以,它是它的个别的要素,而不同的阶段就是不同的民族精神,但是,这每一种世界精神作为个别的和自然的精神只是完成了**一个阶段**,只能完成整个行动中的**一项**事务。

第 450 节

这种自由和自由的事务是最高的和绝对的**法权**。一个特殊民族的自我意识是普遍精神在它的定在中的这一次的发展阶段的承载者,以及精神把它的意志放入其中的那个客观的现实性。由于和这种绝对意志相对立,其他那些特殊的民族精神的意志是无法权的;但是,精神同样越过它的每一次的财产,就像它越过一个特殊的阶段,然后,把它委托给它的偶然和法庭。

[560]

第 451 节

但是,因为这样一种事务作为行动是**决定**,并且因此而显现为**个别行动**的一件作品,所以,考虑到他们的劳动的实体性的方面,这些人就是**工具**,而他们的主体性是他们的能动性的空洞的形式。因此,他们通过他们以个体的方式参与到实体性的事务中为他们自己所获得的东西,是作为对他们的报酬的**荣誉**。

第 452 节

在对死亡的恐惧中把它的内容和它的个别的现实性或者它的自我意识从它的受限状态之中解放出来的精神性的实体,把它的自我意识提升为无限性,并在其中把作为**普遍精神**的对象——自我意识认识到这个对象就是它的实体——从那种恐惧之中解放出来,这个精神的实体符合它的概念的现实性。

[561]

第 12 卷编辑说明

一

黑格尔讲授过 5 次《世界历史的哲学》,确切地说,从 1822/1823 年冬季学期开始直到 1830/1831 年冬季学期每两年轮流讲一次。他在(无论如何,在 1822 年 10 月 31 日和 1828 年 10 月 30 日所讲授的)"导论"中解释说,关于这个题目,他不能"提供任何讲演课本作为基础",但是他在《法权哲学纲要》(1821 年)的最后几节(第 341—360 节)中,"已经为这种世界历史提供了更加详尽的概念,以及这种概念性考察划分而成的诸原则[和]阶段"。

实际上,在《法权哲学纲要》(或《法哲学原理》)中,世界历史在黑格尔的体系中获得了它的不可更改的位置(参见第 562 页上的图表)。"哲学的历史"虽然早在 1808 年纽伦堡的哲学百科全书课程(→第四卷,哲学入门 I)中处在"在它的实在化中的精神"(也就是客观精神)这一部分的末尾,因此直接地在"在它的纯粹表达中的精神"(也就是绝对精神)这一部分的前面,而在那里,它属于"国家"这一章,这和后来的《法权哲学》和柏林《哲学科学百科全书纲要》如出一辙;然而,在这一章中,"国家"还没有构成"客观精神"的第三阶段(Stufe),而是取代了它的位置的"伦理"阶段的第三亚阶段(Unterstufe)。这个阶段第一次出现在海德堡的《哲学科学百科全书纲要》(1817 年)①,但是在这里,这个阶段直接分为

---

① 在这里,暂时把诸耶拿体系,也把《伦理体系》撇开不谈,后者的第三部分("伦理")在第一部分讨论的是"国家宪法",但是在讨论它时却没有超过第二个亚部分("政府");由罗森克朗茨转述的关于自然法权的讲座中的"进一步发展"也包括了"世界历史"。(→《黑格尔著作集》第 1 卷)——原编者注

"个别的民族""外在的国家法权"和"普遍的世界历史"三个部分——在这里,国家看起来和家庭与市民社会这样的独立的亚阶段一样不受重视。"国家"最早是在《法权哲学》中构成了"伦理"的第三阶段,它反过来又分为"内在的国家法权""外在的国家法权"和"世界历史"三个阶段:这和1827年和1830年的《哲学科学百科全书纲要》完全一致。

[562]

这里显然不是讨论这种移动的前提和后果的合适的处所。然而,在附录中转载了海德堡《哲学科学百科全书纲要》的相应段落,它可以被看作是黑格尔已经成型的哲学观点的预备阶段,正如黑格尔的哲学是在第一次柏林讲座中被表达出来,并在后来的讲课过程中才得到详细的阐释。

纽伦堡哲学百科全书(1808年以后)	海德堡哲学百科全书(1817年)	法权哲学(1821年)	柏林哲学百科全书(1827/30年)
第三部分:精神哲学	C:精神哲学		第三部分:精神哲学
第一篇:在它的概念中的精神	第一部分:主观精神		第一篇:主观精神
第二篇:[在它的实现中的精神] Ⅰ:法权 Ⅱ:道德	第二部分:客观精神 A. 法权 B. 道德 C. 伦理	第一部分:抽象的法权 第二部分:道德 第三部分:伦理 第一篇:家庭 第二篇:市民社会	第二篇:客观精神 A. 法权 B. 道德 C. 伦理 a. 家庭 b. 市民社会
Ⅲ:国家 (历史哲学)(第202节)	1. 个别的民族 2. 外部的国家法权 3. 普遍的世界历史	第三篇:国家 A. 内部的国家主权 B. 外部的国家法权 C. 世界历史 (第341—360节)	c. 国家 A. 内部的国家法权 B. 外部的国家法权 C. 世界历史 (第548-552节)
第三篇:在它的纯粹阐述中的精神	第三部分:绝对精神		第三篇:绝对精神

二

在由"永恒的友谊同盟"编辑出版的《著作集》中,黑格尔的《历史哲学讲演录》以两种不同的文本面世:1837年爱德华·甘斯编辑的版本和1840年(在甘斯死后)由卡尔·黑格尔重新整理的版本(1848年新版)。

[563]

甘斯不得不把5次讲课"首次总体上形成一本书",而且在这里看到了他的主要任务。他利用了所有五次讲座的听课笔记(取自舒尔茨,冯·格利斯海姆,霍托,维尔德和卡尔·黑格尔)作为原始资料,把它们附在黑格尔在不同年份亲笔手写的手稿之中:"这些手稿经常只是包含个别的、偶尔还用线条连接在一起的单词和名字,显然是为了能够在讲课时帮助回忆;但是也有一些比较长的句子,偶尔还会有精心拟好的长达一页甚至更长篇幅的稿子。"在"导论"的一部分,甘斯利用了"黑格尔1830年开始整理的稿子,虽然不能肯定这份稿子是为了付印而作的,但是显然它应该取代以前的导论。"(这里参考正文第19页以下和附录第557页以下)。除此之外,他主要以学生的听课笔记为依据,而且在这里,尤其是以最后几年的听课笔记为依据,这时,黑格尔会考虑到对他的哲学已经非常熟悉的听众,对他们来说,黑格尔的哲学几乎是一种时尚。

[564]

为了刻画讲座的基本特征,甘斯在他的前言中说:"黑格尔拥有……讲演的天赋,这只需要通过他的手稿就可以得到证明,在手稿中并不包含所要报告的东西的全部内容;但是我们发现,黑格尔在再一次做曾经做过的报告时,他每次都会做大量的增删与修改。经常会出现这样的情形,在某一次课堂上,所讲的东西和思辨没有任何关系:通常,一开始(仅仅因为是开始)就信马由缰,离题万里,以至于如果有人想要把所有的故事、描述、奇闻趣事一起记录下来,那么,就会给这本书的效果造成一种根本的伤害。在黑格尔第一次开设历史哲学的讲座时,他把三分之一强的时间花在'导论'和'中国'部分,这部分得到了详尽的展开,甚至到了令人厌倦的地步。如果他在后来的讲演中在涉及中华帝国时不再拖泥带水,磨磨蹭蹭,那一定是编辑者使得相关表述回到了真正的(dem)尺度,即中国的部分并不是一个具有决定意义的部分,也因此不是一个烦人的部分,它并不能和其他应该详尽展开的部分相提并论。……在1830/1831年的讲座中,黑格尔第一次面临要更加详尽地处理中世纪和近代的历史的问题,而本书的表述主要是取自这些后期的讲座。"

但是现在看来,1830/1831年冬季学期的讲座——当时预告的课程名称是"世界历史的哲学。第一部分"——似乎没有保留下来任何课堂笔记。是甘斯搞错了,还是黑格尔已经处理完了全部材料?卡尔·黑格尔的意见也赞成后者,他的前辈成功地做到了"完整地恢复了讲座,就像它们在1830/1831年开设时的样子。"

1840年的新版以从根本上做了修改和扩充的样子出版了讲座,因为新的编辑者以不同的方式评价早期的讲座。所以,卡尔·黑格尔在他的序言中解释说,爱德华·甘斯"忠实于最后的讲演,因为它们是最受欢迎的讲演,而且似乎也最适合于它们的目的";而在他看来,与此相反,这要取决于他父亲前期的论述和后期的论述的组合情况。"1822/1823年冬季学期的第一次讲演,主要是围绕着哲学的概念的发展,为的是显示出,这些概念是如何构成了历史的真正核心和推动着世界历史性民族的灵魂。……后期的讲演……逐渐比较少地热衷于哲学性的东西和普遍物,历史的材料选取得更加广泛了,讲座整体上变得更受欢迎了。——如果人们把最初的讲座的真正哲学的东西——这构成了这个作品的基础——和后期讲座的历史的宽度结合在一起的话,人们不费吹灰之力就能看到,不同的讲座是如何相互补充的,人们是如何只是到后来才把全部的材料放在一起的。……前面所说的东西已经足以表明,新整理的版本所要承担的任务是什么。从最初的讲座中要汲取的是并非无足轻重的想法,并且再现整体的原始的口吻。被付印的文本就以这种方式奠定了基础,并且在对文本作插入、补充、替换和调整时最大限度地保护原文,就像事情本身看起来要求的那样。在这里几乎没有给主观的看法留下任何回旋的余地,因为所有这样的变动都把黑格尔的手稿当作唯一的标准。除了"导论"的一部分之外,这个讲演录的第一次编辑只是忠实于听众记录的笔记本,因此这个新编辑的版本只是在这样的地方对它进行补充,即它们完全是从亲笔写下的手稿出发,而且这些笔记本只是用作维护这些手稿和整理手稿。整理者想要通过以下这种方式维持整个作品的口吻的整齐划一,即他在所有地方都让作者用他自己的词语来说话;因此,不仅仅是新的插入成分每一个字都是出自手稿,而且,保存下来的文本中的那种独具特色的表达也都恢复了,而那些做笔记的听众却把它们丢掉了。"

除此之外,和甘斯所做的那些微不足道的改动相比,卡尔·黑格尔的版本在整理材料这一方面显示出:黑格尔本人在这个方面并没有遵循任何僵硬的图式,相反,在每一次讲座中都进行了调整,因为他"例如把佛

[565]

[566]

教和喇嘛教一会放在印度之前一会放在印度之后论述,基督教的世界一会被更加狭隘地限制在日耳曼的诸民族范围内,一会儿涉及拜占庭的帝制等等,不一而足。"

三

卡尔·黑格尔的版本(《著作集》第 9 卷,1840 年),弗里茨·布兰斯塔在 1907 年用现代正字法和标点法重新出版了(勒克拉姆出版社),它还以照相排版的方式在格克罗纳编辑的百年纪念版(1927 年以后,第 11 卷)中影印出版,它也是我们面前的这个版本的基础。文本的形成可以追溯到格奥尔格·拉松编辑的版本,虽然它设立了一个完全不同但是野心勃勃的目标。这个版本分为四个部分:1. 导论(《历史中的理性》,1917 年,1920 年,1930 年);2. 东方的世界(1919 年,1921 年);3. 希腊和罗马的世界(1920 年,1923 年);4. 日耳曼的世界(1920 年,1923 年),而在这个新版中,尤其是第一部分的新版中,当时由于用手稿和课堂记录对文本做了补充而使得文本变得更加丰富了。拉松不仅想要用它的全部材料重建黑格尔的讲座,而且,尽可能地追溯到黑格尔的原始手稿和他的听众的原始笔记,并因此而把一切可以使用的原始资料编纂成一座纪念碑。然而,他为此更加严格地对待他因之而强烈地指责以前的编辑者的地方:他把黑格尔的原始文本和其余的(取自课堂笔记的,以及在课堂笔记不充分的情况下,取自卡尔·黑格尔的版本中的)段落交织在一起,但是并不透露任何与之相关的信息,那些段落分别出自哪里——出自哪次讲座,出自谁的手笔。因为拉松对他的先驱的编辑工作几乎做了彻底否定性的评价,所以,他宁愿偏袒偶然保留下来的笔记,也不愿意同情甘斯和卡尔·黑格尔编辑出版的文本,尽管对他来说,保存下来可以利用的课堂笔记比他们俩可以利用的要少得多——而且也不是黑格尔的儿子已经利用过的甘斯的文本中的或者修订甘斯的文本时所借助的黑格尔的全部笔记。但是,拉松断定,他偶然发现了与它的材料相比这个版本的误差,糟糕的编辑工作，或者说更糟糕的东西在哪里。让人百思不得其解的是，他是在什[567]么基础之上指责说，要么甘斯和卡尔·黑格尔在辨识课堂笔记的原始文本时频频犯错，要么他们以其他方式篡改了原始文本，因为和这二者相比，他本人可以利用的材料要少得多（关于最后两次讲座，他几乎拿不出任何东西，而关于第二次和第三次讲座，很显然，他能够拿出来的也只是一些断烂朝报式的听课笔记）。最后，过于偏爱那些常常只有提纲挈领的词句的黑格尔本人的笔记，而反对实际上做出了的讲座的听课笔记这种做法虽然能够自圆其说，但是，是和在最完整的规模上重建讲演的编辑原则相矛盾的。

简言之，拉松的版本无论是在精神实质上还是在咬文嚼字上都不如卡尔·黑格尔的版本更加符合黑格尔的讲演。拉松在后记中所提交的对于他的文本编辑所做的辩护至少包含着好几个思维误区，而霍夫迈斯特在他重新编辑的"导论"（《历史中的理性》，迈那，1955年）中也步其后尘。然而，霍夫迈斯特对于拉松"导论"中遗留下来的问题做了一个更加详细的说明：爱德华·甘斯谈论过一份黑格尔1830年的手稿，他在"导论"的开头利用了这份手稿。这份手稿保存了下来，但是它并不与甘斯和卡尔·黑格尔的版本的"导论"中最初的那些页码——在那些页码中讨论的问题是不同的"研究历史的方式"——完全一致，而是可以插入到历史的"哲学考察"这部分之中（在这个版本中，从第19页开始，中间经过其他一些段落，一直延伸到第96页；它的开头刊登在附录第557页以下）。因此，拉松把"导论"最初的那些页码看作是"特殊的导论"，并把这期间发现的两个相关残篇重印在第二版的附录之中。然而，就像霍夫迈斯特确定的那样，这两个残篇可以完美地拼贴在一起，因此，他在他自己的版本中把它们当作"导论的第一草稿"，放在开头的位置（在这个版本中，转载于附录第543页以下）。因为第二个导论标明的日期是"1830年11月8日"，而黑格尔是在1830/1831冬季学期的同一天开始他的讲课的，所以，他似乎是以这个新的导论作为开场白。但是很有可能，他从第一个导论开始，而以同样的方式把它和第二个导论连接在一起，就像卡尔·黑格尔的版本中的情况一样(在本书第17—20页)。

[568]　正如已经说过的那样,我们面前的这个版本以卡尔·黑格尔出版的文本(W)为依据,而且以黑格尔的手稿为基础做了校正,和拉松(和霍夫迈斯特)出版的版本相比,这个版本必须被始终认为是"最真实的文本"。在导论中,我们借鉴了布兰斯塔的做法,添加了一些标题。那些可以追溯到卡尔·黑格尔的脚注也在相应的地方做了标注。"导论"草稿(第543页以下)中所做的补充与拉松和霍夫迈斯特所做的有所出入。

第二十卷的编辑后记中报告了普遍的编辑原则。在这里仅列举其中几条指示:

——正字法和标点法都完全规范化和现代化;

——无关紧要的补充和订正,有的可以追溯到黑格尔的手稿,有的不可以(比如印刷错误的勘误、语法、句法和字位的标准化),都径直在文章做出而不另作说明,如果是比较重大的,则在脚注中说明;

——专名一律根据今天的书写方式调整(例如,采用 Brahman 而不是 Brahm,Hephaistos 而不是 Hephaestus,等等);

——引文都(尽可能地)经过了核查原文和订正;在有比较大的出入时(黑格尔习惯于比较自由地引用,尤其是在讲座中,经常只是提及),没有对引文进行修订,而只是把它放在单引号而非双引号之中。

——编辑的附注首先是当作阅读的帮助,放置在中括号([……])之中;编辑的说明在脚注中用一条线隔开;提示这个版本的其他卷册通过箭头(→)标识出来。

主要译名德汉对照及索引[1]

（说明：下列页码为本书德文版页码，见本书边码）

Ablass des Suenden 赎罪 461,493
Absicht 意图 38,245,376
Abraham 亚伯拉罕 227,242
Absolute 绝对,绝对者 211
Abstration 抽象,抽象作用 16,87,195f.,374,431,521
Abstraktum 抽象观念 62,339
Achill 阿喀琉斯 275ff.,283,297,
Ahnen 预制,预觉 288
Alle 大全,一切 85,383
Allah 安拉,真主 429
Allgemeine 普遍物,普遍的东西 40,45,49,138,
Allgemeinheit 普遍性 216,221,339,433,491
Anderssein 他在,不同的存在 196,247
Anfang 开端,开始 254,383
Anschauung 直观,观点 290,545
An und fuer sich Sein 自在自为的存在 13,246
Ansich 自在 258,260,288

Arbeit 工作,劳动 36f.,40,297f.
Atom 原子 266,387,392,534
Aufklaerung 启蒙,启蒙运动 523,520—540,526
Aufheben 扬弃 133,194
Aufhebung 扬弃 114,545
Ausserlichkeit 外在性 166,172
Aeusserung 表现,表达 243,282,367

Barbaren 野蛮人 140,421,445
Beduerfnis 需要,需求 34,55
Begriff 概念 19,540
Beruf 职业,使命 262
Beschaffenheit 特质 107
Besonderes 特殊物 40,49
Bestimmung 规定 14,20,285,455
Bestimmtheit 规定性 259,334
Bewusstsein 意识 30,31,32,81f.,86,419
Beziehung 关系,联系 273,337
Bildung 教化,文化 287—295,496
Buddha 菩萨,佛 80

---

[1] 中文索引根据德文版《黑格尔著作集》（共20卷）所附德文索引编选和翻译而成。参考：G. W. F. Hegel, Werke in Zwanzig Baenden Register, Helmut Reinicke 编辑, Frankfurt a. M.:Suhrkamp, 1986.

Buddhismus 佛教 209—214
Buerger 市民 63,312,375,444,464,511
Byzanz 拜占士,拜占庭 406—412

Caeser 恺撒 12,13,45ff.,115,133,365,377,379,385,419
Charakter 性格,个性 38,423
China 中国 84,95ff.,117,119,132,136,143ff.,147—174,151,180,198,201ff.,207,208,210,216,233,240,273,334
Chinesen 中国人 164,165,171,172,173,238
Christentum 基督教 31,115,140,304f.,339,343,385—406,408,468,487,491
Cicero 西塞罗 368,377,380,522

Dasein 定在 28,45,155
Demokratie 民主,民主制 63,134,182,306,307,310f.,317,328,340,403,535
Denken 思,思维 20,25,68,95,326,417,477,520f.,523f.,557
Deutsches 德国人 14,331,421,425,459,476,494,501,525,526,549
Deutschland 德国 421,447ff.,449,466,480,499,512,517,523,536,538
Dialektik 辩证法 31,42,77,86,97,520
Dichter 诗人 11,291
Dichtkunst 诗歌艺术 93ff.
Dieses 这一个 468,470,472,488,494
Diesseits 此世,世间 285,334
Ding 物 117,235,357
Dionysios 狄奥尼索斯 361
Dogma 教义 398ff.,497
Dreiheit 三体合一,三个一组 185
Dualismus 二元论 221,340

Dynasten 王朝,朝代 482f.
Dynemis 能力,潜能 78

Ehe 婚姻 348,362,457,503
Eigensinn 我执,固执,绝对的自我决定 157
Eigentum 财产 39,131,132,340,367,375,383,384,462,529
Eine 一 247,357
Einer 一个 224,365
Einheit 统一,统一性 171,217,429,
Eins 一,合一 428ff.
Einsicht 识见 443,487
Element 元素 153,167
Emanationsystem 分支体系 491
Empfunden 感觉的 236,342
Empfingdung 情操 37,49,253
Endlichkeit 有限,有限性 386
Endzweck 终极目的 21,25,29ff.,32,33
England 英国 442,484,511,516,536
Englaender 英国人 15,179,501,538,549
Entstehen 形成 36,73,225
Entwicklung 发展 34,47,336
Entdeckungen 大发现 490
Entfremdung 外化,异化 76,458,460
Entwicklung 发展 74—78,216
Entzeiung 分裂 93,340,388,405,501
Ergenbenheit 忠诚
Epikur 伊壁鸠鲁 24
Erfahrung 经验 17,521
Erscheinung 显现,现象 305f.
Erziehung 教育 44,499
Etwas 东西,事物 20,24,35,48,233,453
Euripides 欧里庇得斯 314,318,268,297
Europa 欧洲,欧罗巴 113,129,130,132,

134,178ff.,422,514
Exsitenz 实存,存在 240,253,348
Ewigkeit 永恒 53,58

Familienpietaet 家庭虔敬,孝 60,152,153,243,348
Fanatismus 狂热 127f.,131,437
Fatum 命运 339
Fenelon 费内隆 63,157
Feudalsystem 封建体系 184,193,416,441—467,477—488
Finsternis 黑暗 221
Form 形式 94
Formalismus 形式主义 86ff.
Formell 形式的 50,127
Fortschritt 进步 32,78,245,273
Frankreich 法兰克王国 447,477,483,509,523,528
Franzoesische Revolution 法国大革命 113,312,527,528,529,532,535
Freiheit 自由 30,31,32,50,55,56,57,58,59,65,66,67,68,70,77,82,86,88,95,131,134,135,137,201,216,272,293,298,306,309,318,327,340,402,404,405,410,413,417,419,425,462,478,497,522,525,527,529,530,532,539,540,559
Froemmigkeit 虔敬 354,457,459
Fuersten 君主,王侯 447,463f.

Galileo 伽利略 499
Ganz 整体,全体,全部 45,56,79,155,433
Gattung 类 270,323
Gedanke 思想,观念 24,103,272,327

Gegensatz 对立,对峙 146,342
Gegenstand 对象 44,199,347
Gegenstandlichkeit 对象性 43,59,225
Gegenteil 对立面,对立 78,133
Gegenwart 现在,当前 34,59,144
Geist 精神 14,18,19,29,30,31,33,65,73,75,76,86,96,99,104,105,140,211,216,222,242,261,266,271,272,275,277—295,288ff.,298,299,303,339,386,388,391,392,394,413,417,418,491,521,540
Geister 精灵 58,257
Geistige 精神性的东西 392,394
Geistige Reich 精神的帝国 445
Geistliche Reich 教会的帝国 455
Geistlichkeit 教会 438,452,450,454
Geltend 有价值,有效 243,374
Gemueht 心灵 422,423
Genie 天才 332f.,371,377,441
Gemeinde 社团 396,401,427
Germanen 日耳曼人 31,134,140—141,306,343,405,413,419,422,425,426,486,501
Geschaeftsfueher des Weltgeist 世界精神的代理人 86,178
Geschehen 历事 23,55,551
Geschichte 历史 11,12,14,16,18,19,20,23,25,32,39,52,82,56,83,147,156,202,203,215,373,313,547,557,558
Gesellschaft 社会 59,525
Gesetz 规律,法律 57,87,307,310,529
Gesetzgebung 立法 316,408
Gesinnung 意向,信念 526,531
Gestalt 形态 226,436

Gesuchte Land 向往的国度 130
Gewalt 强力,权力,暴力 342
Gewerbe 工商业 119,131,132f.,462
Gewissen 良知 533
Gewohnheit 习惯,习俗 100
Glaube 信仰 495
Gleichheit 平等 157,182,311,318,320,383,525
Goethe 歌德 48,339,433
Gott 神,上帝 25ff.,33,53,70,123,143,242,243,299,386,391,403,540
Goetter 诸神,神祇 301,304,356
Goetterdienst 多神主义,多神崇拜 146,154
Goettlich 神圣的 294,298
Greisenalter 老年时代 326
Griechen 希腊 31,102,231ff.,238,263,266,275,288,305,314,315,327,350,387,400,489,552
Griechenland 希腊 115,133,137,146,234,275,306,340,342
Grundsatz 基本定理 56,246
Gute 善 44,52,53,217,221

Habsburg 哈布斯堡王朝 480
Handel 生意,买卖,贸易 131,225ff.,286
Harmonie 和谐 137
Heimat 家园,家乡 275,403
Herr des Himmels 天主 478,481,500
Herrschaft 统治,主人 131,280,287,340,373f.,374,380,382,527,530
Herz 心 395
Himmel 天 126
Hindu 印度 180
Historie 历史,历史学 24

Homer 荷马 48,90,94,106,148,275,279,290,292,329
Horaz 贺拉斯 301,381

Ich 我,自我 132,246
Ideal 理想 52
Idealismus 唯心主义 175
Identitaet 同一性,身份 129,286
Ideall 理想的 248,379
Idealitaet 理想性,观念性 45,76,228
Idee 理念 19,41,44,57,66
Idee des Geistes 精神的理念 96,263
Impuls 冲动 356
Inder 印度人 197,198,238,266
Indien 印度人 84,95,117,132,144,148,161,174—214,233,273,333
Individualitaet 个体性 12,73,137,274,276,285,293,295—335,376
Individuum 个体 33—55,60,72,75,91—105,134,135,138,306,310,337,387,419
Inhalt 内容 21
Innere 内在的东西,内在物 107,162
Innerlichkeit 内在性 46,139,142,144,166,309,326,328,340,363,387,393,404,416,508,520,521
Insichsein 在自身之中存在 185,332
Intelligenz 理智,智力 59,252
Interesse 利益,兴趣,旨趣 34,36,42,100,138,337
Interessiet 有利害关系 137
Italien 意大利 133,341,449,465,480,512,535

Jenseits 彼岸世界 434

Jerusalem 耶路撒冷 115,224,471

Jesuiten 耶稣会士 108,166,172,505,520

Juden 犹太人 146,230,241,243,244,274,388,391,429,470

Juno 朱诺 355

Jupiter 朱庇特 101

Kaiser 皇帝 153,156,371—380,386,435,447,452,465,466,473,480

Kampf 斗争 346,364

Karl der Grosse 查理大帝 415ff.,441ff.

Karthago 迦太基 121,129,370ff.

Kasten 等级 144,181ff.,185,252

Kindesalter 幼年时代 113

Kirche 教会 140f.,394,401,415,441,450,458,467,469,473,488,491,492,493,497,498,502

Knabenalter 少年时代 113

Knechtschaft 农奴,奴隶 131,209,382,478,481,500,511

Kreuzzuege 十字军东征 285,413,467—477,471

Krieg 战争 313—315,324—330,369,370

Kultus 礼拜,崇拜 69,196ff.,238,260—264

Kultur 文化 116

Kunst 艺术 66,69,73,93,173,199,243,263,264,265,461,477,488—491

Kunstwerk 艺术作品 295—298,298—306,306—335

Land 国家,国度,土地 36,88,94,105,334

Laotse 老子 171

Leben 生命,生活 39,56

Leibniz 莱布尼兹 28,170,498

Leidenschaft 激情,热情 31,34,38f.,52,55,255

Licht 光,光明 137,145,215,217,221,241,245,273

Liebe 爱 60,404

List der Vernunft 理性的狡计 49,119

Livius 李维 15f.,337,344,360,364,368,551,553

Logik 逻辑 40ff.,86

Logos 逻各斯 399

Lombarden 伦巴第的 503

Luther 路德 418,454,494,496,497,523

Lyrik 抒情诗 326

Macht 权力,力量 21

Magna Charta《大宪章》484,511

Mannesalter 壮年时代 113

Marco Polo 马可波罗 149

Mass 尺度 54

Masslosigkeit 无尺度,满无限制 413

Materie 物质 30

Meinung 意见 33,58

Mensch 人,人类 31,34,36,37,38,45,57,58,74,95,272,295,304,389,392,453,557

Menschverstand 人类知性 59,420

Menschliches 属人的,人类的 294,333

Mexico 墨西哥 108

Mittel 手段 49f.

Mittelalter 中世纪 440,450,460,488,491

Mnemosyne 记忆女神 12

Moeglichkeit 可能性 78

Mohammed 穆罕默德 430

Mohammedanismus 默罕默德教,伊斯兰

461

教 122,285,428—434,430
Moment 因素,环节 56,235
Monarchie 君主制 63,64,134,307,477—488,508,513,530,539
Mongolen 蒙古人 116f.,143f.,152,209,212,433,282
Montesquieu 孟德斯鸠 18,307
Moralisch 道德的 17,91,95,161,329,556
Moralitaet 道德 34ff.,48,49,90,165,198,308,323
Morganland 东方 133,306,399
Moses 摩西 148,164,
Mythus 神话 142,304,389
Mythologie 神话学 194,288,299,356f.

Najaden 仙女,水仙 289,301
Nation 国家 421,479
Natur 自然,本性 24,29,34,57,74,75,89,97,106,241,288,289,295,298,,299,522
Naturgesetz 自然规律 87,522
Naturreligion 自然宗教 302
Naturzustand 自然状态 58,129
Natuerlichkeit 自然性 392
Natuerliche Universum 自然宇宙 342
Natuerliche Totalitaet 自然的整体 253
Naturgeschichte 自然历史 25
Negation 否定 487
Negative 否定物 273
Neid 妒忌,妒忌心 47
Neigung 禀赋,禀性 358
Neuplatoniker 新柏拉图主义者 257
Nichts 无 165,210f.
Nichtigkeit 虚无 449

Nomaden 游牧民族 131,244
Nordamerika 北美 110ff.
Normannen 诺曼(底)人 420,443,448,480
Notwendigkeit 必然性,必要,必需 32,41,57,333,378
Nus,Nous 努斯 23

Objekt 客体 27,38,125,227
Objetiv 客观的 28,38,56,88
Objektivitaet 客观性 149,243
Offenbarung 启示 27,394
Oligarchie 寡头制 325
Opfer 牺牲 33,68
Ordnung 秩序 382
Orient 东方 80,98,133,135,138,140,142,184,271,306,315,332,350,391,475,428,
Osten 东方,134,332

Pallas Athene 帕拉斯·雅典娜 291,308
Pan 潘神 289
Patheismus 泛神论 176
Paradis 伊甸园,天国 78,389,430
Parlament 议会 537
Patriarchat 家长制,父权制 59,116,131,165,174,244
Perfektibitaet 可完善性,可臻完美性 423
Persien 波斯人 64,145,146,215,225—232,232—274,313—315,339,417
Person 人 138,383
Persoenlichkeit 人格,人格性 60,81,340,342,384
Peru 秘鲁 108
Pflicht 义务,责任 79,152

Philipp II 菲利普二世 331,335

Philosophie 哲学 19,20,30,53,66,69,73,88,93,105,114,171,338,385,527,528,540,557,558

Philosophies des Geistes 精神哲学 535

Plan 计划 334

Plastisches 可塑的 294

Platon 柏拉图 31,63,102,184,255,290,318,321,329,399,531

Plebejer 平民,贱民 340,346,358,359,364,369,374

Poesie 198,291,432

Polybios 波利比阿斯 16,338,343,371,547,551

Potentia 潜能 78

Praxis 实践 34,36,38,42,237,526

Prinzip 原则,原理 122,235,342

Privateigentum 私有财产 342,509

Privatrecht 私法,私人法权 138,383,384,387,425

Prosa 散文 350

Prosaisch 烦闷的,不含诗意的 358

Protestantismus 基督教新教 71,111,497,502,514,516,519,522,526,527,535,539

Punische Kriege 布匿战争 343,344—371,359—371,378

Pythagoras 毕达哥拉斯 171,255,267

Pyramiden 金字塔 249,262,265

Raetsel 谜 263,265

Raeuberei 抢劫 117

Raum 空间 256,348

Realitaet 实在性,实在 33,165

Recht 法,法权,权利 56,91,117,340,351,370,525,543,559

Rechtsphilosophie 法权哲学 543

Rede 演讲 13

Reflektieren 反思 327

Reflektion 反思 14ff.,309,549ff.,555

Reformation 宗教改革 417,454,486,491,492—508,492,497,499,502,508—520,526,535

Regierung 统治 63,530

Reichstag 帝国议会 331,486

Reichsverfassung 帝国宪法,帝国制度 101

Religion 宗教 31,61,68ff.,70,73,81,165,166,184,194ff.,210,241,255—260,292,298—306,352,358,386,405,414,527,531

Reflektierte Geschichte 反思性的历史 11,35

Republik 共和国 64,112,312,363

Retz 雷茨主教 548

Revolution 111,161,194,428,520—540

Rom 罗马 139,145,306,322,340,342,344,344—371,349,350,359—371,380,385

Roemer 罗马人 31,129,134,138,265,273,338,339,342—359,374,378,386,399,418

Sagen 传说 12,544

Salamis 萨拉米斯

Satz 命题 44

Schicksal 命运 46,51,339

Schlachten 屠杀,屠宰 314

Schmerz 痛苦,悲伤 240,388ff.

Scholastik 经院哲学 461,490,520

463

Schoenes 美 137,293,295—335
Schoeneheit 美 175,176,308,328
Schopfer 创造者 279
Schrecken 恐怖 533
Schwelle 门槛 247
Seele 灵魂 266
Seelenwanderung 轮回 98,267
Seiendes 存在者 103
Sein 存在,事物,生存 57
Selbstbestimmung 自我规定 54,433
Selbstbewusstsein 自我意识 30,31,202,261,388,403,559
Selbsterkenntnis 296
Sich wissende Idee 自知的理念 120
Sinnliche 感官世界,感官的东西 493
Sinnlichkeit 感性,感官性 238
Sitte 风俗 47
Sittlichkeit 伦理 38,49,54,55,56,57,60,68,72,81,137,142,196,280,285,60307,308,323,326,329,330,349,559—560
Skeptizismus 怀疑主义,怀疑论 385,398
Sklaverei 奴隶制 31,125,128,129,162,164,311,376,378,403,404,530,552
Sokrates 苏格拉底 24,292,311,318,328,329,393,418
Sollen 应当 51
Solon 梭伦 307,310,316
Sophokles 索福克勒斯 56,102,314,318
Sparta 斯巴达 280,315,319—323,325,330,331,336
Spekulation 思辨 20ff.,30
Sphinx 斯芬克斯 246,263,272,
Spiel 游戏 297ff.,357
Spinoza 斯宾诺莎 243

Sprache 语言 85ff.,93
Staat 国家 30,39,53,55,56,57,59,60,61,62,63,65,66,68,71,74,82,93,112,118,138,139,147,181,182,201,231,270,306,319,339,340,378,380,405,415426,459,479,488,497,508—520,523,525,527,531,539,549,554
Staatsbildung 国家组织,国家构成 508ff.
Stadt 城市 113f.,286,311,461,481
Stand 阶级 182,185,360,509
Standpunkt 立场 24,38
Statarisch 静止的 147,174,215
Stoiker 斯多葛派 96
Strafe 惩罚 327
Subject 主体 36f.,55,68,243,522
Subjektiv 主观的 55,68,295—298,342
Subjektivitaet 主观性 36ff.,55,102,135,139,144,152,184,306,323,326,353,382,386,391,392,393,415,426,429,494,496
Substanz 实体,实质 21,42,64,135,136,153
Substantialitaet 实体性 138,326
Sucht 病态的欲望 346
Suendenfall 堕落 389
Symbol 象征 109,258,263,393,394,397,438,450,455,456,479,505

Syrien 叙利亚 115,146,236—241
Tacitus 塔西佗 346,414,419,425
Talent 天赋,才能 35,257
Taetigkeit 活动 36ff.,42,503
Tempel 庙宇 168
Thales 泰勒斯 231,307
Theodizee 神正论 28,540

Theogonie 神谱 292,304

Theologie 神学 476

Theokratie 神权政治 61,143,144ff.,360,416

Thukydides 修昔底德 11ff.,102,279,287,310,318,325,544,547,553

Tod 死,死亡 100ff.,124,155,240,266ff.,382,533

Totalitaet 总体性,整体 417,422

Tragoegik 悲剧 285,339

Traum 梦,梦幻 52,115,176f.,209

Treue 忠诚 425

Trieb 冲动 39,59,255,296

Tugend 德性 34,319,493,532,533

Tyrannei 暴政,专制 202,287,312,533

Uebergang 过渡 271,477

Unendlich 无限的 135,264

Unendlichkeit 无限,无限性 47,85,146

Universum 宇宙 173

Unsterblichkeit 不朽 266

Untergang 没落,衰亡 326,335—338

Unvollkomme 不完美者,不完美的东西 438

Unreine 不纯洁的东西 345

Unterschied 区别,差异,区分 216f.

Unverstand 无理智 247

Vaeterlich 父道的 243

Vaeterlichkeit 父道 244

Vereinigung 结合,统一 302,317

Verfassung 宪法,宪政 61,62,63ff.,65,66,67,112,444,531

Vergehen 消灭,灭 98

Vergil 维吉尔 356,490

Verhaeltnis 关系 269,274

Vernichten 消灭 246

Vernunft 理性 20,21,23,24,25,28,29,40,49ff.,52,53,56,88,171,405,522,523,525,540

Vernuenftigkeit 合理性 23,533

Vernunftbestimmung 理性的规定,理性的使命 192

Versoehung 和解 28,139,140,385,386,391,392,413,417,460,487,496,502,504,521,527,529,540

Verstand 知性 23ff.

Volk 民族,人民 56,61,67,72f.,87ff.,104,105,106

Volkgeist 民族精神 73,101,105,559

Vorgeschichte 史前史 45

Vorsatz 蓄意的活动 222

Vorsehung 25ff.,35ff.

Vorstellung 观念,表象 12,545

Vortrefflichkeit 优越,优越性 276

Vorurteil 偏见 64

Wahre 真 52,56ff.

Wahrheit 真理 45,413

Welt 世界 29,32,40

Weltanschauung 世界观 112,177

Weltgeist 世界精神 22,33—55,73,133,377,413,559

Weltlich 世俗的,世界的 245

Weltlichkeit 世俗性 416

Weltweisheit 世界智慧,世俗智慧 228

Weltgeschichte 世界历史 11,20ff.,22,28,29,31,32,39,40,41,42,45,55—74,75,77,78,86,88,91,105,107,133,141,216,276,315,334,379,386,

540,543ff.,557—558,559
Weib 妇女 127,183ff.
Wesen 本质,存在 234
Wesentliche 本质的东西 327
Wesenlichkeit 本质性 98
Wert 价值 308
Wiedergeboren 再生 274
Wiedergeburt 再生 342
Widerspruch 矛盾 245ff., 270, 387f., 458f.
Wille 意志 55f.,56,61,524,525
Willkuer 任性 56,58f.
Wirklichkeit 现实,现实性 12,39,44,52, 53,56,529
Wirksamkeit 作用 375

Wissenschaft 科学 168—173, 199, 293, 476,488—491
Wohlmeinen 好意 176
Wunder 奇迹 469,493
Wuerdigkeit 尊严 284

Xenophon 克塞诺芬 13, 219, 321, 324, 518,547
Xerxes 薛西斯 225,234,314

Zeit 时间 14,37,52,182,491—540,548
Zucht 训练,规训 388,388ff.
Zufaelligkeit 偶然,偶然性 302
Zweiheit 二元 242
Zweck 目的 36,49ff.,55,56,76

译 后 记

如果要从黑格尔的等身著述中挑选一本最容易阅读的著作,或者,从中挑选一本能够让人很快地领略黑格尔哲学的深度与历史感的著作,从而把它当作黑格尔哲学的导论,那就非《历史哲学讲演录》莫属了。这不仅是因为《历史哲学讲演录》所阐述的历史观一度以各种方式为我们耳熟能详,甚至变成很多中国人看待历史的基本方式,并且因为它同时包含了鲜活的历史材料和深邃的历史思考并把它们有机地融为一体。

黑格尔历史哲学的核心目的是要论述历史中存在着理性、天意和绝对精神,历史绝不像一般人所认为的只是一群充满激情的人的活动的集合。这就要求对于历史不能只是简单地从现象上进行描述,而必须对之加以思维着的考察。黑格尔在《历史哲学讲演录》一开篇就区分了"原始的历史"、"反思性的历史"和"哲学性的历史",而哲学性的历史才是历史本身,黑格尔相信历史具有某种特定的内涵与意义,而历史哲学的工作就是从堆积如山、混乱不堪的原始史料或现象之中揭示出一个合乎理性的发展过程和历史发展的内涵和目的。

在某种意义上可以说,黑格尔的历史哲学是他的法权哲学的一部分。在《法权哲学纲要》(一般译作《法哲学原理》)第 352 节,黑格尔说:"各种具体的理念,各种民族精神,在具体的理念、即世界精神之中,如同它是绝对的普遍性一样,具有它们的真理和规定,它们作为世界精神之现实化的执行者,作为其辉煌的见证与装饰而侍立在其王座的周围。如果说世界精神作为精神不外乎就是它的活动之运动,以求绝对知道自己,并以此把它的意识从自然的直接性形式中解放出来,并达到它自己本身的话,那么,这种自我意识在它的解放进程、即在世界历史的王国之中的诸形态的原则,就是四种。"(《法哲学原理》,邓安庆译本,人民出版社 2016 年版,第 508 页)这一节很好地显示出他的法权哲学和历史哲学之间的根本关系。也就是说,黑格尔在《法权哲学纲要》中阐述的法权思想或伦理—政治思想是发展到黑格尔自己所处时代并认识了自己的世界精神。

在世界历史中,世界精神展现出四种原则,历史哲学就是这四种原则形成、发展和交替的历史。用黑格尔本人的、更通俗易懂的话来说,"世界历史就是一个把自然意志的桀骜不驯转变成普遍物和主观的自由的过程。东方知道了但是仅仅知道了,一个人是自由的,希腊和罗马的世界认识到,一些人是自由的,而日耳曼的世界认识到,一切人都是自由的。"(本书边码第 32 页)煌煌数十万言就是阐述这个过程。换言之,黑格尔的法权哲学和历史哲学的关键词都是自由,如果法权哲学是"以法权的理念,即法权的概念及其现实化为对象"(参见邓安庆译本,第 18 页)作为主题,并且"自由构成了法权的实体和规定,法权的体系就是实现了的自由的王国"(参见邓安庆译本,第 34 页),那么,可以用来概括历史哲学主题的一句话是,"世界历史不过是自由意识的进步的历史"。

《历史哲学演讲录》一书中最精彩的部分当属全书导论,而且,如果不把该书看作对于全部世界历史的持平之论,而只把它看作西方历史的哲学的话,其中关于希腊世界、罗马世界和日耳曼的世界的考察仍旧值得再三思索。例如,在考察希腊世界时,黑格尔用青春的形象(阿喀琉斯、亚历山大)和战争的形象(伊利亚特战争、亚历山大东征)来描述希腊历史的开端与终结,把美的个体性当作希腊精神的根本特征,强调了希腊吸收外来文化而又创造出一种新文化的力量。他对希腊艺术和希腊政治的解释,通过苏格拉底来说明希腊精神的自我瓦解等等,都让我们不得不佩服他天才的眼光。如果把这些论述和极力反对、贬低黑格尔的尼采对于希腊的解释放在一起,我们发现,尼采可能远远不像我们想象的那样有原创性,他那很多听起来振聋发聩的格言不过是黑格尔的说法的改写而已。

对于黑格尔历史哲学(以及法权哲学)的理解有两种可能的方向。

译 后 记

一种把历史哲学作为实践哲学,认为"通过对我们过去的反思,以使我们看清历史正在发展的倾向及其最早到达的目的,而那一目标,由于某种幸运的理由乃是一个值得向往并因而可以作为我们奋斗方向来加以接受的目标"(彼德·辛格:《黑格尔》,张迅译,中国社会科学出版社,1992年,第22—23页)。马克思就走在这条道路上,或者用勒维特的话来说,"由于马克思接受了黑格尔的原则,所以他会说,黑格尔之所以应该受到指摘,并不是因为他在理论上断言理性的现实性,而是因为他忽略了在实践上实现理性"(勒维特:《世界历史与救赎历史:历史哲学的神学前提》,李秋零、田薇译,生活·读书·新知2002年,第60页)。另一种理解遵循黑格尔本人的原则,把法权哲学和历史哲学都看作到傍晚才飞起的猫头鹰,它们都是理论哲学,是对于世界、法权、历史的理论把握,它不是改造世界的理论武器,不是行动的指南,而恰恰是为现存的世界进行辩护的神正论:"世界历史就是精神的这个发展历程和精神的现实生成,它的各种历史发生在不断变化的舞台上,——这是真正的神正论(Theodizee),在历史中为上帝所做的辩护。只有这个识见才能使精神与世界历史和现实达成和解,已经发生了的事情和每天都在发生的事情,不仅不能没有上帝,而且本质上就是上帝的作品本身。"(本书边码第540页)

毫无疑问,黑格尔的历史哲学本质上是西方中心论的,虽然他力图在对自由的理解中加入古典的含义,最终以伦理(Sittlichkeit)取代近代的自然权利而作为自由的核心含义,但是仍然无法掩盖这一点。近几十年来,国内学界对于黑格尔在历史哲学和哲学史中对于中国古代文明与思想的论述一直有一种愤愤不平之情,雅斯贝尔斯的轴心时代理论和沃格林的天下理论作为它们的替代品无论从感情上还是理智上都更能餍足我们的心灵。黑格尔的历史哲学固然包含很多值得商榷乃至于"不可饶恕"的论题,但是,黑格尔以哲学的方式理解世界历史的努力,把不同的文明放在一起来论述其得失的做法本身,都是极富意味的。

最后简单地说说本书翻译的情况。在时任人民出版社政治室主任张振明先生邀请翻译此书时,我不胜惶恐之至,我清楚自己的德语水平和学

469

术水平,但是我仍然勇敢地接受了这个任务,因为我明白此书的意义,而到现在为止,我们还不能说已经有一个可信的译本。在我翻译和校订本书的过程(2018—2023年)中,无论是在我个人的生活中还是在世界历史中都发生了重大的事件,我把翻译本书的过程看作是我心性修炼的过程:在人类历史几千年显示出来的真正的道义、崇高的人性与伟大的事件面前,个人的遭遇又算得了什么,但是,我必须正视自己的不足、偏狭与幽暗,我也必须能够做到面对各种生存际遇时心无旁骛,唯德、学是务。非常感谢责任编辑安新文女士,她的精湛的业务能力和无比寻常的耐心使本译作减少了许多不必要的错误并增色不少。还要感谢斯特拉斯堡大学博士候选人姜超,他总是我的译文的第一个读者,并从文字上指出一些不通之处;感谢湖南大学岳麓书院王宏健副教授,我翻译过程中遇到德文难解之处总是向他求救,而他也总是不厌其烦地为我解答,有时候小扣而大鸣,使我受益匪浅。最后但绝非最不重要的,囿于个人的外语水平和学术能力,本译作中错误难免,还望学术界和读书界不吝指正,以期进一步修改完善。

王志宏

2023年11月9日　昆明

责任编辑:安新文
封面设计:薛　宇

图书在版编目(CIP)数据

历史哲学讲演录/[德]黑格尔 著;王志宏 译. —北京:人民出版社,2024.3
(黑格尔著作集;第12卷)
ISBN 978－7－01－026147－8

Ⅰ.①历…　Ⅱ.①黑…②王…　Ⅲ.①黑格尔(Hegel,Georg Wilhelm Friedrich 1770-1831)-历史哲学-研究　Ⅳ.①B516.35 ②K01

中国国家版本馆 CIP 数据核字(2023)第 224767 号

历史哲学讲演录
LISHI ZHEXUE JIANGYANLU

[德]黑格尔 著　王志宏 译

人民出版社 出版发行
(100706 北京市东城区隆福寺街 99 号)

北京新华印刷有限公司印刷　新华书店经销

2024 年 3 月第 1 版　2024 年 3 月北京第 1 次印刷
开本:710 毫米×1000 毫米 1/16　印张:30.25
字数:430 千字

ISBN 978－7－01－026147－8　定价:120.00 元

邮购地址 100706　北京市东城区隆福寺街 99 号
人民东方图书销售中心　电话 (010)65250042　65289539

版权所有·侵权必究
凡购买本社图书,如有印制质量问题,我社负责调换。
服务电话:(010)65250042